Eine Reise über Land von der Schweiz nach Indien und Nepal

Dankeschön

Viele herzliche Dankeschön gehen an: Jolanda Steiner, Daniela Annoni, Roswita Buchmann, Annie Dochnahl, Terrance Geiger, Gaby Iten, sowie Amano und Susanna Schommertz, für ihre wertvollen Arbeiten, den nützlichen Ratschlägen, Kritiken und Empfehlungen.
Besonders bedanke ich mich bei meinem Partner John Arbogast, für seine hilfreiche Unterstützung, Motivation und unendliche Geduld.

Impressum

Herstellung und Verlag: BoD – Books on Demand, Norderstedt
©2021 Lucia Jauch Arbogast

ISBN 9783754347003

Vorwort

Obwohl ich mehrmals und immer wieder darauf angesprochen wurde, habe ich mir lange überlegt, ob ich dieses Buch, oder überhaupt ein Buch, schreiben soll. Es gibt so viele Reisebücher, Geschichten, Blogs und Filme über Reisen. Seit vielen Jahren, praktisch auf jeder meiner Reisen, führe ich Tagebuch. Früher, in den 80er und 90er Jahren noch alles von Hand. Heute geht das einfacher, mit dem kleinen Laptop, mein neuer Reisebegleiter.
Eines Tages hat es mich dann aber doch gepackt. Ich dachte, dass das Schreiben eines Buches eine gute Übung sein könnte, für Disziplin und Ausdauer. Entstanden ist eine Erzählung von Abenteuer mit einer Prise Fun.

Die Herausforderung für mich war, alle Erlebnisse zu verschmelzen, so dass es beim Lesen noch Spass macht und nicht verwirrend ist.
Das Buch ist gespickt mit Rückblenden aus allen Überland-Fahrten zwischen September 1996 bis März 1999, ich hoffe ihr könnt mir folgen.

Die Welt der 'Overlander' ist oft eine raue Welt. Es ist ein Leben ohne Komfort. Wir sind meistens draussen, campieren, sind unterwegs auf der Landstrasse, in verschiedenen Ländern und konfrontiert mit fremden Kulturen. Es ist spannend, aber auch anstrengend. Es braucht Flexibilität, eine dicke Haut und gleichzeitig viel Gefühl und Voraussicht. Ein Erlebnis, das ich auf keinen Fall missen möchte und ich bereue keine Minute des Overlander-Daseins. All die gesammelten Abenteuer, Erfahrungen und Eindrücke sind heute ein Teil von mir.

Seit über 30 Jahren bereise ich die Welt. Am meisten war ich in Asien. Ich habe unzählige Male Indien besucht – mein Favorit! Ich war in Nord-, Zentral- und Südamerika sowie Afrika. Ich habe mehrere Überlandtouren gefahren von der Schweiz nach Indien und Nepal, bin mit dem Transmanchurian-Zug von Peking via Moskau nach Berlin gereist und vieles mehr. www.masalatravel.com war ein kleines Projekt, Leuten aus der Schweiz, Europa und Amerika die Chance zu geben, Indien kennen zu lernen. Ich durfte einige Touren organisieren und einige Reise-Interessierte auch begleiten. Aber viel lieber reise ich mit meinem Partner, zu zweit.

Sämtliche Namen der Reiseteilnehmer sind geändert.
Die Erzählung basiert auf wahren Begebenheiten.

Ich hoffe, dass dieses Buch unterhaltend und informativ ist und dass es der Leserin und dem Leser Freude macht, sich von den Zeilen, in eine exotische Welt, wegtragen zu lassen.

Und vergesst nicht; Erwarte Nichts, Geniesse Alles!

ERWARTE NICHTS GENIESSE ALLES

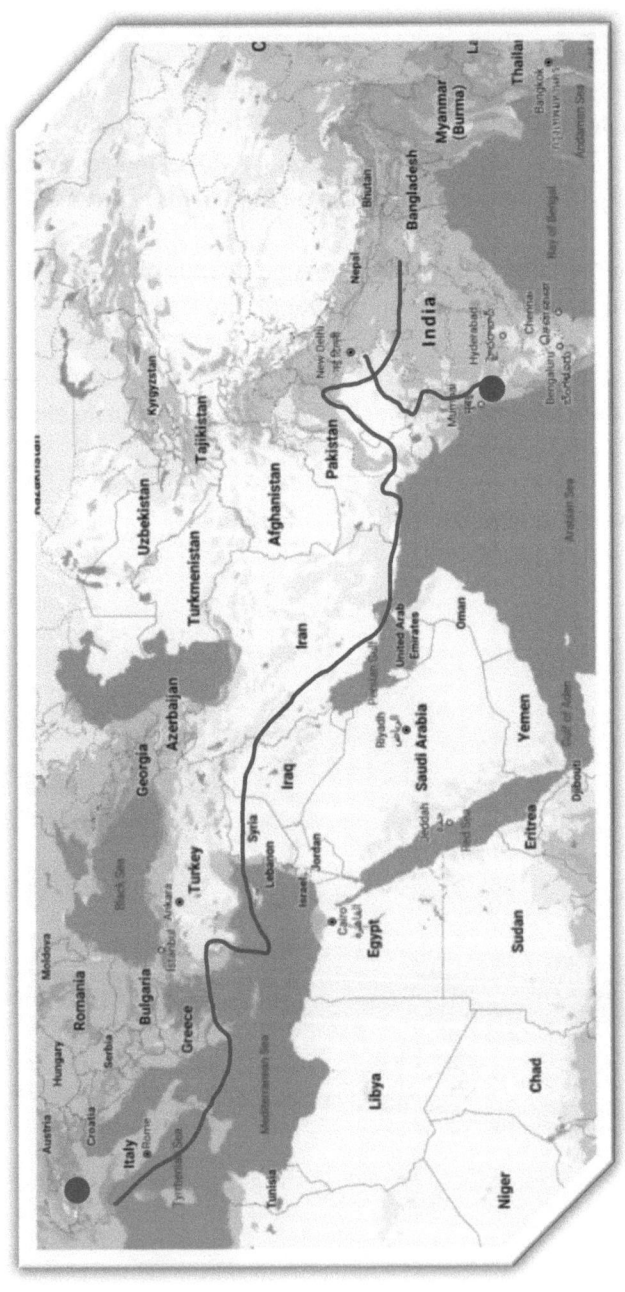

1
Ich kann das!

März 1999

Da stehe ich also nun, alleine an der Grenze Pakistan – Iran.
Meine grössten Bedenken sind, was, wenn Ury ein Motorenproblem hat.
Andererseits bin ich auch begeistert, mal wieder ein richtiges Abenteuer
vor mir zu haben. Den Bus erfolgreich von der Beluchi Wüste in die Türkei
zu bringen. Da ist schon ein gewisser Nervenkitzel damit verbunden, der
mich natürlich reizt.
Es ist das fünfte Mal, dass ich die Strecke zwischen der Schweiz und Indien,
bzw. umgekehrt, anpacke. Ich habe also bereits gewisse Erfahrung. Auf all
den anderen Touren waren jedoch Begleiter mit dabei. Ich bin ja sonst
eher die Ersatzfahrerin. Dafür kümmere ich mich mehr um das Wohl der
Gäste, sei es kulinarisch oder kulturell. Ich musste mich schon oft durch-
kämpfen und habe auf all meinen Reisen viel erlebt. Trotzdem ist es mir
ein bisschen mulmig heute. Der positive Spirit in mir klopft aber auf die
Schulter und meint; das schaffst du schon. Eigentlich bleibt mir ja auch gar
keine Wahl.

In Quetta habe ich mich verabschiedet von Adam, mein Fahrer und Mechaniker. Er hat kein Visum für den Iran erhalten. Engländer sind oft uner-
wünscht in Iran, auch genannt 'persona non grata'. Man weiss einfach nie.
Wir waren in Delhi als die Ablehnung für Adam's Visum kam. Ich habe versucht mit Teheran Kontakt aufzunehmen. Aber die Zuständigen auf dem
Amt im fernen Teheran scheinen keine Bedenken zu haben, dass ich, als
Frau alleine, den Bus durch den Iran steuern darf.

Es ist das zweite Mal, dass Adam das Visum verweigert wird. Das erste Mal
passierte das auf der Fahrt Richtung Indien. Da hatten wir Gäste an Bord,
also Mitreisende, Reisegefährten, Passagiere auch kurz Pax oder von mir
dann halt Paxlis genannt. Damals war ein Paxli mit dabei, der in der

ERWARTE NICHTS GENIESSE ALLES

Schweiz Kleintransporter fährt. Ihm hat es sogar Spass gemacht, die Fahrstunden zu teilen und den alten Schulbus durch den Iran zu lenken. Die langen Stunden am Steuer sind anstrengend. Am Abend müssen Zelte aufgestellt werden, es wird gekocht, die Weiterfahrt besprochen und immer wieder gibt es dies und das zu tun.

Der alte Schulbus im schönen Blau haben wir Ury getauft. Das hat zwei Gründe, erstens ist Ury Teil des Englischen Nummernschildes und zweitens, weil ich ursprünglich aus dem Kanton Uri stamme. Den Bus haben wir in England gekauft, damit wir dann in Indien auf der gleichen Seite wie alle anderen Verkehrsteilnehmer sitzen. Der Fahrstil in Indien ist doch recht chaotisch und wild, da möchte man schon eher bei den Leuten sein. In den anderen Ländern, die wir auf unserer Überland-Fahrt durchqueren, geht es gesitteter zu und her, so dass es gut zu handhaben ist, auf der rechten Seite zu sitzen.

Beim Kauf hatte der Bus 20 Sitze. Adam hat acht Sitze rausmontiert und den hinteren Teil des Busses in Cargo Platz verwandelt. Aus Holz hat er eine Box mit Deckel gebaut, da wo die Sitze waren. Im Innern hat man so Zugriff zu Gepäck und Esswaren. Von aussen können wir die Kofferraum Türe öffnen und dahinter verstaut sind die Zelte, Kühlschrank (Gas betrieben), Gasflaschen, die Metallkiste mit den zwei Gaskochstellen, Wasser-Kanister, Boxen mit Esswaren und Geschirr, Tisch und Klappstühle, Auto-Ersatzteile und was man halt sonst noch so braucht. Für mich hat sich so auch ein Schlafplatz ergeben. Die Holz-Box im hinteren Teil des Innern ist wie eine Bühne und reicht bis knapp unter die Fenster. Die Bühne haben wir mit einem Teppich belegt und so kann ich gemütlich in meinem Schlafsack dort die Nacht geniessen und zugleich den Bus bewachen. Ich schlafe gerne hart. Weiche Matratzen verursachen bei mir höchstens Rückenweh. Entlang den Fenstern haben wir Klettbänder angebracht, so dass Vorhänge aufgehängt werden können. Ist der Bus irgendwo parkiert, kann alles schön zugemacht werden und auch zum Schlafen im Bus wird man nicht von aussen durch irgendwelchen Lichteinfluss oder Wundernasen gestört.

ERWARTE NICHTS GENIESSE ALLES

Um auf dem Landweg von Europa nach Asien oder Afrika zu fahren, muss man für das Fahrzeug ein Carnet-de-Passages lösen, der eigentliche Reisepass für das Vehikel. Das Carnet-de-Passages ist ein Zolldokument, welches für bestimmte Länder zur vorübergehenden zollfreien Einfuhr des eigenen Land- oder Wasserfahrzeuges benötigt wird. Das Carnet-de-Passages ist für ein Jahr und für mehrere Länder gültig und besteht aus drei Teilen. Wir müssen bei der Ein- und Ausreise jedes Landes unbedingt darauf achten, dass die Zollbehörden alles korrekt abstempeln, ansonsten es zu unangenehmen Überraschungen kommen könnte. In manchen Ländern wird zusätzlich auch noch einen Eintrag in den Pass des Fahrzeuglenkers gemacht, da man ohne das Fahrzeug das Land nicht verlassen darf. So wird verhindert, dass Fahrzeuge quasi unter der Hand und steuerfrei verkauft werden. In früheren Jahren kam es schon mal vor, dass jemand nur einen Weg über Land machte und zurück mit dem Flieger ging. Deshalb wurden diese speziellen Zollpapiere eingeführt. Vielleicht gibt es ja auch noch andere Gründe. Bin ich nach der Reise wieder zurück im Herkunftsland, sprich Schweiz, muss ich mich sofort mit dem Carnet und dem Fahrzeug bei der lokalen Polizei zeigen und den letzten Stempel holen. Das ist jeweils ein sehr angenehmer Besuch.

Damit ich ein Carnet erhalte, muss ich für die Versicherung Geld deponieren. In der Schweiz wird ein gewisser Betrag auf meinem Bankkonto blockiert. Dieses Geld wird nur dann wieder frei gegeben, wenn alle Dokumente korrekt ausgefüllt und abgestempelt sind. In der Schweiz wird das Carnet von einem der Automobil Clubs ausgestellt. Dorthin muss es am Schluss auch wieder gesandt werden und die kontrollieren, ob alles korrekt ist.

Beim Grenzübertritt kaufen wir jeweils auch eine lokale Unfall- und Schaden-Versicherung. Falls etwas passiert, ist es einfacher mit den Einheimischen Beteiligten vor Ort verhandeln zu können, mit lokaler Vertretung. Aber genug der Administration!

Ah ja, und jeder Überland-Fahrer und -Guide bekommt einen Spitznamen. Mir wurde 'Piglet' (Schweinchen) zugeteilt, weil ich immer schmutzig bin. Unterwegs werden die Kleider nicht so oft gewechselt und ich wische mir die Hände meist am Shirt ab. So sind viele meiner Kleider halt mit Flecken übersät, die auch beim Waschen nicht mehr weggehen. Ich wurde oft ausgelacht deswegen und so wurde ich offiziell zum Piglet. Mir ist es sauwohl dabei.

Meinem Traum für die Reisen über Land nach Indien zu reisen, habe ich auch einen Namen gegeben. ENGA! Erwarte Nichts, Geniesse Alles. Nichts zu erwarten, behütet mich vor grossen Enttäuschungen. Alles zu geniessen ist sicher nicht immer einfach, aber es lohnt sich doch, das Positive in verschiedenen Situationen zu sehen.

Vielleicht wundert sich jemand, wie ich zu Adam kam und den Überland-Fahrten.
Adam habe ich auf einer meiner vielen Indien Reisen kennengelernt. Er war am gleichen Strand in Goa wie ich. Adam ist Engländer, daher wahrscheinlich auch seine Vorliebe für Bier und Pubs. Als allein-reisende Frau lernt man schnell andere Traveler kennen. Adam hat mir von seinem Leben als Überland-Fahrer erzählt und ich war begeistert davon. Plötzlich sah ich einen Weg zu Reisen und Geld zu verdienen. Ich war fasziniert von seinen Geschichten und war überzeugt, so eine Überland-Tour kann ich auch organisieren. Und so kam es dann auch.

Sehr schnell muss ich aber lernen, dass Adam und ich ziemlich unterschiedliche Ansichten haben, wie so eine Überland-Tour mit Gästen verlaufen soll. Es ist anstrengend, wenn der Partner nicht am gleichen Strick zieht. Die Gäste bezahlen für diese Reise, also muss man ihnen auch etwas bieten, das ist meine Einstellung. Adam möchte lieber jeden Tag so viel wie möglich fahren und die Reise so schnell wie möglich hinter sich bringen. Ohne die bezahlenden Gäste könnten wir diese Touren ja gar nicht in diesem Stil machen. Eigene Wünsche müssen zurückstehen. Aber das sieht Adam etwas anders. Wenigstens ist er ein guter Mechaniker. Ausserdem sollte ich ja auch gar nichts erwarten!

Auf der ersten Reise sehe ich es als meine Pflicht, Erfahrungen zu sammeln. Da wir nur eine kleine Gruppe von drei Leuten sind, habe ich Zeit, mich um die Sehenswürdigkeiten zu kümmern und einiges Wissen anzueignen.

Ich treffe mich mit lokalen Tourguides, um mir die Moschee in Istanbul, die unterirdische Stadt in Üchisar, die Sandstein-Höhlen und -Kirchen in Göreme, die verlassene Stadt in Fatehpur Sikri und viele andere, interessante Sehenswürdigkeiten auf unserem Weg erklären zu lassen. Schon in der Türkei gibt es so viel zu sehen. Für alles was diese Länder an Attraktionen bieten, haben wir leider nicht Zeit, sonst würden aus den geplanten drei Monaten wohl eher sechs Monate werden. Auf jeder Fahrt nehmen wir deshalb teilweise eine andere Route. So können wenigstens Adam und ich viel sehen und immer wieder Neues entdecken.

Nicht alle Mitreisenden haben gleiche Interessen an den Sehenswürdigkeiten oder der Geschichte dieser wunderbaren Länder. Jeder muss für sich selbst entscheiden wieviel er mitmachen will. Manche Tage können sehr anstrengend sein für mich, das Erfreuliche überwiegt jedoch.

Tagsüber geht es oft auf den Markt, frische Früchte, Gemüse, Reis und auch mal ein Hühnchen einkaufen. Natürlich brauchen wir Snacks für Zwischendurch und immer daran denken, Wasser aufzufüllen. Häufig muss das Wasser an Quellen in Dörfern per Hand gepumpt werden, halt wie die Einheimischen. Da gibt es oft schöne und amüsante Begegnungen mit Frauen oder Buben, die uns auch helfen wollen. Ein kleiner Junge zeigt uns mal was in ihm steckt. Er pumpt wie ein wilder und immer mit einem riesigen Lachen im Gesicht.

Am Abend wird ein geeignetes Camp gesucht. In Italien oder Griechenland gibt es noch Campingplätze, in der Türkei werden die seltener und in Iran oder Pakistan kennt man sowas eher nicht. Dafür gibt es in Iran die verlassenen Karawansereien. Da haben früher die Nomaden mit den Kamelen Halt gemacht. Diese Ruinen sind ideal für uns. Von der Strasse her kann man nicht sehen, ob jemand drin ist und drinnen bietet sich viel Platz für die Zelte und die Küche und natürlich den Bus. Auch in anderen Ländern, zum Beispiel im Osten der Türkei oder in Pakistan gibt es gute Ruinen, manchmal ganze, verlassene Dörfer. In Pakistan können wir auch oft beim Militär in deren Kasernen (genannt Kompounds) übernachten. Hier fühle ich mich gut aufgehoben. Die Soldaten sind immer sehr nett und freuen sich über die Abwechslung. Ausserdem geben sie uns Wasser und lassen uns ihre Toiletten benutzen. Nur selten übernachten wir in Hotels, etwa in Städten oder, wenn es mal wie aus Kübeln regnet. In Indien gibt es auch nicht viele Campingplätze, manchmal lassen Hotels einen im Garten die Zelte aufstellen und die Toiletten benützen. Wir haben viele schöne Begegnungen erlebt, ob im Hotel, Camp oder beim Busch-Camping. Wie bevölkert Indien sein muss, haben wir bei der Suche nach einem Busch-Camp schnell erfasst. Da denkt man, OK, hier ist niemand und wir können ungestört übernachten. Kaum fangen wir an auszupacken, kommt schon jemand daher.

Natürlich führe ich Tagebuch über die Route, ein bisschen Buchhaltung und Notizen über Distanzen, Orte, Märkte und Camps. E-mail schreiben ist nicht möglich in den meisten Ländern und auch in Indien noch in den Kinderschuhen, das hat sich jedoch über die Jahre gewandelt. Das Briefe Schreiben macht mir viel Spass. Ich bin ein bisschen mehr kreativ, kann etwas zeichnen, ist halt mehr persönlich. Das Erhalten der Briefe ist nicht immer so einfach. Trifft ein Brief zu früh auf dem 'poste restante' ein, wird er eventuell zurückgeschickt. Ist man zu früh in einer Destination, die man als 'poste restante' angegeben hat, kommt es vor, dass Briefe noch nicht da sind. Das 'poste restante' ist eine Abteilung, die es in vielen Ländern auf den Post-Büros gibt. Dort werden Briefe und Pakete aufbewahrt. Globetrotter haben ja oft keine genaue Adresse. Für die schreiblustigen Familienmitglieder und Freunde kann einfach die Adresse der Hauptpost eines Ortes angegeben werden, wo man während der Reise vorbei kommt. Hinzu kommt der Vermerk 'poste restante' und natürlich der Name des Weltenbummlers.
Die Regeln in jedem Post-Büro sind individuell. Das Suchen der Briefe ist jedoch ein unterhaltsames Abenteuer. Dann und wann muss man anstehen, den Pass zeigen, ein Angestellter sucht dann deine Post raus. An anderen Orten wieder bekommt man einfach die Box mit dem ersten Buchstaben des Nachnamens und meistens auch die Box mit dem ersten Buchstaben des Vornamens. Manchmal ist es ja nicht ganz klar, was jetzt was sein soll. Dann wühlt man sich selber durch die bunten Briefe aus aller

Welt. Einige der Post-Büros sind gut organisiert und andere wieder nehmen es ziemlich locker. Gelegentlich kommt es zu einem Schwatz mit anderen Brief-Stöbern. Oder man trifft auf Reisende, die hat man schon mal irgendwo gesehen. Das Gebäude mit ein, zwei, drei Trophäen zu verlassen ist wie ein Gewinn im Lotto, eine Riesenfreude.

Mit der Einführung des Internets und dem E-mail ist die Welt des 'poste restante' etwas verloren gegangen. In den Internet-Cafés weiss man nie, ob es eine funktionierende Verbindung gibt. Vielleicht wird man gar von einem Stromausfall überrascht. Eher selten kommt es zu einem spontanen Schwatz, da jeder hinter seiner Maschine sitzt und in seine Welt vertieft ist. Generell ist die Atmosphäre lange nicht so unterhaltsam wie das auf den verschiedenen Postbüros ist oder war.

Jedes Jahr gibt es Veränderungen, sei es bezüglich Visa, Internet, Kleidervorschriften, Strassen und vieles mehr. Die Zeiten ändern sich, auch in Ländern, wo ich manchmal das Gefühl habe, die Zeit sei stehen geblieben.

Über die Jahre und vor allem auch auf Reisen, habe ich auch immer wieder mal Leute getroffen, die schon in den 70er Jahren von Europa nach Indien über Land gereist sind. Damals konnten sie sogar nach Afghanistan. Da schlägt mein Herz höher, wenn ich diesen Leuten zuhören kann. Einmal, an einem Abend auf einer SAC Hütte im Urnerland, erzählt mir ein bärtiger, urchiger Urner von seinem Abenteuer. Er ist Anfangs der 70er Jahre mit einem VW Käfer den weiten Weg gefahren. So cool! Ich bin immer wieder auf's Neue inspiriert.

Mit meinen handgestrickten Touren habe ich nie gross Geld verdient. Aber meine persönliche Zufriedenheit und der Duft von Abenteuer und Freiheit sind mir wichtiger als viel Geld.

2
Goa – Delhi

Februar 1999

Nach zwei Monaten am Strand in Süd-Goa sind Adam und ich bereit, die Rückreise anzutreten.
Wir wissen, dass in Little Vagator ein paar andere Überland-Fahrende stehen und werden heute bis dorthin auf die Klippe fahren. Als wir dort ankommen, stehen sechs Camper versteckt hinter Bäumen und Büschen im Schatten. Zwei der Camper kennen wir sogar. Es gibt ein grosses, erfreuliches Hallo und wie immer, gibt es viel zu erzählen. Es ist faszinierend, Weggefährten wieder zu treffen und den Geschichten von Unterwegs zu lauschen. Der Gesprächsstoff geht praktisch nie aus.
Unten in der kleinen Bucht können wir schwimmen und es hat eine Strandbeiz. Der Abend auf der Klippe ist wunderschön, langsam versinkt die Sonne im Meer.

Morgens um 7 Uhr brechen wir auf. Zuerst geht es nördlich Richtung Maharashtra, dann durch Madhya Pradesh und Rajasthan nach Delhi.
Ein paar Lastwagenfahrer sind auch schon auf der Strasse, aber sonst ist es noch ruhig. In den Dörfern oder Städten erwacht das Leben erst langsam. Diese Morgenstunden sind so friedlich. Es hat aber auch tagsüber Strecken, wo es ruhig ist, ohne viel Verkehr. Entlang Baum-alleen, vorbei an landwirtschaftlichen Feldern, Dörfer mit Lehmhäusern und zotteligen Kindern. Es kann schon mal bilderbuchmässig werden. Ich kann mich nie satt sehen. Vor lauter Geniessen kann es dann auch passieren, dass wir einen 'speed bump' (Schwelle zur Geschwindigkeitsbegrenzung) übersehen. Oft sind sie nicht oder schlecht gekennzeichnet, dann scheppert alles hinten im Bus. Kaputt gegangen ist zum Glück nie etwas. In Madhya Pradesh sind die Strassen nicht so gut. Es hat viele Löcher, denen man ausweichen muss und manchmal ist die Strasse einfach nicht breit genug, um mit einem entgegen kommenden Lastwagen zu kreuzen. Da braucht es

gute Nerven. Wer bleibt länger auf der Strasse? Oder ist man das Opfer, das mit zwei Rädern von der Strasse in den Graben gedrängt wird? Das kann sehr anstrengend sein. Bremsen, Gang runter schalten und sachte von der Strasse auf unebenem Belag manövrieren, dann wieder auf die Strasse zurück. Generell kommt man halt nur langsam vorwärts. Sind die Strassen gut oder gar doppelspurig, wie z.b. zwischen Agra und Delhi oder Jaipur und Delhi, muss man aufpassen, denn es könnte ein Bauer auf dem Traktor entgegen kommen, ein Heuwagen geht nicht zur Seite oder Kühe latschen über die Autobahn.

Funktioniert das Horn am Fahrzeug nicht, ist man völlig aufgeschmissen. Fussgänger oder andere Verkehrsteilnehmer gehen nicht zur Seite, wenn man die Hupe nicht betätigt. Wobei wir mit unserem grossen Mercedes Bus schon klar im Vorteil sind. Die kleineren Autos ducken sich schneller zur Seite. Es gilt das Recht des Stärkeren! Das Horn blasen, ein grimmiges Gesicht machen und schon ist der Weg frei.

Die Petrol-Tank-Wagen sind die schlimmsten Fahrer. Sie rasen und ihr Verhalten ist beängstigend rücksichtslos. Wer will schon mit einem Tank-Wagen zusammenprallen, also macht jeder Platz für diese Raser.

Apropos Hupe, da stehe ich einmal vor einem Indischen Lastwagen. Der Mann am Steuer macht sich einen Spass daraus, indem er seine Hupe ertönen lässt. Die können ganz schön laut sein, vor allem, wenn man direkt davorsteht. Ich jedenfalls erschrecke mich dermassen ab dem lauten Horn, dass ich einen Satz zur Seite mache. Das muss lustig ausgesehen haben, denn alle Männer um mich herum grinsen. Ich muss dann auch lachen.

Es gibt auch viele traurige Situationen unterwegs. Wir sehen oft Unfälle von Lastwagen. In der Nacht fahren viele ohne Licht. Da wird nur schnell Lichthupe gegeben, wenn der Lenker meint, dass da etwas kommt. Es gibt wahrscheinlich auch Chauffeure, die einschlafen oder betrunken sind. Sie kommen von der Strasse ab und kippen in die Felder oder Strassengräben oder knallen frontal zusammen. Einen Lastwagen passieren wir, der raucht noch, muss grad noch gebrannt haben vor kurzem. Gelegentlich bricht aber auch einfach nur die Achse. Die alten Gefährte sind oft überladen und müssen viele Strapazen aushalten. Auch wird repariert so lange und so viel wie möglich und natürlich wird draufgepackt was das Zeugs hält. Da sieht man oft erstaunliche Sachen. Manchmal sehen die Trucks aus als kämen sie seitwärts daher, das Chassis ist so verzogen!

Ich habe leider auch mal einen kleinen Hund überfahren. Denke aber, dass er ein Selbstmord-Kandidat war. Da steht der Kleine, mitten auf der Strasse, dreht sich nach links, dann nach rechts. Ich habe schon fast angehalten, da rennt er von der Strasse Richtung Büsche. Ich fahre wieder an und wusch, rennt er mir unter die Hinterräder.
Ein kleines Schweinchen habe ich auch mal übersehen. Das kam aus dem Nichts direkt unter die Räder.

Es ist so viel los auf den Strassen in Indien und die Regel ist eigentlich; nur nach vorne schauen und ja nicht zögern. Viele Fahrzeuge haben ihre Seitenrückspiegel eingeklappt oder abgeschlagen. Man gewöhnt sich dran. Aber wir haben unsere Spiegel immer gut gesetzt.
Oft winken die Indischen Truckdriver mit den Händen aus dem Fenster, um sich beim Überholen zu verständigen. Die flache Hand nach unten bewegen, als würden sie etwas nach unten drücken, bedeutet Warten. Mit der Hand oder gar mit dem ganzen Arm nach vorne schwingen, bedeutet jetzt kannst du überholen. Manchmal geben sie auch Zeichen mit dem Blinker. Mit der Zeit weiss ich diese Zeichen zu schätzen und kann so mit den Chauffeuren kommunizieren. Handzeichen werden auch benötigt zum Abbiegen, falls der Blinker ausser Gefecht ist. Einige Inder sind Hellseher und überholen auch um die Kurven!
Rush-hours (Hauptverkehrszeiten) können zu einer enormen Geduldsprobe werden. Wenn möglich ist es besser, grosse Städte früh am Morgen zu durchqueren oder zu umfahren, was leider nicht immer ins Zeitprogramm passt.

Von Goa Richtung Maharashtra ist es anfangs noch üppig grün. Später kommen wir in die Hügel und es wird trockener. Am Abend finden wir meist ein ruhiges Plätzchen abseits der Strasse, unter Bäumen, in der Nähe von Feldern oder bei einer Ziegelbrennerei. Da Adam und ich ohne Gäste unterwegs sind, geht's früh am Morgen los und es wird bis kurz vor Eindämmerung gefahren. Wird es dunkel, ist es schwierig die Abbiegungen und Wege zu sehen für ein mögliches Nachtlager.

Wie schon erwähnt, können wir irgendwo parkieren und man sieht niemanden weit und breit. Kaum packen wir unsere Stühle aus und machen es uns gemütlich, schon nähern sich leise Kinder durch die Büsche. Manchmal kommt das halbe Dorf daher, allen voran der Dorfälteste oder der Gemeindepräsident, hier genannt der Panchayat, um nach dem Rechten zu sehen. Dann müssen viele Fragen beantwortet werden. Inder sind nicht scheu und meistens extrem neugierig. Sie wollen alles sehen und womöglich von unseren Snacks oder Getränken probieren. Oft ist das lustig. Aber es gibt Abende, nach einem anstrengenden Tag auf der Landstrasse, da bin ich einfach zu müde, um noch Gäste zu unterhalten. Ignorieren lassen sich die Einheimischen nicht gerne und so muss mindestens einer von unserer Gruppe sich halt spontan etwas einfallen lassen. Ich bleibe lieber höflich, schliesslich befinden wir uns auf ihrem Land und man will nicht plötzlich vertrieben werden. Es gibt aber auch Situationen, z.B. wenn die Einheimischen nicht so gut Englisch sprechen können, dann sitzen sie da und schauen, als würden sie auf den Beginn eines Theaters warten. Zum Glück haben wir aber viele schöne Erfahrungen gemacht.

Für die Reise von West nach Ost nehmen wir gerne und oft Nebenstrassen, da wir Zeit haben. Von Ost nach West fahren wir mehr Hauptstrassen und direkte, schnelle Verbindungen, da wir uns für die Rückreise nicht so viel Zeit nehmen wollen.

Delhi hat eine Ringstrasse (Umfahrung). Wir treffen um ca. 17 Uhr dort ein und kommen natürlich direkt in Delhi's rush-hour. Das Stadt-Zentrum von Delhi hat eh immer viel Verkehr. Den Weg ins Delhi Tourist Camp finden wir ohne Umschweife. In diesem Camp treffen sich praktisch alle Überland-Fahrer. Es hat viel Platz zum Parkieren, Duschen, Wäscherei-Service, TV-Raum, kleines Restaurant, Platz für Zelte und auch Zimmer kann man mieten in kleinen, einfachen Bungalows. Sehr wichtig ist der nette und hilfsbereite Camp-Mechaniker. Er heisst Unis und besucht jedes neu ankommende Fahrzeug. Falls gewünscht hilft er bei Reparaturen oder organisiert Ersatzteile. Wir bestellen bei ihm auch immer ein Set Blattfedern.

ERWARTE NICHTS GENIESSE ALLES

Ja, diese machen sie hier in den Werkstätten noch massgeschneidert für jedes Fahrzeug. Man kann die Blattfedern auch einzeln kaufen. Da wir aber nie wissen, welche kaputt geht, ist es besser ein komplettes Set dabei zu haben.

Es ist schön wieder in Delhi zu sein. Ich kenne diese Stadt inzwischen ziemlich gut. Im United Coffee House am Connaught Place gehen wir etwas essen, zurück im Camp gibt es noch einen Schlummertrunk und ich freue mich, morgen nicht früh aufstehen zu müssen.

Goa – Delhi = ca. 1'970 km / 4 Tage Fahrt

3
Unterägeri – Istanbul

1996 IT GR

Es ist Zeit den Rucksack und Ury zu packen.
Adam, unser Chauffeur und die drei Gäste aus England (Adam's Eltern und
Bon) sind bereits am Mittwochabend angekommen. Sie übernachten in
Zelten bei mir im Garten. Meine Mutter hat ein feines Abendessen zube-
reitet, damit wir uns alle nochmals satt essen können.

Donnerstag, 12. September 1996
Am Donnerstagmorgen geht es früh los. In Luzern am Bahnhof holen wir
noch Jenny ab, die vierte Reisegefährtin.
Ich freue mich wieder unterwegs zu sein. Auf dem Landweg nach Indien zu
reisen, ein Traum geht in Erfüllung.
Via Luzern, über den Monte Ceneri geht es nach Como. Auf dem Monte
Ceneri gibt es einen Mittagshalt, dann geht es weiter nach Milano und Bo-
logna. In der Nähe von Ancona, können wir auf einer grossen Autobahn
Raststätte die Zelte auf dem Rasen aufstellen und die erste Nacht verbringen.

Unterägeri – Ancona = 670 km

Um 6 Uhr morgens gibt es einen Kaffee an der Bar in der Raststätte, dann
geht die Fahrt weiter. Pescara, Foggia, entlang der Küste hinunter bis Brindisi. Alle sind froh, als wir am Hafen in Brindisi ankommen. Ich besorge uns
Tickets für die Fähre nach Igoumenitsa. Wir bekommen einen Platz bei
Fragline um 20.30 Uhr. Es bleibt genug Zeit die Beine zu strecken und ein
feines Gelato zu schlecken. Schon um 17 Uhr fängt das Laden der Fähre
an, um 21 Uhr verlassen wir Italien. Wir schlafen irgendwo unter Deck, wo

ERWARTE NICHTS GENIESSE ALLES

es grad Platz hat und bequem ist. Zu einem Glas Wein knabbern wir ein paar Chips, dann wird geschlafen.

Ancona – Brindisi = 580 km

Der Lautsprecher verkündet, dass wir in Kürze in Igoumenitsa eintreffen. Es ist schon 7 Uhr, dank der Zeitverschiebung von einer Stunde. Nach der Ankunft gehen wir im nahe gelegenen Supermarkt einkaufen. Ich finde es immer so spannend in einem fremdländischen Supermarkt einzukaufen. Danach geht die Reise weiter in Richtung Berge. In der Gegend von Ioannina machen wir einen Mittagshalt und probieren die griechischen Spezialitäten, die wir gekauft haben.
Schon am frühen Nachmittag treffen wir in Kalambaka ein. Auf dem Campingplatz Meteora Garden stellen wir die Zelte auf. Zur Begrüssung gibt es die weichen und sehr süssen 'Turkish Delights' oder Loukoumia, wie sie in Griechenland genannt werden. Einen Würfel kann ich meist essen. Ein paar Sorten finde ich sogar sehr fein. Nur nicht die mit dem Rosenwasser, das ist schon etwas zu viel des Guten. Mister Aris, der Camp Host, ist so freundlich, man kann zu der netten Geste einfach nicht nein sagen.

Die Gegend hier ist bekannt für die Klöster in den steilen Felsen, genannt Meteora. Der Name bedeutet 'in den Lüften über uns ' und beschreibt die Lage der Klöster sehr gut. Diese Klöster wurden hoch in die Felsen gebaut. Bei Nebel oder Dunst sieht es aus, als würden sie schweben. Insgesamt wurden etwa 24 Ermitagen gebaut, aber nur noch wenige sind heute noch bewohnt. Zu einigen wurde bis heute nicht einmal der Zugang gefunden. Die ersten Einsiedeleien in der Gegend stammen aus dem 11. Jahrhundert. Die Gegend ist ein Kletterparadies und es gibt auch Höhlen zu entdecken. Jenny und ich gehen auf eine Erkundungstour ins Dorf. Ich bin ein bisschen erstaunt, dass sonst niemand von der Gruppe Interesse hat mitzukommen.

Der Abend im Camp ist gemütlich, wir essen und lernen einander ein bisschen besser kennen.

ERWARTE NICHTS GENIESSE ALLES

Igoumenitsa – Kalambaka = 170 km

Am Morgen lassen wir es langsam angehen. Als dann alles wieder gepackt ist, kann die Fahrt weiter gehen. Das Wetter ist herrlich sonnig. In Olympos vertreten wir uns die Füsse. Der freundliche Bäcker verkauft uns ein Brot, obwohl er den Laden eigentlich geschlossen hat.

Die Gegend ist sehr schön und abwechslungsreich. Die Fahrt bringt uns durch Bergtäler, über grüne Hügel und vorbei an einem See. Wir sehen Schafe und Ziegen und im Hintergrund das Meer.

Das Irini Camp in Kavala dient als unser Nachtlager. Es liegt direkt am Meer und ist sehr friedlich. Ein Strandspaziergang tut gut nach der langen Fahrt. Das Abendessen schmeckt allen und wird mit einem Glas Ouzo abgerundet.

Adam's Mutter reklamiert oft. Mal passt ihr das Essen nicht, dann halten wir am falschen Ort und ich kann eigentlich eh nichts Recht machen. Aber da Adam's Eltern nur bis Istanbul mitkommen, kann ich entspannt damit umgehen.

Bon, der gutaussehende, 20-jährige aus England ist eher ruhig und erzählt nicht viel. Sein Vater hat ihn auf diese Tour geschickt. Das würde dem Sohn guttun, meinte der. Ich teile diese Meinung absolut. Bon muss sich wohl noch etwas an sein neues Leben mit uns gewöhnen.

Kalambaka – Kavala = 382 km

Montag, 16. September 1996

In Xanthi sehen wir diesen schönen Gemüsemarkt und es bleibt sogar noch Zeit für einen kurzen Bummel durch die engen, verwinkelten Gassen.

Über grüne Hügel, vorbei an Salz- und Baumwoll-Felder kommen wir dann nach Alexandroupolis. Adam und ich wechseln uns oft ab mit dem Fahren. Ich darf den Bus sogar durch die Stadt manövrieren. Das riesige Steuerrad und die Gangschaltung sind schon etwas gewöhnungsbedürftig.

ERWARTE NICHTS GENIESSE ALLES

Bei Kipoi überqueren wir die Grenze in die Türkei. Es dauert ca. 1 Stunde, bis alles erledigt ist, wobei das Carnet-de-Passages hier noch nicht nötig ist.

Wir sind grad so schön unterwegs, da stoppt uns die Polizei. Ein Bremslicht funktioniert nicht, überhöhte Geschwindigkeit und auf der Überholspur, ohne zu überholen. Das kostet! 100 Deutsche Mark will der Polizist. Adam diskutiert lange mit ihm und kann ihn bis auf 20 DM runterhandeln. Bei der nächsten grösseren Tankstelle kaufen wir Ersatz für das defekte Bremslicht und ersetzen es auch gleich. Um ca. 19 Uhr erreichen wir das Londra Camp in Istanbul. Wir bekommen Overlander Discount und platzieren uns im gut ausgestatteten Camp.

Kavala – Istanbul = 450 km

1997 IT GR

Donnerstag, 11. September 1997
Dieses Jahr begleiten uns Ziggy und Janice aus Aegeri. Ein Paar, das ich seit vielen Jahren kenne. Sie waren schon oft in Indien und Nepal, aber über Land sind sie noch nie dorthin gereist.
Auf dem Dorfplatz treffen wir die beiden. Sie verabschieden sich von ihren Eltern, die uns zum Abschied noch lange nachwinken.
Bereits in Morgarten müssen wir jedoch umkehren. Ich habe meine Jeans Jacke an der Stuhllehne bei meiner Mutter hängen lassen. Ohne diese Jacke gehe ich nicht auf die Reise. Sie hat mich schon so oft begleitet und ich war schon so oft froh sie zu haben. Wir kehren also um. Die Fahrt entlang dem Aegerisee ist herrlich. Der See liegt ruhig, die Sonne scheint. Beim zweiten Anlauf klappt es dann. In Andermatt gehen wir Essen einkaufen für den Abend. Wir fahren über den Gotthard Pass. Das Wetter ist so schön und ich finde es eine spezielle Art diese Reise zu beginnen.
Im Tessin rauchen wir den letzten 'Boro', dann geht's via Chiasso über die Grenze nach Italien. Milano können wir erfolgreich umfahren, bei Codogno, vor Piacenza, gibt es eine grosse Raststätte mit viel Grünfläche und

Picknick Plätzen. Wir essen ein paar Goldfischli und dann wärmen wir den Gemspfeffer, den wir in Andermatt vorgekocht gekauft haben. Dazu gibt es Spätzle. Das Essen ist sehr gut. Wir geniessen unseren ersten Abend in Freiheit.

Unterägeri – Codogno = 335 km

Am nächsten Morgen geht es weiter via Bologna, vorbei an Rimini, entlang der Küste nach Fano. Die Landschaft ist sehr schön, halt bella Italia. Auf einem Camping in der Nähe des Meeres bekommen wir einen Platz (38'500 Lire). Adam klempert etwas an der Handbremse und transferiert Diesel vom Ersatztank in den Haupttank. Wir geniessen den ruhigen Platz am Meer und warm duschen können wir auch noch. Am Strand werfen Fischer die Netze von Hand aus. Es ist schon fast romantisch.

Codogno – Fano = 343 km

Kurz vor 9 Uhr sind wir wieder unterwegs. Es geht weiter entlang der Küste. Damit wir die Gegend auch etwas geniessen können, haben wir die Autobahn verlassen.
Ziggy hat einen Kleintransporter für die Firma Kennel durch die Schweiz chauffiert. Diese Firma hat uns auch gesponsert mit Eis-Tee Pulver, das wir natürlich sehr gut gebrauchen können. So müssen wir nicht nur Wasser trinken.
Ich mag den Eistee jedenfalls und so auch unsere Paxlis. Ich hatte einmal eine Anfrage an Nestlé geschickt, uns mit Suppen, eventuell Nescafé, Eistee oder Milchpulver zu sponsern. Leider seien wir keine Zielgruppe für die noble Schweizer Firma, erklärt der Absagebrief. Nicht einmal ein Müsterchen hatten sie uns gegeben, so geizig waren die.
Da war die Firma Kennel schon grosszügiger.
Wir kommen gut vorwärts, geniessen die Aussicht über Weinberge und Olivenbäume und kaufen noch Zutaten für ein Abendessen. Nach Foggia finden wir alte Häuser, Ruinen, die schauen wir uns näher an. Vor einem

dieser Häuser gibt es einen Vorplatz, wo wir gut parkieren können. Die Fenster und Türen des Hauses sind beschädigt. Alles sieht etwas windschief aus. Wir haben uns gerade entschieden, dass wir bleiben, da kommen zwei kleine Autos gefahren. Ein Mann und eine Frau steigen aus. Mein Italienisch ist nicht so gut, aber wir können uns mit ihnen verständigen. Sie warnen uns vor dem Haus, wir sollten nicht hinein gehen, das Dach könnte einstürzen. Als sie vorne am Bus unser schönes Schild mit der Aufschrift 'Nepal' sehen und wir ihnen erklären, dass das unser Ziel ist, sind sie sehr beeindruckt. Wir dürfen bleiben und die beiden verabschieden sich lachend.

Janice und ich bereiten eine grosse Schüssel Salat zu. Als Erfrischung gibt es natürlich Eis-Tee. Es wird ein sehr gemütlicher Abend. Die Temperaturen sind viel wärmer als in Aegeri, richtig angenehm, um draussen zu sitzen.

Fano – Foggia = 411 km

Um 10.30 Uhr treffen wir schon in Bari am Hafen ein. Adam und ich machen uns sofort auf die Suche nach Tickets für die Überfahrt nach Igoumenitsa. Für 340'000 Lire bekommen wir vier Tickets und einen Platz für Ury auf der Fähre.

Bari ist eine schöne Stadt mit kleinen Gassen, einer Festung, halt typisch Italienisch. Wir trinken Kaffee und bummeln durch die Stadt. Gegen 16 Uhr gehen wir zum Zoll, um unsere Boardingpässe abzustempeln. Am Pier 12 steht unsere Fähre, die Athen Express, schon bereit. Um 18 Uhr beginnt das Laden der Fahrzeuge. Wir kommen früh an die Reihe und so können wir vom Deck zuschauen, wie die grossen Brummis geladen werden. Der Belgische Laster, der vollgeladen mit Rindern ist, hat Schwierigkeiten über die Rampe auf die Fähre zu kommen. Aber es geht dann doch noch.

Plötzlich klatscht etwas ins Wasser. Viele Leute eilen an die Reling, um zu sehen was passiert ist. Ein Mann schwimmt im Wasser, zwischen unserer Athen und der Nachbar-Fähre Polaris. Die Polizei ist sofort zur Stelle, es werden Rettungsringe geworfen, ein Polizei-Taucher holt den Mann an

Land. Später erfahren wir, dass es sich um einen Albaner handelt. Der wollte wahrscheinlich fliehen. Eine Ambulanz kommt auch noch dazu. Später wird der Albaner wieder auf die Polaris begleitet. Mit Polizei-Eskorte verlässt die Polaris den Hafen.

Ich unterhalte mich mit einem Englischen Trucker. Er ist ein Fan von Mister Bean, ich mag den auch. Um 21 Uhr verlassen auch wir den Hafen von Bari. Essen und schlafen dürfen wir im Bus.
Unsere kleinen Klappstühle passen genau in den Gang zwischen die Sitzreihen. So kann man sich herrlich über die ganze Busbreite ausstrecken. Ab und zu ist das ganz praktisch. Ich habe ja meine Teppich-Bühne, hoffe aber, dass die Paxlis auch bequem schlafen.
Es stinkt ein bisschen! Wir stehen direkt neben den Belgischen Rindern.

Foggia – Bari = 111 km

Es ist schon 8 Uhr als wir in Korfu anlegen. Nicht viele gehen hier von Bord. Eine Stunde später sind wir schon wieder auf See. Um ca. 10 Uhr erreichen wir Igoumenitsa. Nicht-Europäer bekommen einen Stempel in den Pass. Adam und Janice gehen Geld wechseln, danach schlendern wir alle zusammen durch den Supermarkt und decken uns mit Lebensmittel ein. Natürlich probieren wir lokale Leckereien und den örtlichen Wein.
Unser Ziel heute ist Kalambaka. Unterwegs machen wir einen Kaffee-Stopp. Am Tischlein vor dem Kafenio (typisch Griechisches Kaffeehaus) amüsieren wir uns, wie die Einheimischen mit Vollgas auf die 'speed bumps' vor der Brücke zu donnern.

Erst nach 17 Uhr treffen wir in Kalambaka ein. Auf dem Campingplatz des Meteora Garden sollten Florian und Adele auf uns warten. Er ist Buchhalter, sie ist Lehrerin. Die beiden sind auf der Hochzeitsreise und wollen mit uns nach Indien reisen. Sie sind aus dem Kanton Zug. Ziggy, Janice und ich haben die beiden einmal bei einem Frühstück kennengelernt. Wir haben sie als Überland-Tauglich eingestuft und ab heute sind sie Teil unserer Gruppe.

ERWARTE NICHTS GENIESSE ALLES

Adele sitzt im Restaurant und Mister Aris, der Besitzer, ist auch gleich zur Stelle. Er freut sich riesig, dass wir den Kleber seines Campings an der Windschutzscheibe angebracht haben. Natürlich gibt es zur Begrüssung wieder die Loukoumias (Turkish Delights) und wir bekommen einen Platz zugewiesen. Eine Runde schwimmen im Pool und eine Dusche, das erfrischt. Zum Abendessen machen wir Kotletten auf dem Grill, dazu gibt es Gemüse und ein Glas Wein. Es gibt viel zu erzählen und schnell wird es spät.

Igoumenitsa – Kalambaka = 212 km

Zum Frühstück braten wir Rösti und Spiegeleier und nehmen es sehr gemütlich. Wir besprechen, wie es weiter gehen soll. Inzwischen ist bestätigt, dass Lennon in Istanbul einfliegen wird. Lennon ist ein Freund von Adam und er wird uns ebenfalls nach Indien begleiten. Das ist sehr gut. Dann muss sich Adam nicht alleine mit den fünf Schweizern rumschlagen. Manchmal fühlt er sich vielleicht ein bisschen ausgeschlossen. Er versteht ja nichts, wenn wir Schweizerdeutsch sprechen. Das könnte auch seine miese Laune und das bossige Verhalten erklären. Wobei er mich schon gerne herum kommandiert. Ist einfach seine Art.
Adam hat mehr Erfahrung als ich, jedenfalls was das Fahren betrifft. Er war Fahrer für Dragoman und andere Unternehmen im Überland-Geschäft. Ich war nur ein 'Trainee' auf einer Tour in Afrika. Mit der Organisation und der Betreuung der Gäste will Adam lieber nichts zu tun haben. Das mache ich alles sehr gerne. Nur wäre es wünschenswert, wenn er seine Launen mehr für sich behalten könnte. Ich verstehe auch nicht, warum er das Gefühl hat, dass er der Chef ist. Nicht nur liegt die gesamte Organisation der Überland-Touren in meiner Verantwortung, ich komme auch für die Finanzen auf. Das scheint aber für Adam selbstverständlich zu sein! Anfangs dachte ich eigentlich, wir wären ein Team. Das hat sich aber schnell geändert. Mein Fahrer und Mechaniker will nur fahren, flirten und Bier trinken. Auch an den Kulturen und Sehenswürdigkeiten hat er wenig Interesse. Ich versuche mich damit abzufinden.

ERWARTE NICHTS GENIESSE ALLES

Wir haben beschlossen einen Tag in Kalambaka zu verbringen. Unsere vier Paxlis machen einen Ausflug zu den Meteora Klöstern. Am Abend gibt es Spaghetti Napoli und Brot. Da es regnet dürfen wir im Restaurant essen. Später gesellen sich noch Greg und Lee zu uns. Zwei Australier, die aus Delhi mit Bajaj Motorrädern gekommen sind. Sie sind schon sechs Monate unterwegs. Der Abend wird sehr vergnügt.

Heute wird gepackt. Um 9 Uhr sind wir wieder unterwegs, nun ein Team von sechs Leuten. Die vier Paxlis kommen sehr gut aus miteinander. Ich hoffe das bleibt so, immerhin haben wir noch etwa drei Monate vor uns. In der Gegend von Larissa sehen wir einen grossen Lebensmittel-Laden. Wir decken uns mit vielen feinen Sachen ein. Leider ist das Wetter heute nicht so erfreulich und so können wir auch das Olymp Gebirge nicht wirklich sehen. Kurz vor Thessaloniki halten wir bei einer Strassen-Kantina. Das freundliche Paar serviert uns feine Beefsteak Sandwiche, frisch zubereitet. Im schönen Kavala am Meer trinken wir einen Kaffee. Weil wir so gut vorwärts kommen, fahren wir noch weiter und gehen bei Fanari ans Meer. Der Campingplatz liegt direkt am Wasser und sieht sehr gemütlich aus. Gäste hat es praktisch keine. Auch hier bekommen wir 10% Rabatt, ich schätze das natürlich. Zum Weisswein und Gemüsereis gibt's grad noch einen Sonnenuntergang und der Abend wird wieder ganz unterhaltsam.

Kalambaka – Fanari = 497 km

Donnerstag, 18. September 1997
Unsere Paxlis nehmen es am Morgen lieber gemütlich. Bloss keinen Stress! Mir ist das egal, solange wir den Zeitplan einigermassen halten können. Auf ein paar Tage mehr oder weniger kommt es ja nicht drauf an. Via Alexandroupolis geht's nach Kipoi an die Griechisch-Türkische Grenze. Die Zollbeamten sind heute entspannt und nett. Sie schauen kurz in den Bus und wollen das Gepäck sehen. Innert einer Stunde ist alles erledigt. Wir machen eine kurze Kaffee-, Rauch- und Pipi-Pause, ansonsten wird gefahren. Kurz vor 17 Uhr treffen wir schon in Istanbul ein. In der Stadt hat

es nicht so viel Verkehr und so kommen wir zügig ins Londra Camp. Eine Reisegruppe von Phoenix Expedition hat sich auch dort niedergelassen. Die Infrastruktur wie Bad und Küche hat sich seit dem letzten Besuch verkleinert, aber es hat immer noch genug Platz für alle.
Um Mitternacht gehen Adam und ich zum Flughafen, um dort Lennon abzuholen. Er ist ein Freund aus Adam's Jugendzeit. Adam hat ihn diesen Sommer angerufen und ihn überredet auf diese Tour mitzukommen. Der Flug landet pünktlich. Lennon ist Ire, sehr sympathisch und eher etwas scheu. Im Moment jedenfalls.

Fanari – Istanbul = 380 km

1998 IT GR

Mit jedem Jahr und jeder Fahrt sammle ich mehr Erfahrungen und kann die Paxlis besser beraten und zuversichtlich durch die Länder führen.
Vor der Abreise treffe ich alle potenziellen Teilnehmer, um sicherzustellen, dass ihnen bewusst ist, was auf sie zukommt. Auch für mich ist es wichtig zu sehen, wer mitkommen will, um herausfühlen zu können, ob das rundherum passt. Drei Monate können eine sehr lange Zeit werden, wenn die Teilnehmer nicht miteinander auskommen oder jemand falsche Vorstellungen hat.

Im September 1998 scheint meine Mutter besonders traurig zu sein, als ich mich von ihr verabschiede. Sie wird sich wohl nie daran gewöhnen, dass ich so viel unterwegs bin.

Samstag, 12. September 1998
Am Bahnhof in Luzern holen Adam und ich unsere Schweizer Gäste ab. Clumsy kommt aus Zürich, Rudi und Babyface kommen aus dem Kanton Aargau. Getroffen haben wir uns ja alle schon mal, aber jetzt geht's los. Alle sind gespannt und voller Tatendrang.

ERWARTE NICHTS GENIESSE ALLES

Rudi ist schon über 65 Jahre alt. Er war so herzig als er mich das erste Mal angerufen hat. Seine erste Frage war; ob wir eine Altersgrenze hätten bei den Paxlis? Rudi ist sehr sportlich, erkundet die Schweiz auf dem Fahrrad und scheint mir auch sonst einen robusten Eindruck zu machen. Es stellt sich dann heraus, dass Rudi top fit ist und ein motivierter und interessierter Weggefährte.

Die Reise geht wieder über den Gotthard-Pass und via Milano nach Rimini, wo wir grad noch einen Platz auf dem Marina Camp ergattern können. Die neuen Paxlis werden instruiert wie man die Zelte stellt und was es sonst so zu tun gibt. Am Anfang helfen alle immer gerne, das Abenteuer ist noch frisch. Aber es ist OK, wenn jemand nicht helfen will, was eigentlich nie vorkommt.

Unterägeri – Rimini = 626 km

Diese Paxlis stehen lieber früh auf und sie sind zeitig startklar. Sie sind auch sehr effizient mit Packen. So sind jedes Jahr und jede Tour wieder anders. Innerhalb von zwei Tagen stehen wir schon in Bari, wo wir auf die Fähre nach Griechenland verschiffen. Es hat verschiedene Fähren und Unternehmen zur Auswahl. Irgendein Ticket bekommen wir immer.

Wir buchen Tickets für die 21 Uhr Fähre mit Ankunft in Igoumenitsa um 9 Uhr morgens.

Um 20 Uhr ist noch weit und breit keine Fähre zu sehen. Viele Leute stehen schon bereit auf dem Pier Nummer 15. Neben uns stehen ein paar Harley-Fahrer aus London und wir kommen mit ihnen ins Gespräch. Erst nach 22 Uhr parkieren wir auf der Fähre und es wird 23 Uhr bis wir Bari verlassen. Es ist herrlich auf dem Boot zu sein und in die Nacht hinaus zu fahren. Da wir nicht im Bus schlafen dürfen, kuscheln wir uns in eine Ecke in einem der Aufenthaltsräume und schlafen dort. Wir sind nicht die einzigen, die so übernachten.

Rimini – Bari = 566 km

ERWARTE NICHTS GENIESSE ALLES

Erst um 10 Uhr krieche ich aus dem Schlafsack. Es ist erstaunlich ruhig auf der Fähre. Gegen Mittag treffen wir in Korfu ein. Jetzt ist Betrieb auf Deck. Die frische Luft tut gut und wir schauen, wer alles das Boot verlässt.

Um 14 Uhr treffen wir dann endlich in Igoumenitsa ein. Schnell können wir alle Papiere erledigen, dann verlassen wir das kleine Hafenstädtchen. Wie jedes Jahr ist unser Ziel das hübsche Camp in Kalambaka.

Mister Aris, der Besitzer des Meteora Gardens, hat sichtlich Freude uns zu sehen und ich muss sagen, ich freue mich auch jedes Mal ihn zu treffen. Wie immer bekommen wir die süssen aber weichen Loukoumia zur Begrüssung. Das Camp unter den Bäumen und mit Annehmlichkeiten wie den Swimmingpool, fühlt sich sehr behaglich an.

Die WC- und Dusch-Anlagen wurden renoviert, was immer erfreulich ist. Wir haben noch Zeit für einen Spaziergang zu den speziellen Rockformationen, dann kommt langsam Hunger auf. Die Temperaturen hier sind wunderbar und so können wir gemütlich draussen essen. Zum Dessert gibt's Ouzo und langsam lernen wir einander besser kennen.

Igoumenitsa – Kalambaka = 208 km

Da das Wetter am nächsten Morgen nicht so erfreulich ist, sind wir den ganzen Tag unterwegs und erreichen gegen Abend Kavala. Das Irini Camp am Strand gefällt allen. Es riecht nach Ferien und wir geniessen einen unbekümmerten Abend hier. Wir spielen Ligretto, ein Kartenspiel mit Farben und Zahlen.

Kalambaka – Kavala = 398 km

Mittwoch, 16. September 1998
Um 9 Uhr sind wir wieder unterwegs. In Alexandroupolis machen wir einen kurzen Zwischenhalt. Um 12 Uhr kommen wir schon an die Griechisch – Türkische Grenze in Kipoi, zwischen Peplos und Ipsala. Die Griechen wollen heute nichts sehen und innert fünf Minuten sind wir auf der Brücke, die uns in die Türkei führt.

ERWARTE NICHTS GENIESSE ALLES

Während ich mich um die Papiere kümmere, gehen Adam und die Paxlis Geld wechseln. Für die Weiterfahrt übernimmt Adam wieder das Steuer und ich zähle das Geld. Wir haben ja immer verschiedene Kassen. Eine persönliche und eine für 'ENGA'. Leider muss ich heute feststellen, dass Adam beim Geldwechseln mächtig über den Tisch gezogen wurde! Statt 1 Million Noten haben sie ihm 100'000er Noten untergejubelt. Das bedeutet satte sieben Million Türkische Lire Verlust. Umgerechnet sind das nur 30-35 Schweizer Franken, für unser Budget ist das jedoch relativ viel Geld. Ich bin natürlich etwas enttäuscht, aber weg ist weg. Da kann man jetzt auch nichts mehr machen.

Beim ersten Lunch-Stopp essen wir typisch Türkisch in einer kleinen Beiz. Alle schmatzen begeistert. Danach geht's zügig Richtung Istanbul. Gegen 17 Uhr treffen wir schon im Londra Camp ein. Es hat immer viel Platz hier und man trifft auf andere Camper und Überland-Fahrer. Heute sind ein Phoenix Bus, ein Topas Bus und vier kleine Camper hier. Beim Abendessen besprechen wir mit unseren Paxlis die Pläne für die nächsten Tage.

Kavala – Istanbul = 440 km

4
Istanbul

September 1996 – 1997 – 1998

Meistens verbringen wir mit den Paxlis drei Tage in Istanbul. Hier beginnt die Reise eigentlich so richtig.
Die Stadt am Bosporus ist fantastisch, exotisch, historisch interessant, sie lebt, sie ist bunt und das Essen ist sehr gut und vielfältig.
Da wir draussen im Londra Camp wohnen, nehmen wir den Bus und die Metro in die Stadt. Man kann direkt zum bekannten Sultanahmet Platz fahren.

Das Angebot an Sehenswürdigkeiten ist gross. Die berühmtesten befinden sich in Sultanahmet, einem Stadtteil im europäischen Teil Istanbuls.
Bei meinem ersten Besuch in der Blauen Moschee (Sultanahmet Camii), treffe ich beim Eingang auf Memeth, ein sehr netter Tourguide, der auch sehr gut Deutsch spricht. Er offeriert, mich durch die Moschee zu begleiten und alles zu erklären. Das ist für mich bereichernd, ausserdem kann ich so nichts falsch machen. Memeth weiss gut Bescheid; wo der Muezzin ist, wo der Vorbeter sitzt, dass alle Teppiche Richtung Mekka ausgelegt sind. Der Aussenhof ist gleich gross wie das Innere der Moschee, nämlich 51x51 Meter. Die vier dekorierten Säulen in der Moschee nennt man Elefanten Füsse, diese sind 53 Meter hoch und haben einen Durchmesser von etwa drei Metern. Sehr interessant ist auch die Bedeutung der drei Storcheneier, die drei bis vier Meter unter der Kuppel hängen. Sie verhindern, dass Spinnen dort oben Netze weben können. In den Ecken unter der Kuppel und dem Dach wurden Stuckatur-Waben eingebaut, diese tragen zur optimalen Akustik bei. Auch wenn es viele Leute in der Moschee hat, kann man normal miteinander reden, es gibt kein Hallen oder Echo. Beim Anblick der schönen Malereien und Keramikplatten ist klar, warum das hier die Blaue Moschee ist. Das Gebäude ist reich dekoriert mit blau-weissen Kacheln.

ERWARTE NICHTS GENIESSE ALLES

Gebaut wurde die Moschee zwischen 1609 bis 1616, im Auftrag des Sultans Ahmed I. Sie ist heute Istanbuls Hauptmoschee und ein Hauptwerk der Osmanischen Architektur.

Die Aya Sofya ist heute ein Wahrzeichen Istanbuls. Sie wird auch Hagia Sophia genannt, was heilige Weisheit bedeutet.
Ursprünglich gebaut als byzantinische Kirche, wurde die Aya Sofya 1453 in eine Moschee umgewandelt. 1934 hat Atatürk entschieden, das Beste sei, ein Museum aus dem eindrücklichen und historischen Gebäude zu machen.
Als Kuppelbasilika errichtet, setzte sie im 6. Jahrhundert n. Chr. neue architektonische Akzente, indem griechisch-römische und orientalische Elemente miteinander verbunden wurden. 325 AD begann man den Bau der ersten Kirche. Das Gebäude brannte zweimal nieder, 404 AD und 532 AD. Auch das grosse Kuppeldach fiel etwa dreimal runter, zweimal wegen Erdbeben.

Das Topkapi Museum oder Topkapi Saray, der frühere Sultans Palast am Bosporus, ist ein weiteres Juwel. Gebaut wurde der Palast 1465 bis 1856, bewohnt für 400 Jahre von 29 verschiedenen Sultans (es gab 32). Ja, hier zu wohnen würde mir auch gefallen. Der Palast sitzt in einer grünen Park-Anlage am Wasser. Es ist wunderschön und man kann überall rumspazieren. Von der Terrasse eines äusseren Pavillons hat man Aussicht zur Galata Brücke, den prominenten Galata Turm, über das Goldene Horn und nach Karaköy, die asiatische Seite Istanbuls.
Es hat eine riesige Küche, wo viel Geschirr ausgestellt ist. Besucher können Pavillons, Sitzungs- und Harems-Räume besuchen und vieles mehr. In die Schatzkammer darf man auch, hier gibt es Rüstungen und Kleider zu sehen. Der Palast hat sogar eine eigene Moschee, wo den ganzen Tag vorgelesen wird.

Das Goldene Horn bekam den Namen, weil einer der Sultane mit dem gesamten Schatz, Gold und Edelsteinen, flüchten wollte. Er hat damit ein Schiff beladen, dass dann aber wegen des enormen Gewichtes vor dem Palast grad wieder sank.

ERWARTE NICHTS GENIESSE ALLES

Der Grand Bazaar, Kapali Carsi, ist auch ein Erlebnis. Der prachtvolle, gedeckte Bazaar ist voller Licht und Farben. Die Decken, Kuppen, Säulen und Mauern sind mit farbigen Kacheln und gemalten Mustern verziert. Es hat sehr viele Juwelier Läden aber auch Kleider, Schuhe Geschirr, Lampen, Teppiche, Souvenirs und Vieles mehr, man weiss kaum wohin schauen. Die gesamte Atmosphäre ist bezaubernd. Zur Stärkung gibt's frischen Orangen Saft oder der leicht salzige Jogurt-Drink Ayram, der wunderbar durststillend ist. Man bekommt auch den Türkischen Kaffee und kann vom Kafenio aus die Leute und das Geschehen beobachten.

Mein Favorit ist der Ägyptische Bazaar, Gewürz Bazaar oder auch Misir Carsi genannt. Er liegt in Eminönü in der Nähe der Galata Brücke. Es hat so viele, feine, lokale Köstlichkeiten dort. Man darf alles probieren und kann sich von Stand zu Stand schmausen. Die Verkäufer erklären gerne die unbekannten Kuriositäten. Natürlich decke ich mich hier gerne mit Gewürzen ein; Chili, Paprika, Sumak, auch feiner Honig, Pistazien und andere Nüsse. Turkisch Delights dürfen genau so wenig fehlen wie getrocknete Früchte, Käse und Trockenfleisch.

In einem Kafenio werde ich von einem typischen Touristen-Schlepper angesprochen. Ob ich aus Südafrika sei? Das wurde ich tatsächlich noch nie gefragt.

Ich geniesse es durch die Gassen zu schlendern. Beim Anblick der Essstände läuft mir grad das Wasser im Munde zusammen. Unten beim Hafen in Eminönü gibt es die frischen Fisch-Sandwich. Balik Ekmek ist ein frisches Baguette mit würziger Sauce und leckerem Makrelenfilet. In den Schaufenstern der lokalen Buffet-Ristoran, genannt Lokanta, winken Oliven, Käse, Köfte, Kebab, Gemüse, Dolma und vieles mehr. Was ich auch gerne mag ist ein Börek und zum Dessert die supersüsse Baklava.

Die verschiedenen Paxlis haben verschiedene Wünsche, manchmal gehen wir daher getrennte Wege. Andere wieder schätzen meine Erfahrung und wir erkunden die Stadt gemeinsam.

Das Sultan Pub ist ein guter Treffpunkt, um einen Apéro zu geniessen und Erlebnisse des Tages auszutauschen. Manchmal gehen wir am Abend auch in einem Ristoran essen. Ein berühmter und beliebter Treffpunkt ist das Cennet, wo es die besten Gözleme geben soll. Gözleme ist eine Art Crêpe.

ERWARTE NICHTS GENIESSE ALLES

Drei Frauen schwingen, füllen und rollen die Spezialität frisch auf Bestellung. Gefüllt sind sie mit allerlei Salzigem oder Süssem, je nach Gusto. Das Lokal ist oft zum Bersten voll und man muss lange warten. Aber das Endprodukt ist es wert. Die Gäste sitzen auf Teppichen an grossen runden Tischen. Eine Musik spielt und der Abend ist trotz langer Wartezeit meist amüsant.

Die Gegend, wo sich das Londra Camp befindet, heisst Yenibosna und ist nicht touristisch. Es ist ein Wohnquartier mit Läden und typischen Restaurants. Wir denken wir könnten auch mal hier essen. Also bummeln wir der Strasse entlang und halten Ausschau für ein geeignetes Lokal, da sprechen uns zwei Herren an. Sie kennen genau das richtige Restaurant für uns. Wir können uns das ja mal anschauen. Das Lokal ist gross und man kennt unsere Begleiter hier. Musik spielt und eine Frau führt einen Bauchtanz vor. Das könnte unterhaltsam sein, aber auch eine Falle, denke ich so für mich. Unsere Gruppe entscheidet sich zu bleiben und sofort werden Oliven, Brot, eingelegter Ziegenkäse, Nüsse und Früchte aufgetischt. Ich bin sicher, dass wir dafür bezahlen müssen. Einer der Schlepper-Herren redet mir die Ohren voll und macht grosse Pläne für unseren morgigen Tag. Aber wir werden ja morgen abreisen und so kann er Pläne schmieden so viel er will. Dummerweise macht jemand eine Bemerkung wegen Adam's Geburtstag. Da es schon Mitternacht ist, hat Adam jetzt Geburtstag. Sofort will die Service Crew etwas organisieren. Adam passt das gar nicht und auch mir wird das jetzt wirklich langsam zu viel. Ich bin froh, dass wir uns wieder mal einig sind. Auch die Paxlis kann ich davon überzeugen, dass das keine gute Idee ist und verlange die Rechnung. Wie erwartet ist diese ziemlich gesalzen. Was die uns alles verrechnen wollen und für die zwei Begleiter müssen wir natürlich auch bezahlen. Ich lasse mir das aber nicht bieten und zwei Paxlis unterstützen mich zum Glück. Wir verhandeln erfolglos aber legen dann einfach eine Summe Lire hin, die wir als anständig erachten. Die letzten 15 Minuten haben die schöne Stimmung des Abends grad verdorben. Sehr schade!

Jeder Onkel oder Cousin hat einen Teppich Laden. Mindesten einen Laden muss man schon mal besuchen. Die Einheimischen hier in der Stadt sind ja recht freundlich und auch lustig. Meine Neugier war gross genug und ich habe mir diese verschiedenen Teppiche erklären lassen. Die Herren im ausgesuchten Laden zeigen mit Freude ihre sehr schönen Exemplare aus Seide, Schafwolle und Leinen. Auch Wand- und Gebetsteppiche haben sie. Die Frauen, die solche Teppiche Knüpfen, sollten nicht länger als zwei Stunden pro Tag arbeiten, da sie sonst Probleme mit den Augen bekommen, erzählt man mir. An einem Teppich von 50x100 Zentimetern wird ca. zwei Monate gearbeitet. Die Türkischen Teppiche haben pro cm2 etwa tausend Doppelknoten. Der Apfeltee, der zur Vorführung serviert wird, ist sehr fein. Mir schmeckt er jedenfalls.

In der Stadt gibt es auch Jugendherbergen und Hostels. Wir hängen dort Flyers auf, da es schön wäre, wenn wir noch einen oder zwei Passagiere mehr hätten. Einmal treffen wir ein Pärchen aus Frankreich, das Interesse hätte mitzukommen. Leider haben sie noch kein Visum für Iran. Wir verabreden uns für Üchisar in Kappadokien. Sie wissen schon, dass sie in der Kaya Lodge wohnen werden, so können wir dort Nachrichten füreinander hinterlassen. Dann sehen wir weiter.

Das Londra Camp ist eine Oase mit Bäumen und etwas Grün drum herum. Hat man den Tag in der Stadt verbracht, ist es herrlich hier in Ruhe draussen sitzen zu können.
Die Küche ist riesig, es können locker zwei Reise-Gruppen gleichzeitig kochen und essen. Die WC- und Dusch-Anlagen sind gemacht für eine ganze Fussballmannschaft. Aber warmes Wasser hat es nicht wirklich.

Andere Gruppen oder individual Reisende lagern oft mit uns. Leute die mit Fahrrädern oder Motorrädern unterwegs sind oder im selbst umgebauten Vehikel. Jeder hat eine Geschichte.
Zu Dragoman haben wir eine spezielle Verbindung, nicht nur weil Adam für dieses Unternehmen mal gearbeitet hat. Vom Hauptsitz in England konnten wir ein paar ihrer Zelte kaufen und andere, brauchbare Utensilien. Die Zelte müssen einen robusten Boden haben und auch sonst ist das

Material von hoher Qualität. Die müssen ja auch viel aushalten. Das dauernde Auf- und Ab-bauen, die Wetter- und Gelände-Bedingungen, Lagerung und Transport zehren am Material.

Die Fahrer und Guides dieser professionellen Unternehmen sind auch immer gut informiert, was für Iran und Pakistan sehr hilfreich ist. Also, wenn einer der Fahrer auf einen Schwatz vorbeikommt, dann laden wir ihn gerne auf eine Tasse Kaffee ein. Colin ist total begeistert von unserer Infrastruktur. Glastassen und echte Milch?

Während den gemütlichen Tagen in Istanbul lernen sich alle Paxlis etwas besser kennen. Wir sitzen gemütlich beisammen beim Abendessen. Oft spielen wir Oklahoma oder Karten, nach ein paar Bierchen taut auch der scheue Lennon endlich ein bisschen auf.

Wir haben auch gelernt, dass wir hier günstige Pneus kaufen können für unseren Ury. Für 370 USD cash bekommen wir vier Pneus und die Montage. Während unser Bus also aufgemotzt wird, unterhalte ich mich mit den Kindern und dem Vater des Garagisten. Diese Pneus halten jeweils für die Fahrt nach Indien und zurück.

Was auch jedes Jahr neu abgeschlossen werden muss, ist die Haftpflicht Versicherung. Von Jahr zu Jahr ist das Prozedere jedoch verschieden. Am schwierigsten war es 1998. Das Büro, das ich vom letzten Jahr her kenne, ist ab 9 Uhr offen. Sie sprechen sogar Englisch hier und sind auch sehr nett. Sie erklären mir, dass ich zuerst eine Beitritts-Gebühr von 10 Millionen TL bezahlen müsste. Eine Versicherung für zwei Monate ist nicht mehr möglich, sechs Monate sei das Minimum! Sie sind dann wenigstens so nett, mir eine Adresse einer anderen Versicherung aufzuschreiben.

Die jungen Frauen im zweiten Büro sprechen kein Englisch und die Verständigung mit ihnen ist sehr schwierig. Ich denke sie wollen, dass ich die Versicherung für ein Jahr abschliesse. Sie wollen 16,8 Millionen TL. So habe ich mir das nicht vorgestellt, sonst war es doch immer so einfach! Die Gigeli-Girls kennen aber noch eine weitere Sigorta (Versicherung). Na ja, einen Versuch ist es hoffentlich wert. Die Adresse ist gleich um die Ecke und so nehme ich also einen dritten Anlauf. Im Büro sitzt ein fröhlicher junger Mann. Er hat einen Diktionär zur Hand und so korrespondieren wir sehr unterhaltsam und erfolgreich. Er offeriert mir die Versicherung für einen Monat für 3,7 Millionen TL. Der Papierkrieg ist dann eine kurze Sache. Neben Unterhaltung, Informationen sammeln, kochen, einkaufen und schreiben, kümmere ich mich auch um die Buchhaltung. Die Tage sind voll und vergehen sehr schnell.

5
Türkei 1996 – 1997 – 1998

1996 TR

Freitag, 20. September 1996
Güle güle bedeutet Abschied. Um 6.30 Uhr heisst es Aufstehen, Packen und bald sind wir reisefertig. Wir verlassen Istanbul Richtung Süden. Auf der Strassenkarte sehen wir, dass es zwischen Tekirdag und Sarköy eine Abkürzung gibt, grad entlang der Küste. Die Strasse entpuppt sich dann eher als Wanderweg. Die kleinen Dörfer sind sehr herzig, viele Bewohner haben vor den Häusern Seile gespannt und Tabak Blätter zum Trocknen aufgehängt. Sieht toll aus. Wir machen einen Mittagshalt und geniessen das Trockenfleisch, Käse, frische Tomaten und Brot. Für ein kurzes Stück finden wir zurück in die Zivilisation, bei Gallipoli geht es wieder dem Meer entlang. Wäre es Flut-Zeit, wäre die Strasse wahrscheinlich unter Wasser! Aber wir haben Glück und kommen ohne Zwischenfall in Eceabat an. Hier müssen wir nun eine Fähre nehmen, um nach Canakkale zu gelangen. Die Tickets für die Überfahrt kosten 40'000 TL pro Person und 900'000 TL für Ury. Während wir auf die nächste Fähre warten, sorgen witzige Verkäufer für gute Unterhaltung. Sie wollen uns stinkige Parfums und Socken verkaufen. Die Wasser-Überquerung dauert nicht lange. Wir fahren dann noch bis kurz vor Troja. In einem kleinen Park mit vielen Bäumen und Sitzbänken lassen wir uns nieder. Es hat sogar ein WC Häuschen, aber das riecht furchtbar, schon von Weitem.

Bon, unser jüngstes Mitglied auf dieser Tour, hat vorzügliche Manieren und hilft meistens beim Abwasch. Zu Hause hätte er auch oft helfen müssen, erzählt er mir.
In der Nacht klopft es plötzlich am Bus. Es ist Bon und die Polizei. Die Blaulichter laufen aber gehört habe ich nichts. Sie wollen unsere Pässe sehen und gehen dann wieder. Wohl nur eine Sicherheitskontrolle? Bon erzählt uns nachher, dass einer der Polizisten einfach den Reissverschluss seines

Zeltes geöffnet habe und dessen Kopf samt Gewehr durch die Öffnung erschien. Ich verstehe natürlich schon, dass es Bon kurz mulmig wurde.

Istanbul – Troja = 350 km

Unter dem Motto; Kann man später darüber lachen, war es gut! Wir diskutieren nochmals den Vorfall der letzten Nacht. Ich hoffe, Bon hat kein Trauma davon getragen. In unserem idyllischen Minipark trinken wir Café und essen Müesli mit Süt (Milch).
Die Ruinen von Troja sind heute unser erstes Ziel. Viel gibt es nicht zu sehen. Der Eintritt kostet dennoch 120'000 TL. Das Holzpferd ist ganz klar aus der heutigen Zeit, aber riesig und wir dürfen auch hinein sitzen. Scheinbar sind die Trojaner bekannt für ihre spezielle Baukunst. Besitzt man ein lebhaftes Vorstellungsvermögen, kann man sich vielleicht die Burg oder Residenz vorstellen. Es hat Arbeiter hier, die an der Ruine hantieren. In einem der ältesten, schriftlichen Werken Europas, genannt Ilias, könnte man über den Trojanischen Krieg nachlesen. Das Epos umfasst 24 Bücher.

Gegen 10 Uhr kommen Busse voller Touristen auf dem Parkplatz an. Zeit für uns weiter zu ziehen. Die Landschaft ist grün, es hat viele Baumwollfelder, mal ist die Strasse recht gut, mal ein bisschen abgewetzt.
In einem kleinen Dorf halten wir an und ich gehe einkaufen, heute zur Abwechslung mit Bon. Der Metzger hat riesige Stücke vom Schaf oder Lamm die am Hacken hängen. Wir nehmen aber nur ein kleines Stück vom Rind. Der Metzger fragt, ob ich Französisch spreche. Als ich ihm sage, dass ich aus der Schweiz bin, freut er sich riesig. Er habe 18 Jahre lang in Frankreich an der Schweizer Grenze gearbeitet. Oft hätte er Ausflüge nach Neuenburg, Lausanne ja bis nach Zürich gemacht. Ich kratze all mein Französisch zusammen und so schwatzen wir noch eine Weile lustig weiter. Brot, Käse, Oliven und Bier müssen wir noch besorgen, dann geht es weiter. Bald kommen wir nach Pergamon, wo wir einen Lunch-Stopp einschalten und die Ruinen besuchen. Eintritt 150'000 TL. Es hat ein paar Marmor Säulen und gemäss Informationstafel das steilste Amphitheater, wobei gross ist es

nicht. Die Aussicht vom Hügel ist herrlich und ich geniesse diesen Zwischenhalt.

Beim Verlassen der Ruine spricht mich ein Deutscher Tourist an, ob wir ihn vielleicht ein Stück mitnehmen könnten. Er sei zu Fuss hier hinauf gekommen. Platz haben wir ja genug und so darf er mit uns mitfahren. Izmir ist eine grosse Stadt und lebhaft. Am Meer entlang stinkt es fürchterlich nach verrottetem Fisch. Könnte auch ein Zeichen für schlechtes Wetter sein. Wir fahren weiter, wieder Richtung Inland und südlich bis wir in Torbali eine Baustelle finden, die als Nachtlager dienlich ist. Bon macht gute Vorschläge was wir kochen könnten, so muss ich mir nicht immer alles selber ausdenken. Heute gibt es Tomaten-Chili Spaghetti und das Stück Fleisch vom lustigen Metzger. Wir sind alle müde und gehen schon bald schlafen.

Troja – Torbali = 360 km

Es gibt schönere Umgebungen als eine Baustelle, aber wir haben alle prima geschlafen. Innert zwei Stunden schaffen wir es nach Kusadasi. Das Städtchen liegt am Meer in einer Bucht. Die Strasse führt vom Plateau hinunter zum Meer. Die Aussicht ist sehr einladend. Sieht sogar romantisch aus. Das Camp hier ist richtig schön, umringt von Bäumen, einem Pool und einem netten Besitzer. Wir richten uns ein und gönnen uns eine erfrischende Dusche. Etwas später fahren wir wieder hinauf auf's Plateau, wo Efes liegt und die berühmten Ruinen von Ephesus. Eintritt 380'000 TL. Sie wollen auch 20'000 TL um die WC-Anlage zu benützen, das finde ich schon fast etwas frech. Es hat sehr viele Besucher. Adam, Bon und ich spazieren zusammen durch die Anlage. Die Herren interessieren sich ja sonst nicht sehr für Geschichte oder Ruinen. Aber hier scheint es ihnen fabelhaft zu gefallen. Die Bibliothek und auch das 50 Meter lange Mosaik, das aussieht wie ein Teppich, gefallen mir besonders. Ansonsten hat es für meinen Bedarf zu viele Leute. Jenny sondert sich ab. Sie scheint etwas bedrückt die letzten paar Tage.

Zurück in Kusadasi gehe ich die Bucht auskundschaften. Den Rest des Nachmittags verbringen wir dann alle am Pool. Es ist wunderbar ruhig hier.

ERWARTE NICHTS GENIESSE ALLES

Ich suche das Gespräch mit Jenny, aber sie ist befremdend abweisend und meint, ich solle mich nicht bemühen!? Bin mir nicht sicher, wie ich das interpretieren soll und mache mir langsam ein bisschen Sorgen.

Gegen Abend gehen wir hinunter zur Bucht, wo wir einen schönen Sonnenuntergang präsentiert bekommen, mit vielen Segelbooten im Vordergrund. Das Dorf ist ein richtiger Touristen Ort und noch sehr belebt.

Torbali – Kusadasi = 57 km

Nach dem Frühstück reisen wir gleich weiter. Die Gegend ist wieder recht schön, grün und viele knorrige Olivenbäume zieren die Landschaft. Gegen 15 Uhr erreichen wir die Kalksinterterrassen in Pamukkale. In einem der Hotels kann man Teile des alten Römerbades sehen. Das Wasser ist ca. 33 Grad warm und der feine Sprudel fühlt sich enorm wohlig an auf der Haut. In den kleinen Pools im Hang kann man kurze Badepausen einlegen. Das Schwimmen und die Wanderung tun gut, die Aussicht ist ein schöner Bonus. Nach dieser Pause fahren wir weiter. In den kargen Bergen, in der Nähe von Serinhisar finden wir ein Busch-Camp. Heute gibt es ein einfaches Abendessen, Griechischer Salat und Wurst, die wir in Pamukkale gekauft haben. Dafür gibt es heute Wein, es ist ja schliesslich Adam's Geburtstag.

Kusadasi – Serinhisar = 225 km

Nach einer stürmischen Nacht mit Blitz, Donner und Regen scheint am Morgen zum Glück wieder die Sonne.

Zurück Richtung Küste geht es via Antalya nach Side an den Strand. In Aspendos, auf den Treppen des Amphitheaters, machen wir noch einen Lunch-Stopp. Gegen 15 Uhr treffen wir schon in Side ein.

Das Camp hier sieht verlassen, überwuchert und ein bisschen herunter gekommen aus. Der Vermieter meint, wir könnten schon hier bleiben. Die Saison sei zu Ende, deshalb sei das Camp eigentlich geschlossen. Ja, dann sind wir froh, dass er so nett ist und uns hier campieren lässt. Das Dach der

ERWARTE NICHTS GENIESSE ALLES

Dusche ist ein Baum und seine Blätter. Es hat einen gedeckten Sitzplatz mit einem langen Tisch und eine Küche. Jeder nistet sich ein. Etwas später gehen Adam und ich ins Dorf. Die meisten Preise hier sind in Deutscher Mark angegeben. Es habe etwa 80% Deutsche Touristen hier, lassen wir uns belehren. In einer Strandbeiz gönnen wir uns einen Drink und besprechen das weitere Vorgehen.

Am Abend essen wir alle zusammen im Camp, weil Bon es so gerne mag, gibt es wieder Spaghetti.

Serinhisar – Side = 270 km

Mittwoch, 25. September 1996
Ausschlafen steht heute auf dem Programm. Erst gegen 10 Uhr treffen wir uns beim Frühstück. Als wir da alle zusammen sitzen, eröffnet uns Jenny, dass sie nach Hause gehen wird. Sie wolle nicht weiter mit uns reisen. Ich war schon ein bisschen darauf gefasst, sie hat mir gegenüber vor zwei Tagen etwas angedeutet. Dass sie nun wirklich geht, ist jetzt aber doch ein bisschen schockierend. Eine Reise über Land nach Asien macht man ja nicht gerade wieder. Jetzt ist alles geplant, wir sind unterwegs. Ich kann es nicht ganz nachvollziehen. Erst meint Jenny, dass sie nicht spielen mag und lieber mehr philosophieren würde, dann erzählt sie aber auch, dass sie einen neuen Freund hat und ihn vermisse. Ein Versuch, sie zum Bleiben zu überreden, scheitert sehr schnell. Sie hat schon abgeschlossen und will einen Flug buchen gehen.

Wahrscheinlich ist es besser jetzt diese Aktion abzubrechen als jemanden dabei zu haben, dem es nicht gefällt.

Adam, Bon und ich gehen zum Strand. Wenigstens ist Bon abenteuerlustig und will unsere Tour ganz sicher nicht verlassen. Die beiden Jungs haben kein Verständnis für Jenny's Entscheidung. Sie bekommt den Namen Wbt, das kommt von 'wanna be traveler' (möchte gerne Reisende).

Der Strand ist nicht so schön, schmal und mit vielen Liegestühlen, aber das Meer sieht einladend aus. Ich mache einen Spaziergang entlang der Bucht. Weiter südlich, wo die grossen Hotels sind, wird der Strand breiter und auch die Liegestühle und Sonnenschirme sind nicht gerade bis ans Wasser gepflanzt. Im Liberty Café genehmigen wir drei uns noch einen Drink, bevor wir zurück ins Camp gehen. Jenny unterhält sich mit Orhan, der hier im Camp in einem der alten Bungalows wohnt. Er will uns zeigen, wie man eine Aubergine Paste macht. Strahlend vor Freude demonstriert er uns seine Kochkünste. Dazu gibt es frisches Brot und Salat. Ein Freund von Orhan kommt später auch noch dazu, beide sprechen sehr gut Deutsch.

Wir geniessen die paar Tage am Strand hier in Side. Das Meer ist ruhig und herrlich zum Schwimmen. Es werden wohl die letzten Strandtage sein, bis wir in Goa ankommen.
Das Amphitheater, die Ruinen am Strand und vor allem die weissen Säulen mit dem Meer im Hintergrund geben ein schönes Bild ab.
Zeit wieder mal Wäsche zu waschen. Ury's Flüssigkeiten müssen auch kontrolliert werden.
Am Abend essen wir meistens im Camp. Orhan bringt mal noch einen Grappa zum Probieren, sicher hausgemacht! Das Zeug ist feurig und wärmt ganz schön.

Meine Stimmung ist nur ein bisschen getrübt, weil Jenny uns verlässt. Ich wundere mich, was ich besser hätte machen können oder sollen. Dennoch hänge ich so meinen Gedanken nach. Die meisten Länder die wir durchreisen sind doch eher Männer Domänen. Da wäre ein bisschen mehr Frauen-Gesellschaft schon angenehm. Aber jetzt kann ich auch nichts mehr ändern.
Wir organisieren ein Abschiedsessen für Jenny in einem Restaurant direkt am Meer. Das Essen ist viel und vorzüglich und auch die Bedienung lässt keine Wünsche offen. Das Café ist sogar gratis. Es hat sehr viele Bars in Side. Stones, Barracuda, Zeppelin, Jazz und wie sie alle heissen. Die Piña Colada ist jedenfalls süffig. Es wird Mitternacht, bis wir zurück im Camp sind. Dort sind drei Deutsche Touristen, Studenten, eingetroffen. Sie schwatzen mit Orhan und wir gesellen uns dazu.

Am Mittag begleiten wir Jenny zum Bus-Stand, von dort hat sie eine Verbindung direkt zum Flughafen in Antalya.

ERWARTE NICHTS GENIESSE ALLES

Nun sind wir nur noch drei. Es gibt noch einiges zu tun bevor wir weiter-reisen. Tagebuch schreiben, Kilometer für die nächsten Destinationen che-cken, über Konya und Kappadokien lesen.

Zum Abendessen gibt es heute Rösti, Rindfleisch-Streifen, Tomaten und Chili. Die Jungs gehen auf ein Bier zurück ins Dorf. Ich schwatze mit Orhan, der auch schon wieder am Tisch sitzt. Er will von unseren Reisen hören. Ich erzähle ihm von Indien und er mir von der Türkei. Er fragt mich auch über Jenny aus, viel weiss ich ja nicht von ihr. Da meint Orhan, etwas stimme nicht mit ihr. Er glaube, dass sie Medikamente oder sonst Drogen nehme. Aber das kann ich mir gar nicht vorstellen und ich glaub, es wäre mir auf-gefallen.

Ich bin grad beim Zähneputzen, da kommen die beiden Jungs zurück, gänz-lich betrunken! Es freut mich, dass sie es gut haben.

Erst gegen 11 Uhr ist alles gepackt, wir verlassen Side. Schnell kommen wir in eine bergige Landschaft. Die Aussicht ist herrlich und auf gut 1'840 Me-tern weht ein frischer Wind. Ich sag Adam, dass wir nach Beysehir müssen, wir landen dann aber doch in Seydisehir. Adam meint; oh sorry, ich habe dich nicht gehört! Das kann schon sein, bei dem Geratter im Bus. Sind ja nur etwa 30 Kilometer Umweg. Die Gegend ist sehr schön, ein paar Bäume verstreut in der Landschaft. Das Verkehrsmittel der Einheimischen ist der Esel mit Karren. In einem Dorf halten wir an, um Snacks zu kaufen. Englisch oder Deutsch spricht niemand mehr. Mein Türkisch reicht nur grad für Milch und Brot und ich verstehe ein paar Zahlen, die auf den Noten stehen. Yüz Bin = 100'000 oder Elli Bin = 50'000. Aber irgendwie klappt es immer.

Um 16.30 Uhr erreichen wir Konya. Ich besuche das Mevlana Museum, das erst ein Mausoleum war für Jalal ad-Din Muhammad Rumi, ein Persischer Sufi. Gebaut wurde es 1231 und soll den wirbelnden Derwischen als Lodge gedient haben. Immer wieder wurden Teile angebaut und erst 1926, unter Mustafa Kemal Atatürk, wurde es in ein Museum umgewandelt.

Ein zweiter Besuch bringt mich zur Alaeddin Moschee, eine der ältesten Moscheen der Seldschukischen Architektur in Kleinasien. Sie steht auf dem Alaeddin Hügel, wo früher die Akropolis von Ikonion stand. Der Bau begann 1150 und wurde erst 1219 vollendet. Die Decke ist niedrig und besteht aus Holzbalken und vielen byzantinischen Säulen. Der Grundriss ist unregelmässig trapezförmig.

Auf dem Markt, den wir zwischen den Gassen finden, kaufen wir noch frische Esswaren. Das bisschen Gemüse und die Pfirsiche packt mir der Verkäufer einfach ein, ohne sie auf die Waage zu legen. Dann gestikuliert er, dass es gratis sei. Das Geld, das ich ihm hinhalte, will er nicht. Ich bin ganz verdattert, aber wir nehmen das natürlich sehr gerne. So lieb, diese Leute hier.

Nachdem wir die Stadt verlassen, kommen wir auf eine lange gerade Strasse, das Anatolien Plateau. Auf der rechten Seite sehen wir schon bald zwei verlassene Ställe, ohne Dächer. Wir gehen schauen, ob wir durch ein Tor reinfahren können. Das passt, so sind wir schön von der Strasse her geschützt und richten hier unser Nachtlager ein.

Es ist schon ein bisschen schade, dass Adam und auch Bon kein grosses Interesse an den schönen Landschaften, an Geschichten oder Sehenswürdigkeiten zeigen. Sie wollen es einfach lustig haben, ein Bier trinken und geniessen so die Reise auf ihre Weise. Jedem das Seine.

Side – Konya und Anatolien Plateau = 304 km

Am Morgen rollen wir weiter auf der langen, geraden Strasse. Es ist flach, ein paar Schafherden grasen, im Hintergrund weich geschwungene Hügelzüge, grüne, gelbe und braune Felder. Gegen Mittag treffen wir in Üchisar ein, in der Gegend von Kappadokien, berühmt für die Tuffstein-Landschaft. Es ist ein kleines, hübsches Dorf auf einem Hügel. Man spricht Französisch hier. Viele Schilder sind in Französisch und Türkisch angeschrieben. In der Pension Kaya liegt sogar ein Brief für uns vom Pärchen, das wir in Istanbul getroffen haben. Sie sind heute Morgen weg nach Ankara, um ihre Iran Visa abzuholen. Mal schauen, wie schnell sie wiederkommen, oder wie lange wir warten werden.

Für 50'000 TL kann man im Inneren des Hügels hinauf steigen zur Bergruine. Die Löcher, Höhlen, pilz- und hut-artigen Gebilde sehen witzig aus. Die Aussicht von der Ruine ist wunderbar und wir sehen auch unser heutiges

ERWARTE NICHTS GENIESSE ALLES

Ziel; Göreme, auch genannt das Kirchental, da es voll von Tuffsteinhöhlen ist. Man hat sogar ein Hotel in dieses Gebirge gebaut.

Nach einer Käse-, Brot- und Bier-Pause fahren wir dann nach Göreme, wo es auch ein paar Camps hat. Beim Ersten kehren wir grad wieder um. Schon am Eingang sind zwei Hunde angekettet und bellen, mir wird duselig. Das geht gar nicht. Beim zweiten Camp ist der Manager etwas unsympathisch. Er will 800'000 TL für den Platz, kommt dann auf 700'000 TL runter. Ich rolle immer noch meine Augen, soviel wollen wir eigentlich nicht wirklich für ein Camp ausgeben. Der Herr Manager nimmt dann ein Pack Marlboro aus seiner Hosentasche und fragt; was meinst du wieviel die hier kosten? Ich antworte ihm dann, dass ich nicht hierher komme, um seine Marlboros zu finanzieren. Schon sind wir wieder weg. Das dritte Camp sieht erst recht einladend aus, Swimming Pool, nette Manager, aber auch hier kostet es 700'000 TL, verstehe ich ja, die scheinen hier auch etwas zu bieten. Wir haben aber noch ein Schild gesehen für ein Berlin Camping, da gehen wir jetzt hin. Ein junger, sehr freundlicher Typ heisst uns willkommen. Für 150'000 TL können wir hier campieren. Es hat kleine Bäume und ein paar Tuffgesteine. Das Camp ist leicht terrassiert, uns gefällts.

Nachdem sich jeder ein bisschen erholt und eingenistet hat, machen wir uns auf den Weg ins Dorf und gehen einkaufen. Es hat alles was wir brauchen. Die kleinen Häuser sind hübsch, der Laden ist günstig und gemacht für Rucksack Touristen.

Während der Fahrt hatten wir Probleme mit der Kupplung. Adam meint, Ury verliert Flüssigkeit.

Bon macht heute die Sauce zur Pasta, seine Leibspeise. Er hat viel von seiner Mutter gelernt. Ich bin froh, dass er dabei ist. Adam und Bon sind beide etwa 1.90 Meter gross, da komme ich mir manchmal schon ein bisschen als Zwerg vor mit meinen 1.65 Metern.

Bon geht nach dem Essen Richtung Dorf. Gegen 23 Uhr kommt er wieder, ziemlich angesäuselt, aber strahlend und begeistert. Die Flintstone Cave Bar hat es ihm angetan. Er habe nette Leute kennen gelernt und die Bardame habe Musik gespielt, die ihm gefallen hat. Zwei Girls wollten ihm Backgammon beibringen, das wird hier überall gespielt. Aber er war zu abgelenkt. Ich verspreche ihm, dass ich es ihm morgen beibringe.

ERWARTE NICHTS GENIESSE ALLES

Anatolien Plateau – Göreme = 230 km

Dienstag, 1. Oktober 1996
Die Gegend hier ist herrlich. Ich gehe mit Bon auf Entdeckungsreise. Wir können ringsum rumkraxeln, entdecken Malereien in Höhlen und geniessen die verschiedenen Aussichten. Es hat auch ein Open Air Museum, das sehr schön ist (Eintritt 290'000 TL). Die ganze Anlage war früher ein Kloster. Überall hat es Räume, Kapellen und bewundernswert gut erhaltene Wandmalereien. Leider hat es auch viele Touristen-Gruppen, die die Atmosphäre etwas polluten mit ihrer tollpatschigen Art und dem lauten Tourguide.
Im Dorf werden an der Sonne auf Strohmatten rote Weinbeeren getrocknet. Ich stibitze ein paar, mhhh, die sind fein.

Zurück im Dorf, treffen wir auf einen Chauffeur des Dragoman Trucks. Sie sind unterwegs nach Nepal. Er habe gehört, dass es in Pakistan Schwierigkeiten gibt. Nach Peshawar könne man nur in Begleitung von bewaffneten Soldaten reisen. Wir werden uns wohl noch weiter informieren müssen. Ich werde meine Ohren offen halten.

Nach dem Abendessen spielen Bon und ich Backgammon. Er lernt schnell. Es ist so schön ruhig im Camp. Der Sternenhimmel glitzert und das Tuffgestein sieht so eigenartig aus im Mondlicht, wie nicht echt.

Ich würde gerne die Riesenköpfe von Nemrut Dagi besuchen. Aber Adam will nicht auf diesen Berg fahren. Er will einfach nur weiterreisen, am liebsten ohne anzuhalten, wie mir manchmal scheint.

Adam hat sich gestern um die defekte Kupplung gekümmert. Er hätte 5 Kilometer zu Fuss bis zur Garage gehen müssen, weil es keinen Bus gibt. Am Morgen vor unserer geplanten Abfahrt, kann Adam das reparierte Teil abholen. Innert zwei Stunden ist er zurück. Alles scheint in Ordnung und er macht sich sofort an die Arbeit, das Teil wieder einzusetzen. Diese Aktion dauert nochmals etwa zwei Stunden. Dann gehe ich zum netten Manager unsere Rechnung bezahlen. Er hat für ein paar Jahre in Deutschland gelebt. Sein Deutsch ist immer noch sehr gut. Stolz zeigt er mir seinen Kalender von 1995 mit vielen Bergbildern aus dem Wallis (Kanton im Südwesten der Schweiz). In Afghanistan hätten sie seit ein paar Tagen eine neue Regierung erhalten. Jetzt dürfen die Frauen nur noch als Männer verkleidet auf die Strasse, weiss er noch zu berichten. Wir würden gerne noch weiter schwatzen, aber mein Team will los.

Es geht Richtung Ürgüp und wir wissen, dass es bis Kayseri etwa 35 bis 40 Kilometer sein sollte. Doch nach Ürgüp sehen wir plötzlich ein Schild das sagt, 86 Kilometer bis Kayseri. Schnell die Karte konsultieren, ja da haben wir wohl die Abzweigung in Ürgüp verpasst! Aber Adam will nicht umkehren, er fährt einfach weiter bis fast nach Avanos und dann wieder östlich Richtung Kayseri. Als wir einen kleinen Hügel hinaufkriechen, beginnt es neben dem Fahrersitz, unter der Motorhaube zu rauchen. Sofort halten wir an. Wie es aussieht, ist der vordere Teil des Auspuffes heiss geworden, das hat die Box wegen der verkleckerten Kupplungsflüssigkeit etwas angeschmort. Hoffen wir, dass es nur das ist. Nachdem alles abgekühlt ist, fahren wir weiter.

In Kayseri will ich Geld wechseln. In der ersten Bank kennen sie die Swiss Traveler Checks nicht! Die zweite Bank jedoch hat kein Problem und wechselt diese ohne grosse Umschweife. Wir kaufen noch Brot, Käse und eingelegtes Gemüse, natürlich dürfen wir alles zuerst probieren. Auf dem Markt finden wir eine reiche Auswahl an frischem Gemüse und Früchten. So nett sind alle die Leute wieder, es ist eine Freude. Auch ist es sehr günstig hier, man merkt schon, wir haben die Touristen Gegend verlassen.

Die immer wechselnden Gegenden gefallen mir. Heute ist es hügelig, wir passieren viele gemähte Kornfelder, Rüben werden gerade geerntet und immer wieder diese Bilderbuch Schafherden mit Schäfer.
Wunderbar und romantisch sieht es aus; der Schäfer, die Schafe in schwarz und weiss, alles in eine schöne Landschaft eingebettet, grüne Wiese, Bäume und Berge im Hintergrund. Ich steige aus und gehe über die

Strasse, um heute das perfekte Foto zu schiessen. Sofort kommen zwei grosse Hunde auf mich zu gerannt. Sie bellen, fletschen mit den Zähnen, tragen Halsbänder mit Stacheln dran, die Romantik zerplatzt wie eine Traumblase. Abgeschreckt von diesen angriffslustigen Hunden steige ich schnell wieder in den Bus. Lieber mache ich das Foto durch das offene Fenster.
Ich hoffe, dass sich wenigstens der Schäfer amüsiert hat.

Irgendwo auf dem Weg nach Sivas finden wir eine verlassene Tankstelle. Das Hinterzimmer war wohl mal eine Küche. Den Ury parkieren wir hinter dem Gebäude. Unsere Stühle und den Tisch können wir durch das fehlende Fenster in die Küche reichen.

Beim Abendessen diskutieren wir noch die Weiterfahrt und Bon will mehr über Iran wissen.

Göreme – Sarimsakli = 115 km

Nach einem kurzen Frühstück sind wir um 8.15 Uhr schon wieder abfahrtbereit. An einer Tankstelle, wo wir Diesel und Öl auffüllen, werden wir spontan zum Tee eingeladen. Neben dem Tankwart ist auch ein Polisi (Polizist) am Tisch, ein sehr netter Mann. Bon amüsiert sich jedenfalls ausgezeichnet mit den beiden.
Danach führt uns der Weg wieder in schöne Hügellandschaften. Schafe, Ziegen und Rinder zieren die Felder. Oft sehen wir auch Tabakfelder. Die Türken rauchen viel, die einheimischen Zigaretten seien ja auch billig, haben wir uns sagen lassen. Was uns auch auffällt ist, dass es heute enorm viele Militär-Check-Points hat. In einem kleinen Dorf gehen Bon und ich wieder einkaufen. Die haben hier sicher noch nicht viele Touristen gesehen. Es ist amüsant die Einheimischen zu beobachten, wie sie auf uns reagieren. Die Schule ist auch gerade aus, die Kinder sind weniger scheu und kommen schnell auf uns zu; How are you? What is your name? wollen sie wissen. Sie haben wahrscheinlich gerade die ersten paar Englisch Lektionen hinter sich und probieren das Gelernte an uns aus. Als wir antworten

und eine Gegenfrage stellen, kichern sie aber nur. Einige rufen schon von weitem; look tourists! (schau Touristen!)

Danach kommen wir weiter in die Berge und sehen auch Schneeberge am Horizont. Wir werden von Polisi und Militär gestoppt. Pässe wollen sie sehen. An einem Stopp will der Polizist, dass wir einen Freund von ihm mitnehmen bis ins nächste Dorf. Adam ist total dagegen. Es könnte ein Unfall passieren, dann ist er nicht versichert, oder er stiehlt etwas von uns etc. Ich sehe das etwas lockerer und wäre nicht unbedingt dagegen. Aber Adam bleibt dabei, der Freund kann nicht mitkommen. Ich finde das etwas hart angesichts der Freundlichkeit, die wir hier erfahren durften. Aber ich bin ja nur eine Frau und habe nichts zu sagen!
Wir befinden uns nun im Kurdengebiet. Links und rechts in der Gegend sehen wir halb versteckte Militär Zelte, einsatzbereite Helikopter und Männer in Tarnanzügen. Auf der Strasse kommt uns sogar ein Panzer entgegen und es hat auch einige Militär Lastwagen.
Völlig überladene Lastwagen krächzen vor uns über den Pass (2'140 m). Ich darf wieder mal Ury lenken und nehme es gemütlich. Im nächsten Dorf werden wir schon wieder angehalten. Ein Polizist kommt auf mich zu und meint sofort, dieser Bus sei zu gross für mich! Ich muss aussteigen. Alle Papiere will er sehen, Führerschein und Pass. Er nimmt mir auch sogleich alles ab und schreitet hoch erhobenen Hauptes in sein Büro, Adam und ich auf seinen Fersen. Provokativ schaut er mich an, öffnet seine Schublade, schmeisst meine Papiere hinein und schliesst die Lade. Dann meint er, ich brauche eine 'E-Lizenz' um den Bus zu steuern. Adam meint, das könnten wir nicht wissen, er soll uns gehen lassen, er würde das Steuer übernehmen. Der Polisi hat aber nicht seinen grossherzigen Tag. Er will 330'000 TL! Erst sind wir ein bisschen sauer, dann rechne ich aber schnell und merke, dass das ja nur etwa vier Schweizer Fränkli sind. Ich bekomme sogar eine Quittung, alles sauber und legal. Sofort werden mir meine Papiere ausgehändigt und wir können gehen. Der strenge Polisi und sein Gehilfe begleiten uns sogar nach draussen und winken uns lächelnd Adieu.

Etwa 60 Kilometer vor Erzurum sehen wir ein Dorf, das auf den ersten Blick völlig zerbombt aussieht. Wahrscheinlich wurde es durch ein Erdbeben zerstört. Ein geeignetes Versteck für uns, was immer hier geschehen ist. Wir machen es uns zwischen den Ruinen gemütlich und freuen uns auf einen erholsamen Abend.

Sarimsakli – ausserhalb Erzurum (Asbak) = 483 km

Um 7 Uhr ist es noch eisig kalt draussen, die Sonne wärmt noch nicht. Beim Früchte waschen fallen mir fast die Finger ab, erst das Café wärmt dann ein bisschen.
Auch heute hat es wieder massenhaft Militär- und Polizei-Verkehr. Zwanzig Lastwagen, Jeeps der US Armee und ein Konvoy der Britischen Armee kommen uns entgegen. Auf einem Feld stehen Zelte und Lastwagen der Deutschen Medical Kompanie. Dauernd werden wir angehalten und müssen die Pässe zeigen. Die Gegend hier ist karg. Im Hintergrund präsentieren sich hohe Berge und endlich zeigt sich auch Mount Ararat, wo Noah mit der Arche gelandet sein soll. Mit 5'137 Metern ist er der höchste Berg in der Türkei und des Armenischen Plateaus. Er wird auch Agri Dagi genannt und ist ein schlafender Vulkan. Der letzte Ausbruch war im Juli 1840. Im Ort Agri machen wir einen Lunch-Stopp und gehen auf den Markt Nachschub kaufen. Die Leute können weder Englisch noch Deutsch und mit den Preisen wollen sie uns auch über's Ohr hauen. Aber ich weiss mich zu wehren, auch wenn wir nicht die gleiche Sprache sprechen und sofort kommt der Preis um 100'000 TL runter. Scheinbar habe ich mir jetzt grad ein bisschen Anerkennung verschafft! Plötzlich wollen ein paar Männer und Jungs, dass ich sie fotografiere. Das mache ich natürlich gerne. Schade nur, dass sich alle Frauen und Mädchen verstecken.

Die Strassen hier im Osten sind nicht so gut wie im Resten der Türkei. Es ist eher kühl draussen, beim Lunch sitzen wir gerne direkt an der Sonne. Gegen 15 Uhr treffen wir in Dogubayazit ein. Ein alter, verbeulter Renault überholt und stoppt uns. Ob wir Camping oder Hotel suchen, er habe beides. Das ist ideal. Also folgen wir dem Renault zum Camp in der Stadt. Leider ist die Einfahrt aber nicht gross genug für Ury und so müssen wir eine andere Bleibe suchen. Es hat einige Hotels in verschiedenen Preisklassen.

ERWARTE NICHTS GENIESSE ALLES

Da die Stadt sehr eng ist, würden wir lieber den Bus parkieren und zu Fuss ein Hotel suchen. In einem Hinterhof gibt es eine Möglichkeit. Der Besitzer möchte lieber nicht, dass wir hier parkieren, ja dann halt nicht. Ein Nachbar hat die Szene beobachtet und lädt uns in seinen Hinterhof ein. Er entschuldigt sich für den Nachbar, der sei unfreundlich, meint Ilhan. Sofort sind wir umringt von seinem Familien- und Freundes-Clan. Westliche Frauen haben die hier noch nicht oft gesehen. Die Männer glotzen mich an, fast schon ungeheuerlich. Ilhan lädt uns zum Tee ein, den wir gerne annehmen. Bon begleitet mich auf den Markt, ich muss ja noch einen Mantel und ein Kopftuch kaufen, um mich in Iran von der besten Seite zeigen zu können. Einen Laden zu finden ist einfach. Der Verkäufer weiss genau was ich brauche. Ich hoffe nur, er hat Recht bezüglich der Farben. Vorsichtshalber kaufe ich einen dunkelblauen Mantel, aber das Kopftuch ist etwas heller und farbig, 2'650'000 TL kostet der Spass.

Im Hotel Teheran nehmen wir schlussendlich ein Zimmer. Fünf US-Dollar will der Hotelier, Dusche inklusive. Ury kann vor der Türe parkiert werden. Jetzt steht einem Abendessen nichts mehr im Weg. Ilhan hat uns das Restaurant Derya empfohlen, das wir auf Anhieb finden. Ich bestelle Pizza, Mint-Jogurt, Salat und Raki. Alles ist sehr fein und Brot gibt es haufenweise dazu. Ilhan kommt auch noch auf einen Schlummertrunk vorbei. Wir müssen seinen Onkel begrüssen, der mit einem Iraker mit schöner Plakette um den Hals am Nebentisch sitzt. Sie offerieren uns eine Runde Raki. Ilhan erzählt uns, dass er der einzige Sohn sei und er fünf Schwestern habe. Sein Vater sei Moslem und trinke nur Tee und Café. Die Gegend hier habe er noch nie verlassen. Ilhan würde gerne nach Antalya, Ölü Deniz oder Istanbul gehen. Das kann ich gut verstehen. Schnell ist es spät und wir verabschieden uns von der freundlichen Runde. Wir wollen morgen früh weg. Ein richtiges Bett zum Schlafen, es ist eine Wohltat.

Ausserhalb Erzurum – Dogubayazit = 337 km

ERWARTE NICHTS GENIESSE ALLES

1997 TR

Dienstag, 23. September 1997
Obwohl es gestern doch sehr spät wurde, sind Adam und ich schon um 7 Uhr auf den Beinen. Ich mache Frühstück, vor allem viel Café ist gefragt. Da alle etwas 'Teig' sind, bleibt die meiste Arbeit an mir hängen. Kurz vor 9 Uhr verlassen wir das Londra Camp in Istanbul. Alle Paxlis sind sehr ruhig und dösen vor sich hin.
Die Gegend ist güzel. Das Türkische Wort 'Güzel' gefällt mir wegen der lustigen Gegensätzlichkeit. Das Schweizer Wort Güsel steht für Abfall. Das Türkische Güzel hingegen, bedeutet schön.
Es geht südlich entlang der Küste. Um 14 Uhr erreichen wir Enceabat, wo die Fähre nach Canakkale geht. Nach der vergnüglichen Erfahrung vom letzten Jahr, haben wir dieses Mal eine bessere Route gefunden. Wir haben auch Glück an der Fähre Station und können gleich mitfahren.

Auf dem Parkplatz vor den Ruinen bei Troja essen wir etwas. Die Paxlis besuchen dann das Pferd und erkunden die Ruinen. Nun döse ich ein bisschen bis alle wieder kommen.
Von hier fahren wir noch etwa 8 Kilometer zum kleinen Park, wo wir letztes Jahr schon campiert haben. Allen gefällt es dort. Es ist schön wieder draussen in der Natur zu sein.

Istanbul – Troja = 349 km

Trotz Sonnenschein ist es doch eher noch kühl am Morgen. Das Ziel heute ist Pergamon. Es geht über Hügel und kurvenreiche Strassen. Immer wieder bietet sich eine schöne Aussicht.
Auf dem Parkplatz in Bergama wollen sie uns zwei Parking-Tickets verkaufen. Warum wir zwei Tickets kaufen sollten? Es gibt ein hin und her, bis ein älterer Mann kommt und meint, ich sei eine nette Touristin, 50'000 TL (= ein Ticket) sei deshalb OK für mich. Da bin ich ja froh! Der jüngere Ticket Mann will dann wissen, ob ich denn kein Geld hätte? Darauf antworte ich

ihm, dass ich es lieber vorsichtig ausgebe! Es wächst ja auch bei uns nicht auf den Bäumen. Das stimmt den jungen Mann nachdenklich.

Während meine Mitreisenden in der Stadt ihre Wünsche erfüllen, bleibe ich beim Bus. Irgendwie ist es mir nicht so wohl, unser Hab und Gut unbewacht hier stehen zu lassen.

Als alle wieder zurück sind, fahren wir auf den Hügel hinauf zu den Ruinen von Pergamon. Auch hier wollen sie wieder Geld für's Parkieren, 500'000 TL soll es sein. Wie immer hinterfrage ich diese Preise, vor allem, wenn es keine richtigen Tickets dafür gibt. Mit dem Ticket-Verkäufer kann ich mich dann auf 300'000 TL einigen. Der Eintritt in die Ruinen kostet 250'000 TL. Den Paxlis gefällt es hier und der Spaziergang ist angenehm. Die Aussicht vom Berg ist herrlich, die Ruinen Stätte ist toll gelegen. Adam und ich essen nun auch Lunch und warten an der Sonne, bis alle zurück sind. Nach 15 Uhr sind wir wieder unterwegs. Durch Izmir rollen wir eine Zeitlang hinter einem Bus her mit jungen Mädchen. Plötzlich halten sie ein Blatt Papier auf, darauf haben sie geschrieben; Welcome to Turkey! Das ist so lieb. Sie freuen sich, als wir ihnen alle zuwinken. Wir kommen wieder mal an einer Migros vorbei, ja die gibt es hier in der Türkei überall. Sieben Leute verdrücken ziemlich viel Food und so benutzen wir die Gelegenheit und gehen einkaufen.

Letztes Jahr haben wir in der Gegend von Torkeli auf einer Baustelle übernachtet. Diese ist jetzt natürlich fertig. Wir sehen aber ein Schild, noch 10 Kilometer bis Kusadasi, das schaffen wir heute noch.

Erst nach 18 Uhr treffen wir im sehr angenehmen Camp in der Bucht von Kusadasi ein. Es ist noch genau so wie ich es in Erinnerung habe. Wir bekommen unsere 10% Rabatt und dürfen uns einen Platz aussuchen. Während die Paxlis den Pool geniessen, mache ich mich ans Kochen. Wir machen Spiele und es wird wieder ein heiterer Abend.

Troja – Kusadasi = 410 km

Um 9 Uhr sind schon alle auf. Ich gehe erstmal eine Runde schwimmen. Es wird ausgiebig gefrühstückt mit Käse, Honig, selbstgemachter Konfitüre

von meiner Mutter und feinem Brot. Danach fährt Adam die Gruppe nach Ephesus zu den berühmten Ruinen. Ich bleibe alleine zurück im Camp. Einmal ein paar Stunden einfach so für mich zu haben. Ah, ist das herrlich. So richtig güzel!
Den freien Nachmittag geniessen alle am Pool und im grünen Garten des Camps.
Am Abend kochen Janice und Ziggy Älplermakaronen, dazu gibt es warme Apfelschnitze. Die Geschichten aus Indien und Nepal scheinen uns nie auszugehen. Es ist herrlich draussen zu sitzen und schnell wird es wieder spät.

Wasser kochen, Wasser-Kanister füllen, frisches Brot holen. Vorne rechts hat Ury einen Platten, den Adam aber nur aufpumpen muss. Kurz vor 9 Uhr sind wir unterwegs. Via Aydin und Denizli geht's es nach Pamukkale. Ziggy nennt es Pumukel. Es gibt den gewohnten Café-Rauch-Piss-Stopp. Vorbei an kleinen Dörfern und Baumwollfeldern kommen wir an den Fuss der Kalksinterterrassen. Auch hier wollen sie nun Geld für's Parkieren (150'000 TL) plus Eintritt pro Person 400'000 TL. Innert einem Jahr hat sich hier so einiges verändert. Adam lädt uns auf dem Hügel oben aus und fährt den Bus zum unteren Parkplatz. Das Pamukkale Hotel will dann auch noch Geld, um im angenehmen Mineralwasser zu schwimmen (750'000 TL für 2 Std). Es ist schon sehr wohlig, diese Sprudel auf dem Körper zu spüren. Das Baden auf der gesamten Hügel-Terrasse, in den kleinen natürlichen Pools, ist nun verboten. Es sieht etwas traurig aus. Das Baumwollschloss ist mehr grau-braun als weiss. Aber sie sind am Putzen. Hoffentlich ist es nicht zu spät. Den schmalen Pfad entlang den kleinen Pools zum unteren Parkplatz gibt es noch, den schlendern wir gemütlich hinunter. Die Paxlis sind beeindruckt. Wenn man es vorher nicht gesehen hat, ist es wohl immer noch schön hier.
Weiter geht die Fahrt Richtung Serinhisar. Die Gegend ist grün, verstreut über die Hügellandschaft stehen kleine Bäume. In dieser Landschaft finden wir ein Nachtlager. Leider fängt es schon bald nach dem Essen zu regnen an und so müssen wir schnell zusammenpacken.

Kusadasi – Cavdir = 304 km

ERWARTE NICHTS GENIESSE ALLES

Beim Frühstück besprechen wir die Weiterfahrt und die nächsten Ziele. Die Türkei bietet ja so viele Möglichkeiten. Alles zu sehen ist jedoch nicht machbar in unserem Zeitplan. So muss man sich immer wieder für eine Route entscheiden.

Es ist nicht kalt draussen, obwohl das Wetter eher grau ist. Da heute Morgen schon wieder das rechte Vorderrad platt war, müssen wir es im nächsten Dorf reparieren lassen. Ich gehe einkaufen und die Paxlis schlendern durch den Ort. Ich glaub wir sind in Korkuteli. Auf dem Markt ist es lustig, die Einheimischen amüsieren sich über den exotischen Besuch. Gegen 11 Uhr geht es weiter Richtung Antalya. Ausserhalb der Stadt hat es Wiesen und Wald, dort lassen wir uns nieder und schmatzen Lunch. Bereits am frühen Nachmittag treffen wir in Side auf dem Campingplatz ein. Ein netter junger Mann empfängt uns. Das alte Männlein vom letzten Jahr ist auch da. Für einen Pauschalpreis von 2 Millionen TL können wir den ganzen Platz übernehmen. Es hat wieder keine anderen Gäste, ausser Orhan. Er tanzt auch schon an und begrüsst uns alle freundlich. Da es regnet setzen wir uns unters Dach bei der Küche. Die Aussicht hier ist wirklich schön. Rundum ist es üppig grün, buschig, viele Blumen und am Horizont glitzert das Meer.
Den Einkaufsbummel verbinde ich mit einem Strandspaziergang. Ich geniesse den ruhigen Moment und die angenehme Meeresbrise. Am Abend kommt Orhan auf einen Schwatz vorbei und schnell wird es spät.
Dieses Jahr haben wir etwas Pech mit dem Wetter in der Türkei, aber das kann sich ja noch ändern.

Cavdir – Side = 221 km

Sonntag, 28. September 1997
Die Gruppe geniesst diese Tage im schönen Side. Ein bisschen Strandleben, im kleinen Dorf die Apérowelt auskundschaften. Wäsche waschen, Postkarten schreiben und einfach wieder mal ein paar Tage sesshaft sein. Langsam lernen wir einander auch viel besser kennen. Die Stimmung ist locker und gemütlich.

ERWARTE NICHTS GENIESSE ALLES

Ausser am Morgen als uns die Butter ausgeht. Ich kaufe hier im Dorf keine frische Butter, da diese nach Schaf riecht. Bei Janice kommt das leider nicht so gut an, sie will Butter auf's Brot. Als ich ihr erkläre, dass ich lieber keine Butter habe, als solche die nach Schaft riecht, steht Janice auf und läuft weg. Sie geht zum Supermarkt und kauft Margarine. Auch diese riecht stark nach Schaf, das ist hier einfach so. Niemand will diesen Aufstrich und alle sind um eine Erfahrung reicher.

Adam telefoniert noch mit dem Iranischen Konsulat in Istanbul. Leider haben sie schlechte Nachrichten für Adam und Lennon. Die Visa für unsere zwei Engländer wurden verweigert! Das ist Pech! Ich bin jetzt nicht allzu beunruhigt, bin aber froh Ziggy und den Rest des Teams dabei zu haben. Zusammen werden wir Ury schon durch den Iran steuern.
Adam ist schon etwas enttäuscht über die negative Antwort aus Teheran. Aber da können wir nun auch nichts mehr machen.
Lennon und Florian kochen heute Abend. Es gibt viel zu besprechen bezüglich der Fahrt durch den Iran. Obwohl ich keine grossen Bedenken habe, müssen wir sicherstellen, dass alle Aspekte durchdacht sind. Die Gruppe wird also getrennt weiterreisen für ein paar Wochen. Sind wir einmal unterwegs, können wir einander nicht mehr kontaktieren. Zudem muss die Reise für Lennon und Adam geplant und arrangiert werden. Ausserdem ist die Türkei-Reise noch nicht zu Ende, auch hier gibt es noch ein paar Entscheidungen zu treffen.
Um 9 Uhr sind alle reisefertig, ich darf fahren. Durch die Stadt Manavgat finden wir ohne Umschweife, dann kommen wir in die Berge. Absolut schöne Landschaft, rau, steinig, wenig Verkehr, gute Strassen und viele Kurven. Nach der Café-Rauch-Pipi-Pause fährt Ziggy, so kann er sich schon mal mit Ury anfreunden. Wir kommen über einen 1'824 Meter hohen Pass, via Seysehir rollen wir dann ins Flachland. In Konya finden wir unsere Sehenswürdigkeiten nicht gleich, dafür kommen wir an einem grossen und bunten Markt vorbei. Unsere Paxlis besuchen Mevlana und Alaeddin Camii.
Auf dem nahe gelegenen Anatolien Plateau, ausserhalb von Konya, kennen wir ja schon ein Nachtlager. Die verlassenen Ställe sind noch dort und

wir fahren wieder hinein. Wir sind wunderbar geschützt hier und es ist ganz gemütlich.

Ich bin müde, muss noch schreiben und deshalb ziehe ich mich bald nach dem Abendessen zurück. Da kommt Adam zu mir, in sichtlich schlechter Laune. Er habe ein Problem mit diesem Objekt! Ich weiss erst gar nicht wovon er redet. Ziggy hat scheinbar eine gewürzte Meeresschaum Pfeife geraucht, zusammen mit Janice und Lennon, das passt Adam natürlich gar nicht. Ich müsse Ziggy sagen, dass das überhaupt nicht in Frage kommt. Ich versuche Adam zu beruhigen. Ziggy ist schon viel gereist und macht keine Dummheiten. Wenn er jetzt auch einmal am Abend eine Pfeife raucht, sollte das kein Thema sein. In der Öffentlichkeit raucht er eh nicht. Er wird bestimmt nichts über die Grenze mitnehmen. Adam redet schon von Gefängnis und wenn weiter geraucht werde, dann steige er in Pakistan aus. Adam besteht darauf, dass ich mit Ziggy rede. Ich werde das selbstverständlich machen. Ich vertraue unseren Paxlis und mache mir keine Sorgen. Mit Adam kann man oft nicht vernünftig reden. Seine Ansicht der Lage steht wieder mal nicht zur Diskussion. Ja, er droht mir sogar, Ziggy zur Polizei zu bringen! Das ist etwa das Dümmste, das jemand in unserer Situation und Lokation machen kann. Er ist wahrscheinlich frustriert, weil er kein Iran Visum erhalten hat. Ahh, ist das anstrengend!

Side – Anatolien Plateau = 271 km

Kurz nach 8 Uhr sind wir bereit für die Weiterfahrt. Gegen Mittag erreichen wir Derinkuyu. Es ist eine der berühmtesten unterirdischen Städte und ich glaube auch eine der grössten in Kappadokien. Der Name Derinkuyu bedeutet tiefer Brunnen oder tiefer Schacht. Das Tunnelsystem wurde 1963 zufällig entdeckt. 36 solcher unterirdischen Anlagen wurden gefunden. Es wird vermutet, dass es viele mehr gibt. Nur wenige sind für die Öffentlichkeit zugänglich, wahrscheinlich wegen Einsturzgefahr. Archäologen vermuten, dass einige der Anlagen etwa 4'000 Jahre alt sind.
Hier in Derinkuyu wurden acht Etagen freigelegt. Der am tiefsten zugängliche Ort befindet sich 55 Meter unter der Erdoberfläche. Experten denken, dass es hier 20 Etagen gibt. Gebaut wurden diese unterirdischen

Städte, um die Einwohner während des Krieges gegen die Seldschuken zu schützen. Die Eingänge sind sehr eng gebaut, so dass man nur in einer Einerkolonne hinein gehen kann. Von der Seite her wurden dann diese Rollsteine, die wie Mühlesteine aussehen, vor die Eingänge gerollt. Man kann sich eine Art Schiebetüre vorstellen. Damit können die Gänge vollständig abgeriegelt werden. In der Mitte der Steine hat es ein Loch, gerade gross genug, um einen Pfeil durchzuschiessen. So war es ein Leichtes, perfekt geschützt, jeden Angreifer gleich mit Pfeilen abzuwimmeln.

Unten wurden Wohnräume eingerichtet, Lagerräume, kleine Kirchen, sogar einen Weinkeller gab's und auch Haustiere wurden gehalten. Dank einem ausgeklügelten Wasser- und Lüftungssystem konnten die Bewohner dort sicher aufgehoben gut überleben. Die Luftzirkulation funktioniert noch heute, jedenfalls bis in den achten Stock. Es ist sehr eindrücklich diese unterirdische Stadt zu erkunden und dank dem funktionierenden Luftschacht ist es wirklich sehr angenehm. Die Gänge und Schächte sind relativ hoch, so dass man sich nicht eingeengt fühlen muss.

Nach diesem bemerkenswerten Besuch der Unterwelt geht es weiter nach Üchisar. Der Ort liegt auf einem Hügel und die Aussicht ist imposant. Wir lassen unsere Blicke über die erodierte und karge Landschaft schweifen. Die Hoodoos, auch Kamine genannt, sind ein aussergewöhnlicher Anblick. Nach einem kurzen Fotospaziergang fahren wir die letzte Etappe ins nahe gelegene Göreme, das Herz von Kappadokien. Das Berlin Camping existiert noch und so lassen wir uns da wieder nieder. Alle unsere Paxlis sind sofort begeistert von Göreme. Auch heute hat es praktisch keine Gäste im Camp und so können wir uns einnisten, wo wir wollen. Adele und ich kochen. Es wird schnell kühl am Abend und so beschliessen wir, noch auf eine Runde Drinks in die Flintstone Bar zu gehen.

Anatolien Plateau – Göreme = 247 km

Donnerstag, 2. Oktober 1997
Leider regnet es schon wieder als ich erwache. Alle bleiben liegen, es ist ruhig im Camp. Erst so gegen 11 Uhr kommt langsam Leben auf. Ich habe

noch ein bisschen gelesen. Diese ruhigen und gemütlichen Morgen sind rar und so geniesse ich sie ausgiebig. Draussen ist alles nass und wir beschliessen in ein Restaurant zu gehen. Im Tardelli findet jeder etwas, ob nun English-Breakfast oder Pizza.

Als es wieder sonnig wird, wasche ich noch ein paar Kleider. Duschen muss ich kalt. Ich hatte gehofft, die Sonne würde das Wasser in den Tänken erwärmen. Aber ich habe mich inzwischen an die kalten Duschen gewöhnt. Nur das Haarewaschen ist manchmal hart mit dem kalten Wasser. Nachher kann ich an der Sonne sitzen und mich aufwärmen.

Die durch Erosion entstandenen Steingebilde und die Natur hier sind schon sehr erstaunlich. Ich kann mich gar nicht satt sehen. Auch die Paxlis machen Ausflüge in die Gegend. Man kann über Steine kraxeln, Höhlen und Malereien entdecken oder einfach in der Landschaft spazieren gehen.

Als am Abend wieder alle beisammen sind, hilft mir Janice unsere Küche für's Kochen bereit zu stellen. Wie so oft vor dem Essen, mache ich noch Café. Nachdem wir den ganzen Tag unterwegs waren, gibt das nochmals einen Energie Schub. Heute fragt Janice, ob sie auch ein Café haben darf? Klar kann sie ein Café haben! Ich wundere mich warum Janice so komisch fragt. Sie erklärt mir dann, dass Adam heute Nachmittag den Paxlis mitgeteilt hat, dass es ab sofort kein Café mehr gibt am Abend! Davon weiss ich nichts und das wurde auch nie mit mir abgesprochen. Wir verbieten den Paxlis sicher nicht das Café, warum auch? Ausserdem ist Adam der Kandidat, der am meisten Café trinkt! Wieder einmal verstehe ich die Welt nicht so ganz!
Unser Gemüseeintopf wird von allen gelobt und zum Dessert gibt es frische Trauben aus der Region.
Bevor ich schlafen gehe, spreche ich noch mit Adam bezüglich des Cafés. Wenn er irgendwelche Regeln aufstellen will, dann wäre es von Vorteil, wenn wir das zusammen besprechen würden, so dass ich Bescheid weiss. Das Café Verbot ist per sofort wieder aufgehoben.

ERWARTE NICHTS GENIESSE ALLES

Am letzten Abend in Göreme gehen wir nochmals Türkisch essen. Man muss schliesslich die lokalen Spezialitäten auch probieren. Wir werden fein bewirtet und es schmeckt allen. Viel zu schnell ist es wieder spät. In der Cava Bar genehmigen wir uns noch einen Schlummertrunk, danach kann ich herrlich schlafen.

Beim Bezahlen der Camp-Rechnung gibt es noch einen freundlichen Schwatz mit dem Besitzer. Er meint, ein Bus voller Tschechen sei gestern Abend spät gekommen und jetzt schon wieder weg. Die hätten ja gar nichts von Göreme gesehen! Uns gefällt es hier jedenfalls und ich bleibe immer gerne ein paar Tage.

Unsere Reise geht weiter Richtung Ürgüp, Aksular nach Kayseri. Die Gegend ist schön, es geht auf und ab, vorbei an landwirtschaftlichen Feldern und Bergen. In Gernerek machen wir einen Mittagshalt. Das Dorf ist urchig, wir essen Pide mit Fleisch, Tomaten und Petersilie. Alles ist sehr fein. Ein Maler setzt sich zu uns. Er spricht Deutsch, hat jahrelang in Frankfurt gearbeitet und freut sich, mit uns zu plaudern.

Am Nachmittag kommen wir wieder in eine bergige Gegend. Die Strasse führt uns über einen 2'190 Meter hohen Pass. In der Nähe von Yenicubuk erkennen wir die Tankstelle wieder, wo wir letztes Jahr übernachtet haben. Letztes Jahr war es noch eine Baustelle. Jetzt ist sie fertig und in Betrieb. In den Bergen sehen wir Panzer und Bunker und ab und zu sind auch Militär Fahrzeuge unterwegs. Es ist nicht so einfach ein Busch-Camp zu finden. Die Gegend wäre zwar sehr schön. Es hat aber wieder angefangen zu regnen, deshalb wollen wir die asphaltierte Strasse nicht leichtsinnig verlassen. Wir wollen ja nicht im Morast stecken bleiben. Bei einer Baustelle gibt es einen Kiesplatz. Als wir parkiert und alles inspiziert haben, kommt ein Militär Fahrzeug. Die Soldaten wollen unsere Pässe sehen. Sie sind sehr freundlich und laden uns ein, bei ihnen im Camp zu übernachten. Es sei etwas gefährlich hier draussen, wegen der PKK. Ob sie denn Platz hätten für drei Zelte und den Bus, frage ich sie. Daraufhin beginnen sie eine Diskussion, der ich nicht folgen kann. Dann fahren sie weg, geben uns aber zu verstehen, dass wir uns nicht bewegen sollen. Wir haben schon alles aufgestellt und haben soweit keine grossen Bedenken. Da es kalt und nass ist, essen wir im Bus. Es gibt Salat, Brot und Zaziki. Zum Dessert verdrücken wir Schokoladen-Kekse. Als wir grad so fertig gegessen haben, kommen drei Militär Jeeps zurück. Sie haben einen jungen Mann in der Truppe gefunden, der recht gut Englisch spricht. Er sei schon drei Jahre hier und sein Chef sogar sieben Jahre. Er sei mit einer Polizistin verheiratet, sie haben eine zweijährige Tochter und einen Sohn, der ist fünf Monate alt. Er strahlt übers ganze Gesicht, als er von seiner Familie erzählt. Florian und ich reden mit ihm über die Sicherheit hier und er versichert uns, dass sie die ganze Nacht Patrouille fahren werden. Es sei alles OK.

Wir verbringen den Abend im Bus auf den Sitzen. Die einen spielen Karten, ich lese noch und lege mich dann schlafen.

Göreme – Tülü = 438 km

Die Nacht ist ohne Zwischenfälle vergangen. Langsam kommen alle aus den Zelten. Es ist grau und kühl, aber wenigstens regnet es nicht. Ziggy darf heute Morgen wieder ans Steuer sitzen. Wir sind in den Bergen. Der höchste Pass den wir bezwingen ist 2'160 Meter hoch. Schafherden ziehen durchs Land. Die Sicht zurück über das Tal, wo wir grad herkommen, ist sehr schön.

In der Nähe von Asbak, im Dorf, das entweder zerbombt oder von einem Erdbeben zerstört wurde, machen wir einen Mittagshalt. Ich koche Suppe, dazu gibt es frisches Brot.

Das Wetter ist sehr wechselhaft. Zwischendurch regnet es immer wieder. Ich hatte noch nie so viel Regen auf den Überland-Touren wie dieses Jahr. An wem das wohl liegen mag?

Um halb 2 Uhr fahren wir weiter. Adam stoppt nicht mehr und wir kommen auch nicht an vielen Dörfern vorbei. Dafür finden wir schon kurz vor 17 Uhr einen brauchbaren Rastplatz, hinter einer Garage. Schnell haben wir Besuch von ein paar neugierigen Nasen. Sie wollen nur schwatzen, obwohl wir nicht die gleiche Sprache sprechen. Oft scheint das aber die Einheimischen nicht zu stören, das ist eigentlich erfreulich. Alle sitzen gemütlich herum, lesen, schreiben oder plaudern. Florian hilft mir mit Kochen. Adam und Ziggy haben eine Zeltblache konstruiert, so dass wir hinten beim

ERWARTE NICHTS GENIESSE ALLES

Bus unter dem Dach geschützt kochen können. Essen tun wir dann im Bus, es wird schnell kalt hier draussen. In der Nähe hat es ein kleines Restaurant, dort bekommen wir Tee und können noch ein paar Runden Oklahoma spielen.

Tülü – Agri = 432 km

Das Wasser für Tee und Café fängt gerade an heiss zu werden, da geht das Gas aus. Autsch! Jetzt können wir nicht mehr kochen! Müssen wir eine Gasfüll-Station finden.
Als Adam vom Brot holen zurückkommt, meint er, der Typ vom Restaurant wollte 50 DM für's Übernachten hier. Er habe ihn dann schrittweise von 4 Millionen TL bis auf 1 Million TL runterhandeln können. Ich wundere mich etwas. Die Einheimischen sind doch sonst so grosszügig hier, sage aber nichts. Wir füllen vorne, zwischen Restaurant und Tankstelle, noch unsere Wasser Tänke. Es ist keine Menschenseele zu sehen.

Als wir so schön gemütlich unterwegs sind, fängt Adam an wegen den Pässen zu nerven. Ich sehe irgendwie keinen Grund, mit den Pässen in der Hand hier zu sitzen. Aber Adam lässt nicht locker, er weist uns an, die Pässe bereit zu halten, da wir bald zu den Militär- und Polizei-Check-Points kommen. Aber wir kommen über die Berge und es ist weit und breit niemand zu sehen. Weil die Gegend so schön ist, machen wir noch einen Halt und können die Aussicht über die karge, bergige Landschaft geniessen.
Gegen 11 Uhr erreichen wir Dogubayazit, ohne dass wir einen Check-Point passiert haben. Während wir Frauen ein Outfit für Iran kaufen gehen, vergnügen sich die Männer bei einer Pizza.
Wir treffen den gutaussehenden Mann vom Murat Camp. Das Murat Camp hat Adam im Frühling 1997 auf der Rückfahrt entdeckt. Murat ist sehr sympathisch und wir können gleich hinter ihm herfahren. Oben auf dem Hügel thront sein Haus mit kleinem Restaurant, neuen WC- und Dusch-Anlagen und viel Platz zum Campieren. Die Aussicht ist atemberaubend. Adele, Florian und ich gehen auf einen Entdeckungs-Spaziergang, die anderen kämpfen um einen Platz in der Dusche. Schön ist es hier oben

ERWARTE NICHTS GENIESSE ALLES

und die Bewegung tut den Beinen und dem Kopf gut. Heute ist wieder mal richtig schönes Wetter. Zurück im Camp haben es sich alle gemütlich gemacht. Adam hilft Murat mit einem Brief auf Englisch. Murats Bruder überredet mich auf ein paar Runden Backgammon. Er erklärt mir, dass er gerne eine Italienerin als Frau hätte. Ihm gefalle die Italienische Mentalität. Tee gibt es gratis und wir essen im Restaurant zu Abend. Für mich gibt es ein vegetarisches Gericht mit grillierten Auberginen, die anderen bekommen 'Sheep-Mix' (Schaf-Mischung). Zum Dessert spendiert mir Murat einen Raki, den ich sehr gerne mag. Aus dem Dorf kommen elegant gekleidete Männer. Sie trinken und singen und später tanzen sie auch noch. Sie stehen im Kreis, halten sich die Arme über die Schultern und schwingen die Beine. Es kommt Partystimmung auf und natürlich wollen die Herren, dass wir auch mit ihnen tanzen. Murat hat zwei Brüder, alle sprechen Englisch auf gutem Niveau und sie sind sehr nett mit uns. Sie wissen bestens Bescheid über die Gegend hier, sie sind ja auch hier aufgewachsen. Mit den Männern aus dem Ort können wir uns nicht so gut unterhalten wegen der Sprachbarriere. Ich bin immer noch sehr erstaunt, warum die hier alle in ihren Anzügen, weisses Hemd und Krawatte rumlaufen. Das passt eigentlich überhaupt nicht ins Bild.

Als ich die Rechnung bezahle, kostet alles zusammen nur 200'000 TL! Murat erklärt mir, dass mein Essen gratis sei und die Übernachtung im Massenlager ebenfalls. So muss ich nur für das Essen meiner Reisegefährten bezahlen. Das ist sehr grosszügig.
Wir bestellen noch Café für morgen früh – soran yok (kein Problem). Nun wird es Zeit schlafen zu gehen.

Agri – Dogubayazit = 112 km

ERWARTE NICHTS GENIESSE ALLES

1998 TR

Sonntag, 20. September 1998
Adam und ich sind um 7 Uhr auf und schon am Packen, da werden wir von einem Platzregen überrascht. Babyface und Rudi kommen auch in die gedeckte Küche des Londra Camps. Es hat viel Platz dort und wir können die nassen Zelte über die Stühle hängen. Zehn Minuten später zeigt sich schon die Sonne. Nach dem Frühstück wird fertig gepackt und auf geht's.
Wir fahren südlich, entlang der Küste, über Hügel bis nach Eceabat und dort geht's auf die Fähre nach Canakkale. Auf der Halbinsel Gelibolu (Gallipoli) fand im ersten Weltkrieg eine wichtige Schlacht statt. Die Entente Mächte (Allianz von Grossbritannien, Frankreich und Russland) wollten von hier aus das Osmanische Reich und Istanbul besetzen. Kamal Pascha (Atatürk), damals General, konnte das jedoch mit seiner Armee verhindern.

Jede Stunde geht eine Fähre nach Canakkale, die Überfahrt dauert nur 30 Minuten. Gegen 15 Uhr treffen wir in Troja ein. Unsere Paxlis gehen die kleine Ruine und das nachgebaute Holzpferd besuchen. Adam und ich stellen die noch etwas nassen Zelte an die Sonne. Schnell bekommen wir Besuch. Es ist Tomaten Ernte Zeit, ein paar neugierige Arbeiter möchten wissen was wir hier machen. Diese Tomaten Pflücker bekommen 2 Millionen TL pro 8 Stunden Arbeit. Für ein Kilo Tomaten wollen sie 30'000 TL. Hamid, der auch auf uns aufmerksam wurde, weiss einen Platz für uns zum Campieren. Sein Freund hat ein Restaurant gar nicht weit von hier. Wir gehen dann mit Hamid und tatsächlich hat sein Freund ein schönes Plätzchen für uns. Alle Zelte können gestellt werden und auch unsere Küche hat Platz unter der Pergola. Hamid ist fast ein bisschen aufdringlich. Hamid nennt unseren jungen und fröhlichen Paxli einfach Babyface. Dieser Name ist dann an ihm hängen geblieben. Jedenfalls soll Babyface eine von Hamid's Cousinen heiraten. Er hat die Wahl zwischen der 16- oder 20-jährigen! Null Kilometer garantiert! Als würde er ein Auto verkaufen! Unverschämt finde ich das und es gefällt mir hier schon nicht mehr so gut. Natürlich müssen wir Fotos mit ihm machen. Er bringt uns aber auch etwas zu Essen; Nüsse

ERWARTE NICHTS GENIESSE ALLES

und Melonen. Die Türken sind ja ein sehr gastfreundliches Volk und generell sehr nett. Als Hamid jedoch den Wunsch hat, seinen Arm um mich zu legen, ist es Zeit zu gehen. Ich verziehe mich schnell in mein Schlafgemach.

Istanbul – Troja = 339 km

Am Morgen sind wir früh weg hier, bevor Hamid wieder kommt. Bereits gegen Mittag erreichen wir die Akropolis von Pergamon. In der Epoche des Hellenismus (336-30 v.Chr.) wurde die Stadt zu einem der bedeutendsten Kulturzentren. Nach einer antiken Legende wurde das Pergament in dieser Stadt erfunden. Tatsächlich war Pergamon ein Zentrum der Pergamentproduktion. Pergament ist gegerbte und nur sanft bearbeitete Tierhaut von Kühen, Ziegen oder Schafen und der Vorgänger unseres Papieres.
Der Eintritt zur Ruine kostet 500'000 TL und für's Parkieren wollen sie sogar 600'000 TL! Dass das die grossen Touristen Busse zahlen müssen glaube ich dem Parkwächter ja gerne. Aber wir sind kein so grosser Bus, ich will den niedrigen Tarif. Nach ein bisschen hin und her einigen wir uns dann auf 300'000 TL, geht doch!
Es ist schön auf der Akropolis herum zu spazieren. Da es auf einem Hügel liegt, können wir auch die herrliche Aussicht geniessen.

Nach diesem Abstecher geht die Fahrt weiter. Durch Izmir kommen wir erfreulich zügig, in der Migros wird eingekauft. Adam hat es wieder mal eilig und so kommt es, dass er heute mal eine Geschwindigkeits-Busse aufgebrummt bekommt. Ich habe die Polizei am Strassenrand auch nicht gesehen. Aber plötzlich waren sie hinter uns her. Preis: 4 Mio TL!
Gegen 17 Uhr treffen wir schon in Kusadasi ein. Es gefällt mir in dieser Bucht und vor allem auch auf dem feudalen Campingplatz mit Swimming Pool. Die freundliche Rezeption zeigt uns einen Platz unter Bäumen, der allen gefällt. Der Preis für uns alle beträgt 410'000 TL, der Tourguide ist gratis. Nachdem wir uns eingelagert haben, hilft mir Clumsy beim Kochen. Auf dem Speiseplan steht Polenta mit Gemüse-Eintopf.

Troja – Kusadasi = 448 km

ERWARTE NICHTS GENIESSE ALLES

Ich fahre mit den Paxlis zu den Ruinen von Ephesus.

Kusadasi liegt unten in der Bucht, Ephesus thront auf dem Plateau der Landschaft Ionien. Ein Besuch in dieser geschichtsträchtigen Tempelanlage ist ein Muss. In der Antike lag die Stadt am Meer. Durch klimatische sowie seismische Veränderungen verschob sich die Küstenlinie im Laufe der Zeit so, dass sich die Anlage heute mehrere Kilometer landeinwärts befindet. Eine Marmorstrasse, die heute im Sand verläuft, deutet auf eine ehemals prunkvolle Promenade hin, die elegant zum Strand oder Hafen geführt hat. Ephesus beherbergt eines der Sieben Weltwunder, der Tempel der Artemis. Berühmt ist auch die Celsus Bibliothek aus dem 2. Jahrhundert n. Chr., die auch das Mausoleum des Erbauers Julius Celsus Polemaeanus ist. Der Sarkophag, dekoriert mit einem Medusenkopf, gilt als sehr kostbar.

Die Bibliothek hat verschiedene Wandel durchgemacht und man nimmt an, dass die Bücher durch die Goten (3. Jahrhundert) verbrannt wurden, was ein enormer Verlust darstellt.

Auch das Theater von Ephesus gehört zu den grössten Bauten der Antike, mit Platz für ca. 25'000 Zuschauer. Aber wenn man bedenkt, dass Ephesus einmal eine der grössten Städte des Römischen Reiches war (über 200'000 Bewohner), ist das Theater nicht mehr so gross.

Die Geschichte von Ephesus geht bis 5'000 v. Chr. zurück. Heute ist Ephesus eine der touristischen Hauptattraktionen der Türkei.

Also mir gefällt der Besuch in dieser Antiken Stätte sehr. Flanieren, staunen, sitzen und geniessen. Den Nachmittag verbringen wir im Camp. Der Pool ist eine willkommene Erholungsstätte. Für einen Drink gehen wir alle zusammen ins kleine Städtchen.

Weil es so schön ist, bleiben wir noch einen Tag in Kusadasi. Unsere Paxlis sind sehr pflegeleicht und entspannt. Clumsy bekommt hier ihren Spitznamen Clumsy. Sie kleckert dauernd beim Essen oder etwas fällt runter. Wenn sie in die Nähe unseres Camping Tisches kommt, dann muss man schon die Tasse oder das Glas festhalten.

ERWARTE NICHTS GENIESSE ALLES

Adam hat selbstverständlich auch einen offiziellen Overlander-Namen. Aber auf dieser Tour haben die Paxlis ihm einen neuen Namen gegeben; Ihre Majestät!

Heute ist Adam's Geburtstag. Nach einem angenehmen und lustigen Nachmittag am Pool, bereiten wir einen Apéro mit feinem Käse, Brot und Wein. Zum Abendessen gibt's Salat, Chips, Krabbenfleisch und für die Herren Lammkoteletten. Zur Feier des Tages gibt es Konyak zum Dessert, die Türkische Version des Cognac. Ein herrlicher Abend in netter Gesellschaft.

Am Morgen geht es weiter nach Pamukkale. Auf dem Hügel lädt uns Adam aus. Er fährt hinunter zum Parkplatz. Mit den Paxlis spaziere ich vorbei an den Ruinen, wo einst Italienische Missionare gewohnt haben und dann weiter zu den Thermal Hotels.

Vor ein paar Jahren hatte es hier viel mehr Hotels. Einige mussten schliessen oder umziehen, weil sie zuviel Wasser verbraucht haben und somit den Weiterbestand der Kalksinterterrassen gefährdet haben.

Pamukkale, auch genannt das Baumwollschloss, ist 2'700 Meter lang und 600 Meter breit. Kalkhaltige, heisse Thermalquellen, die dank dem hohen Anteil von Calciumhydrogen-Carbonat leicht sprudeln. Es fühlt sich herrlich angenehm an, wenn man in diesem Wasser sitzt. Der poröse Kalkstein wird auch Travertin genannt, man findet ihn auch im Yellowstone National Park in den USA.

Vom Plateau führt ein Pfad hinunter zur Sohle der Terrassen. Unterwegs kann man die Füsse in den kleinen Pools baden. Vor Jahren durfte man hier noch richtig baden. Da aber die Natur unter dem grossen Aufkommen des Tourismus litt, wurden die Kalksinterterrassen zusehends grau-braun. Zum Glück hat man aber regiert und dank Einschränkungen konnte das weisse Kleid des Baumwollschlosses gerettet werden.

Während Adam lieber auf dem Parkplatz auf uns wartet, geniessen die Paxlis und ich diese Sehenswürdigkeit und den Spaziergang.

Gegen 15 Uhr sind wir unterwegs Richtung Antalya. Die Strassen in der Türkei sind sehr gut und Verkehr hat es meist nicht viel. Wir kommen über einen Pass (1'460 m). Es wird ein bisschen kühler aber die Aussicht in dieser bergigen Landschaft ist schön. Gegen 17 Uhr finden wir einen geeigneten Platz für die Nacht. Wir stellen die Zelte auf und auf Wunsch von Babyface gibt es Spaghetti und Salat. Er würde die Spaghetti auch mit Ketchup essen! Naja, ich koche lieber eine Tomatensauce dazu. Babyface fährt ein Auto mit Heckspoiler, Alufelgen und die Musikanlage ist ihm das Wichtigste, verrät er uns. Babyface trägt viel zur Unterhaltung aller bei. Er ist jung, erfrischend und immer guter Laune.

Clumsy ist der Liebling aller einheimischen Männer. Wo immer wir hinkommen wird geflirtet. Ihre lustige und tollpatschige Art ist einfach unwiderstehlich.

Rudi ist der Emsige und sehr sportlich. Er ist immer bereit, sieht alles und ist an allem interessiert. Er hat auch ein paar Jahre mehr Lebenserfahrung als wir. Am liebsten macht er den Abwasch, das ist natürlich sehr nett für mich.

Kusadasi – Cavdir = 326 km

An der Sonne wird es schnell warm. Rudi muss heute Cornflakes zum Frühstück essen, er hat lieber Brötchen mit Konfitüre, doch leider ist das nicht immer möglich. Ich versuche trotz einfacher Küche viel Abwechslung zu servieren, da gibt es halt schon mal dies oder das, das nicht bei allen erstklassig ankommt. Aber ist das nicht auch Teil des Abenteuers?

Bereits um 8.30 Uhr sind wir unterwegs. Die Strasse nach Antalya ist gut ausgebaut, dann kommen wir wieder an die Küste. Richtung Alanya ist die Strecke schon fast wie eine Autobahn. Kurz nach 12 Uhr treffen wir im Camp in Side ein.

Dieses Camp ist sehr angenehm und wir sind eigentlich immer alleine dort. Man könnte auch kleine Bungalows mieten, aber wir stellen die Zelte auf. Ich liebe diese Dusche hier. Sie hat kein Dach, stattdessen steht man unter einem Baum, herrlich ist das. Der Manager mit den schönen Augen ist immer noch der Gleiche. Eigentlich fehlt heute nur Orhan.

ERWARTE NICHTS GENIESSE ALLES

Unsere drei Herren bewegen sich Richtung Strand, ein ca. 15-minütiger Spaziergang. Clumsy und ich kümmern uns erst um die Verpflegung, bevor wir dann auch zum Strand gehen.
Im Camp steht uns eine grosse Küche zur Verfügung sowie ein langer Tisch, der nicht so schnell wackelt. Der Abend ist wunderbar warm, wir können wieder in T-Shirt und kurzen Hosen draussen sitzen.

Cavdir – Side = 194 km

Samstag, 26. September 1998
Side ist eine Halbinsel an der Türkischen Riviera. Im 12. Jahrhundert hat ein Erdbeben viele antike Bauten zerstört. Nur ein paar Ruinen aus dem alten Piratendorf haben überlebt. Auf dem Weg zum Strand kommt man an den Überresten des Apollo Tempels vorbei. Es gibt auch ein Amphitheater und das Vespasian Tor. Im September hat es nicht mehr so viele Touristen hier. Die Türkischen Verkäufer im Dorf reden und reden und ziehen alle Register um etwas zu verkaufen. Bei mir kommt das nicht so positiv an. Mir ist es lieber, wenn ich einfache Leute in nicht touristischen Orten treffe, die sind mehr real. Aber jeder will ja leben.

Wir geniessen unsere letzten Strandtage und faulenzen ein bisschen, bevor wir weiter Richtung Osten aufbrechen.
Kleiderwaschen, Tagebuch und Buchhaltung stehen bei mir auf dem Programm. Zum Abendessen gehen wir auch mal ins Dorf und geniessen frischen Fisch in einem netten Restaurant. Wir bekommen sogar ein Glas Wein offeriert. Von Babyface werden wir köstlich unterhalten. Er hat viele amüsante Geschichten aus seiner Zeit in der Rekrutenschule auf Lager. Auf dem Heimweg bleiben wir noch in einer Bar hängen mit guter Musik und Schlummertrunk.

Die Strandtage waren eine Wohltat und haben auch unseren Teamgeist gestärkt, so empfinde ich das jedenfalls. Nun ist es Zeit weiter zu reisen.

ERWARTE NICHTS GENIESSE ALLES

Es ist ein herrlicher Tag, sonnig, wenig Verkehr, eine abwechslungsreiche Strecke mit Kurven und schöner Aussicht. Wir fahren nördlich und schnell kommen wir in die Berge. In der Gegend von Seydisehir machen wir einen Café-Halt.

Adam ist recht nett soweit und das Verhältnis ist angenehm. Einfach ist es nicht immer, aber ich kann diese Reisen trotz allem geniessen. Es gibt so viel zu tun mit dem Organisieren, Einkaufen, die Wünsche der Paxlis gerecht erfüllen, Sehenswürdigkeiten aussuchen, die allen gefallen. Sicher muss jeder mal einen Kompromiss machen, aber meistens hat es etwas für jeden dabei.

Wie immer machen wir einen kurzen Halt in Konya. Clumsy geht die alte Moschee Mevlana besuchen, heute ein Museum. Rudi und ich gehen zum Markt und Babyface und Adam gehen die Diesel Tänke füllen (100'000 TL pro Liter).

Ausserhalb von Konya, auf dem langen, flachen Plateau, übernachten wir wieder in einem der zerfallenen Ställe. Die Mauern stehen noch, so können wir uns perfekt dahinter verstecken. Es hat genug Platz für unser Lager und wir sind hier auch windgeschützt. Über das Plateau weht ständig ein Wind, die Gegend ist trocken und sandig, deshalb ist dieser Stall wirklich sehr willkommen.

Nach dem einfachen Abendessen, erzähle ich vom einzigartigen Kappadokien, das wir morgen erreichen sollten.

Side – Anatolien Plateau = 266 km

Alle gingen gestern früh schlafen und so sind wir heute fit und früh unterwegs.

Via Aksaray geht's Richtung Nevsehir und Derinkuyu, wo der erste Halt eingeplant ist. In Derinkuyu gibt es eine kleine Untergrund Stadt, die von der Armee gebaut wurde, um die Einwohner zu schützen. Während Zeiten des Krieges (Araber-Byzantiner), konnten die Einwohner in diese Untergrundstädte abtauchen. Sie wurden durch Ventilationsschäfte mit Wasser und Luft versorgt. Es hatte genug Platz für Essenvorräte und auch Tiere. Ja, sogar Ölpressen haben sie dort untergebracht. Wenn man bedenkt, dass diese Untergrundstädte um 780 bis 1180 gebaut und erweitert wurden, ist das äusserst beeindruckend.

Nach diesem kurzen Abstecher fahren wir weiter bis Üchisar, wo es mehr Untergrundstädte gibt und eine Burg. In Üchisar spricht man Französisch, auch heute noch und praktisch alle Hinweise, Tafeln etc. sind in Französisch. Wir stärken uns in einem kleinen Lokal. Adam und Babyface steuern Richtung Camp in Göreme. Rudi, Clumsy und ich besuchen die Burg.

Kappadokien und speziell die Gegend hier um Üchisar und Göreme, sind die Hochburg der Tuffsteinformationen, Höhlen, Kathedralen und die durch Wetter entstandenen Elfen-Kamine. Die Gegend ist sehr speziell und lädt ein für Exkursionen.

Der Besuch der Kathedrale gefällt Rudi und Clumsy sehr, nun sind sie voller Tatendrang. Wir haben noch einen Marsch vor uns, wir müssen ja zu Fuss ins Camp nach Göreme.

Hinunter über Felsen kommen wir ins Tauben Tal. Quitten, Äpfel, Trauben, Hagebutten und Kürbisse lassen uns das Wasser im Munde zusammenlaufen. Die Felder sind eine Pracht. Die Aussicht ist sehr schön, der Pfad ein kleines Abenteuer. Ein knorrliger, älterer Mann weist uns den Weg. Wir müssen ein bisschen klettern und über einen Grat wandern, aber wir schaffen das. Endlich kommen wir runter zum Fluss, der ins Camp führt.

Auch dieses Jahr haben wir das Berlin Camp wieder für uns alleine. Es ist sehr einfach hier. Aber wir brauchen ja nicht viel, ausser vielleicht ein WC und eine Dusche ist auch immer willkommen.

Halt, einen Gast hat es dieses Jahr, ausser uns! Der hübsche Bursche aus Side. Clumsy hat ihn dort schon erspäht, oder sie einander. Aber beide waren zu scheu, um ein Wort miteinander zu wechseln. Deshalb gehe ich heute zu ihm hin und spreche ihn an. Er ist ein Student aus Istanbul. In seinen Sommerferien wollte er eine Türkei Rundreise machen, deshalb war er in Side und jetzt hier. Göreme ist seine letzte Station, bevor es zurück nach Istanbul geht.

Göreme ist ein kleiner Ort, wir gehen alle zusammen ins Restaurant SOS essen. Mein HotPot ist sehr fein und die Pizza von Babyface sieht sensationell aus. Für einen Schlummertrunk kehren wir in der Flintstone Bar ein, wo sich noch zwei Japanische Frauen zu uns gesellen. Babyface meint, die sehen ja zum Fürchten aus. Ihre Majestät hatte wohl ein paar Bier mehr als Babyface und flirtet mit ihnen was das Zeugs hält.

Anatolien Plateau – Göreme = 250 km

Donnerstag, 1. Oktober 1998
Da es gestern Abend doch eher spät wurde, schlafen heute Morgen alle etwas länger. Erholung muss sein. Wir sind ja schliesslich nicht auf einem Überlebenstrip.

Die Paxlis haben den Wunsch geäussert, den Nemrut Dagi zu besuchen. Normalerweise nehmen wir nicht diese Strecke via Van See. Aber ich kümmere mich darum. Ich will diese kolossalen Köpfe auch mal sehen. Der Osten ist nicht ungefährlich, es ist Kurden Gebiet und immer wieder gibt es lokale Unruhen.
Clumsy begleitet mich in ein Reisebüro, wo wir uns von einem Mitarbeiter beraten lassen. Er erklärt uns detailliert, wie sie die Nemrut Dagi Touren gestalten und meint, der Sonnenaufgang auf dem Berg sei absolut sehenswert. Jetzt müssen wir nur noch Adam überzeugen, dass wir nun doch endlich auf diesen Gipfel müssen.
Auf dem Markt kaufen wir einen frischen Kürbis. Da Saison ist, gehört der auf den Speiseplan. Die Frauen auf dem Markt freuen sich sehr über unseren Besuch, sie schenken uns sogar die zwei Kürbisse. Das ist so lieb.
Wir gehen alle in der Umgebung spazieren. Die Tuffstein Formationen sind sehr eindrücklich und auch witzig.
Am Abend bereiten wir allerlei Leckereien zu. Gurken-Tomaten Salat, Oliven, Nüsse, frisches Brot und dann Kürbissuppe. Nach dem gestrigen Ausflug sind heute alle etwas müde und wir geniessen einen ruhigen Abend im Camp.

ERWARTE NICHTS GENIESSE ALLES

Das Duschwasser fühlt sich heute Morgen sehr kalt an. Zur Überraschung hat Babyface schon frisches Brot geholt, so steht einem gemütlichen Frühstück nichts im Weg. Bis alles bereit ist, hat sich auch Clumsy aus dem Zelt gekrügelt.

Auf dem Programm steht eine Rundfahrt durch die wunderschöne Landschaft.

Der weiche Sand- oder Tuffstein eignet sich hervorragend für Höhlenbauten. Kirchen, Wohnhäuser und Hotels wurden ausgehöhlt oder eher eingehöhlt. Wir bewundern auch die gut erhaltenen, farbigen Wandmalereien, die man oft in den Ruinen der Kirchen findet.

Vom Cheminee Valley bei Zeloc sind alle begeistert. Wir geniessen die Aussicht, kraxeln auf den Steinen herum und schiessen viele Fotos.

Von Mustafapasa in Ürgüp, vorbei an schönen alten Häusern, über Felder und Hochland kommen wir zur Karavanserei in Aksaray. Nun haben wir es langsam gesehen hier. Es wird Zeit zurück zu fahren und Hunger haben wir auch.

Das Fahren den ganzen Tag macht müde und deshalb gehe ich heute etwas früher schlafen.

Das Team ist harmonisch eingespielt, jeder hilft und packt mit an, so dass wir um 9 Uhr unterwegs sind. In Kayseri kaufen wir auf dem Markt frisches Gemüse. Die Landschaft ist sehr schön, die Strasse ist angenehm und so kommen wir zügig voran.

In der Gegend von Elbistan werden wir von einem Polizisten aufgehalten. Er will den Führerschein sehen. Adam reicht seinen rüber und ich gebe ihm dem Polizisten. Der schaut aber nur mich an und will mehr Papiere sehen. Ich zeige ihm die Versicherungs-Papiere, nein, ist es auch nicht. Herr Polisi deutet wieder auf mich. Die Verständigung ist leicht schwierig, da der nette Mann nur Türkisch spricht. Adam deutet ihm dann, dass er fährt. Da langt sich der Polisi an den Kopf und lacht. Erst jetzt bemerkt er, dass wir für die Türkei auf der falschen Seite sitzen. Freundlich entschuldigt er sich und winkt uns zur Weiterfahrt.

Die Gegend ist nun bergig, es geht auf und ab. In der Nähe von Kahta finden wir ein Plätzchen zum Campieren. Es gibt wieder mal Spaghetti und Babyface kann voll reinhauen, wir haben genug gemacht.

ERWARTE NICHTS GENIESSE ALLES

Heute gehen wir alle früh schlafen, morgen müssen wir schon um 4 Uhr aufstehen.

Göreme – Kahta = 518 km

Tatsächlich sind wir alle auf und um 4.15 Uhr bereit zur Abfahrt. Wir wollen für den Sonnenaufgang auf dem Nemrut Dagi sein. Schon bald sehen wir eine Tafel für Nemrut Dagi, 47 Kilometer! Nein, das kann nicht sein, oder? Aber ein alter Mann in einem Dorf bestätigt uns das dann. Doch, wir müssen auf die andere Seite des Berges und dann geht's steil hinauf. Naja, dann halt, aus der Traum vom Sonnenaufgang. Wenigstens ist die Fahrt schön.

Der Nemrut Dagi ist 2'134 Meter hoch und auf dem Gipfel fand man überdimensionale Statuen, 8 bis 9 Meter hoch. Allgemein nimmt man an, dass es sich hier um ein royales Grab handelt, aus dem 1. Jahrhundert v. Chr. Die Historie zu diesem Fund ist immer noch rätselhaft.
Im Hang des Berges finden wir riesige Statuen, viele Köpfe, darunter auch ein Adlerkopf, liegen verstreut am Boden. Eine Reihe verschiedener Throne stehen etwas erhöht im Hintergrund. Auf einem Steinrelief reichen Götter einander die Hand (King Antiochus, Apollo, Zeus, Herakles). Ein weiterer Stein zeigt einen Löwen (Lion of Commagene) mit signifikanten astronomischen Informationen. Neunzehn Sterne, Mars, Merkur und Jupiter im Hintergrund und eine Mondsichel auf dem Nacken des Löwen. Auch zu diesem Werk gibt es verschiedene Interpretationen.
Beschädigt wurde diese Stätte wahrscheinlich durch Erdbeben, die diese Gegend immer wieder erschüttern. Wir kommen uns ziemlich klein vor hier oben.
Auch wenn wir den Sonnenaufgang verpasst haben, der Aufstieg hat sich auf jeden Fall gelohnt. Die Stätte ist eindrücklich und die Aussicht im Morgenlicht fantastisch.

Es ist Zeit für Frühstück. Nach diesem Erlebnis haben alle Hunger und wir philosophieren über den Berg und ihre Überbleibsel.

ERWARTE NICHTS GENIESSE ALLES

In der Gegend von Korulu überqueren wir den mehrarmigen See-Fluss. Um nur 15 Minuten verpassen wir die Fähre und müssen deshalb warten. Feribot heisst der Pier, es hat sogar ein kleines Restaurant. Neben uns hat es noch Platz für drei Autos, die dann die kurze Überfahrt mit uns machen, 900'000 TL kostet dieser Spass.

Weiter geht's Richtung Diyarbakir. Es ist warm, hat wenig Verkehr und wir geniessen die gemütliche Fahrt über die Berge. Diyarbakir hat eine schwarze Stadtmauer und entlang der Mauer gibt es ein beachtliches Feld von Wassermelonen. Die Erzählung dazu besagt, dass als Alexander der Grosse diese Stadt einnehmen wollte, seine Soldaten Durchfall hatten, weil sie vorher Wassermelonen gegessen hätten.

Zuerst ist es gar nicht so einfach ein Busch-Camp zu finden. Als wir dann endlich etwas passendes finden, bekommen wir schnell Besuch vom Militär. Erst sind sie neugierig, dann schicken sie uns weg. Nein, hier könnt ihr nicht bleiben. Es ist auch das erste Mal, dass das Militär uns nicht bei sich in der Kaserne aufnimmt.

Schon bald kommen wir zum Van See, in Bitlis an einer Tankstelle halten wir an. Hinter der Tankstelle wird gebaut, Adam und ich gehen uns das anschauen. Hier hat's Platz für Zelte und den Bus. Der Tankwart hat auch nichts dagegen und so lassen wir uns nieder.

In einigen Reiseforen und von ausländischen Ministerien wird empfohlen, die Gegend um den Van See zu meiden. Der östliche Teil Richtung Iranische Grenze ist Kurdisch. Richtig müsste ich wahrscheinlich sagen, es ist Türkisches Gebiet aber hauptsächlich von Kurden bewohnt. In Dogubayazit hat man mir mal erklärt, dass sie (die Kurden) hier zwar geduldet seien, aber dass die Türken ihnen strenge Vorschriften machen, was sie dürfen und was nicht. Bis jetzt haben wir nie schlechte Erfahrungen gemacht hier im Osten, hoffen wir, dass das so bleibt.

Es ist spät geworden. Schnell machen wir Frauen uns ans Kochen, die Männer kümmern sich um die Zelte. Der Tankwart und sein Kollege kommen dann noch vorbei. Die Neugierde war zu gross. Die sehen hier ganz bestimmt nicht viele Touristen. Viel zu reden gibt es nicht mit unseren Gastgebern, wir sprechen wiedermal nicht die gleiche Sprache. Aber wir sind dankbar, dass sie uns aufgenommen haben.

Kahta – Bitlis = 475 km

Schon um 5 Uhr ruft der Muezzin von der Moschee. Gegen 7 Uhr machen wir uns auf den Weg. Wir wollen irgendwo am Van See frühstücken, vielleicht mit schöner Aussicht. Entlang dem See kommen wir an grünen Plätzen vorbei, wo wir wunderbar parkieren können. Ruhig und gemütlich ist es dann aber nicht. Vier Töfflibuben haben uns entdeckt und sie sind nicht scheu. Essen wollen sie zwar nichts, aber Geld hätten sie gerne. In den Bus hinein möchten sie auch. Leider müssen wir ihnen alle Wünsche abschlagen. Ich offeriere ihnen ein paar Kekse, sie nehmen gleich das ganze Pack mit.

Die Gegend hier ist prächtig mit den Hügel- und Bergzügen. Verkehr hat es praktisch keinen und so kommen wir gegen 13 Uhr bereits in Dogubayazit an.

Im Städtchen gehen wir shoppen. Clumsy braucht noch ein Kopftuch für Iran, einen Mantel für sie habe ich dabei. Die Frauen von der 97er Tour haben mir netterweise ihr Iran-Gewand zurückgelassen. Babyface und Rudi gehen nur aus Neugier in die Läden, um zu schauen was hier alles so verkauft wird. Danach geht's hinauf ins Murat Camp. Murat sitzt vor dem Haus und ist sichtlich erfreut uns zu sehen. Ich freue mich auch wieder hier zu sein. Der Gastgeber ist ein Gentleman, die Aussicht ist herrlich und das Essen immer eine Freude. Adam und ich halten ja auch auf der Rückreise jeweils hier.

Ich muss mit Murat in seinem Büro sitzen. Er erzählt mir von seinen Plänen. Das Restaurant möchte er vergrössern, ein Hotel will er bauen und einen schönen Garten anlegen. Mir ist die kleine, einfache Beiz auf dem Hügel eigentlich lieber, sagen tu ich das natürlich nicht. Seine Mutter lebt in einem kleinen Haus oberhalb des Camps und auch ein Bruder lebt hier. Da sein Vater schon verstorben ist, ist Murat das Oberhaupt der Familie. Er zeigt mir die Baustelle hinter dem Restaurant. Vier Bungalows hat er bauen lassen. Nun macht Murat den Vorschlag einen Ausflug zu machen. Stolz zeigt er mir seinen Familien Besitz. Von einem Hügel aus haben wir Aussicht über ein riesiges Stück Land mit einem Fluss und er meint, das gehöre alles ihm. Ja das ist schön, ein bisschen einsam hier draussen.

In seinem neuen Kia Minibus fährt er mich durch das Städtchen. Ich muss noch Iranische Rials kaufen, klar kennt Murat den richtigen Mann dafür. Und da wir schon mal hier sind, lässt sich Murat noch rasieren und seine schon perfekte Frisur richten. Selbstverständlich trägt er auch heute seine schwarze Kleidung mit weissem Hemd und Krawatte. Nur die Schuhe sind etwas staubig. Endlich gehen wir wieder zurück ins Camp.

Der Sonnenuntergang von hier oben ist herrlich. Zum Abendessen wird grilliert, Lamm und Hähnchen gibt's, Salat, frisches Brot, Oliven und Wein. Es hat noch andere Gäste, wahrscheinlich vom Ort. Musik wird gespielt und die Stimmung ist sehr fröhlich.

Murat setzt sich wieder zu mir und fängt erneut an von seiner Familie zu sprechen und von Beziehungen. Er möchte auch heiraten, verrät er mir und er sei zum Entschluss gekommen, dass ich die Richtige für ihn wäre. Im ersten Moment bin ich etwas verdattert! Habe ich das jetzt richtig verstanden? Meint er das ernst?

Ah, jetzt weiss ich, warum er mir heute alles gezeigt hat und mich im Städtchen herumgeführt hat. Aber Murat, ich könnte hier nie Leben, so schön es auch ist. Ich versuche so nett wie möglich zu erklären, dass wir aus ziemlich unterschiedlichen Leben kommen und ich andere Ziele habe als Dogubayazit. Er ist sicher enttäuscht aber wirft nicht grad das Handtuch. Ich könnte es mir ja noch überlegen. Er würde mich auf Händen tragen. Ja, die Frage ist nur; wie lange? Murat hat schon seit einiger Zeit ein Foto von mir mit dem Bus in seinem Restaurant aufgehängt. Er ist wirklich sehr nett, attraktiv und grosszügig. Ich habe ihn immer als guten Freund gesehen. Diese plötzliche Wendung habe ich nicht kommen sehen. Wie kann ein Mann mit solch grossen Familienwerten, mit Plan, einer Aufgabe hier, muslimischem Hintergrund – eine Frau wie mich wollen? Sonst bin ich doch recht sensibel im Vorhersehen und Erkennen von Situationen. Bin ich geblendet vom Wein und Raki?

ERWARTE NICHTS GENIESSE ALLES

Es ist Vollmond und ein wunderschöner Sternenhimmel zeigt sich. Unsere Paxlis geniessen diesen speziellen Abend hier in netter Gesellschaft und heiterer Stimmung. Ich verziehe mich ins Nachtlager.

Bitlis – Dogubayazit = 290 km

6
Delhi

Februar 1999

Das Delhi Tourist Camp ist inzwischen schon fast wie ein Zuhause für mich. Unser erstes Ziel hier in der Stadt sind natürlich die Botschaften. Für die Rückfahrt in die Schweiz müssen wir neue Visa haben für Pakistan und Iran.

Die meisten Botschaften befinden sich westlich vom Nehru Park in einer sehr gepflegten Gegend. Überall hat es Villen, viele Bäume und farbenprächtige Gärten. Hohe Mauern um die Grundstücke versperren die Sicht für Neugierige.

Auf der Schweizer Botschaft muss ich zuerst den 'Letter of Introduction', ein Empfehlungsschreiben, beantragen. Zwei Exemplare kosten 900 Rupees und dank dem prompten Service der Schweizer, muss ich nicht lange warten. Diesen Brief braucht man für die Pakistanische Botschaft, das ist an diesem Morgen dann gleich meine nächste Station. Von der Schweizer Botschaft zur Pakistanischen 'High Commission' kann ich zu Fuss gehen. Adam ist schon dort. Auch er musste das Empfehlungsschreiben auf seiner Botschaft (UK) holen. Mein Pakistani Visa kostet 120 Rupees, der Sekretär ist äusserst nett und lächelt sogar. Meinen Pass und das ausgefüllte Formular muss ich dem Sekretär abgeben. Die dritte Station für heute ist die Iranische Botschaft, wo wir Formulare holen können. Diese Botschaft liegt näher am Connaught Place, wir fahren mit einem Tuktuk dorthin. Mit dem eigenen Fahrzeug zu kommen macht nicht viel Sinn, da man in der Gegend der Botschaften praktisch nirgends parkieren darf. Die Gegend wird stark kontrolliert und überall stehen Wachmänner. Auf der Iranischen Botschaft muss Adam erst seine Visum-Gebühren bezahlen bevor er die Formulare erhält. Ich bekomme die Formulare gratis. Die Visum-Gebühren darf ich später bezahlen. Verschiedene Länder, verschiedene Auflagen. Da wir nicht mehr genug Fotos haben, gehen wir in die Stadt, d.h. zum Connaught Place und machen neue Passfotos. Esswaren einkaufen steht auch noch

ERWARTE NICHTS GENIESSE ALLES

auf dem Programm, so kann ich heute wieder selber kochen und wir können den Abend gemütlich im Camp geniessen.

Am nächsten Tag um 12 Uhr ist das Pakistanische Visum fertig und Adam und ich bekommen unsere Pässe zurück. Nun geht's wieder zur Iranischen Botschaft. Bei den Iranern ist es so, dass man erst das Formular mit den Fotos abgibt, ohne Pass. Die Botschaft in Delhi schickt dann ein Fax nach Teheran ans 'Ministry of Foreign Affairs', mit all den Visa-Antrags-Informationen und wartet auf Antwort. Wir hinterlassen also unsere Formulare mit den neuen Fotos, am Freitag sollen wir wieder kommen.

Diese paar Tage Wartezeit vertreiben wir uns mit Reparaturen an Ury. Alles muss kontrolliert und geputzt werden. Ich helfe den Luftfilter zu entfernen, reinigen und danach wieder einzusetzen. Ich weiss auch, wo man Bremsflüssigkeit, Oel und Wasser kontrolliert und nachfüllt. Sonst bin ich eher für die Sauberkeit zuständig. Einmal wird alles aus dem Sitzbereich nach draussen gebracht. Ein andermal wird der ganze Küchen- und Gepäck-Bereich auf den Parkplatz geräumt. Da sieht man mal was wir alles mitschleppen. Aber da wir im Bus viel Platz haben, ist es beruhigend für (fast) jede Situation gewappnet zu sein. Es macht auch Freude, wenn wieder mal alles sauber ist. Unterwegs kommt doch viel Staub, Sand und Schmutz zusammen.

In der Nähe des Camps hat es einen Markt, wo wir Gemüse einkaufen können. Es gibt sogar einen Fleischmarkt, aber die frischen Produkte, die dort rumhängen, sehen in meinen Augen nicht wirklich verlockend aus. Meine Kost unterwegs ist meist eher vegetarisch. Gerne gehe ich aber frische Nan oder Roti (Fladen-Brote) holen. Entlang der Westseite der Camp-Mauer hat es viele Schreinereien. Zwischen den Holzstapeln und Werkstätten habe ich mal einen Tandoori Bäcker entdeckt. Der Tandoori Ofen ist aus Lehm gefertigt, ein senkrechtes Loch mit einem Holzfeuer auf dem Grund. Die runden Teigfladen werden an die Seitenwand geklatscht und so gebacken. Der Bäcker sitzt auf einer rechteckigen oder quadratischen Fläche aus Lehm oder vielleicht Beton, wo auch der Ofen eingelassen ist. Hier in dieser Bäckerei ist diese Fläche eine Verlängerung des Gebäudes. Im Hintergrund wird gearbeitet oder das Innere dient als Lager und Wohnraum. Sonst steht der Tandoori Ofen eher alleine oder ist Teil einer Küche. Das Einkaufen auf den kleinen, lokalen Marktplätzen macht Spass. Oft kommt es zu einem kleinen Gespräch, Lächeln werden ausgetauscht und manchmal wird man natürlich auch angestarrt und genauestens beobachtet. Jede Mimik, jeder Handgriff ist interessant. Mit den erstandenen Goodies wird auf dem Camp gekocht. Das einfache Leben als Reisende gefällt mir. Ja klar gehen wir auch mal in ein Restaurant zur Abwechslung. Ein Dhaba kann ja auch sehr unterhaltsam und natürlich super fein sein. Aber meistens bleiben wir am Abend im Camp.

Man begegnet auch anderen Campern. Jede Woche kommt der Bus aus Kathmandu. Die Crew macht hier einen Tag Pause, dann geht es wieder zurück. Vor der Abfahrt kommen die Reisenden ins Camp und wir beäugen einander.

Obwohl die Überland-Fahrten schon seit Jahrhunderten gemacht werden, sei es nach Asien oder Afrika (Marco Polo, Vasco da Gamma, Leo Africanus, Prinz Heinrich der Seefahrer, Magellan, etc.), wird man immer noch überall als Exot betrachtet. Allerlei Leute sind neugierig und wollen wissen, woher man kommt und wohin man geht und was man so erlebt.

Wir Überland-Fahrer sitzen oft zusammen, für einen Kaffee mit Gutzli am Nachmittag oder machen gemeinsame Dinner Abende, wo jeder etwas kocht. Jeder hat seine Fahrt anders erlebt, und hat seine Episoden zu erzählen. Es ist interessant, weil viele eine ähnliche Route nehmen und so weiss man genau wovon der andere spricht. Sehr spannend ist natürlich auch, wenn mal jemand eine ganz andere Route gewählt hat. Jedenfalls lernt man immer wieder Neues dazu.

Da steht zum Beispiel der grosse, top moderne Bus von Andrea und Hanspeter, der die Grösse eines Reisebusses für ca. 50 Leute hat. Er ist ausgestattet mit Küche, WC, Dusche, Schlafzimmer und Essbereich. Der pure Luxus! Hanspeter meint, dass es manchmal nicht einfach war, dieses Monster durch die engen Strassen zu steuern. Das glaube ich ihm sofort. Versuche mir grad vorzustellen, wie er den Bus über den Loralai Pass in

Pakistan gebracht hat. Die Strecke ist mehr Flussbett als Strasse. Auf engstem Raum muss aneinander vorbei gequetscht werden. Das war sicher sehr anstrengend mit dem Monsterbus. Dafür war er in Indien bestimmt oft gut unterwegs, da hier das Gesetz des Grösseren und Stärkeren gilt. Da hat ihm wohl so mancher Lenker Platz gemacht.

Eines Tages treffen Michelle und Didier ein, ein Ehepaar aus Frankreich. Zwei kleine, weisse Pudel haben sie auch dabei. Ibis, der jüngere, ist oft draussen und ein lustiger kleiner Kerl. Der andere ist schon alt und liegt lieber in der gemütlichen Stube. Didier und Michelle können nicht viel Englisch und ich wundere mich, wie sie sich durchgeschlagen haben. Sie haben grosse Reparaturen an ihrem Bus vor sich. Didier ist auf einen Indischen Bus geprallt, der Albtraum jedes Überland-Fahrers. Die Bremslichter des Indischen Vehikels hätten nicht funktioniert, wen wundert's! Aber zum Glück hat es ihnen nichts gemacht und der andere Bus hatte auch nur Blechschaden. Nach ein paar Tagen Arbeit und ein bisschen Farbe sieht der Renault schon wieder ganz passabel aus.

Natürlich kommen auch Jürgen und Siddhi mit Cynthia (der Hund). Unsere Wege kreuzen sich jedes Jahr. Unterwegs haben wir sie jedoch noch nie getroffen, nur immer in Indien. Da man in Pakistan und in Iran über ein paar Berge muss, ist die Strecke in den Wintermonaten nur bedingt befahrbar. Es kann durchaus sein, dass in den höheren Regionen Schnee liegt. Deshalb sind die meisten Überländer eher zwischen Frühling und Herbst anzutreffen.

Jürgen ist ein ehemaliger, deutscher Armeeangehöriger und frühpensioniert. Er geniesst das Leben, indem er mit seiner hübschen Frau Siddhi und dem kleinen Hündchen Cynthia zwischen Ost und West umhertingelt. Einmal habe ich ein paar Wochen in Süd-Goa mit ihnen verbracht, da sie zufälligerweise im gleichen Dorf gewohnt haben. Jürgen hat mir mal das Kompliment gemacht, mein Deutsch sei so schwer zu verstehen und ich spreche so undeutlich! Ich habe ihm dann die Alternativen vorgeschlagen Englisch, Spanisch oder Französisch zu sprechen, das wollte er aber dann doch nicht. Ja, der Jürgen ist etwas speziell. Aber sind wir das nicht alle ein wenig?

ERWARTE NICHTS GENIESSE ALLES

Wenigstens konnte ich Jürgen beeindrucken mit all meinen Reisen, die ich in meinen jungen Jahren schon gemacht habe. Immerhin war ich schon in Ost-Afrika, Nord-, Süd- und Mittel-Amerika, in vielen Ländern in Asien und einmal fuhr ich mit der Transmanchurian Eisenbahn von Peking via Moskau nach Berlin. Ich kenne aber auch Europa und die Schweiz sehr gut.

Siddhi ist einige Jahre jünger als Jürgen und stammt aus den Philippinen. Sie sitzt gerne bei mir und wir schwelgen in der schönen Zeit am Strand der kleinen Bucht. Weil wir so lange am gleichen Ort gewohnt haben, kannten wir natürlich die meisten anderen Travelers. Viele hatte es ja damals nicht. Auf der Terrasse bei John gab es Masala Chai und Siddhi hat Gitarre gespielt, manchmal hat jemand gesungen oder ein bisschen getrommelt auf einer kleinen Tabla. Friedlich und romantisch, das Gegenteil vom nüchternen Camp hier in der Stadt. Wobei, wenn man bedenkt, dass wir hier inmitten einer Millionenstadt sitzen, ist es doch auch sehr friedlich. Es ist erstaunlich ruhig hinter den Mauern. Der grüne Rasen und die Bäume geben dem Camp einen Hauch von Oase.

An einem dieser gemütlichen Nachmittage kommt plötzlich Jürgen daher, äusserst aufgebracht ist er. Irgendein Hund hat an das Vorderrad seines Fahrzeuges gepinkelt. Das geht gar nicht! Ich sage nicht, dass es Ibis war, der weisse Pudel vom Franzosen Pärchen. Wenn Jürgens kleine Hündin Cynthia umher wandert und markiert, dann ist das natürlich kein Problem und auch ganz in Ordnung, gäll.

Jürgen ist etwas länger in Delhi, weil er sich bei seinem Camper-Van Solarpanels auf dem Dach montieren lässt. Natürlich von Siemens India.

Ein anderer Camp-Gefährte ist Paul, der für Han-Overland fährt. Wir haben ihn bereits vor zwei Jahren kennen gelernt, im Hotel Lourdes in Quetta. Paul verbringt viel Zeit bei uns, da er grad nichts zu tun hat. Wir essen oft zusammen und geniessen auch mal ein, zwei Gläser Whisky. Auch er weiss viel zu erzählen und es gibt viel zu Lachen. In diesen exotischen Ländern ist jeder Tag voll von Erlebnissen und die Passagiere tragen oft auch zur Unterhaltung bei.

ERWARTE NICHTS GENIESSE ALLES

Freitag, 12. Februar 1999

Am Vormittag gehen Adam und ich zusammen mit Andrea und Hanspeter zur Iranischen Botschaft. Die Visa der zwei Deutschen und mein Visum sind bereit. Der Visum-Antrag von Adam ist noch ausstehend. Andrea, Hanspeter und ich bekommen einen Einzahlungsschein für die Visa-Gebühren, damit müssen wir nun zur Bank. Für die Einzahlungen gibt es zwei Schalter. Einen bis zu einem Betrag von 5'000 IRp und einen zweiten für über 5'000 IRp. Da haben wir ja Glück, dass wir einen Einzahlungsschein für alle drei zusammen bekommen haben. Am zweiten Schalter hat es nämlich praktisch keine Leute und so sind wir innert 15 Minuten schon wieder zurück auf der Iranischen Botschaft. Wir können unsere Pässe entgegennehmen und gehen dann zum Connaught Place, um im United Coffee House eine Stärkung zu uns zu nehmen.

Am Abend sitzen wir alle beisammen, auch Jürgen und Siddhi gesellen sich dazu. Ich möchte gerne ein Gruppenfoto machen. Aber Adam gefällt das gar nicht. Er macht wieder mal ein Theater, weil er nicht auf dem Foto sein will. Leider hat er oft solche Anfälle, manchmal ist er ein echter Spassverderber. Wäre er einfach weggelaufen, hätte mir das nichts ausgemacht. Aber er muss wieder mal ein Drama daraus machen.

Nach weiteren vier Tagen im Camp geht Adam zurück zur Iranischen Botschaft. Aber sein Visum lässt auf sich warten. Keine Nachricht aus Teheran.

Einige Reisende in allerlei Fahrzeugen kommen und gehen während unseres langen Aufenthaltes in Delhi. Auch die grossen Überland-Unternehmen wie Encounter, Exodus oder Dragoman kommen manchmal hier vorbei. Inzwischen kennen wir viele von ihnen. Wenn sie mit Passagieren ankommen, hat die Crew meist nicht viel Zeit für einen Austausch und das Neuste von der Route, wie zum Beispiel Strassenberichte. Aber sind die Chauffeure alleine, dann endet das meistens fröhlich und spät.

Ich lese und schreibe viel. Da nur wenige meiner Freunde oder Familienmitglieder ein E-mail-Konto haben, schreibe ich noch viel von Hand. Bücher zu bekommen ist in Indien sehr einfach und günstig. Es gibt viele Second-Hand Buchläden, wo man Bücher tauschen kann. So muss man das gelesene Buch nicht rumschleppen, sondern kann es als Teilzahlung für das nächste Exemplar geben. Einige Buchläden geben 50% des bezahlten Buchpreises zurück, wenn ein Tauschhandel angeboten wird. Manchmal ist ein Buch auch weit gereist. Oft schreiben die Buchhändler nicht nur ihre Preise ins Buch, sie drücken auch ihren Shop-Stempel drauf.

Auf meinen Reisen führe ich immer Tagebuch. Für die Überland-Fahrten ist es interessant zu wissen, was wir voriges Jahr gemacht haben. Wie lange die Fahrt von da nach dort gedauert und wieviel sie gekostet hat, wo wir übernachtet haben und vieles mehr. Ich schleppe also immer die ganzen Tagebücher aus der Vergangenheit mit, um gut informiert zu sein.

Beim Connaught Platz gibt es noch die Harley Taxis. Vorne ist das Gefährt ein Motorrad der Marke Harley Davidson. Hinten ist ein Aufbau dran mit zwei Sitzbänken und bietet Platz für ca. acht Personen. So tuckern wir in der Stadt rum. Viele von diesen Taxis gibt es aber nicht mehr. Leider dürfen auch die Fahrrad Rikshaws nicht mehr überall hinfahren. Nur in den Nebenstrassen, in Old Delhi, um den Hauptbahnhof und im Gebiet des Main Bazaar und Pahar Ganj sind sie noch anzutreffen. Die Luftverschmutzung in Delhi ist relativ hoch. Die dreirädrigen Tuktuks mit den lauten und stinkenden Zweitakt-Motoren werden langsam ersetzt durch gleich aussehende Fahrzeuge mit Biogas. Das ist doch schon mal ein erster Schritt zur Verbesserung. Die Biogas Tuktuk sind gut zu erkennen, statt gelb-schwarz sind sie neu gelb-grün.

Mit Rikshaw meine ich die einfachen, dreirädrigen Taxis, die vorne wie ein Fahrrad sind, hinter dem Sattel eine Sitzbank haben und Platz für zwei bis drei Leute bieten. Man sitzt etwas erhöht und hat so eine wunderbare Sicht über das Geschehen, während man herum kutschiert wird. Die Rikshaw Wallahs haben sportliche Waden und müssen hart arbeiten für ihr Geld. Ich mag die alten Fahrrad-Klingeln. Leider verschwinden auch die immer mehr.

Ein Tuktuk hat auch drei Räder, wird aber von einem Zweitakt-Motor betrieben und man sitzt in einer luftigen Kabine. Je nach dem können sechs oder sieben Personen Platz finden. Sie werden auch als Mini-Schulbus verwendet, dann klettern etwa zehn Kinder in das Gefährt. Die Kabine besteht aus einem Metallrahmen, überzogen mit einer Plane und bietet wenigstens etwas Schutz bei Regen. Meistens haben sie auch Seitentüren, nicht aber für den Fahrer. Der Nachteil ist, dass die Sicht eingeschränkt ist, während man chauffiert wird. Der Motor rattert tuktuktuktuk..., ganz wie der Name sagt.

Auf einem meiner Stadt-Ausflüge kaufe ich mir einen Punjabi Dress oder auch genannt Salwar Kameez mit Schal (Dupatta). Es ist eine einfache und bequeme Baumwollhose, dazu gehört eine lange, weitgeschnittene Baumwollbluse. Sehr bequem und genau das Richtige für Reisen in warmen Ländern. Neben dem Sari ist der Salwar Kameez die typische Frauen-Bekleidung in Indien. Es ist immer wichtig respektvoll gekleidet zu sein, speziell als Frau. Um die Sympathien und das Vertrauen der Inderinnen zu gewinnen, sollte man es vermeiden in kurzen Hosen und Spaghettiträger-Hemdchen rumzulaufen. Am Strand mag das ja OK sein, nicht aber in der Stadt oder auf dem Land. Auch für den Iran ist es mir wichtig, richtig gekleidet zu sein. Als Ausländerin muss ich keinen Tschador (Tuch über Kopf und Oberkörper), Niqab (nur Augen frei) oder gar Burka (alles verhüllt) tragen. Aber es wird verlangt, dass man ein Kopftuch (Hijab oder Rusari) und einen langen Mantel trägt. Ausserdem müssen die Füsse bedeckt sein, auch bei Männern.
In diesem Salwar Kameez fühle ich mich wohl und kann ihn in Indien, Pakistan und Iran tragen. Ich finde ein schönes Exemplar in blau, perfekt für mich.

In Delhi suchen wir auch jedes Jahr Rucksacktouristen oder Abenteurer, die vielleicht Lust hätten, einen Teil der Rückreise nach Europa, mit uns zu fahren. Ich darf im Tripsout bei Sunny einen Flyer aufhängen. Er hat sein Mini-Reisebüro schon viele Jahre und findet immer billige Flüge nach Europa. Ich gehe oft zu ihm, wenn meine Paxlis aus der Schweiz Flüge für die Rückreise brauchen. Im Hard-Rock Café darf ich einen Flyer aufhängen und in ein paar kleinen Traveler 'hangouts' im Main Bazaar beim Pahar Ganj auch. Die meisten Reisenden haben jedoch keine Zeit oder kein Geld mehr für eine Rückreise über Land.

ERWARTE NICHTS GENIESSE ALLES

Freitag, 26. Februar 1999

Nach 10 Tagen Wartezeit geht Adam am Freitagmorgen zurück zur Iranischen Botschaft. Nach einigem Suchen und Warten bekommen wir dann
die traurige Nachricht, dass der Visum-Antrag für Adam abgelehnt wurde.
Ich lasse mich aber nicht so einfach abwimmeln und erkläre dem netten
Sekretär, dass wir mit dem Fahrzeug hier sind und ich nicht alleine Richtung Westen reisen möchte. Der Sekretär auf der Botschaft erklärt mir,
dass die Entscheidungen in Teheran getroffen werden, ich müsse dorthin
schreiben. Hilfsbereit wie die Iraner sind, ruft der Sekretär den zuständigen Konsul an. Nur wenig später kommt der Herr Konsul persönlich an den
Schalter und hört uns an. Wir führen ein nettes Gespräch, sachlich und
freundlich. Schlussendlich erklärt er sich bereit ein weiteres Fax, mit unserem Anliegen, nach Teheran zu senden. Wir versuchen mit einfachen, aber
klaren Worten zu erklären, dass sie von mir als Frau nicht erwarten können, den Bus alleine durch den Iran zurück zu steuern und ob sie vielleicht
den Visum-Antrag meines Fahrers und Mechanikers nochmals überprüfen
könnten.

Ich finde es natürlich unfair, dass einige Engländer ein Visum erhalten und
andere nicht. Das behalte ich aber für mich.

Wir können nun nur noch weiter warten und hoffen.

Als wir ins Camp zurück kommen werden wir von allen Seiten bedauert.
Der Abend endet dann im Kreise unserer Camper-Familie und vielen Cuba
Libre.

Montag, 1. März 1999

Nach über zwei Wochen im Camp, packen wir alles zusammen und machen uns für die Abfahrt Richtung Norden bereit. Wie schon erwähnt bin
ich ja sehr gerne in Delhi und auch hier im Camp. Aber nach zwei Wochen
des Wartens, habe ich genug vom Stadtleben. Schweren Herzens entschliessen wir uns aufzubrechen, länger warten bringt nichts.

Am Morgen vor der Abfahrt gehen wir zuerst nochmals zur Iranischen Botschaft, in der Hoffnung, Teheran habe seine Meinung geändert und unser

ERWARTE NICHTS GENIESSE ALLES

Flehen erhört. Aber leider ist keine Antwort aus Teheran eingetroffen. Das heisst aber auch, dass noch keine Absage gekommen ist.
Wir können uns nochmals kurz mit dem Konsul unterhalten. Er verspricht uns, die Antwort von Teheran ans Konsulat in Quetta weiter zu leiten.

Im Camp haben wir einige Leute mit Fahrzeugen getroffen, nur leider niemanden, mit denen wir Pläne machen konnten. Aber da waren Didier und Michelle aus Frankreich. Sie sitzen ja auch schon lange im Camp fest wegen ihren Reparaturen. Ich habe ein paar Mal mit ihnen geredet. Mein Französisch ist besser als ihr Englisch und für mich auch gleich eine gute Übung. Die beiden sind eher ruhig und haben sich nie zu unserer illustren Runde gesellt. Sie sind jedenfalls sympathisch und so habe ich sie angesprochen, ob sie eventuell bereit wären mit mir im Konvoy durch den Iran zu fahren. Die beiden sind gar nicht abgeneigt und fügen lächelnd hinzu, dass ich für sie vielleicht ganz hilfreich sein könnte. Wir verabreden uns für ein Treffen in Quetta. Didier und Michelle machen ihre Iran Visa Anträge in Quetta und brauchen dort daher etwas länger. Das gibt uns Zeit, die gemeinsame Reise zu besprechen.

Adam und ich verlassen Delhi Richtung Pakistan.

7
Delhi – Amritsar, die Grenze und Lahore

März 1999

Adam und ich verlassen Delhi und fahren Richtung Amritsar, um in Attari Road beziehungsweise Wagah, die Grenze nach Pakistan zu passieren. Es ist die einzige Grenze, die für uns offen ist.

Für die Fahrt aus der Megastadt Delhi brauchen wir ca. eine Stunde. Es sind nur etwa 18 Kilometer bis zur Peripherie. Danach können wir die neue NH1 (National Highway) nehmen, das ist angenehm und wir kommen wieder zügig voran. An einem Teil der Strecke wird noch gearbeitet. Bis Ambala sind vier Fahrstreifen offen und es hat praktisch keine Geisterfahrer oder Ochs-Karren unterwegs. Nach Ambala nimmt der Verkehr ab. In der Gegend von Ludhiana und Jalandhar reifen die Orangen und wir kaufen ein paar von einem Stand an der Strasse. Fünf Orangen kosten 10 Rupees, sie sind sehr fein und erfrischend. Gegen 20 Uhr fahren wir in Amritsar ein. In der Stadt essen wir zu Abend. Es gibt feine und luftige Parathas, dazu Palak Paneer. Als ich nach dem Essen die Hände waschen will, steht schon einer am Lavabo. Die Türe hält der Herr mit seinem Fuss fest, da es hinten einen Federzug dran hat. Als er fertig ist, lässt er die Türe knallen, mit voller Wucht landet die an meinem Kopf, da ich im Türrahmen stehe! Au, au, au! Einen Moment sehe ich fast ein paar Sternchen. Das wird wohl eine Beule geben über dem Auge.

Ich habe mir das traditionelle Essen mit den Händen schon vor vielen Jahren angewöhnt. Das ist nicht so schwierig und ich mache das sehr gerne. In allen indischen Restaurants oder Dhabas gibt es Handwasch Stationen, damit man gesäubert von dannen ziehen kann. Ich habe nur ein leichtes Handicap mit dem Hand-Essen. Ich benutze die linke Hand, die hier in Indien als nicht sauber angesehen wird, da man die zum Säubern des Popos benutzt. Wichtig ist aber, dass man mit der linken Hand kein Essen berührt, das mit anderen Leuten geteilt wird. Also an einem Buffet würde ich nie mit der linken Hand von einer Schüssel oder einem Teller Esswaren nehmen, nur mit der rechten. Der Rest ist ja dann meine Sache, denke ich.

Wohlgenährt machen wir uns auf den Weg zum Goldenen Tempel. Hier in Amritsar steht der Haupttempel der Sikh, auch genannt Sri Harmandir Sahib. Sikh Tempel werden auch Gurdwara genannt und sie sind für alle Menschen offen. Vier Eingänge ins Innere der Tempel Anlage symbolisieren die Offenheit und Akzeptanz. Die Religion wurde im 15. Jahrhundert im Punjab gegründet durch den Wanderprediger Guru Nanak. Er wird auch heute noch hoch verehrt. Der Sikhismus ist eine Mischung des Hinduismus und Islam. Er betont die Einheit der Schöpfung und verehrt einen gestaltlosen Schöpfergott, der weder Mann noch Frau ist. Das Ziel des Sikhismus ist, religiöse Weisheiten für den Alltag nutzbar und praktisch zu machen. Sie respektieren die Gesetze der Natur. Ein praktizierender Sikh kann man erkennen an einem der fünf K's. Kes (Haare werden nicht geschnitten), Kangha (Holzkamm), Kirpan (Schwert oder Dolch, kann ein echter oder ein Schmuck-Anhänger sein), Kara (Armreif aus Metall) und Kachera (Baumwollunterhose die bis zu den Knien reicht). Nicht zu vergessen der Turban, das bekannteste Symbol der stolzen Sikh Männer.

Zu gewissen Zeiten gibt es im Tempel gratis Essen für alle. Langar, wie diese Küche genannt wird, ist die grösste dieser Art weltweit. Im Durchschnitt werden hier etwa 200'000 Leute verpflegt, pro Tag! Die Tradition der Langar steht für Ethik des Teilens, Gemeinschaft, Einheit, Gleichheit und Zugehörigkeit für die gesamte Menschheit.
Es ist eindrücklich mal in die Küche zu schauen. Da wird in grossen Töpfen gekocht. Riesenmengen von Gemüse und Zutaten müssen verarbeitet werden. In einer gedeckten Halle sitzen die hungrigen Wanderer in langen Reihen am Boden. Metall-Teller klappern, Brot aus Körben wird verteilt. In Kesseln wird Reis, Linsen und Gemüse Curry angeschleppt und geschöpft. In einem Nebenraum stehen fleissige Männer und Frauen, die den endlos scheinenden Abwasch an langen Wassertrögen erledigen.

Finanziert wird diese Geste durch Spenden. Es gibt auch einfache Schlaf-stellen, die sind in Räumen entlang der Mauer, zwischen dem See und der Aussenwelt, untergebracht.

Man geht barfuss durch die Tempelanlage. Der Boden ist aus hellem Mar-mor. Jeder muss das Haupt bedecken, ein Kopftuch oder ein Käppi, einen Schal, fast alles ist OK.

Die Musik, genannt Kirtan, spielt während 24 Stunden. Es ist so beruhigend und erholsam den sanften Klängen ihrer Instrumente (Sitar, Harmonium, Shrutibox) zu zuhören und oft wird auch aus dem heiligen Buch, Siri Guru Granth Sahib, vorgelesen. Der Tempel mit dem kleinen See in der Mitte ist faszinierend. Ich war schon mehrfach in Amritsar und besuche jedes Mal den Goldenen Tempel. Die Atmosphäre hier ist einfach zauberhaft.

So spät am Abend hat es nicht mehr viele Leute. Adam und ich schlendern gemütlich um den Wasserpool, sitzen eine Weile auf einem Bänkli und ge-hen auch in den Tempel hinein. Innen ist der Tempel prachtvoll dekoriert, alles handbemalt. Aus feinsten Pinselstrichen sind wunderschöne Muster entstanden. Aussen ist der Tempel aus Gold. Man kann in einer Fensterni-sche sitzen und das Geschehen beobachten. Es gibt Tage, da hat es sehr viele Leute im Tempel und man wird durch das Innere durchgeschleust. Deshalb geniesse ich es besonders heute Abend.

Amritsar stammt aus dem Sanskrit und bedeutet Nektar See = Amrit Saro-var. Der heilige Wasserpool hier im Tempel wird auch Nektar Pool der Un-sterblichkeit genannt.
Ich muss auch grad an Bon denken, der junge Engländer, von unserer ers-ten Tour. Er war immer zu einem Spass aufgelegt. Er fragte, ob er im Pool Karpfen fischen dürfe. Nein Bon, du darfst hier nicht fischen!
Amritsar gehört sicher auch zu den Highlights unserer Überland-Touren, besonders wenn wir aus Pakistan hier ankommen. Es ist farbig, man sieht Frauen lachen, schöne Gewänder, das Essen ist fein und vielseitig. In den Strassen hat es viele Shops, Essstände, Dhabas, viele Menschen sind un-terwegs und es herrscht ein buntes Treiben.

ERWARTE NICHTS GENIESSE ALLES

Delhi – Amritsar = 483 km

Attari Road – Wagah Border, die Grenze nach Pakistan
1996 – 1997 – 1998

Was ich hier an der Grenze nicht schon alles erlebt habe! Für die Einreise von Pakistan nach Indien muss man sich schon ein bis zwei Tage Zeit nehmen. Es ist vor allem die Beamten-Willkür, die mir das Leben hier schwer macht. Für mich unverständlich, dass das erlaubt ist und auch heute noch, weltweit eine geduldete Praxis ist.

1996 – Grenze Indien – Pakistan

Freitag, 25. Oktober 1996
Morgens um 8 Uhr ist die Welt noch in Ordnung. Wir geniessen die Sonne und den Kaffee im gemütlichen Garten des YWCA in Lahore. Gegen 11 Uhr fahren wir los Richtung Wagah, die Grenze zu Indien. Ich freue mich auf Indien.
Um ca. 13 Uhr rollen wir in den Grenz-Kompound von Pakistan ein. Es ist schön hier, wie in einem Park. Überhaupt nicht militärisch wie an allen anderen Grenzen entlang unserer Route. Wie es scheint, sind wir grad die einzigen Reisenden. Ein überdimensionales Buch haben sie hier auch, da werden unsere Namen fein säuberlich eingetragen. Dann kommen zwei Herren, die wollen Geld wechseln. Für 100 Pakistanische Rupees geben sie uns 80 Indische Rupees. Bon gibt ihm seine 200 PRp und erhält nur 150 IRp! Und ich habe Bon grad noch gesagt, er soll nie das Geld aus den Händen geben, bevor er nicht das neue Geld gezählt hat. Der Geldwechsler hat gleich gesehen, dass Bon unerfahren ist. Obwohl ich dann interveniere, werden wir nur mit einem Lächeln abgetan. Geht jetzt nach Indien, meint der Typ, er hätte nicht mehr Rupees dabei. Als wir zur Immigration kommen sehen wir schnell, dass der Schwindler der Sekretär des Pass-Beamten ist. Da wir ausreisen habe ich keine Bedenken. Aber als wir das Büro

verlassen, Pass gestempelt, will Bon nochmals mit dem Schwindler diskutieren. Der meint aber nur, er hätte schon Macht seinem Freund zu sagen,
sie sollten uns besser kontrollieren! So ein Schwein! Wegen 10 IRp lohnt
sich ein Aufstand eh nicht wirklich.

Zur Indischen Grenze müssen wir ein kurzes Stück fahren. Links und rechts
hat es hohe Zäune. Die Wachen tragen schöne, dekorative Uniformen. Bis
wir vor dem Immigrations-Büro in Indien stehen, werden unsere Daten in
drei grosse Bücher eingetragen. Dann müssen wir warten. Die Beamten
sind alle Sikhs mit Turban und Bart. Sie wollen mit uns plaudern, wobei ich
das an der Grenze nur sehr beschränkt gerne mache. Als endlich der Chef
kommt, werden alle Einträge kontrolliert. Zum grossen Erstaunen wollen
die Plaudertanten ein Geschenk von uns, bevor wir weitergehen können!
Hallo! Ich habe kein Geschenk für Zollbeamte. Bon hat noch das grausige,
gefälschte Parfum aus Istanbul, das er einem der Herren gibt. Als nächstes
werden unsere Angaben in einen Computer eingegeben, das dauert natürlich wieder. Wir bekommen noch einen Stempel vom Gesundheitsamt
(Medical Health) und weiter geht's durch einen Metalldetektor. Nun werden wir wieder vom Chef empfangen. Er nimmt uns alle Pässe ab und auch
das Carnet für Ury, dafür bekommen wir zwei A4 Papiere zum Ausfüllen.
Der sehr ruhige Chef eröffnet uns dann, dass wir über Nacht hier bleiben
müssen. Es müsse alles, Bus und Gepäck, durchsucht werden und dafür sei
es jetzt zu spät. Morgen um 10 Uhr kommen wir an die Reihe! Ich glaub
ich hör nicht recht? Wo sollen wir schlafen? Er entgegnet nur, wir dürfen
nicht im Bus schlafen und keine Zelte aufstellen! Widerstand ist natürlich
völlig zwecklos und so gehen wir mal nach draussen, wo auch unser Bus
steht. Neben uns stehen noch zwei Rotel Busse mit Anhänger (25 Meter
lang und 28 Tonnen schwer!), das Rollende Hotel, ein Deutsches Unternehmen. Die zwei Chauffeure freuen sich über unseren Besuch, aber sie
sind ziemlich schlecht gelaunt. Sie hätten schon letzte Nacht hier verbracht, die Zollbeamten arbeiten hier sehr langsam und nehmen es sehr
genau. Ah ha! Wir dürfen schon mal Gepäck ausladen und richten unser
Camp ein, zusammen mit den Rotel Fahrern. Sie sind auf dem Weg nach
Delhi, dort müssen sie ihre Reise-Gruppe abholen. Die zwei Busse wurden
restlos ausgeräumt und sind in ihre Einzelteile zerlegt worden. Und das
blüht uns morgen auch? Zu verstecken haben wir ja nichts, aber was soll

das? Einer der Rotel-Fahrer erzählt; ein Schweizer habe im letzten Februar 391 Waffen über diese Grenze geschmuggelt. Die Waffen hat man dann aber erst in Delhi entdeckt. Daraufhin wurden alle Grenz-Beamten hier in Attari Road entlassen. Die neuen Angestellten wollen jetzt also kein Risiko eingehen.

Zwei Engländer tauchen noch auf. Deren Fahrzeug wurde jetzt gerade wieder zusammengeschraubt. Sie hoffen, dass sie bald packen und von hier verschwinden können.

Es ist erst 16 Uhr, wir sitzen rum und warten was noch so passiert. Bald gehen viele der Angestellten nach Hause. Die Nachtwache erscheint zum Dienst. Ein Inder bringt Soft Drinks, Bier, Whisky, Chapati (Fladenbrot) und Omeletten. Seine Preise sind anständig.

Um 18 Uhr können die Engländer wirklich wegfahren. Wir beneiden sie.

Ich koche uns etwas zu essen, dann widmen wir uns dem Whisky und ein paar lustigen Geschichten. Die Rotel Fahrer, Paul und Klaus, haben ja auch schon einiges erlebt.

Der Chef Nachtwächter kommt vorbei. Mister Sharma ist ganz nett. Er hat eine erfreuliche Einstellung betreffend Familie und Touristen, aber helfen kann er uns auch nicht. Einzig Dank ihm dürfen wir trotz Verbot im Bus schlafen. Abgeschlossen wurde er eh nicht. So richtig registriert hat uns das Custom wahrscheinlich noch nicht.

Am Samstagmorgen um 7 Uhr klopft es an der Bustür. Mister Sharma weckt uns. Wir müssen aufstehen, falls der Big Boss kommt. Wir räumen unser Hab und Gut auf den Parkplatz neben uns und ich mach erst mal Kaffee für alle. Ein Mechaniker kommt vorbei, wir könnten ihm 10 Dollar geben, dann würde er schneller arbeiten. Ich wundere mich wieviel Macht der Mechaniker hat und wir lassen es drauf ankommen. Mein armer Ury wird fast in alle seine Einzelteile zerlegt! Der Tank wird durchsucht, Lampen und Lautsprecher werden abgeschraubt, zum Teil auch die Seitenverkleidung und wo es nicht möglich ist, weil es genietet statt geschraubt ist, wird abgeklopft. Als der Chef vorbei kommt meint er, 50% sei schon fertig. Das freut mich doch! Adam muss dann mit dem leeren Bus auf die Waage. Auf dem Platz fährt ein Paar aus Neuseeland ein. Sie fahren einen 35-jährigen VW Bus. Auch sie müssen alles ausräumen aber der alte Bus wird nicht auseinandergeschraubt. Diese zwei haben Glück, sie werden nach ca. drei Stunden schon entlassen. Zwei vergnügte Zürcher kommen auch noch an, da aber jeder beschäftigt ist, können wir nicht lange schwatzen.

Weil Adam lange nicht wiederkommt, mache ich mal einen Spaziergang Richtung Waage. Der Bus steht auf einem anderen Parkplatz, nun sind vier Mechaniker dran den Bus noch weiter zu zerlegen. Hinten haben sie die Metallschiene für den Kühlschrank einfach verbogen, weil sie die Schrauben nicht lösen konnten. Die Holzbühne, mein Bett, haben sie auch beschädigt sowie eine Musik-Boxenverkleidung. Ich muss wieder gehen, weil mich das Ganze ziemlich staubig macht. Ich fluche ein bisschen in Schweizerdeutsch vor mich hin, das tut gut.

Ich koche eine Suppe und bringe Adam eine Tasse davon. Es ist schon 15.30 Uhr und ich befürchte schon langsam, dass wir nochmals eine Nacht hier bleiben müssen.

Drei Motorradfahrer, die waren auch im YWCA, kommen nun auch noch. Die brauchen aber nicht so lange. Ein Motorrad ist ja schnell durchsucht. Die zwei Rotel Busse dürfen jetzt auch wieder einladen. Dann kommt noch ein leerer Exodus Bus. Der Fahrer kommt mir irgendwie bekannt vor. Da er Zeit hat spreche ich ihn an und siehe da, auch er erinnert sich an mich. Wir waren beide in Zimbabwe bei den Victoria Falls. Die Silvesterparty war echt super dort und auch das Camp habe ich in sehr guter Erinnerung. Endlich kommt Adam zurück. Wir haben zu viel Gewicht. Im Carnet steht 3'000 kg, die Waage zeigt 3'745 kg an. Aber das können wir sofort klären, da wir eine Bescheinigung für den Kühlschrank haben und den zweiten Dieseltank, den wir angebaut haben. Inzwischen ist es schon 17.30 Uhr. Wir bekommen unsere Papiere und dürfen wieder laden. Zu dritt packen wir alle unsere Sachen einfach in den Bus, wo es grad Platz hat. Der Gedanke ist; nichts wie weg hier! Die zwei Rotel Busse fahren auch gerade weg, das freut mich für sie. Dafür tut mir Bill, der Exodus-Fahrer leid, er muss ja sicher bleiben.

An der Schranke vor der Ausfahrt müssen dann nochmals die Pässe kontrolliert werden. Der eine Heuchler der Immigration und sein alter Chef, der so langsam liest, sitzen dort. Als wir durchgewunken werden, stoppt uns der alte Sikh, wir müssen sie nach Amritsar mitnehmen. Eigentlich haben wir gar keine Lust dazu und erst wollen wir uns auch dagegen wehren. Aber die Herren bestehen darauf und steigen einfach ein. Adam fährt wie ein Henker Richtung Amritsar und ich muss sagen, es macht mir für einmal wirklich nichts aus.

In Amritsar wollen die Herren dann auch noch ihre Wünsche anbringen, wohin sie chauffiert werden sollen. Aber wir sind ja kein öffentlicher Bus und halten nur einmal, beim Hotel Grand. Das Hotel hat Platz für uns und einen gesicherten Innenhof-Parkplatz. Ah, ist das herrlich! Zimmer mit Bad kostet 400 IRp. In einem Dhaba gehen wir etwas essen und dann verschwinden alle in den Zimmern. Wir sind müde und ich schlafe dann auch sehr gut.

1997 – Grenze Indien – Pakistan

Donnerstag, 6. November 1997

Heute sind wir schon um 8 Uhr unterwegs Richtung Grenze. Mit den letzten Pakistani Rupees kaufen wir noch Diesel und Snacks. Um viertel nach 9 Uhr erreichen wir die Grenze Pakistans. Der Typ, der letztes Jahr Bon beim Geldwechseln übers Ohr gehauen hat, ist auch wieder dort. Auch er erkennt mich sofort. Ich habe die Paxlis bereits angewiesen bloss kein Geld zu wechseln. Der Typ trägt alle unsere Daten ins grosse Buch ein. Ich sitze alleine mit ihm im Büro und er fragt natürlich wegen dem Geldwechsel. Ich erkläre ihm, dass ich alle Pakistanischen Rupees aufgebraucht habe und auch meine Gruppe kein Geld hat. Er lässt sich aber nicht so schnell abwimmeln und knöpft sich meine Gruppe persönlich vor. Man sieht, er will unbedingt einen Deal mit uns machen. Sorry, aber das hat er sich letztes Jahr selber verspielt. Niemand wechselt Geld mit ihm. Wir müssen draussen auf einer Bank sitzen und warten. Eine Holländische und eine Belgische Familie mit je einem Camper-Van sind auch hier. Ihre Fahrzeuge werden bereits durchsucht. Dann kommt noch ein Amerikaner mit nur einem Rucksack. Auch sein Gepäck wird vollständig zerlegt und ausgebreitet. Endlich sind wir an der Reihe. Es gibt nochmals einen Eintrag in ein

Buch. Sie wollen ein paar Sachen sehen, es muss aber nicht alles ausgepackt werden. Der Chef zitiert mich wieder ins Büro. Er will, dass ich eine Erklärung und Garantie unterschreibe, dass der Bus sauber ist und keine meiner Passagiere etwas Illegales mitführt. Ich habe kein Problem damit und er diktiert mir den Text, den ich selber schreiben muss. Dann wird wie immer die Chassis- und Motoren-Nummer kontrolliert. Zurück im Büro sitzt dort ein neuer Typ. Wir hätten kein Geld gewechselt mit seinem Kollegen. Er wolle jetzt Geld wechseln mit uns, nur ganz wenig sei OK, egal mit wem. Das gurkt mich jetzt aber an. Sagen will ich nicht zuviel, gleichzeitig hoffe ich, dass meine Abneigung in meinem Gesicht nicht allzu deutlich zu erkennen ist. Natürlich werde ich dabei gruslig süss angelächelt und er erklärt mir; es wäre besser für uns, der Check würde dann viel schneller gehen. Ich will nicht, ausserdem habe ich keine Pakistanischen Rupees mehr und ich finde das erpresserisch. Was ist bloss los heute mit dieser Geldwechsel Obsession. Langsam wird es mir aber auch irgendwie ungemütlich hier mit diesem Mann in seinem Büro. Aber er erkennt dann endlich, dass wir fertig sind und es keiner weiteren Diskussion bedarf.

Nun gehen wir nach draussen, wo der Bus parkiert ist. Wir müssen den gesamten Inhalt des Busses ausladen. Jeder Pax muss sein Gepäck auspacken und ausbreiten. Alle Boxen aus dem Kofferraum müssen geöffnet werden, ausserdem müssen wir die Türverkleidung, Lautsprecher und Innenbeleuchtung abschrauben lassen. Der junge Angestellte macht nichts, ohne dass ich neben ihm stehe, was ich eigentlich soweit gut finde. Der Chef findet mein neues Gewürz Glas. Eine Curry Mischung, die ich auf einem Markt gekauft habe. Es ist speziell, da jede Zutat separat ins Glas geschichtet wurde, was sehr schön aussieht. Der Chef will es einfach ausleeren. Jetzt platzt mir langsam aber sicher der Kragen mit diesen Idioten. Ich nehme seinen Kugelschreiber und steche vorsichtig und schön gerade durch die Mischung, so dass die Farben bleiben, bin selber erstaunt, dass es klappt. Der Chef ist zufrieden mit dieser Lösung.

Endlich dürfen wir wieder einpacken und ich bekomme die letzten Stempel für unser Carnet-de-Passages. Wir laden alles einfach in den Bus, die Türverkleidung, Lautsprecherboxen und Lampen legen wir zwischen die Sitze, die Inder wollen ja wahrscheinlich eh auch wieder alles sehen und zerlegen.

ERWARTE NICHTS GENIESSE ALLES

Punkt 12 Uhr verlassen wir Pakistan. In Indien ist es schon 12.30 Uhr. Bevor wir die effektive Immigration erreichen, werden unsere Koordinaten wie üblich in drei verschiedene Mega-Bücher eingetragen. Als wir das wohlbekannte Gebäude erreichen, ist der Vorplatz voll von Leuten. Die Holländer, die Belgier und der Amerikaner sind dort und eine Gruppe von Encounter Travel. Ausserdem ist ein Filmteam mit zwei grossen Lastwagen aus Madrid dort. Ich sehe uns schon die Nacht hier verbringen! Erstaunlicherweise bekommen wir den Gesundheits- und Einreise-Stempel ziemlich zügig. Vor dem Custom House muss ich dann mit dem Bus warten. Die Paxlis steigen aus und mischen sich unter die Leute. Die Zollbeamten sind beim Lunch, im Moment geht also gar nichts. Als sie endlich zurückkommen, bearbeiten sie die Papiere des Encounter Trucks. Das Fahrzeug kommt gerade von der Waage. Die Leute haben die Nacht hier verbracht, sie sehen ziemlich zerknittert aus. Ich weiss, wie sich das anfühlt. Nun müssen die Holländer und Belgier auf die Waage. Es scheint von Vorteil zu sein, Kinder dabei zu haben. Die zwei Familien werden so schnell abgehandelt, ohne Wenn und Aber. Der Zollbeamte fragt nach dem Chauffeur unseres Busses. Ich gehe auf ihn zu, er schaut mich ungläubig an und will es erst nicht glauben; was eine Frau! Wir gehen zusammen in die Schalterhalle, da kommt noch ein Motorradfahrer. Sofort kümmert sich der Beamte um ihn. Ich reklamiere, das ist unfair und auch der Motorradlenker findet, das sei nicht richtig. Ich beginne auf den Schreiber am Zoll-Schalter einzureden. Wir warten nun schon seit zwei Stunden. Letztes Jahr waren wir 27 Stunden hier. So gross ist unser Bus nicht und die zwei Familien wurden auch einfach durchgewunken. Der Zollbeamte ist ein richtiges Arsch und er will mich jetzt einfach schikanieren. Aber nicht mit mir. Ich bin ja nicht dumm und verstecke etwas im Bus, wenn ich jedes Jahr komme, rede ich weiter. Ich weiss genau, wie es hier abläuft, also was sein Problem sei. Da kommt der Mechaniker, endlich ein bekanntes Gesicht. Er erkennt mich und wir begrüssen uns. Zu meinem Schreck ist er bereits umgezogen, das heisst, ohne Mechaniker-Anzug. Er meint dann, wenn ich den älteren Offizier überreden könne meine Papiere zu machen, dann würde er den Check heute noch machen. Der Offizier ist noch mit den Papieren der Holländer und Belgier beschäftigt. Es ist schon fast 16 Uhr, ich muss also schnell handeln. Mein inneres Feuer von vorhin ist wieder zurück auf Sparflamme. Ich stelle mich einfach vor den sympathischen Offizier ans Pult. Er hat schon gesehen, was in der Schalterhalle vorgefallen ist. Seine Antwort kommt ganz sanft; I will see what we can do for you! (Ich werde schauen, was wir für dich machen können). Er händigt mir die drei Formulare zum Ausfüllen, der Holländer hilft mir sogar und liest mir die Nummern vor, die ich von meinen Papieren brauche. Dann ist wieder warten angesagt. Und dann kommt der Mechaniker wieder im Overall. Alles auspacken ist der Befehl. Alle helfen und im Eiltempo ist der Bus leer. Ich muss nun mit dem Mechaniker in den Bus. Er meint, ich müsse aber mit ihm kooperieren. Ha! Was er damit meint? frage ich. Er wolle eine Uhr. Tja, leider habe ich keine Uhr, die ich ihm geben kann. Wir einigen uns auf 20 USD. Aber unter der Bedingung, dass alles innert einer Stunde erledigt ist, die Papiere gestempelt und fertig gemacht werden. Es ist schon 16.40 Uhr, der Mechaniker macht sich an die Arbeit. Null eklig, effizient und sauber macht er seinen Check. Anschliessend fahren wir zur Waage, sie nennen es Pit. Wie vereinbart bekommt er hier die ersten 10 USD, den Rest bekommt er, wenn die Papiere fertig sind. Er geht unter den Bus, auf's Dach und dann kommt der sympathische, ältere Offizier, der Boss, wie es scheint. Er kommt zu mir in den Bus und redet mir ins Gewissen. Ich müsse halt auch verstehen, dass sie nur ihren Job machen und wenn jemand später etwas bei uns findet, verlieren sie alle ihren Job. Ja, ich weiss das. Ich finde es einfach nicht fair mir gegenüber und sage zum Beamten; nur weil ein Schweizer kriminell ist, sollte man nicht alle Schweizer als Kriminelle behandeln. Kaum sind mir diese Worte rausgerutscht, denke ich schon, uiuiui! Das war wohl eine dumme Idee! Aber der Beamte bleibt nett und nickt mir freundlich zu. Ich versteh das ja alles, aber er müsse auch sehen, dass wir nicht wieder die Nacht hier verbringen wollen wie letztes Jahr. Das sei eine Zumutung für unsere Passagiere.

Wir kämen extra früh morgens hierher und ausserdem würden die Pakistanis auch schon alles durchsuchen. Aber Pakistan ist ein anderes Land, was die machen, interessiert die Inder nicht. Der Chef bleibt ruhig und sehr nett. Er erzählt mir noch ein paar Schmuggler Geschichten. Ausserdem erklärt er mir, dass das Madrider Film-Team schon seit sechs Tagen hier sei! Die haben ein Speedboat und Microglider dabei, dafür brauchen sie eine Bewilligung von Delhi. Die hätten so viel Ware dabei, unglaublich sei das.

ERWARTE NICHTS GENIESSE ALLES

Die Bewilligung ist aber scheinbar heute gekommen. Sechs Tage, gute Nacht!

Schlussendlich meint der Chef, ich solle jetzt mit ihm ins Büro kommen. Adam der inzwischen auch aufgetaucht ist, fährt den Bus zurück zum Custom House, wo sie Laden dürfen. In der Schalter-Halle sind inzwischen Fahrradfahrer aus Deutschland angekommen. Ich unterhalte mich ein bisschen mit ihnen, während der Chef meine Papiere fertig macht. Der Mechaniker kommt mit den restlichen Papieren. Alles ist sauber ausgefüllt und ich gebe ihm die zweiten 10 USD. Der Zoll-Schreiber macht die nötigen Bücher-Einträge und das Carnet wird auch noch gestempelt. Der Chef sieht sich alles nochmals an, dann händigt er mir die Papiere aus. You can go, you are free. Yeahh! Ich bedanke mich und gehe zum Bus. Es ist schon fast alles fertig gepackt. Der Mechaniker möchte mit uns mitfahren, das mache ich gerne. Er hat sein Wort gehalten und ich bin dankbar, dass wir die Nacht nicht hier verbringen müssen.

Alle sind froh, als wir endlich unterwegs Richtung Amritsar sind. Ah, das fühlt sich gut an. Das Hotel Grand hat nicht genug Zimmer und sie sind etwas teurer geworden. Im Hotel DeLuxe bekommen wir vier Zimmer für 200 IRp je. Eigentlich wären die Zimmer 250 IRp, aber der Manager gibt uns Rabatt, was von allen sehr geschätzt wird. Die Zimmer sind gross, mit Marmor Bad, TV und das Personal ist witzig. Da es schon 19 Uhr ist machen wir uns sofort auf den Weg zum Abendessen. Im Pegasus Palace hat es ein Vegi Restaurant, wo alle etwas finden. Wir diskutieren über das heutige Erlebnis an der Grenze. Adam ist nicht so glücklich, dass ich dem Mechaniker 20 USD gegeben habe. Aber die Paxlis sehen nichts Schlechtes und sind froh, dass wir hier sind. Ich weiss, eigentlich sollte man ja wirklich kein Bakschisch zahlen, ich denke jedoch, heute hat es sich gelohnt.

Ich bin ziemlich erschöpft und gehe ins schöne Zimmer. Schnell duschen und dann herrlich schlafen.

Lahore – Amritsar = 60 km

ERWARTE NICHTS GENIESSE ALLES

1998 – Grenze Indien – Pakistan

Mittwoch, 4. November 1998
Im November 1998 stehen wir sogar schon um 8 Uhr an der Grenze.
Für die Fahrt von Lahore nach Wagah nehmen wir die Canal Road statt die
Grand Trunk Road. Es hat hier etwas weniger Verkehr. Vor allem die Lastwagen nehmen gerne die GT Road, da sie breiter ist. Die beiden Strassen
kommen später dann eh wieder zusammen.
Einer der auf dem Areal vor der Immigration wischt, meint, die machen
erst um 9.30 Uhr auf. Der Buchhändler ist aber schon zur Stelle. Von ihm
kann man Bücher kaufen, vielleicht kauft er deines ab oder man kann Le-
sestoff tauschen, gegen ein kleines Entgelt natürlich. Hier gibt es nichts
gratis und dein Buch ist nie so viel Wert wie seins.
Als die Immigration endlich aufmacht, sitzen schon zwei Touristen im
Büro. Sie sind irgendwie zu Fuss hierhin gekommen. Es drängt sich noch
ein Pakistani vor mich hin, das ist ja normal. Dann bin ich dran. Am Pult
sitzt der gleiche, listige Pass-Beamte wie jedes Jahr. Er erkennt mich auch
gleich wieder und wie immer will er Geld wechseln. Aber sein Kurs ist immer sehr schlecht und dann bescheisst er einen auch noch, oder probiert
es wenigstens. Heute offeriert er 40 Indische Rupees für den Pakistani Rupee, in Lahore gab es 57! Ich ignoriere ihn und lächle einfach freundlich.
Den offerierten Tee muss ich leider auch abschlagen, wir wollen lieber so
schnell als möglich weiter.
Im Zollhaus sitzen schon drei Sikhs mit Kanadischen Pässen, ein Spanier
und eben der Pakistani wieder. Zuerst wird das gesamte Handgepäck
durchsucht, dann werden die Pass Details in ein grosses Buch eingetragen.
Da der Chef nicht im Büro ist, geht alles noch langsamer als sonst. Nach 10
Uhr kommt dann der Chef, natürlich muss ich zur Seite stehen, alle anderen kommen zuerst dran, weil wir einen Bus dabeihaben.
Der grimmige Chef macht ziemlich schnell ein Theater, weil angeblich mein
Carnet-de-Passages in Taftan nicht richtig gestempelt wurde. Der Chef und
sein Kollege diskutieren wild über das Papier und kritisieren, dass der
dritte Teil von hier nach Taftan gesandt werden müsse, und auf dem zweiten Abschnitt hätten sie auch stempeln müssen. Für mich sieht alles normal aus wie immer. Nur auf dem ersten Abschnitt sind am Schluss alle

Stempel. Aber ich bleibe erstmals ruhig. Die Herren sind äusserst unfreundlich mit mir und sagen, es sei mein Fehler und ich müsse zurück nach Taftan. Dass das nicht wirklich möglich ist, wissen sie wahrscheinlich genau so gut wie ich. Müsste ja wieder ein Visum haben, da ich offiziell schon ausgereist bin! Es gibt ein Hin und Her. Dann plötzlich gehen wir zum Fahrzeug. Die Chassis- und Motoren-Nummern werden kontrolliert und das Gepäck wird beiläufig beäugt. Zurück im Büro kommen wir zurück auf die Schuldfrage. Ganz klar, dass ich schuldig bin! Ich lasse mich aber nicht aus der Ruhe bringen. Für seinen Geschmack bin ich noch zu wenig beeindruckt. Adam wird auch ins Büro zitiert. Es wird ein Papier, genannt Deklaration, aufgesetzt das besagt; wenn sie hier in Wagah irgendwelche Schwierigkeiten haben bezüglich unserem Carnet und der Einreise in Taftan, blablabla, sei ich verantwortlich für jeglichen Schaden, Umtrieb etc. Adam und ich unterschreiben diesen Fetzen, eine Frauenunterschrift ist wahrscheinlich nicht gut genug. Aber schuldig bin natürlich nur ich. Endlich dürfen wir gehen. Und einmal mehr muss ich sagen, es gibt nichts Mühsameres als die Grenze Pakistan – Indien.

Vor der Indischen Immigration müssen wir uns wieder in drei verschiedene exorbitante Wälzer eintragen lassen. Die eigentliche Immigration ist dann zackig und schon geht's zum Custom House. Wow, nun bin ich aber beeindruckt. Es sitzt eine Frau am Schalter. Der ältere Beamte, der unsere Papiere seit Jahren bearbeitet hat, ist nicht mehr hier. Die Frau ist jedenfalls sehr freundlich und schaut meine Dokumente durch. Soweit alles im grünen Bereich. Sie übergibt mir das fünf-seitige Zoll-Papier zum Ausfüllen und meint dann; sie hätten jetzt eigentlich Mittagspause. Wir sollten doch auch etwas essen und dann treffen wir uns wieder. Ah ja, es ist ja schon 12.30 Uhr in Indien. Ich frage dann noch, ob wir das Gepäck schon ausladen dürften, was sie uns gestattet.
Wir entladen also unseren Ury und essen noch die Resten vom Frühstück. Schon bald kommen zwei Beamte. Wir fahren den Bus auf die Waage, dann auf die Brücke für den Unterboden Check, Fahrzeug-Nummern werden kontrolliert, dann darf ich zurück zum Parkplatz. Ich wundere mich ein wenig, das ging ja so sanft über die Bühne! Inzwischen ist auch Frau

ERWARTE NICHTS GENIESSE ALLES

Freundlich zurück vom Essen und sie schaut durch unser Gepäck. Es muss nicht alles ausgepackt werden, sie ist sehr gnädig mit uns.
Ungewöhnlich ist, dass kein anderes Fahrzeug hier an der Grenze ist und es scheint als sei die gesamte Besatzung ausgetauscht worden. Jedenfalls läuft es reibungslos wie noch nie.
Als der Bus wieder geladen ist, gehe ich zurück ins Büro. Die nette Frau fragt mich, ob das mein Bus sei und ich erzähle ihr in wenigen Worten, so kurz wie möglich, was wir machen. Sie ist zufrieden und gibt mir alle Pässe zurück. Das Carnet liege dort vorne, auf den Eingang deutend, auf der Theke. Immer noch ein bisschen konfuse gehe ich das Papier holen und schaue alles an, dass auch ja nichts fehlt. Ein bisschen unsicher schaue ich nochmals zur freundlichen Frau Beamtin, sie nickt und meint; you are free to go! (du bist frei zu gehen). Schön langsam gehe ich zum Bus, dann nichts wie weg. So schnell waren wir noch nie fertig hier, es ist erst 14.45 Uhr. Amritsar, wir kommen.

März 1999

Nach einem friedlichen Abend in Amritsar und einem feinen Indischen Essen, fahren Adam und ich dann noch das letzte Stück nach Attari Road. Der Ort schläft schon fast, es ist bereits 23 Uhr. Als wir an der Schranke im Tourist Hotel bei der Grenze ankommen, werden wir von einem Wachmann angehalten. Das Hotel sei geschlossen. Aber wir wollen ja eh im Bus schlafen, was kein Problem ist.

Da die Pass- und Zoll-Kontrollen auf beiden Seiten ziemlich langwierig sein können, stehen wir früh auf. Draussen herrscht Tumult. Ah! Es ist Holi. Die ersten Festival Narren werfen schon mit farbigem Pulver um sich. Holi ist ein Frühlingsfest und wird in Indien und Nepal gefeiert. Es wird auch Fest der Farben genannt und findet Ende Februar oder Anfang März statt, je nachdem wie Purnima (der Vollmond) fällt. Für viele Menschen ist es Ausdruck für den Sieg des Guten über das Böse, ein Fest, um zu vergessen und vergeben, oder einfach den Frühlingsanfang zu feiern.

ERWARTE NICHTS GENIESSE ALLES

Nach 8 Uhr kommen schon die ersten Reisenden, die auch über die Grenze wollen. Wir schwatzen mit ein paar Leuten, die den Bus beäugen. Auch zwei Männer vom Zoll kommen und schauen sich den Bus schon mal an. Die Grenze öffnet offiziell erst um 10 Uhr.

Da sitzt doch wieder mal so ein mieser Nichtsnutz hinter dem Schalter bei der Passkontrolle, der behauptet, mein Visum sei gefälscht. Hallo? Ich reise aus, nicht ein! Bei der Einreise war das Visum gut genug. Nein, die Unterschrift über dem Stempel der Botschaft in Bern, sei eine Verschleierung! Ich verstehe dann schnell; er will Geld. Aber ich gehe erstmals weg vom Schalter. Solche Vorkommnisse lassen mein Drachenblut leicht köcheln (mein Chinesisches Sternzeichen ist Drachen). So, jetzt unterhalte ich mich mit anderen Reisenden, die auch über die Grenze wollen. Hilfsbereit lassen mich einige ihr Visum ansehen. Ein Belgier, ein Franzose, ein Nepali und ein Japaner, alle mit der Unterschrift nicht über dem Stempel. Da kommt ein Australier, bei dem hat der Botschafter auch über dem Stempel signiert. Ich warte also, bis der Australier durch ist und dann wage ich nochmals einen Anlauf. Als der Custom Officer dann wieder meint; wir hätten ein Problem, frage ich ihn, wie wir das denn lösen können. Er macht unter dem Tisch die internationale Fingerbewegung für 'Geld'. Ich empöre mich darauf sehr laut, so dass alle hören können; 'was du willst Geld'? Das wird dem gierigen Beamten dann so peinlich, dass er schnell den Eintrag in sein Buch macht und mich ausreisen lässt.

Nachdem ich die Passkontrolle erfolgreich hinter mir habe, gehe ich zum Bus und fahre ihn zum Custom House. An allen Grenzen zwischen der Türkei und Indien müssen die Passagiere zu Fuss über die Grenze, ohne Gepäck. Im Fahrzeug ist das gesamte Gepäck und nur der Chauffeur.
Wegen des Holi Festivals, verschanzen sich viele der Offiziere und Angestellten. Sie hoffen, dass sie in ihren Büros und Gebäuden den Farbattacken entkommen. Einige Inder werfen mit Farbpulver um sich oder füllen Ballone mit Wasser und werfen die einander nach. Auch ich gehe dem Treiben lieber aus dem Weg. Der zuständige Zollbeamte macht kein grosses Ding. Er läuft kurz durch den Bus, öffnet die Hintertüre und macht sich dann an die Papiere. Ein paar Unterschriften und Stempel auf dem Carnet-

de-Passages und in meinem Pass und dann; 'you are free to go'. Die befreienden Worte, die ich so gerne höre.

Auf der kurzen Strecke zwischen dem Indischen Custom House und der Pakistanischen Grenze treffe ich Adam wieder und nehme ihn mit. Nachdem wir Indien also verlassen haben, parkieren wir vor dem Custom House der Pakistani. Es ist 11.30 Uhr, beziehungsweise bekommen wir eine halbe Stunde geschenkt, da in Pakistan die Zeit 11.00 Uhr ist. Kaum sitzen Adam und ich im Immigrations-Haus, kommt ein ruhiger, sehr elegant gekleideter Mann ins Büro. Er macht ein paar Bucheinträge, stempelt unsere Pässe und gibt sie höflich lächelnd zurück. Als wir aufstehen, um zu gehen, kommen zwei ungewohnt gut gekleidete und dekorierte Herren daher und ein Fotograf. Aha! Wir dürfen mit ihnen Modell stehen, was ich hier einmal gerne mache. Kann ja bestimmt nicht schaden. Mister Lodhi ist sehr freundlich und erzählt mir, dass er auch schon mal in Zürich war. Wir tauschen noch ein paar höfliche Worte und dann dürfen wir gehen. Vor dem Custom House nimmt mir der Custom Beamte alle Papiere ab und geht in den Bus. Es riecht nach Wein, meint der streng schauende Offizier. Ich versichere ihm, dass ich keinen Alkohol mit mir führe. Ist ja auch verboten, Alkohol nach Pakistan einzuführen. Er lässt jedoch nicht locker und will mehr und mehr Gepäck sehen. Im Abfalleimer liegen zwei leere Whisky Flaschen. Ahhhh! Daher riecht es. Uhh! Die habe ich völlig vergessen. Der Herr hat eine feine Nase. Auf dem Dach haben wir Adam's Fahrrad (hat er in Goa gekauft), das will die feine Nase unbedingt auch noch sehen. Natürlich klettert sein junger Gehilfe da rauf und signalisiert dann – alles OK. Dann ist unser Mister Custom zufrieden, signiert die Papiere und wir können gehen.
Es ist erst 13 Uhr in Pakistan, das war Rekordzeit würde ich jetzt mal sagen. Wir können also noch einiges an Kilometern hinter uns bringen. Das ist Musik und ich höre schon die Pakistanischen Lastwagen mit ihren melodiösen Hupen; didelidöh!

Normalerweise sind die Herren an der Pakistanischen Grenze nicht so auf Gentlemen eingestellt. Wenn keine Leute von der Presse, Fotografen und so zur Stelle sind, dann bläst ein etwas rauerer Wind.

Aber die beste Geschichte war, als wir 1998 auf der Rückreise eine Ratte an Bord hatte.

Seit Delhi wohnt eine Ratte in unserem Bus. Wir haben sie schon einige Male versucht zu fangen, ohne Erfolg. Das Nagetier hat es sich auf meinem Rucksack mit ein paar Leckereien gemütlich gemacht. Auf die Wasserfalle ist sie nicht reingefallen und tagsüber macht sie gerne kleine Exkursionen zwischen Motor und Gepäckraum.

Nachdem wir die Indische Grenze überschritten haben, dachte ich schon, jetzt ist sie ausgestiegen.

Als der Pakistanische Beamte mit seinem Gehilfen in unser Fahrzeug kommt, will er allerlei Gepäck sehen. Auf der langen Hutablage liegt ein kleiner Koffer mit Musikkassetten (ja die gab es damals noch!). Der Gehilfe muss diesen auf Befehl runternehmen. Oh Schreck! da springt die verstörte Ratte dem Beamten fast auf den Schoss und weg ist sie, auf nimmer Wiedersehen. Alle sind etwas erschrocken, am meisten aber der zuständige Beamte. Der verlässt unser Fahrzeug schnur-stracks, geht in sein Büro, stempelt unser Carnet und die Pässe und weg sind wir. Wow! Hätten wir öfters eine Ratte mitbringen sollen.

An der Iranisch-Pakistanischen Grenze in Taftan ist es viel angenehmer. Dort fühle ich mich schon fast wie ein Rockstar. Bei jeder Überquerung gibt es ein riesen 'hello, I remember you' (ich erinnere mich an dich), dann wird das überdimensionale Buch aufgeschlagen und erstmal den letzten Eintrag gesucht. Sieh, hier warst du das letzte Mal bei uns! Erst danach kann der neue Eintrag angegangen werden.

Delhi – Attari Road = 492 km

8
Indien

Inder sind oft wie Kinder, sie freuen sich überschwänglich und ihre Augen leuchten. Passiert irgendwo etwas, kommt es sofort zu einem Menschenauflauf. Jeder will sehen was los ist. Jeder drängelt sich vor, dann wird gelacht, 'gegigelt', geweint, geprügelt oder geschupst. Apropos schupsen; Anstehen ist auch so eine Sache in Indien. Wenn es irgendwie geht, wird vorgedrängelt. An den Schaltern, im Bus, beim Warten oder wo immer. Inder stehen nicht hintereinander an, sondern nebeneinander. Mit den Ellbogen werde ich abgeblockt oder gar weggeschupst. Aber ich habe ja auch Ellbogen, wenn es dann sein muss. Viele Lokalitäten haben deshalb auch Seile gespannt oder das Nummern System eingeführt, was ganz gut funktioniert. Warten kann ja auch sehr witzig sein. Da wird geglotzt oder es findet sich ein neugieriger Zeitgenosse mit vielen Fragen.

Bevor ich mit den Überland-Fahrten begann, hatte ich Indien mehrmals bereist. Es ist ein hervorragender Kontrast zur Schweiz. Über all die Jahre habe ich viel gelernt in Indien und ich kehre immer wieder gerne hierher zurück.

November, Dezember 1996 – 1997 – 1998

Nach Iran und Pakistan ist es eine Freude in Amritsar einzutreffen. Meist verbringen wir einen Tag hier, bevor die Reise dann weiter geht. Der Goldene Tempel ist ein Muss und auch einen Tag Pause von der Fahrt und den Zoll-Strapazen nehmen alle gerne. Die Gruppe muss sich auch auf das neue Land einstellen. Ausserdem verbringen wir zwei Nächte in einem Hotel. Das heisst, man hat ein bisschen Raum für sich alleine und eine Dusche. So erfrischt fühle ich mich wieder präsentabel.

ERWARTE NICHTS GENIESSE ALLES

Um die Indische Versicherung für Ury kann ich mich hier auch kümmern. Obwohl die Bürogummis sich schon ein bisschen umständlich anstellen, bis die Papiere ausgefüllt sind. Aber die Inder können ja nichts dafür, sie haben die Bürokratie von den Briten gelernt.

Die Fahrt von Amritsar nach McLeod Ganj dauert nur etwa fünf bis sechs Stunden. Das heisst, dass wir den Vormittag in Amritsar noch locker geniessen können. Eine erfrischende Dusche und dann Kaffee mit Zucker. Grauslig ist das! Aber auch das Hotelpersonal hört halt manchmal nicht hin, wenn eine Frau etwas sagt. Da hilft auch 'Chini no' (Zucker nein) nicht! Ich denke ich bin nicht so heikel mit dem Essen, aber Kaffee mit Zucker finde ich ziemlich ungeniessbar. Dann lieber den süssen Chai. Zucker ist ein Zeichen des Wohlstandes. Wer hat, der zeigt es.
Den besten Chai, oder einfach Schwarztee mit Milch und Ingwer, gibt es meistens von den Chai Wallahs in den Strassen. Sie sind ausgerüstet mit einem einfachen Gaskocher, einer Pfanne, einem Sieb, Milch, Zucker, frischem Ingwer und Tee. Dann wird gekocht, gemischt und hin und her gegossen, bis die Mixtur fertig ist. Garam Chai bedeutet heisser Tee. Masala Chai ist mit Gewürzen wie Kardamom, Nelken, Pfeffer und Zimt veredelt.

Bis die Paxlis alle bereit sind, habe ich noch Zeit den Bus aufzuräumen. Da an der Grenze alles ausgeräumt wurde, muss jetzt jedes Ding wieder seinen Platz finden. Das geht am besten, bevor die Paxlis wieder in den Bus einziehen.

Gegen Mittag verlassen wir Amritsar. Unterwegs verpflegen wir uns mit frischen Chapatis und Samosi.
Alle freuen sich auf McLeod Ganj. Ich erzähle ein bisschen über den Ort und über die herrliche Aussicht vom Hotelzimmer, das wir letztes Mal bewohnt haben. Einer der Paxlis meint, das Hotel, das sie sich ausgesucht hätten, habe die bessere Aussicht als die Loge, wo wir waren. Ich wundere mich, wie er das wissen kann. Er war ja noch gar nie in McLeod Ganj! Mir ist eigentlich egal, wer wo wohnt, wenn wir Hotels nehmen. Hauptsache alle sind zufrieden und verbringen eine gute Zeit.

ERWARTE NICHTS GENIESSE ALLES

Die Fahrt in die Berge ist herrlich. Die Strasse Richtung McLeod Ganj ist kurvenreich und eng. Die Gegend ist waldig, die Luft erfrischend und es riecht so fein nach reiner Natur.

Einmal, an einer Kreuzung in Pathankot, zweigen wir falsch ab, das kann halt vorkommen. Wir fahren dann die zwei oder drei Kilometer zurück. Es geht ins Hochland, durch Dörfer und schöne Landschaften. Als wir weiter Richtung Berge und Dharamsala kommen, macht die Gangschaltung Probleme. Als es steiler wird müssen wir fast anhalten, um einen Gang runter zu schalten. Als uns ein Laster entgegen kommt müssen wir ausweichen und dann geht nichts mehr. Der Motor stellt ab. Ahh, uhh! Adam probiert die Luft aus dem Kühlersystem zu lassen. Im zweiten Gang ächzen wir hinauf ins Dorf und dank dem wenigen Verkehr schaffen wir es grad so knapp. Kurz vor dem Hotel Bhagsu hängt ein Seil etwas tief und wir sind zu spät, um zu reagieren oder etwas zu unternehmen. Da die Dachfenster offen sind, bleibt das Seil am Fensterrahmen hängen und wir zehren das Seil runter. Ein paar Äste und Blätter fliegen, weiter passiert nichts. Vor dem Hotel halten wir an.

Ich gehe erst ein Stück zurück zur Kaseri Lodge, um zu schauen, ob die ein Zimmer für uns haben. Das haben sie erfreulicherweise.

Zurück beim Hotel Bhagsu, muss ich mich mit dem enorm unfreundlichen Manager rumschlagen. Der schreit mich nur an und lässt mich überhaupt nicht zu Wort kommen. Das Seil sei dort, weil niemand hier uneingeladen vorfahren sollte. Ich versuche ihm zu erklären, dass wir das Seil zu spät gesehen haben. Es hängt ja auch ein bisschen gar hoch! Ein Auto kann prima unten durchfahren. Ausserdem will ich ihm erklären, dass wir Probleme mit dem Motor haben. Aber er schreit einfach umher, wir seien frech etc. Er will dann die Polizei anrufen. Da habe ich nichts dagegen. Damit kann er mich nicht einschüchtern. Als er meine Reaktion sieht, lässt er von dieser Idee schnell ab. Stattdessen will er 100 Rupees. Ich gebe ihm das Geld, was solls.

Nun müssen wir einen anderen Parkplatz suchen. Ich gehe zurück zur Kaseri Lodge und erzähle dort, was passiert ist. Hier sind sie ganz nett und offerieren, dass wir den Bus doch gleich vor der Türe parkieren sollen. Es stehen oft Busse hier, meint der nette Manager. Das wäre dann also erledigt und ich bin auch erledigt. Unfreundliche Leute und Argumente stressen mich und saugen Energie. Zur Erholung gibt es Café und einen Whisky. Die Paxlis machen sich mit Sack und Pack auf den Weg zum ausgesuchten Hotel. Wir verabreden uns zum Abendessen im McLlo Restaurant.

Letztes Jahr war das alles angenehm und locker hier. Naja, wir haben ja damals auch nichts kaputt gemacht! Das Hotel Baghsu hatte uns einen guten Parkplatz angeboten, für nur 50 IRp pro Tag, inklusive Bewachung. Die Zimmerpreise waren weit über unserem Budget, so haben wir in der Nähe das Hotel Kaseri gefunden. Die Zimmer sind hell und gross und von der kleinen Terrasse aus hat man herrliche Aussicht ins Tal. Nicht zu vergessen, dass man hier auch gleich den Sonnenuntergang geniessen kann.

Im Restaurant McLlo hat es viele Touristen. Der Service ist erfreulich und das Essen recht gut. Adam will nicht mitkommen zum Abendessen, so mache ich mich nur mit Lennon auf den Weg. Adele und Florian sind leicht angesäuselt und wir verbringen wieder einen sehr lustigen Abend zusammen. Auch Lennon hat ein bisschen mehr getrunken als auch schon und redet mehr denn je. Alle staunen.

In dieser frischen Bergluft schlafe ich herrlich.

Amritsar – McLeod Ganj = 210 km

McLeod Ganj

McLeod Ganj ist ein kleiner, friedlicher Ort in den Bergen und liegt auf ca. 1'750 müM. Die Luft ist herrlich frisch und man kann viele Wanderungen machen. Die Tibeter sind ein sehr freundliches Volk. Sie sind etwas ruhiger als die Inder.

Die Gegend hier wird auch 'kleines Lhasa' genannt, wegen der zahlreichen Tibetischen Bevölkerung. McLeod war der Vize-Gouverneur aus dem Punjab (1865-1870). Ganj ist ein übliches Suffix in Hindi und bedeutet Nachbarschaft, im Sinne von Umgebung.

ERWARTE NICHTS GENIESSE ALLES

Als der 14. Dalai Lama, Tenzin Gyatso, im März 1959 von der Chinesischen Kommunisten Partei fliehen musste, offerierte die Indische Regierung ein Schutzgebiet in Dharamsala. Der Dalai Lama hat hier den Regierungssitz für Tibeter im Exil eingerichtet. 1960 wurde McLeod Ganj zur offiziellen Residenz des Dalai Lama und auch das Zuhause für etliche Klöster und tausende von Tibetischen Flüchtlingen.

Über die Jahre hat sich McLeod Ganj zu einer wichtigen Touristen- und Pilger-Destination entwickelt. Es ist seither erheblich gewachsen. Neben McLeod Ganj sind auch die Orte Bhagsu und auf dem Hügel Dharamkot, grösser geworden.

Während des ganzen Jahres trifft sich hier ein interessanter Mix von Leuten wie die Mönche, Volunteer Arbeiter, Yoga Anhänger, Inder und Reisende aus aller Welt.

In den Restaurants hängen wir auch wieder Flyer auf. Vielleicht hat jemand Lust mit uns nach Delhi zu reisen. Wir haben ja noch Platz.

Ich kann ausschlafen, habe Zeit zum Schreiben und Lesen. Manchmal bin ich jedoch motiviert und gehe schon früh hinaus. Die Atmosphäre ist angenehm friedlich, wenn das Dorf erst so langsam erwacht. Auch ist das Morgenlicht schön für Fotos.

Zum Frühstück gibt es feinen Café und Tibetisches Brot, das sehr nahrhaft ist. Am Abend treffen wir uns meistens alle irgendwo zum Abendessen. Tagsüber kann jeder machen wie er will. Dann gibt es am Abend viel zu erzählen und schon bald muss ja auch wieder die Weiterreise besprochen werden.

Das Café im Friends Place Restaurant ist perfekt zubereitet, für meinen Geschmack. Es ist klein aber gemütlich hier.

Im Green Restaurant ist das Café nicht so erfreulich und die Bedienung hat endlos viel Zeit, es dauert ewig bis etwas kommt. Aber hier haben sie eine gute Auswahl an hausgemachten Torten. Die Rüebli Torte finde ich ausgezeichnet und ist das Warten wert.

ERWARTE NICHTS GENIESSE ALLES

Im Tsongla muss man etwas zusammen rutschen, da das Beizli sehr klein ist. Im Snow Lion haben sie alles was man aus dem Menü bestellen will, was nicht immer selbstverständlich ist. Oft haben Restaurants grosse Menü Karten aber sie haben dann nicht alles. Was auch gar nicht nötig ist, aber warum nicht einfach das Menü anpassen? Ah, die Konkurrenz! Aber wenn ich mir etwas ausgesucht habe und höre ständig, 'no have', dann bin ich mehr enttäuscht, als wenn ich einfach ein kleines Menü sehe, oder? Das Tibetische Essen wie Momos oder die verschiedenen Suppen, wie zum Beispiel Nyathuk, Thenthuk, Thukpa etc. sind sehr zu empfehlen. Sie sind herrlich wärmend, wenn es kühl ist draussen. Auch der Kardamom Tee mag ich sehr gerne. Kardamom ist gesund für den Magen und den Kopf. Die Sonnenterrasse des Om Restaurant ist auch ein beliebter Treffpunkt. Die Auswahl an Restaurants wie auch Hotels jeder Grösse ist enorm. Es hat sicher etwas für jeden hier.

Weiter hinten Richtung Baghsu wird gebaut und so wie es aussieht wird noch viel mehr dazu kommen. Eigentlich ein bisschen schade. Vor allem die grossen Bunker Hotels mag ich nicht so. Sie verschandeln nicht nur die Natur aber auch den Charme dieser Gegend hier.

An einem Abend, ich glaub wir haben im Tsongla gegessen, da bleibt nach dem Stromausfall das Dorf noch lange im Dunkeln. So gegen 18 Uhr, wenn jeder das Licht anzündet im Dorf, ist das System wohl überlastet und bricht zusammen. Damit kann man schon Leben. Als wir fertig gegessen haben, machen wir uns ohne Licht auf den Heimweg. Vor den Häusern entlang der Gasse hat es tiefe Wasserrinnen, schön mit Steinplatten ausgebettet. Weil es aber dunkel ist, verpasse ich das Brücklein über die Wasserrinne und trete mit dem linken Bein in die Vertiefung. Dabei schlage ich mit dem Knie an die Kante der Steinplatten. Ein Schlag geht durch den ganzen Körper. Mir ist fast schwindlig vom Schock und Schmerz, uhhh das tut weh! Hände helfen mir auf die Strasse. Es scheint alles noch zu funktionieren und ich kann nach Hause humpeln. Das Bein ist etwas havariert für ein paar Tage, aber Indianer kennen keinen Schmerz.

Die ideenreichen Einheimischen haben auch Kinos eingerichtet. In einem Hinterzimmer wurden Stuhlreihen aufgestellt und sie spielen einen DVD am Fernsehen. Hier habe ich '7 Jahre im Tibet' mit Brad Pitt gesehen. Der Film hat mir exzellent gefallen und passt natürlich hervorragend in diese Gegend.

Babyface ist ein guter Kino-Kunde, er schaut fast jeden Nachmittag 'Titanic'. Insgesamt habe er diesen Film nun schon sechs oder sieben Mal gesehen! Dazu muss man auch sagen, dass es im November natürlich schon eher kalt und nass sein kann. Eine Wanderung macht dann keinen Spass, ein Kinobesuch umso mehr.

Das Regenwetter mit den dunklen Wolken bringt oft eine tolle Stimmung über das Tal. Auch das kann ich vom Zimmer aus geniessen. Die Beine hochgelagert und ein Buch zum Lesen, so verbringe ich gerne mal einen ruhigen Nachmittag.

Da Adam nicht gerne wandert oder Klöster besucht, hat er Zeit sich um Ury zu kümmern. Es gibt dauernd etwas zu reparieren. Die Kupplung, die Bremsen, Flüssigkeiten nachfüllen, Filter kontrollieren. Ihm fällt immer etwas ein.

Die bergige Gegend bietet eine grosse Auswahl für Spaziergänge oder Wanderungen.

Der Pilgerweg um den Hügel südlich vom Dorf ist eher flach, nicht anstrengend und man hat schöne Aussicht ins Tal. Entlang dem Pfad hat es grosse und kleine Gebetsmühlen, die man drehen darf und die sympathischen Glocken erklingen lassen.

Ich sitze ganz gerne im Klostergarten, draussen auf Mauern oder auf einer Bank, um den jungen Mönchen zu zuschauen. Sie halten hier Diskussions-Runden und Argumentier-Trainings ab.

Das Namgyal Kloster und der Tsuglagkhang Komplex mit Dalai Lama Tempel befinden sich hier. Zu gewissen Zeiten können diese von jedermann besucht werden. Es wird gespielt, diskutiert und gebetet. Ich finde es interessant diesem Treiben zuzuschauen. Übrigens gibt es hier auch Nonnen.

Die buddhistischen Malereien, auch Thangka genannt, werden nicht nur geschätzt wegen ihrer Schönheit, sie dienen oft auch als Hilfe zur Meditation. Die Wiege dieser Tradition liegt in Nepal, die ersten Bilder stammen aus dem 7. Jahrhundert. Ich finde diese Bilder faszinierend und je länger ich hinschaue, desto mehr sehe ich. In den Tempelanlagen entdecke ich viele Thangkas, einige sind riesig und dekorieren ganze Wände.

Der Dal Lake mit dem kleinen Shiva Tempel ist ein kurzer Ausflug. Der Weg ist steil und wurde mit Steinen ausgelegt, die jetzt zu einer Geröllhalde zerfallen sind. Die Anstrengung ist es wert, die Aussicht ist herrlich. Der Dal Lake ist ein ruhiger Platz. Der See sieht auch wie eine Dal (Linsen) Suppe aus. Ich treffe auf zwei Inder Frauen, Mutter und Tochter. Sie wohnen seit sieben Jahren in Texas USA. Ursprünglich sind sie aus Chandigarh. Sie waren auch schon in der Schweiz und in England. Ich finde es interessant sich mal mit Inder Frauen zu unterhalten, die die westliche Welt kennen. Zu hören, wie sie diese zwei Welten erleben und sehen.

Der Weg zum Wasserfall ist ebenfalls ein schöner Spaziergang. Hier hinten im Tal gibt es verschiedene Einstiege, um auch längere Wanderungen zu unternehmen. Dieser hintere Teil heisst Baghsu Nagh. Der Pfad zum Wasserfall ist steil, es geht entlang einem Bach, wo sich überall Touristen sonnen. Grad unter dem Wasserfall hat es einen Tee Shop. Er heisst Shiva Art Café und ist eingebettet in die Steinformationen. Es gibt viele angemalte Steine rund um die höhlenmässige Einrichtung. Mehr und weniger begabte Künstler haben sich hier verewigt. Die Atmosphäre ist ruhig und erholsam.
Die Sonne geniessen, auf grossen Steinen sitzen, vielleicht ein mitgebrachtes Picknick verzehren, die Füsse im kalten Wasser baden, ein nettes Gespräch, ein wunderbarer Nachmittag würde ich sagen.
Am Bach findet auch der Waschtag statt. Das Kleiderwaschen ist sehr anstrengend. Alles nass machen, einseifen, durchkneten, über die Steinplatten klopfen, auswaschen und auswringen. Das kräftigt Hände und Arme. Ich bekomme schon Muskelkater nur vom Zuschauen!

Eine längere Wanderung ist der Weg nach Triund. Belohnt wird man mit eindrücklicher Bergwelt, herrlicher Aussicht und wunderschöner Flora. Es ist karg hier oben und man riecht schon fast den Schnee. Ich bringe Käse und Brot aus dem Dorf mit, das nach diesem Aufstieg wunderbar schmeckt.

Hier oben gibt es unendlich viele Wandermöglichkeiten, aber für alles habe ich leider keine Zeit.

Ein mehrtägiger Post-Streik geht auch mal noch vorbei, so kann ich endlich wieder Postkarten nach Hause senden. Die Post befindet sich in einem kleinen Holzbuden-Verschlag in einer Hintergasse. Die Briefmarken müssen mit Leim auf die Karten gekleckst werden. Der Leim ist in einem kleinen Plastik-Behälter, dazu gibt es einen Pinsel. Da fast jeder Postkunde damit rumkleckst, muss man schauen, dass die Karten dann nicht auf dem Tisch kleben bleiben. Es ist eine Ferkelei, aber es funktioniert.

Viele Leute stehen an vor der Post, wen wundert's. Aber ich habe ja Zeit. Ich treffe auf die zwei Fahrradfahrer, Peter und Richard. Erst schwatzen wir lange auf der Strasse. Ich erledige meine Post und dann gehen wir zusammen auf die Sonnenterrasse beim OM Restaurant. Peter isst ein unglaubliches Frühstück. Zuerst bestellt er ein OM Special (Spiegeleier, Bohnen, eine Art Rösti und Brot), danach ein Chop-suey und vier verschiedene Tees. Ein Stück Kuchen lässt er sich einpacken, zum späteren Verzehr.

Marco, den Schweizer Motorradfahrer, treffe ich auch schon zum vierten Mal an (Lahore, Wagah, Amritsar, McLeod).

Die Bank-Öffnungszeiten sind auch so eine Glückssache. Am Samstag ist die Bank erstaunlicherweise offen, von 10.30 Uhr bis 11.30 Uhr. Auch hier stehen heute viele Leute an und es dauert. Zwei Deutsche stehen gleich hinter mir. Sie tratschen über eine Episode von letzter Nacht. Denen scheint völlig unbewusst, dass ich jedes Wort verstehe, oder es kümmert sie einfach nicht. Meine Ohren sind heiss und rot und ich werde deren Austausch hier auf keinen Fall wiederholen.

Clumsy geht es seit Tagen nicht so optimal. Sie fühlt sich nicht wohl und ist immer müde. Ich begleite sie zu einer Tibetischen Ärztin. Tibetische Medizin soll ja sehr gut sein. Wir sitzen lange bei der Ärztin, sie hat viele Fragen, gibt Clumsy ein paar Hinweise und Tipps und kleine Pillen, die aussehen wie Ziegen Poop. Jedes Mal, wenn Clumsy wieder eine Dosis nehmen muss, trägt dies zur heiteren Unterhaltung bei. Erst die kleinen 'Poop-Pillen' und dann ihr verzücktes Gesicht. Doch nach ein paar Tagen geht es ihr wirklich besser.

Wir verbringen viele witzige Abende zusammen mit den Paxlis. Es ist sicher ein gutes Zeichen, dass wir alle noch immer freiwillig, gemeinsam am Tisch sitzen können, zu Abendessen und es angenehm vergnügt haben, nach fast zwei Monaten on the road zusammen.

Das Kaseri Hotel Personal ist ja sehr nett, aber die Jungs sind schon ein bisschen ulkig. Fast jeden Morgen kommen sie und klopfen an die Türe. Wenn ich frage, wer dort sei, oder was los ist, kommt keine Antwort. Wenn ich dann die Türe öffne, drängen sie sich grad ins Zimmer. Als könnten sie draussen vor der Türe nicht sprechen. Meistens sind zwei Zimmer-Boys zusammen unterwegs. Dass man das Zimmer immer abschliessen muss, habe ich schon bei meinem ersten Besuch in Indien gelernt. Jedenfalls kommen sie auch heute Morgen. Ob wir abreisen? Wollen sie mich loswerden?

Auf einem Spaziergang durch McLeod Ganj treffe ich auf Roswitha, die wir schon in Esfahan getroffen haben. Sie erzählt, dass sie in Bam die Holländer mit den Fahrrädern getroffen hat. Das Paar aus Holland hat erzählt, dass während der Nacht in der Wüste, jemand auf ihr Zelt geschossen habe. Zum Glück ist ihnen nichts passiert. Dennoch sicher ein traumatisches Erlebnis. Wir sind dankbar, dass uns auf der Reise nie etwas Derartiges passiert ist.

Bezüglich McLeod Ganj möchte ich den 1. November 1996 speziell erwähnen.

Den Nachmittag haben Bon und ich beim Wasserfall verbracht. Als wir zurück schlendern ist Betrieb im Dorf. Die Häuser sind mit Gebetsfahnen und Blumen dekoriert und auf der Strasse haben die Einheimischen mit ihren Puderfarben Blumensujet, genannt Rangolis, gemalt. Die Frauen tragen ihre besten Kleider und haben sogar Blumen in den Haaren. Viele Leute stellen sich entlang der Hauptstrasse durchs Dorf auf. Wir erfahren, dass der Dalai Lama nach Hause kommt. Also stellen wir uns auch zu den Einheimischen und Touristen. Es geht nicht lange, da kommt der gold-gelbe Mercedes und seine Eskorte. Sie rollen im Schritttempo durchs Dorf. Der Dalai Lama winkt uns zu und schenkt allen ein freundliches Lächeln. Wow, das war eindrücklich. Dieser Dalai Lama hat wirklich eine spezielle Ausstrahlung. Ich sehe sein gütiges Gesicht noch heute vor mir, wenn ich daran denke.

McLeod Ganj - Delhi

Nach den erholsamen Tagen in dieser herrlichen Bergwelt, heisst es wieder packen und weiter geht's.
Obwohl Ury schön aufgepäppelt wurde, will er nicht anspringen. Wir müssen ihn anschieben. Da es leicht bergab geht ist das aber keine grosse Sache. Es geht über viele Kurven wieder hinab ins Tal. Es ist bergig und grün, die Strasse windet sich durch Dörfer und über Pässe. Verkehr hat es zum Glück praktisch keinen.

Auch in der Ebene ist es sehr grün, viel Landwirtschaft, reichlich Leute bei der Arbeit oder unterwegs von hier nach da. Viele kleine Suzuki Minibusse flitzen uns um die Ohren, die alten Ambassadoren gondeln durch die Gegend, Tatas natürlich jeder Grösse und Ashok Leyland Laster machen die Strassen unsicher.

Die Fahrt bringt uns durch Chandigarh. Bei der Teilung von Indien und Pakistan 1947, ging die damalige Hauptstadt des Punjabs, Lahore, an Pakistan. Daraufhin musste für das Indische Punjab einen neuen Regierungssitz gefunden werden. Auf Wunsch von Jawaharlal Nehru durfte der Schweizer Architekt Le Corbusier diese Stadt entwerfen. 1952 wurde mit dem Bau begonnen. Das Gerichtsgebäude mag ja sehenswert sein, aber mir persönlich gefällt der Rock Garden viel besser. Ein etwa 10 Hektar grosses Gartenkunst Projekt, gestaltet von Nek Chand als Gegenwelt zur modernen Planstadt.

ERWARTE NICHTS GENIESSE ALLES

Ausserhalb von Ambala finden wir ein geeignetes Busch-Camp. Auf dem Feld sehen wir Arbeiter, die Korn Büschel ausklopfen. Es sieht sehr schön aus in der Abendsonne, mit all dem trockenen Kornstaub in der Luft. Langsam kommen ein paar neugierige Einheimische und wollen wissen was wir hier machen. Der Landbesitzer kommt später auch noch dazu. Er kann besser Englisch als die Arbeiter. Es freut ihn sogar, dass wir hier bei ihm übernachten. Für morgen will er uns zum Frühstück einladen. Dann lässt er noch frische Milch und Kartoffeln bringen. Als der Landlord geht, fordert er auch die Schaulustigen auf nach Hause zu gehen. Dieser Herr hat Stil.

Als wir am nächsten Morgen um 8 Uhr aufstehen und alles für's Frühstück bereit machen, kommt schon der Landlord mit heissem Tee. Er lädt uns ein doch zwei Tage zu bleiben. Adam muss mit ihm zum Kornplatz, um zu sehen, wie das Korn geklopft wird. Nach dieser Ernte werden Kartoffeln angepflanzt und danach noch Sonnenblumen. Es ist sehr schön und friedlich hier, aber bleiben wollen wir nicht.

Ein Jahr später nehmen wir nicht die Strasse Richtung Amb, sondern via Mandi. Mir wäre es lieber, wir wären wieder so gefahren wie beim letzten Mal. Auch der Manager vom Hotel Kaseri hat uns geraten Richtung Amb zu fahren. Aber Adam schlägt sich dann auf die Seite der Paxlis, die unbedingt Richtung Mandi wollen. Warum weiss ich auch nicht.
Die Gegend ist sehr schön; Bergzüge, sanfte Hügel, grüne Landschaft, kleine Dörfer. Wir kommen nur langsam vorwärts, da die Strasse sehr schlecht ist. Gegen Mittag erreichen wir Mandi. An der Verzweigung zum Kulu Tal machen wir einen Mittags-Stopp. Mandi sieht cool aus, eine alte Brücke führt ins Dorf. Da es viele Lastwagen hat, kommen wir nur sehr schleichend vorwärts. Dafür können wir die wunderschöne Gegend besser geniessen. Wir sehen auch viele Erdrutsche in der Gegend. Die Strasse ist völlig verwüstet. Der starke Regenfall der letzten Tage hat hier seine Spuren hinterlassen. Später kommen wir an eine riesige Baustelle. Eine Beton-Brücke, noch nicht einmal fertig gestellt, ist abgerutscht. Es sieht gefährlich aus, wie ein Teil der Brücke ins Tobel hinunterhängt und Richtung Talboden abzustürzen droht. Es herrscht ein riesiges Chaos hier. Ein Laster steckt im Morast fest, verschiedene Vehikel wollen umkehren und keiner

weiss so recht wohin des Weges. Aber wir mussten ja unbedingt via Mandi fahren, anstatt auf den Manager zu hören, der das wahrscheinlich wusste! Aber das ist alles auch Teil des Abenteuers.

Am nächsten Tag kommen wir ins Flachland, endlich geht es besser vorwärts. Doch schon bald schäppert es und unser Auspuff liegt am Boden. Ich weiss nicht, ob ich lachen oder heulen soll. Adam montiert das Teil ab und wir entscheiden einstimmig, dass wir trotz Lärm weiterfahren werden.

Die Strasse Richtung Delhi ist sehr gut und so kommen wir endlich wieder mal zügig voran. Noch ein kurzer Samosa-Lunch-Stopp dazu ein Limca, die lokale Limonade. Entlang den Schnellstrassen sehen wir extrem viele Unfälle, die in der Nacht passiert sein müssen. Es hat auch viele Pelze am Strassenrand, überfahrene Tiere, meistens Hunde. Grauslig sieht das manchmal aus.

Gegen Nachmittag erreichen wir die Agglomeration von Delhi. Die Stadt ist riesig, aber wir finden den Weg recht schnell. Das Red Fort ist nicht zu verfehlen, das Tourist Camp ist nicht mehr weit. Prompt haben wir einen Platten. Inmitten des chaotischen Stadt-Verkehrs! Die Strasse ist breit genug, so können wir wenigstens etwas zur Seite fahren. Während Adam und einer der Paxlis schnell das Rad wechseln, kommen neckische, freche Jungs daher. Sie sind begeistert uns hier zu treffen. An Bord haben wir eine knallgrüne Wasserpistole. Als ich die Jungs damit bespritze, freuen sie sich noch mehr und tanzen und lachen. Ich schenke ihnen das Spielzeug.

Das Delhi Tourist Camp ist recht gross und liegt versteckt hinter hohen Mauern. Sie haben Platz für uns. Die Angestellten im Camp sind immer die gleichen und so kennt man uns. Der Papierkrieg ist angenehm und wird mit einem Schwatz verbunden. Der Manager erzählt mir wer grad so hier ist und war und ich erzähle ihm ein bisschen von unserer Fahrt. Das Camp ist oft recht gut besetzt und auch immer ein Treffpunkt für alle, die auf der Landstrasse unterwegs sind. Leute, die wir unterwegs schon mal getroffen haben, sitzen hier oder man lernt neue Leute kennen, die Leute getroffen

haben, die wir auch getroffen haben und so ist es immer wieder unterhalt-sam.
Einmal fährt ein Unimog, eine Art selbst umgebauter Land Rover, im Camp ein. Die Besitzer sind aus England und siehe da, die Welt ist klein. Adam erkennt den Fahrer, es ist Chris. Die beiden Herren haben früher zusammen bei Dragoman gearbeitet.

Unis, der Camp-Mechaniker, kommt auch vorbei uns alle zu begrüssen. Er bietet allen Fahrzeugbesitzern seine Hilfe an. Man kann sich auf ihn verlassen. Unis weiss wo man was bekommt und er ist auch ein bewundernswerter Mechaniker. Brauchen wir etwas im Moment? Ah ja, vielleicht einem Auspuff, Blattfedern und neue Filter.

Ins Camp kann man sich auch Post senden lassen, so muss man nicht in die Stadt, um seine Briefe abzuholen. Auch nach Hause telefonieren funktioniert einwandfrei. Es hat ein kleines Restaurant, viele Duschen, WC Anlagen, eine Waschmaschine und ein kleines Fernseh-Zimmer.
Unsere Paxlis stellen ihre Zelte auf und ich richte die Küche ein, damit wir gemütlich zusammensitzen können.

McLeod Ganj – Ambala = 310 km
Ambala – Delhi = 200 km

McLeod Ganj – Swarghat = 266 km
Swarghat – Delhi = 335 km

Delhi

Delhi ist ein grosser Meilenstein unserer Reise. Offiziell wäre hier die Reise von West nach Ost zu Ende. Aber wir fahren unsere Paxlis noch nach Rajasthan, nach Nepal und auch nach Goa, je nachdem wie das verbleibende Zeitfenster aussehen soll. Jede Tour ist ein bisschen anders und wird den Bedürfnissen der Paxlis angepasst. Natürlich muss ein gemeinsamer Nenner gefunden werden. Aber bei unseren kleinen Gruppen ist das keine grosse Schwierigkeit. Ich zeige ihnen Möglichkeiten und Konsequenzen auf. Wichtig ist, dass alle gut informiert sind.

Es gibt viel zu tun und zu sehen hier in dieser Mega Stadt.
Der Connaught Place, Gate of India, Red Fort, Humayun's Grabmal, Lodi Garden, Qutub Minar, Gandhi's Grab und vieles mehr. Es ist auch unterhaltsam auf der Rikshaw zu sitzen und durch die engen Gassen von Old Delhi chauffiert zu werden. Der Kabelsalat über den Strassen ist eine Pracht. Ein Wunder, dass die Leute hier überhaupt Strom haben, wenn man das Wirrwarr so betrachtet. Durch die Gassen quetschen sich Fussgänger, Tuktuks, Autos, Rikshaws und Handwagen überfüllt mit allerlei Dingen, die man hier kaufen kann.
In Old Delhi befindet sich auch die Jama Masjid. Sie ist eine der grössten Moscheen in Indien, gebaut von 1644 bis 1656, zur Zeit von Shah Jahan. Die Moschee hat zwei Minarette die je 40 Meter hoch sind. Gleich hinter der Moschee befindet sich der Chandni Chowk, auch bekannt als Silbermarkt. Welch schöne Sachen sie hier anbieten. Nebst Schmuck aus Gold und Silber finden Besucher auch Hochzeitsgeschenke, dekorative Boxen, Teller, Ess-Besteck, Haarschmuck, Bilderrahmen und unendlich viel mehr. Man kann feine Filigran-Arbeiten bestaunen und ich finde es interessant, den Männern bei der Arbeit zu zuschauen.

Ein grosser Teil von Rucksack Touristen wohnt wohl im Pahar Ganj. Hier gibt es viele Hostels und Hotels für jedes Budget. Auch Restaurants, Dhabas und Shops mit fast allem was das Herz begehrt. Jedenfalls haben sie hier eine reiche Auswahl an Stoffen, Kleidern, Schmuck, Gewürzen, Souvenirs, etc. und immer angenehme Preise. Auch essen kann man hier sehr gut, das Angebot ist vielseitig und reichhaltig.
Ich esse am liebsten in den kleinen Dhabas, da wo die Einheimischen sich verkösten. Ein bekanntes Gericht ist das Thali. Ein Thali kann, je nach Region und Restaurant, ganz verschieden sein. Es besteht aus Reis, verschiedenen Gemüse Gerichten, eingelegtem Gemüse, Linsen Suppe, scharfem Chutney, Jogurt und eventuell etwas Süssem. Meistens gibt es dazu noch Chapatis (Fladenbrot) und Papadams (knusprig, aus Linsenmehl gemachte

Chips). Thali heisst eigentlich der Metallteller, in dem das Gericht serviert wird.

Bei der Citi Bank am Connaught Place kann ich mit der Kreditkarte Geld vom Bankomaten beziehen, eine Rarität in Indien. Das erspart uns allen den Gang zu den Geldstuben oder Bankschaltern. Das Geldwechseln könnte etwa einen halben Tag in Anspruch nehmen, vor allem auf der Bank. Erst steht man an, um den Reisecheck oder das Geld zu zeigen. Wird es für gut befunden, kann man in die nächste Reihe stehen. Dort wird ein Papier ausgefüllt mit dem zu wechselnden Betrag. Dann bekommt man eine Nummer und wartet wieder, bis die Nummer aufgerufen wird. Am dritten Schalter bekommt man dann die gewünschten Indischen Rupees. Doch langsam kommt auch hier der Fortschritt.

Mit Bon, dem jungen Engländer, bin ich in der Stadt unterwegs, als er den Wunsch äussert, sich Ohrringe stechen zu lassen. Wir suchen uns also einen passenden Laden aus. Doch schon beim ersten Schuss hat Bon so einen Schreck bekommen, dass er mich nötigt, den zweiten an mir machen zu lassen, denn wir können die Ohrstecker hier nur Paar-Weise kaufen. Ich kann den armen Bon ja nicht unnötig leiden lassen und opfere mich.
Mit Bon haben wir viele amüsante Begebenheiten erlebt. Einmal, als er alleine in der Stadt unterwegs ist, lernt er Leute aus Afrika kennen. Auf Drängen von Bon müssen wir am Abend seine neuen Freunde besuchen. Im Zimmer des Hotels sieht es schwer nach Drink-Gelage aus. Tom, Prossy und Sarah sind aus Uganda, John ist aus Zimbabwe. Sie sind sehr fröhlich und freundlich. Da Adam und ich schon in Zimbabwe waren, finden wir schnell den Draht zueinander. Sie sind grosszügig mit ihrem Schnaps und es wird sehr lustig. Erst in den frühen Morgenstunden trennen wir uns. Unsere Afrikanischen Freunde begleiten uns bis zum Eingangstor und mit grosser Herzlichkeit werden wir verabschiedet. Zum Glück müssen wir nicht mehr weit. Ich glaub ich schlafe schon bevor mein Kopf auf der Matratze liegt.

Manchmal organisieren wir von Delhi aus auch die Rückflüge für die Paxlis in die Schweiz. Nach der Ankunft in Delhi müssen ein paar Entscheidungen

getroffen werden. Wer fährt noch wie lange mit uns weiter. Von wo und wann wollen die Paxli nach Hause reisen. Ich helfe ihnen mit Informationen, beim Geld wechseln, Flug buchen, begleite sie durch die Stadt oder mache mir einen gemütlichen Tag im Camp.
Adam kann sich den Blattfedern und anderen Teilen des Busses widmen. Ich benutze die Gelegenheit, den Laderaum komplett zu räumen und alles gründlich zu putzen. Der Staub der Landstrasse und der Sand der Wüste sitzen überall.

An der Wasserstelle im Camp treffe ich auf ein junges Paar aus Basel. Sie sind auch über Land gekommen, aber alles mit öffentlichen Transportmitteln. Das tönt sehr interessant. Vor allem muss man keine platten Reifen flicken oder Auspuffe und Federn reparieren. Wobei die beiden erzählen, es wäre recht stressig gewesen. Sie seien oft angehalten worden und manchmal war es auch schwierig weiter zu kommen, da kein Bus fährt oder nur einmal pro Woche. In Loralai, zum Beispiel, haben sie vier Tage auf einen Bus warten müssen. Diese Reise ist und bleibt ein Abenteuer.
Der lustige Dragoman-Fahrer Jim ist auch hier. Seine Gäste sind ausgeflogen. Er ist gerade fertig mit den Arbeiten an seinem Truck und hat ölige Hände. Da er grad keine andere Frau an seiner Seite hat, komme ich in den Genuss einer herzlichen Umarmung. Irgendwo muss er ja seine verschmierten Hände abputzen! Da kommt wohl der Piglet Pulli wie gerufen!

Als ich mich grad mal so gemütlich zurücklehne, kommt Oliver aus Zürich, auf einen Schwatz vorbei. Er hätte eventuell Interesse mit uns nach Goa zu reisen, da sein Kollege Beat nicht dahin möchte. Oliver und Beat sind ebenfalls über Land nach Indien gefahren. Wir schauen uns die Karte an, spielen Möglichkeiten durch für ein Treffen unterwegs. So läuft immer etwas.

Es ist Anfang November und wir haben Zeit für einen Abstecher Richtung Agra, ein paar Tage Rajasthan und dann weiter nach Nepal zu fahren.
Alle Paxlis sind von dieser Idee begeistert. Lassen wir Nepal weg, würden wir eine grössere Rajasthan Tour machen oder in Madhya Pradesh oder

Karnataka noch Sehenswürdigkeiten einbauen. Die Auswahl in Indien ist endlos.

Die Nepalesischen Visa könnte man direkt an der Grenze bekommen. Da wir Zeit haben, besuchen wir das Nepalesische Konsulat hier in der Stadt und besorgen die Visa für alle. Die Konsulat Mitarbeiter sind ungeheuer effizient. Formular ausfüllen, 875 IRp bezahlen, morgen wiederkommen. Nach nur 15 Minuten stehen wir schon wieder auf der Strasse.

Wie immer, wenn wir im Delhi Camp stationiert sind, gehe ich im Handwerker Viertel einkaufen. Die Jungs vom Nan Shop freuen sich über meinen Besuch und packen die frischen Brote liebevoll ein. Als ich mal etwas früher bei ihnen eintreffe, schläft der kleine Junge noch, der immer die Nan so lieb einpackt. Er sieht so herzig aus, eingewickelt in die Wolldecke, nur das Gesichtchen piept hinaus in seine kleine Welt. Aber der Bäcker weckt ihn. Dafür gebe ich dem Kleinen heute ein Trinkgeld, da strahlt er über alle Backen. Frische Eier verkauft mir der Chai Wallah und frisches Gemüse hole ich auf dem bunten Main Bazaar.

Wir verbringen lange Abende in illustrer Gesellschaft im Camp. Die Temperaturen sind herrlich und ich geniesse es draussen zu sitzen.
Schnell vergehen die Tage in Delhi und schon geht's weiter Richtung Rajasthan.

Rajasthan

Auf der Fahrt aus der Stadt besuchen wir noch den Bahai Tempel, weil er am Weg liegt. Der Tempel sieht aus wie eine riesige Lotus Blüte. Der Iranisch-Kanadische Architekt Fariborz Sahba gewann mit diesem schönen Bau zahlreiche Architekturpreise. Eröffnet wurde der Lotus Tempel am 24. Dezember 1986. Wie alle Sakralbauten der Bahai, steht auch dieser Tempel allen Religionen offen, Zeremonien sind jedoch nicht erwünscht.

ERWARTE NICHTS GENIESSE ALLES

Die Strasse Richtung Jaipur wurde erneuert und verbreitet. Es hat heute ziemlich viel Verkehr. Man sieht oft Unfälle unterwegs, aber auf der schönen, neuen Strecke nach Jaipur treffen wir auf einen fürchterlichen Anblick.

Erst kommen wir nur sehr schleppend aus der Stadt, endlich auf der neuen Autobahn, ist das Chaos perfekt. Der riesige Unfall blockiert alle vier Fahrstreifen. Ein Bus ist verkeilt mit einem Traktor und eventuell sind noch andere Fahrzeuge involviert. Es liegen einige Menschen auf der Strasse, ich hoffe, dass sie nicht alle tot sind! Es sieht gar nicht schön aus. Wir steigen aus und unterhalten uns mit anderen in der Kolonne stehenden Personen. Auf unserer Karte schauen wir, ob es einen anderen Weg für uns gibt. Tatsächlich könnten wir drei Kilometer zurück fahren, dort eine Nebenstrasse nehmen und so den Unfall umfahren. Eine Wendung ist kein Problem und wir finden schnell unsere Umfahrung. Doch da kommt ein Bahnübergang, die Schranken sind unten und zwei Traktoren mit Anhänger warten auch schon. Der Zug kommt bald doch die Schranken bleiben unten. Mehr Traktoren reihen sich hinter uns ein, noch ein Zug und noch ein Zug. Wie sagt man so schön; Murphy's Law? Trotzdem bin ich froh, dass wir uns vom Unfall entfernen konnten. Nach ca. 45 Minuten gehen die Schranken endlich auf. Bei der nächsten Gelegenheit fügen wir uns wieder auf die Autobahn ein und kommen nun zügig vorwärts.

In einem Dorf überfahre ich ein kleines Schweinchen. Ohhh! Es kommt aus den Büschen und rennt einfach unter die Räder. Selbstmordmässig, keine Chance! Wahrscheinlich ist es vom Schlächter geflüchtet. Innert Sekunden versetzt dieses 'Roadkilling' das ganze Dorf entlang der Strasse in Aufruhr. Wir halten natürlich nicht an, denn das wäre wahrscheinlich das teuerste Schwein aller Zeiten geworden. Aber ich habe den Aufschrei der Einheimischen schon gehört. Tut mir ja leid. Ich muss heute noch dran denken.

Delhi – Jaipur = 270 km

124

ERWARTE NICHTS GENIESSE ALLES

Jaipur

Als wir Jaipur erreichen ist gerade rush-hour, die Hauptstrasse ist verstopft. Es hat enorm viele Leute auf der Strasse. Morgen beginnt ihr Diwali, das Fest des Lichtes. Alles ist dekoriert und überall werden Süssigkeiten angeboten. Vor den Eingängen der Häuser und auf den Strassen haben Frauen mit den Pulverfarben schöne Rangolis kreiert. Früher wurden Rangolis aus Reis, gefärbtem Mehl, Sand und Blumenblättern geschaffen. Die Motive sind je nach Kreativität der Künstler mehr oder weniger aufwendig. Diwali ist sehr beliebt, der sagliche Hintergrund gar ein bisschen romantisch. Am Abend gibt es überall Kerzenlicht oder Öl-Lampen und natürlich dürfen auch Feuerwerke nicht fehlen.

Diwali stammt vom Sanskrit Dipavali, was Lichterkette bedeutet. In verschiedenen Regionen Indiens wird das Fest unterschiedlich gefeiert. Es ist ein fröhliches Fest. Gefeiert wird der Sieg vom Guten über das Böse. In Nordindien feiert man die Rückkehr von Gott Rama mit seiner Frau Sita aus dem Exil. Da es dunkel war, entzündeten die Leute Öl-Lampen entlang des Weges.

Im Schritttempo geht's durch das Chaos von Fahrzeugen und Leuten. Zu Fuss wäre man schneller als mit dem Auto.

Das Jaipur Inn liegt nicht weit ausserhalb der Stadtmauer. Das Hostel hat einen gepflegten Garten und ist von einer Mauer umgeben. Die Besitzer haben nichts dagegen, wenn im Garten Zelte aufgestellt werden. Das Hostel verfügt über Mehr-Bett-Schlafräume, sprich Dormitories, aber auch Doppelzimmer.

Die Unterkunft wird von einem älteren, pensionierten Commander und seinem sympathischen Sohn geführt. Der ältere Gentleman hat im Militär gedient und bekommt oft Besuch von über Land Reisenden. Er und sein Sohn empfangen mich sehr herzlich und wir schwatzen ein bisschen im Büro. Sie sind sehr interessiert von unseren Abenteuern zu hören. Das Inn scheint sehr beliebt zu sein bei den Travelers, kein Wunder. Das Management und die Angestellten sind nett, es hat viel Platz überall und eine schöne Dachterrasse mit herrlicher Aussicht über Jaipur. Hier oben geniesse ich den Sonnenuntergang.

Die Paxlis können sich unter die anderen Gäste mischen und sich austauschen.

Wir treffen zwei Schweizer. Richard ist aus Graubünden, Sandeep ist in Zürich aufgewachsen. Sein Vater ist Inder, seine Mutter eine Schweizerin. Der Whisky fliesst grosszügig und Adam hat schon bald einen ziemlichen 'Balari' beieinander. Auch Babyface zeigt Anzeichen. Mal fallen ihm die Karten aus der Hand, mal muss der Kopf auf dem Tisch ruhen. Als Babyface dann die Gesichtsfarbe wechselt, bringe ich ihn nach draussen. Für mich als Beobachter war die Szene sehr lustig, ich hoffe sie können morgen auch darüber lachen.

Der scheue Lennon betrinkt sich hier auch wieder mal. Ich glaub er freut sich sehr, bald nach Hause zu fliegen. Aber er versichert uns, dass es ihm in Indien wunderbar gefällt. Am nächsten Morgen sieht er herrlich zerknittert aus.

Der Sohn des Besitzers kommt auch auf einen Schwatz zu mir. Er meint, ich könnte morgen Abend in seiner Küche kochen, für alle seine Gäste. Wow, das wäre dann wohl doch eine grosse Herausforderung. Ich versichere ihm, dass sein Team das sicher besser kann als ich. Aber er hat das wirklich ernst gemeint und antwortet; dass ich wahrscheinlich besser wisse, was seine Gäste gerne hätten. Sie haben gerne Internationale Gäste hier. Das merkt man auch.

Auf dem Weg Richtung Bett, werde ich noch von einem Portugiesen in ein Gespräch verwickelt. Er hat viele Fragen wegen der Überland-Tour und dann noch mehr Fragen zu Goa. Er redet wie ein Wasserfall. Endlich kann ich mich dann doch noch loslösen. Auch ich bin am nächsten Morgen sehr müde und lasse mir das Café im Hostel Restaurant servieren.

Jaipur ist auch bekannt als Pink City (Rosa Stadt), weil im Abendlicht der rote Sandstein eben 'pinkisch' scheint. Jaipur hat über zwei Millionen Einwohner. Die Stadtmauer und die sieben Tore sind recht gut erhalten, zum Teil sicher auch renoviert.

ERWARTE NICHTS GENIESSE ALLES

Hawa Mahal, eher bekannt als der 'Palast der Winde', wurde 1799 erbaut. Das architektonisch aussergewöhnliche Bauwerk ist Teil des Stadtpalastes der Maharaja Familie. Es zeigt sehr schön den verschwenderischen Lebensstil des Rajputen Fürsten Sawai Pratap.

Das fünfstöckige Hawa Mahal diente nur dazu, dass die Haremsdamen unbeobachtet dem Treiben während Festumzügen in der Stadt zuschauen konnten. Hinter den Gitterfenstern, genannt Jalis, kann man die Damen von der Strasse aus nicht sehen. Die Fassade enthält 953 kleine Gitterfenster, die auch eine kühlende Luftzirkulation zulassen, daher auch der Name, Palast der Winde. Vom oberen Teil des Palastes hat man perfekte Aussicht auf das Treiben in der Stadt.

Hawa Mahal ist neben dem Taj Mahal sicher eine der bekanntesten Sehenswürdigkeiten Indiens.

Der Stadtpalast wird noch heute teilweise von Nachfahren der Maharaja Familie bewohnt.

Er wurde zwischen 1729 und 1732 gebaut im Auftrag von Sawai Jai Singh II, dem Herrscher von Amber. Teile des Palastes sind heute ein Museum. Im gedeckten Innenhof stehen zwei riesige Silber Gefässe. Sie sind je 1,6 Meter hoch und man sagt, das seien die grössten Silber Objekte der Welt. Der Maharaja habe in diesen Gefässen sein Wasser auf seine Reisen mitschleppen lassen.

Die Jaiprianer sind nett, aber schon sehr aufdringlich. Jeder will etwas verkaufen oder uns irgendwohin schleppen. Es ist sehr anstrengend mit ihnen. Und welchen Teil von 'Nein' sie nicht verstehen, weiss ich auch nicht.

Etwa 14 Kilometer ausserhalb der Stadt liegt der prächtige Amber Palast. Auf der Strasse kommen uns Elefanten entgegen. Eine schöne Gegend mit See, Bergen und alten Mauern. Der Palast auf dem Hügel wird wunderschön beleuchtet von der Morgensonne. Ury lassen wir auf dem Parkplatz wo die Touristenbusse parkieren. Auf dem Vorplatz gibt es Café und die Kartoffel Puffer, Aloo Tikki, ich liebe sie.

ERWARTE NICHTS GENIESSE ALLES

Zum Palast hinauf gehen wir zu Fuss. Für ein paar Rupees könnte man auf dekorierten Elefanten zum Eingang hinaufreiten. Die Dickhäuter sind farbig angemalt, tragen Schmuck und reich bestickte Tücher. Zusammen mit den vielen Affen, die überall herumturnen, ist die Szene ein willkommenes Fotosujet. Eintritt kostet 4 IRp, Kamera 50 IRp!

Für die Eingangsstufen wurde Marmor aus Italien bevorzugt, da dieser härter ist als der Indische Marmor. Wenn man sich überlegt, wie alt der Palast ist und wie viele Füsse schon über diese Stufen gegangen sind, sehen die wirklich noch ganz passabel aus.

Innerhalb der Gemäuer des Amber Palastes verteilen sich die vielen Besucher recht gut. Es hat unzählige Gassen, Plätze, Terrassen, Türmchen und Tempelchen. Im Innenhof wachsen Bougainville und Oleander. Besonders sehenswert ist Sheesh Mahal, der Spiegelsaal. Viele kleine Spiegel dekorieren das Innere des Saales, die Säulen sind aus weissem Marmor, sieht sehr edel aus. All diese Schnörkel-Dekorationen und Malereien sind eine Freude. Vom Palast hat man auch eine herrliche Aussicht über die Landschaft mit vielen kleinen Tempeln, einem Dorf, einem kleinen See und die Burgmauer, die sich der Krete entlang schlängelt. Das Fort ist aus hellem Stein gebaut, nicht mit dem sonst hier üblichen roten Sandstein.

Amber Fort wurde im Auftrag von Raja Man Singh I, einem Feldherrn des Grossmoguls Akbars, um 1590 erbaut. Mitte des 15. Jahrhundert wurde das Fort und der Palast erweitert. Die Anfänge der Stadt gehen jedoch viel weiter zurück. Bereits im 10. Jahrhundert war Amber eine florierende Stadt bis Sawai Jai Singh II um 1730 die neue Stadt Jainagara gründete, das heutige Jaipur.

Weiter westlich in Rajasthan kommt man in die Wüste. Der Verkehr nimmt etwas ab.

Als wir einmal unterwegs in einem Strassen-Dhaba anhalten, sind dort zwei Jungs mit einem Moped. Es will und will nicht anspringen. Bon geht zu ihnen und erklärt, dass sie kein Benzin im Tank haben, deshalb springt der Motor nicht an. Atscha? Aber nichts ist atscha, die Jungs wollen oder können das nicht verstehen und probieren weiter. Bon hilft ihnen dann auch, aber natürlich springt der Motor nicht an. Es ist eine amüsante Szene.

Pushkar

Via Ajmer geht es über die Snake Mountains und schon bald erreichen wir Pushkar.

Normalerweise ist der Verkehr sehr gering. Einmal sind wir kurz vor politischen Wahlen unterwegs. Da gibt es ein kleiner Schluckauf in Ajmer. Wir müssen warten, bis der Umzug mit Musikanten die Strasse wieder freigibt. Tote Hunde oder ein zerquetschtes Schaf sieht man oft am Strassenrand. Heute haben wir aber sogar einen toten Esel und ein totes Kamel am Strassenrand liegen sehen. Das Kamel hatte einen völlig verdrehten Hals. Sah schon fast komikhaft aus.

Beim Check-Point kurz vor Pushkar wollen sie wieder viel Geld von uns. 10 IRp für's Parkieren und 20 IRp pro Person. Ich will wissen was die 20 IRp pro Person sollen? Dann kommt Adam ins Büro, er hat keine Nerven und Geduld mit den Indern zu verhandeln. Er schreit umher, was die Angelegenheit nur schwieriger macht. Ich versichere Adam, dass ich das Regeln kann und schubse ihn wieder hinaus. Da kommt gerade ein Taxi mit Touristen. Der Chauffeur muss nur die 10 IRp bezahlen, für die ausländischen Touristen muss er nichts bezahlen. Jetzt hat der Check-Point Inder verloren. Warum müssen unsere Touristen bezahlen, aber die nicht? Das kann mir der Inder nicht wirklich erklären. Ich lege ihm dann einfach die 10 IRp hin für den Bus. Der freche Typ meint, er rufe die Polizei. Ich habe nichts dagegen und lasse mich sicher nicht einschüchtern. Immer diese billigen Tricks. Wir steigen in den Bus ein und steuern Richtung Hotel.

Sie wollen natürlich nur von den westlichen Touristen Geld. Das finde ich unfair. Es gibt viele reiche Inder, die nach Pushkar kommen und sehr wohl diese 10 IRp bezahlen könnten.

Ein Jahr später hat es wenigstens eine Tafel, wo aufgelistet ist, wer was bezahlen muss. Ein Taxi mit Touristen lässt der Wärter an uns vorbei, ohne dass die einen Paisha bezahlen müssen. Von mir will er 10 IRp für den Bus plus 10 IRp pro Person! Nein, so steht das hier aber nicht geschrieben. Ich strecke ihm die 10 Rupees für den Bus hin und erkläre ihm deutlich, dass ich nicht jedes Mal mit ihm diskutiere. Es sei ganz klar was ich bezahlen müsse. So richtig passt ihm das natürlich nicht und er verweigert die Annahme der 10 Rupee Note. Als er vorher das Taxi hat passieren lassen, ist Adam mit dem Bus auch an der Schranke vorbei gefahren. Da ich schon ausgestiegen war, hatte niemand etwas dagegen. Ich lege dem unfreundlichen Wärter die Note auf sein Pult und gehe zum Bus. Eine Quittung bekomme ich keine, aber das ist mir egal. Diese Schranken Wärter denken oft wir Touristen seien doof oder was? 10 Rupees umgerechnet in Schweizer Franken ist natürlich nicht viel, aber für Indische Verhältnisse ist das schon was wert. Und es geht mir hier auch um's Prinzip. Ich will ehrlich und fair behandelt werden.

Diese Check-Points sind eine sehr fragwürdige Sache und oft nicht von offizieller Seite organisiert. Wohin das Geld versickert ist eher unklar. Je nach Schranke, Schilder oder Quittung, handgestrickt oder gedruckt, sieht man schnell, ob der Check-Point offiziell ist oder nicht.
Aber einmal in Pushkar angekommen, ist das alles sehr schnell vergessen.

Jaipur – Pushkar = 150 km

Pushkar ist eine Oase des Friedens und ein heiliger Ort für Hindus. Hier steht einer der wenigen, aber sehr bedeutenden Brahma Tempel. Jagatpita Brahma Mandir wurde im 14. Jahrhundert erbaut und ist der älteste. Es gibt nur fünf oder sechs Brahma Tempel in Indien. Shiva und Vishnu gewidmete Tempel findet man dagegen tausende.
Warum nur so wenige Brahma Tempel existieren, dazu gibt es verschiedene Mythen.
Brahma sei bei Shiva und Vishnu in Ungnade gefallen, weil er nach Shatrupa gelüstet hat und ihr überall hin gefolgt ist. Er hat sich sogar eine fünfte Hand gegeben. Shatrupa ist Brahmas Tochter, deshalb ist das Verhalten Brahmas eigentlich unangebracht. Als Shiva davon erfährt, hackt

Shatrupa diese fünfte Hand ab. Brahma gilt seither als der Ignorierte des Trinity.

Eine andere Erzählung besagt, dass Brahma ganz stolz auf seine Kreationen war. Vishnu gefiel dies gar nicht und hat ihn deshalb verscheucht.

Aber die Zeit heilt alle Wunden. Die Leute konnten Brahma vergeben und seine Reue akzeptieren und so wurden über die Jahre ein paar wenige Brahmanen Tempel gebaut.

Brahma, Vishnu und Shiva sind die drei Hauptgötter mit vielen Inkarnationen. Sie bilden die Trimurti oder Trinity des Hinduismus; Schöpfung, Bewahrung und Zerstörung.

Das ganze Jahr kommen Pilger nach Pushkar, um sich reinzuwaschen. Das ganz in hellblau und weiss gehaltene Dorf umringt den See, dahinter liegt das Aravalli-Gebirge und die Wüste Thar. Im November findet hier der berühmte Kamel-Markt statt. Dann werden Zeltstädte aufgebaut und es fallen über 10'000 Besucher über den kleinen Ort her. Es ist staubig und viel Sand liegt in der Luft. Tagsüber herrscht ein buntes Treiben. Die Kamele werden dekoriert, sie bekommen einen artistischen Haarschnitt und werden zum Verkauf vorgeführt. Auf dem Marktareal finden auch Kamel-Rennen statt und es gibt viele Essbuden und Attraktionen. Vom Riesenrad aus hat man eine tolle Aussicht. Am schönsten ist es gegen Abend, wenn Frieden in der Wüste einkehrt. Die Kamel Wallahs sitzen im Kreise von Freunden und Familie im Sand, essen und philosophieren.

Als wir in Pushkar ankommen, ist dieser Kamel-Markt aber just vorbei.

Im Hotel Sarovar dürfen wir parkieren und campieren. Das Hotel hat einen grossen Innenhof und Garten. Es war früher der Maharaja Palast und liegt direkt am See. Der Manager ist nett und lässt uns auch die öffentlichen Toiletten und Duschen benutzen. Man muss aber kalt duschen, warmes Wasser haben sie hier im Palast keines. Dafür hat der Palast eine Terrasse auf dem Dach. Ich sitze sehr gerne dort oben und geniesse die schöne Sicht über den See, das Dorf und in die nahe Umgebung.

Herrlich ist es hier, so ruhig und erholsam. Im Hintergrund hört man Trommeln und mit dem Sonnenuntergang verändert sich langsam das Leben und das Licht entlang den Ghats.

ERWARTE NICHTS GENIESSE ALLES

Trotz der vielen Touristen, die jedes Jahr hierher kommen, hat sich Pushkar eine gewisse Mystik und den Charme erhalten.

Einen Spaziergang um den See, unten bei den Ghats sitzen und den Leuten zuschauen, wie sie ihre Blumenspenden ins Wasser setzen. Oder einfach oben auf der Terrasse des Sarovar Palastes sitzen und ein Buch lesen, so behaglich vergehen hier die Tage.
Ghats sind die Treppen, die in den See führen. Mit Ghats sind aber auch die Ufer entlang einem Gewässer gemeint.

Als Clumsy und ich mal in der Nähe der Brücke auf der Mauer sitzen, kommt plötzlich ein alter Mann und meint, wir müssen die Schuhe ausziehen. Er geht zu jedem der von Links kommt und beordert die Spazierenden die Schuhe auszuziehen. Die meisten Leute machen das, ein paar Inder ignorieren ihn einfach. Ich sehe dann, dass wenn man von Links über die Brücke kommt, steht dort ein Schild das besagt; keine Schuhe, nicht rauchen, kein anstössiges Benehmen! Schon bald ist der alte Mann müde und setzt sich auch auf die Mauer und raucht eine Zigarette. So geht das!

Wir besuchen den Brahmanen Tempel hinten im Dorf. Eigentlich schaue ich in den Indischen Tempeln am liebsten dem bunten Treiben zu. Ständig kommen Leute, um Opfergaben zu bringen, mit dem Priester zu sprechen oder um ein Gespräch mit ihrem Gott zu führen. Es läuft immer etwas in den Tempeln, in ihnen ist Leben und sie werden meist rege besucht. Die Atmosphäre ist trotzdem friedlich.
Zum Hinduismus gehören viele Götter, viele alte Sagen, Symbole und heilige Orte, es scheint eine unendliche Geschichte zu sein.
Der Hinduismus ist sehr interessant und je mehr man darüber weiss, desto besser versteht man die Inder und das Leben hier. Obwohl natürlich immer noch viele 'Warum-Fragen' offen bleiben.
Nach diesem Zwischenhalt spazieren wir entlang dem See, dann Richtung Savitri Tempel. Der Tempel liegt auf einem Hügel. Das Erklimmen der endlosen Stufen wird mit einer herrlichen Aussicht in die Gegend belohnt. Unterwegs hat es viele Affen, die hoffen, dass wir etwas zu Essen mitgebracht

haben. Zum Glück haben wir aber nichts dabei. Ziemlich müde kommen wir gerade richtig für den Sonnenuntergang zurück ins Hotel.

Rajasthan ist auch bekannt für schönen Silberschmuck. In Pushkar einzukaufen macht Spass, da hier alles ein bisschen gemütlicher geht. Ich schlendere gerne durch's Dorf.
Mal wieder ein neues Outfit würde mir nicht schaden. Ich habe eine blumige Baumwollbluse, eine dunkelblaue Hose und ein dunkelblaues Samt-Jäckchen ins Auge gefasst. Der Typ im Shop ist überaus nett und relaxed. Wir schwatzen über Indien und die Schweiz. Seine Preise sind überraschend niedrig. An der reich besuchten Camel-Fair habe er sehr erfreuliche Geschäfte gemacht, deshalb könne er mir jetzt einen guten Preis machen, erklärt mir der nette Verkäufer. Mich freut das.

Ich muss mal noch ein bisschen Wäsche waschen und mache mir danach ein Café, den ich auf der Dachterrasse geniesse. Kaum habe ich mich niedergelassen, kommt Besuch. Es ist die Französin, die wir von McLeod Ganj nach Dharamsala im Bus mitgenommen haben. So ein Zufall. Morgen geht sie mit der Eisenbahn zurück nach Delhi. Wir schwatzen über die Inder und die Welt, flugs vergeht der Nachmittag. Unsere Paxlis kommen für den Sonnenuntergang auch auf die Terrasse. Schnell wird es dunkel und eigentlich habe ich jetzt Hunger.

Die Auswahl an Restaurants ist sehr vielseitig. Was man wissen muss ist, dass Pushkar ein purer vegetarischer Ort ist. Es gibt kein Fleisch und auch keine Eier. Alkohol gibt es natürlich auch keinen.
Aber es lohnt sich eigentlich immer für einen kleinen Snack ins Dorf zu schlurfen. Pakoras sind genau das Richtige, zum Dessert ein Bananen Lassi. Vom Dach des Restaurants Natraj sieht man die Ghats, wo sich die Hindus waschen. Die meisten Leute kommen am Morgen oder Abend zum See.
Die Menü Auswahl im Rainbow ist riesig und alles ist auch wirklich sehr fein. Die hausgemachte Pasta ist ausgezeichnet. Und wer kommt schon wieder daher? Salü Luc, schon wieder du! Zur Erinnerung, wir haben den

ERWARTE NICHTS GENIESSE ALLES

Schweizer Motorradfahrer schon im Delhi Camp und in McLeod Ganj angetroffen. Der freundliche Manager kommt auch noch auf einen Schwatz
an unseren Tisch. Da wir die letzten Gäste sind, hat er Zeit für uns.

Das Buffet im OM Restaurant ist gut und man kann allerlei Köstlichkeiten
probieren. Da kommt mir eine lustige Story in den Sinn.
Am Abend treffen wir uns alle auf der Dachterrasse im Palast. Wir beraten
uns bezüglich eines Restaurants. Ich mache den Vorschlag doch ins Om
Shiva ans Buffet zu gehen. Adam will das aber nicht. Clumsy hat mal in
einer kleinen Seitengasse etwas gegessen, Shalimar heisst's. OK, wir können das ja probieren. Wir bestellen allerlei, die Getränke kommen ziemlich
schnell. Dann geht die längste Zeit nichts mehr. Irgendwann kommt dann
Rudi's Nudelsuppe. Sieht aus wie Abwaschwasser ohne Nudeln! So
schmeckt sie dann auch und niemand will sie essen. Dann bringt der Chef
ein Nan, etwa 15 Minuten später noch ein Nan, dann geht wieder nichts
mehr. Alle sind hungrig und langsam kommt Unmut auf. Hat jemand Käse-
Knoblauch Toast bestellt? Der Toast kommt, der Käse fehlt! Wir fragen
nach, wie lange es noch dauert, bis das Essen serviert wird. Alles sei bereit,
nur noch zwei Minuten. Wir geben ihm fünf Minuten. Nach zehn Minuten
haben wir immer noch nichts zu essen und einigen uns auf einen Abgang.
Jeder kramt ein paar Rupees zusammen, damit wir bezahlen können, was
der Chef geliefert hat. Dem Chef gefällt es natürlich gar nicht, dass wir gehen wollen. Seine Augen funkeln und er redet wirres Zeugs. Ich glaub der
hat ein Bang Lassi zu sich genommen.
Inzwischen sind schon zwei Stunden vergangen und wir machen das, was
wir schon vorher wollten, wir gehen ans Buffet ins Om Shiva. Adam geht
alleine irgendwo hin.
Das Buffet ist erfreulich, die Auswahl ist reich und es gibt sogar Dessert.
Die Paxlis hauen so richtig rein, die Welt ist wieder in Ordnung und wir
lachen über den Vorfall im Shalimar.

Frühstück machen wir meistens selber und essen im ruhigen Garten des
Sarovar. Es gibt eine Bäckerei im Dorf und auch sonst bekommt man alles
was man braucht. So können wir alle den Tag langsam angehen und besprechen, wer was machen möchte.

ERWARTE NICHTS GENIESSE ALLES

Die Paxlis sind guter Laune und geniessen die Tage hier. Ziggy hat Florian's Haare geschnitten, wobei Florian vorher sanfter ausgesehen hat als mit dem kurzen Mohawk-like Stil. Aber das ist natürlich Ansichtssache.

Ich mache mich wieder mal ans Putzen. Unser Kühlschrank könnte mal ein bisschen Liebe vertragen und auch sonst hat es der Stauraum bitter nötig. Nach diesem Putzanfall gehe ich auf einen Spaziergang entlang den Ghats. Auf dem Rückweg treffe ich Adam im Dorf. Er ist auf der Suche nach Schmuck. Ich begleite und berate ihn ein bisschen. Zurück im Hotel mache ich mich gerade mit dem Buch unter dem Arm auf den Weg zur Dachterrasse, da kommen die Holländer und Belgier in ihren Camper-Vans daher. Die haben wir an der Pakistani-Indien Grenze getroffen. Die beiden Familien parkieren auch hier im Garten und es gibt ein freudiges Hallo. Wir schwatzen lange über die Strassen, den Verkehr und andere Erlebnisse.

Als Adele, Florian, Janice und Ziggy daherkommen, gibt es zu Staunen und Lachen. Adele hat Florian's blonde Haare mit Henna knall-orange gefärbt. Dazu trägt er neue, ebenfalls knall-orange Hosen. Auch die anderen drei haben sich neu eingekleidet. Alles ist fröhlich bunt ausgefallen. Ein fabelhafter Haufen von brilliant aussehender Hippies.

Am nächsten Morgen erwache ich um 7 Uhr. Seit etwa zwei Tagen bin ich erkältet, die verstopfte Nase irritiert mich. Mein ganzes Gesicht ist irgendwie unter Druck. Erst um 8.30 Uhr stehe ich auf und mache Café. Ein Inder spaziert bei uns am Bus vorbei, an der Hand seine einjährige Tochter, die er mir stolz präsentiert. Sie trägt diese Art von Schuhen, die bei jedem Schritt quietschen.

Am Abend kommt die herzige Inder Familie vom Morgen nochmals vorbei. Der Vater hat einen roten Magnet-Knopf für mich, darauf ist die Nummer 786 in Arabisch. Er erklärt mir, dass das ihre Glücks-Zahl sei. Natürlich machen sie, die Familie, noch Fotos von mir zusammen mit ihnen und er gibt mir seine Telefon-Nummer. Falls wir wieder mal nach Jaipur kommen, soll ich sie anrufen. Das ist lieb. Sie sind so nett, nur schade, dass seine hübsche Frau kein Englisch spricht.

Die Belgier und Holländer wollen noch Informationen über Goa und Adam übernimmt das. Meine Erkältung macht mich müde und ich schlafe schnell mal ein.

ERWARTE NICHTS GENIESSE ALLES

Fatehpur Sikri und Agra

Nach diesen erholsamen und gemütlichen Tagen in Pushkar geht die Reise nun wieder weiter. Unser nächstes Ziel ist Fatehpur Sikri. Das liegt ausserhalb von Agra und wir müssen etwas mehr als 350 Kilometer fahren.

Wir verlassen Pushkar erst gegen 9 Uhr. Bis Jaipur hat es enorm viel Verkehr. Ausserhalb der Stadt machen wir einen Lunch-Stopp und Adam montiert das Hinterrad ab. Er bringt es zum Reparieren. Warum er das nicht auch in Pushkar gemacht hat, bleibt ein Rätsel. Ausserdem finden die Mechaniker gar kein Loch! Sachen gibt es!
Richtung Agra nimmt der Verkehr etwas ab, die Strasse ist super und so kommen wir sehr gut voran. Die Landschaft ist friedlich, endlos scheinende Felder und Farmer bei der Arbeit. Bei Bharatpur zweigen wir rechts ab Richtung Fatehpur Sikri und halten Ausschau für ein geeignetes Nachtlager. Hinter einer Reihe von Backsteingebäuden sind wir prima versteckt. Besuch kommt heute mal keiner, eine Seltenheit in Indien. Manchmal wundert man sich schon, woher jetzt wieder jemand kommt. Aber heute nicht. Es ist schön wieder draussen in der Natur zu sein. Wir sitzen noch lange unter dem herrlich funkelnden Sternen-Himmel.

Pushkar – Dudu = 80 km
Dudu – Fatehpur Sikri = 270 km

1988 war ich das erste Mal in Fatehpur Sikri, seither hat sich hier nicht viel verändert. Das Dorf und der Markt ausserhalb der Mauern der alten Stadt sind etwas grösser geworden und es hat jetzt viele Parkplätze, so dass wir Ury gut unterbringen können. Einmal steht da sogar ein Rotel-Bus, aber es ist weder Klaus noch Paul dabei.
Eintritt kostet 5 IRp. Wir machen Fotos, sitzen auf den Mauern und ich erzähle ein bisschen über die Geschichte dieser verlassenen Stadt.
Fatehpur Sikri wurde im 16. Jahrhundert von König Akbar gebaut. 1571 befahl er seinem gesamten Hofstaat von Agra hierher zu ziehen. Etwa 15

Jahre später musste die Stadt verlassen werden, es fehlte ihnen an Wasser. Die Gebäude sind in sehr solidem Zustand. Es gibt Räume, die durch unterirdische Wasserkanäle gekühlt werden. Einen Platz für Gesellschafts-Spiele, Podeste wo Ansprachen gehalten wurden und Gazebos wo man sich beraten konnte oder einfach sitzen und beobachten. Natürlich gibt es verschiedene Paläste, Frauengemächer, eine Moschee und Ställe für Kamele, Elefanten und die Armee. Auf einem der grossen Vorplätze wurde auch Pachisi (auch Parcheesi oder Eile mit Weile) gespielt. Eigentlich ein Brettspiel, aber der Platz hier wurde speziell dafür konzipiert. Die Bodenplatten in rot und weiss sind gut erkennbar. Statt den farbigen Spielfiguren, wurden die Sklavinnen farbig eingekleidet und als Figuren verwendet. Als Würfel dienten Muscheln. Je nachdem ob die Öffnung der Muschel nach oben oder unten lag, konnten die Sklavinnen dann eine gewisse Anzahl Felder weitergehen.

Es ist sehr schön in der unbewohnten Stadt und am Vormittag noch relativ ruhig. Von einigen Stellen der Stadtmauer hat man wunderbare Aussicht über das Land.

Die Paxlis sind nicht so interessiert an zu vielen Details, so muss ich nicht so viel schwatzen. Sie geniessen lieber den Moment und den schönen Anblick. Es ist sehr angenehm und interessant einfach irgendwo auf einer Mauer zu sitzen und alles auf sich einwirken zu lassen.

Auf einer Mauer sitzend, treffe ich auf einen jungen Inder, vielleicht 12 Jahre alt. Er fragt mich, woher ich komme und ich antworte ihm; vom Jupiter. Da lacht der Junge ganz verschmitzt und meint; dann seien wir ja Nachbarn, er sei vom Mars. Eine erfrischende und erfreuliche Unterhaltung kommt zustande mit diesem smarten jungen Inder. Es ist so lustig und macht richtig Spass. Nicht nur als Nachbarn aber auch als gute Freunde gehen wir dann unseres Weges.

Die Inder sind ja allgemein nicht scheu und haben immer viele Fragen. Woher kommst du? Was ist dein Name? Bist du verheiratet? Und auch sehr wichtig; was arbeitest du? Obwohl es das Kastensystem offiziell nicht mehr gibt, scheint es doch zu tief verwurzelt im Alltag und im Blut dieses Volkes.

ERWARTE NICHTS GENIESSE ALLES

Besonders in ländlichen Gegenden ist diese Sozialstruktur noch weit verbreitet. Die Angabe des Berufes gibt den Indern einen Hinweis auf die Position einer Person. Es gibt ihnen einen Anhaltspunkt, ob man eher zur hohen Kaste oder zu den Dalits (Unberührbaren) gehört. Auch anhand von Familiennamen oder Kleidung, kann man in Indien erkennen, aus welcher Kaste eine Person stammt. Weil den Indern unsere Namen nichts sagen, wollen sie wissen, was wir arbeiten.

Manchmal bin ich aber der immer gleichen Fragen müde und mache mir einen Spass daraus witzige Antworten zu geben. Dass ich z.b. vom Jupiter komme und mein Name Chapati sei. Es gibt tatsächlich Leute, die realisieren nicht, dass Jupiter kein Land ist. Nicht Jeder ist so smart wie der Junge von Fatehpur Sikri. Verwundert sind sie aber, wenn meine Antwort bezüglich Familie; nicht verheiratet, keine Kinder, ist. Manchmal schlägt mir sogar richtig Mitleid entgegen.

Nach diesem Abstecher geht's nun nach Agra. Es sind nur noch etwa 35 Kilometer.

Die Strasse ist voller Löcher. Das gesuchte Hotel finden wir auf Anhieb. Grad als ich sage, eigentlich sollte das Hotel Laurie jetzt da rechts kommen, plopp, steht es vor uns. Leider ist das Camp ausgebucht, eine Rotel-Gruppe ist hier. Der nette Manager empfiehlt uns das Highway Inn. Als wir der Mall Road entlang fahren, sehe ich das Hotel Akbar, da war ich 1988 schon mal. Die haben einen grossen Garten. Vorne haben sie ein Gebäude angebaut und hinten ein paar Zimmer mehr. Die zwei Brüder, die das Gästehaus führen, empfangen uns sehr nett. Sie haben viele Zimmer zu verschiedenen Preisen zur Auswahl (40-80 IRp). Wir könnten auch campieren (30 IRp). Bon will ein Zimmer für sich, was ich sehr gut verstehe.

Die anderen Jahre danach wohnen wir direkt im Taj Ganj, im Hotel Sheela Garden. Hier können wir gut parkieren, die Einfahrt ist schön breit und meistens sind die grossen Tore zur betriebsamen Aussenwelt geschlossen. Die Zimmer haben alle eine Dusche, sind grosszügig und mit Marmorboden. Es ist herrlich im Garten zu sitzen. Ein weiterer Vorteil ist, dass man von hier das Taj Mahal innert fünf Minuten zu Fuss erreichen kann.

Am Abend gehen wir alle zusammen essen. Der junge Inder, der uns sehr nett bedient meint, wir sollen nicht einschlafen, er sei alleine und es könnte eine Weile dauern. Nachdem er unsere Bestellungen aufgenommen hat, sehen wir wie er sich auf's Fahrrad schwingt und weg ist er. Aber wir unterhalten uns erfreulich, es kommt immer wieder etwas aus der Küche; Getränke, Suppe, Salat und dann das Hauptgericht. Zur Verdauung spielen wir noch Karten im Sheela Garten. Gegen 23 Uhr verziehen sich alle in ihre Gemächer, morgen wollen wir ja wieder früh auf.

Fatehpur Sikri – Agra = 35 km

Das Taj Mahal wurde vom Grossmogul Shah Jahan zu ehren seiner Lieblingsfrau Mumtaz Mahal gebaut. Das Grabgebäude ist 58 Meter hoch, 56 Meter breit und steht auf einer 100x100 Meter grossen Marmorplattform. Der Bau dauerte von 1631 bis 1648, 20'000 Handwerker waren daran beteiligt. 28 verschiedene Arten von Edelsteinen und Halbedelsteinen wurden zur Verzierung des Gebäudes verwendet. Die vier Minarette sind leicht geneigt, damit sie bei einem Erdbeben nicht auf das Grabmal stürzen würden.

Wir Ausländer müssen 30 IRp Eintritt bezahlen, letztes Jahr waren es noch 15 IRp, für Inder kostet es nur 10 IRp! Am frühen Morgen ist es noch friedlich in der grosszügigen Garten-Anlage. Es hat noch nicht zu viele Besucher hier.
Tritt man durch das grosse Eingangstor, steht das märchenhafte Taj Mahal im Hintergrund. Ich bin bei jedem Besuch erneut begeistert. Ich finde es so unbeschreiblich bezaubernd schön. Es strahlt etwas Spezielles aus.
Man sollte sich hier wirklich Zeit nehmen. Über die Stufen wandeln, die kunstvollen Inlay-Arbeiten bewundern, dem Wasser entlang schlendern, auf dem kühlen, weissen Marmor sitzen und Leute studieren.
Oft wird man von männlichen Indern angesprochen. Heute kommen zuerst junge Inderinnen mit einer Kamera auf mich zu. Ob ich ein Foto von ihnen machen könne? Das mache ich natürlich gerne. Dann muss ich auch noch auf ein Foto und schnell kommen noch andere Inder, die wollen auch ein Foto mit mir und ihrer Familie. Das ist oft lustig. Ausserdem habe ich

ERWARTE NICHTS GENIESSE ALLES

gerne Kontakt mit den Einheimischen. Die Frauen sind jedoch eher scheu, daher ist es eine besondere Freude von Frauen angesprochen zu werden.

Auch sehr schön und sicher einen Besuch wert ist das Agra-Fort. Es ist etwas kleiner als das Red Fort in Delhi, was es mir sympathisch macht. Agra-Fort wurde 1565 unter Akbar gebaut, der dann die Hauptstadt von Delhi hierher verlegen liess. Shah Jahan hat im 17. Jahrhundert grosse Erweiterungen des Forts veranlasst und Paläste bauen lassen. Es ist gemütlich hier und sehr weitläufig. Die Aussicht über den Yamuna Fluss zum Taj Mahal, der Perlen Palast, der Garten, überall lädt das Fort zum Verweilen ein.

Das eher unbekannte Grabmal Itimad-ud-Daulah gefällt mir, weil es so klein ist. Es wird auch Juwelen Box oder Baby Taj genannt. Der Name bedeutet aber eigentlich Stütze des Staates. Das Grabmal wurde 1622 für Mirza Ghizas Beg von seiner Tochter Nur Jahan bauen lassen. Mirza war ein Schatzmeister und der Grossvater von Shah Jahan.

Auch ein bisschen ausserhalb von Agra gibt es noch das Sikandra Fort. König Akbar hat das 1605 bauen lassen. Sein Sohn Jahangir hat es fertig stellen lassen. Der Bau ist eine Verschmelzung von Hindu-, Christen-, Islam-, Buddhist- und Jain-Themen. Akbar war einer der bedeutendsten Herrscher in der Geschichte Indiens. Er liegt in diesem wunderschönen Mausoleum begraben.

Die Rikshaw-, Tuktuk-, und Taxi-Fahrer in Agra sind manchmal eine Plage. Immer wollen sie einen in irgendwelche Shops schleppen. Marmor, Teppiche, Schmuck, Souvenirs, alles wollen sie dir andrehen. Es ist jedoch sehr interessant einen Marmor-Laden zu besuchen, vor allem wenn sie auch eine Werkstatt haben. Arbeiter zeigen gerne, wie sie die äusserst feine Einlege-Arbeit gekonnt anwenden. Sie verwandeln Marmor-Platten in Kunstwerke, indem sie die Halb-Edelsteine und Edelsteine dekorativ als Blumen- oder Fantasie-Muster in den Marmor einlegen. Jedes einzelne noch so kleine Teil wird von Hand geschliffen. Wie ein Puzzle kommen sie zusammen und so entsteht ein Bild.

ERWARTE NICHTS GENIESSE ALLES

Die Technik der Einlege-Arbeit, die das Taj so wunderschön verzieren, heisst Petra Dura (harter Stein) und stammt aus dem Italienischen. Die fertigen Mosaiken werden geschliffen, so entstehen besonders widerstandsfähige und dekorative Oberflächen. Die Blütezeit des Petra Dura Handwerks ist das 16. Jahrhundert. Die Wiege dieser wunderbaren Technik liegt in Florenz.

Das beste Essen im Taj Ganj gibt es im Joney's, finde ich jedenfalls. Der Chef im Joney's erkennt mich auch wieder, eigentlich erstaunlich. Der sieht sicher viele Gäste das ganze Jahr. Aber so ein Piglet fällt halt schon auf. Hier gibt es die besten Malai Kofta, die ich je gegessen habe. Es ist eine ganz kleine Beiz mit Tischen und Bänken. Das Bananen Lassi mit Schokopulver ist der Hit.

Adam will wieder Geld von mir, beziehungsweise ENGA. 35 IRp für ein Abendessen, 25 IRp für den Pneu. Aber er hat ja noch 50 IRp behalten von Geld, das ich ihm gegeben habe!? Das habe er schon lange aufgebraucht, natürlich ohne Buch zu führen und eine Erklärung will er mir auch nicht geben. Eigentlich geht es mir ja nicht um die 50 Rupees. Er macht einfach dauernd die hohle Hand. ENGA steht nur Geld zur Verfügung, das von den Passagieren am Anfang einbezahlt wurde. Private Ausgaben decke ich auch von meinem eigenen Geld. Das Geld von Lennon habe ich eh nie gesehen, das ging direkt auf Adam's Konto. Das hat er natürlich schon alles verbraucht, vor der Abfahrt und ohne Quittungen. Von Buchhaltung keine Ahnung und auch überhaupt kein Interesse. Von mir erwartet er, dass ich einfach alles bezahle! Manchmal fühle ich mich wie eine ausgenommene Weihnachtsgans.

In Agra verabschieden wir uns von Lennon. Er wird von hier aus mit dem Bus nach Delhi reisen und von dort nach Hause fliegen. Er freut sich sichtlich. Wir organisieren ein Abschiedsessen für ihn. Es gibt wieder viel zu lachen und wir lassen die Reise Revue passieren. Mit dem Rest der Gruppe geht es weiter Richtung Osten, quer durch Indien mit Ziel Nepal.

ERWARTE NICHTS GENIESSE ALLES

November 1996 – Agra – Nepal

Quer durch Indien zu fahren ist voller Gegensätze. Wunderschöne Landschaften werden abgelöst von schrecklichen Städten und urchigen Dörfern. Manchmal duftet es herrlich oder es stinkt erbärmlich. Erst ist keine
Menschenseele weit und breit zu sehen, dann plötzlich herrscht Chaos. Es
ist schwierig Indien zu erklären, es scheint gar keine Worte zu geben, die
diesem Land gerecht werden. Indien ist keine Feriendestination, Indien ist
ein Abenteuer!

Die Strasse ist abwechslungsweise sehr schlecht und dann wieder top neu.
Es hat sehr viel Verkehr, viele Raser und idiotische Fahrer. Es wird 11 Uhr
bis wir einen Chai-Stopp einschalten. In einem kleinen Dorf werden wir
wegen einer Menschenmenge auf der Strasse zum Schritttempo gezwun-
gen. Plötzlich steht ein Inder in Kriegsbemalung am Fenster. Vielleicht ist
er ein Naga Sadhu. Sein Körper ist mit Asche bedeckt und höchstwahr-
scheinlich ist er in Trance versetzt. Seine Augen funkeln Furcht einflös-
send. In der einen Hand hält er einen Ziegelstein, bereit den durch unser
Fenster zu werfen. In der anderen Hand hält er ein Messer. Beim genaue-
ren Hinsehen erkenne ich, dass das Messer durch sein Handgelenk gesto-
chen ist! Mir läuft es kalt über den Rücken. Wir entscheiden, dem Indivi-
duum ein paar Rupees zu geben. Ich öffne also das Fenster so wenig wie
möglich und gebe ihm ein paar Münzen. Ganz langsam rollen wir weiter
und entfernen uns von dieser schauerlichen Szene. Kurz vor Kanpur halten
wir nochmals. Der Ort scheint irgendwie nicht friedlich wie sonst die kleinen Dörfer. Adam geht alleine auf den Markt, Bon und ich warten im Bus.
Schnell sind wir von Männern umzingelt. Sie lehnen sich an den Bus und
machen obszöne Gesten in meine Richtung. Ich gehe weg vom Fenster. Als
Adam wiederkommt, bedrängen sie ihn ein bisschen. Kaum ist er einge-
stiegen und schlägt die Türe zu, versucht einer der Aufdringlinge die Türe
wieder zu öffnen. Ich schlage sie schnell zu und verriegle sie. Puh! So viel
Stress auf einmal! Kanpur ist eine mühsame Stadt. Viele Leute, viel Ver-
kehr und die Schilder können wir nicht lesen, da alles in Devanagari (auch
Nagari) Schrift geschrieben ist. Wir müssen dreimal nach dem Weg fragen.
Schlussendlich finden wir einen netten Polizisten, der fährt voraus und

zeigt uns den Weg durch die Stadt. Oft können die Passanten in der Strasse nicht helfen. Sie wissen meist gar nicht wo Nord oder Süd ist und schon gar nicht in welche Richtung Nepal liegt.

Endlich kommen wir wieder in eine ländlichere Gegend und bald finden wir eine Backstein-Fabrik. Diese Areale sind meistens grosszügig und sehr geeignet für ein Nachtlager unter freiem Himmel.

Agra – Kanpur + = 320 km

Kurz vor 7 Uhr sind wir schon wieder unterwegs. Durch Lucknow kommen wir relativ gut. Nur einmal müssen wir umkehren, nachdem uns ein Rikshaw-Fahrer in die falsche Richtung geschickt hat. Wir fragen dann wieder einen Polizisten nach dem Weg. Er offeriert ein Stück mit uns mitzufahren. Als er einsteigt, schaut er neugierig um sich und lächelt dann. Er geniesst es und meint: beauty bus!

In der Gegend von Faizabad machen wir einen Lunch-Stopp. Es gibt feine Samosi und auf dem Markt kaufen wir noch frisches Gemüse für unser Abendessen. Als ich so am Verhandeln bin, werde ich von Kindern umringt, es werden immer mehr. Sie folgen mir auch zum nächsten Stand und zurück zum Bus. Wir sind einmal mehr die Exoten hier. Adam musste das Airhorn reparieren. Es ist schon das zweite Mal, dass es ausgefallen ist. Ohne Horn geht gar nichts. Zum Glück haben wir ein grosses Vehikel. Obwohl die anderen Verkehrsteilnehmer uns sehen können, gehen sie nicht aus dem Weg, ausser man hupt! Es ist einfacher ohne Bremse zu fahren als ohne Horn. Das ist schon mit dem Fahrrad so. Ohne Klingel geht dir niemand aus dem Weg. Dazu muss man natürlich wissen, in Indien gibt es immer einen Grund zu hupen.

Jedenfalls kann Adam das Horn wieder funktionstüchtig machen. Der Nachteil des Airhorn ist, dass es anfällig ist bei schlechter Luft. Nicht die beste Lösung für Indien.

Als wir so dahinfahren, kommt es uns komisch vor, ich glaub wir sind wieder mal falsch. Es hat keine Kilometer-Steine mehr am Strassenrand. Wir fragen einen Lastwagen Fahrer, die kennen sich am besten aus. Er lacht und meint, wir könnten ihm folgen.

In Gorakhpur verpassen wir die Auffahrt auf die Brücke und landen stattdessen unter der Brücke. Erst scheint es unmöglich hier umzukehren. Ein Rikshaw Chaos bahnt sich an. Hier unten scheint der Rikshaw Bahnhof zu sein, wo man sich für eine Pause trifft oder vielleicht sogar die Nacht verbringt.
Ein gewiefter Inder erkennt die Situation, nimmt kurzerhand die Leitung in die Hand und dirigiert den Verkehr so, dass wir langsam kehren und uns wieder eingliedern können. Wow, das war eine super Aktion.
Wir sehen einige Unfälle, Jeep gegen Truck, PW gegen Tuktuk, ein paar tote Hunde und ein überschlagener Laster. In einem Waldstück finden wir eine Seitenstrasse und dort auch ein Plätzchen für die Nacht. In der Ferne hören wir einen Zug vorbei fahren, sonst ist es ruhig hier. Keine Besucher heute.

Kanpur + - Campirganj = 390 km

Die Sonne wirft ihre Strahlen durch die Bäume, der Wald erstrahlt im Morgenlicht. Wir geniessen eine Tasse Tee und Porridge bevor wir losfahren. Um 9 Uhr stehen wir schon in Sonauli an der Grenze zu Nepal. Es ist ein riesen Gewimmel von Fahrzeugen, Fuhrwerken, Fussgänger, Läden und Büros. Der Indische Zoll ist sehr locker. Ury wird in eine Liste eingetragen, von einem Angestellten, der kein Wort Englisch kann. Seine Fragen verstehe ich natürlich nicht. Aber irgendwie kommen wir dann doch klar, so dass er zufrieden ist und unser Carnet-de-Passages geteilt und gestempelt wird. Im nächsten Büro, eines der kleinen Löcher in der Wand, müssen wir einen Zettel ausfüllen. Ein junger Mann stempelt unsere Pässe, fertig.
Bon und ich spazieren zur Immigration der Nepalesen. Zettel ausfüllen, Einreisekleber in den Pass drücken, in fünf Minuten sind wir dort fertig und schon können wir gehen. Da Adam auch ein Visum braucht, fahre ich den Bus in der Kolonne weiter. Für's Carnet brauchen die Nepalesen ewig. Den Bus anschauen kommt aber niemand. Noch vor 12 Uhr sind wir fertig. Jetzt

müssen wir nur noch auf Adam warten. Ich unterhalte mich mit einem Lastwagen Fahrer. Er meint, wir sollten via Muglin nach Pokhara fahren. Das sei zwar weiter, aber die Strasse sei besser. Auf der Karte sieht man eine kürzere Strecke via Tansen, ca. 160 Kilometer, die dauere aber 8 bis 9 Stunden. Via Muglin sind es 260 Kilometer, dauert aber nur etwa 6 Stunden. Ein Mann mit einer bandagierten Schulter stellt sich zu uns. Er kann sehr gut Englisch und fragt, ob wir ihn für ca. 60 Kilometer mitnehmen würden. Er sei Farmer und musste wegen der Schulter zum Arzt. Der Mann ist sympathisch und so nehmen wir ihn mit.

Es hat viel weniger Verkehr hier in Nepal und auch weniger Leute überall. Als wir in einem Dorf nach dem Weg fragen, zeigen die Einheimischen in die andere Richtung. Wir kehren also um und gehen ein Stück zurück. Als wir wieder Leute sehen, fragen wir nochmals nach dem Weg Richtung Muglin. Die deuten uns dann wieder in die entgegengesetzte Richtung! Aha, also keine Ahnung. Und Adam hat auch keine Ahnung, obwohl er ja immer erzählt, dass er diese Strecke schon mal gefahren sei. Als ich ihn darauf anspreche meint er, sie seien halt in der Nacht gefahren. Aber vorher hat er ja grad noch erklärt, dass sie in Gorakhpur übernachtet hätten!? Komische Geschichte. Adam ist nicht sehr hilfreich, wenn es darum geht den richtigen Weg zu finden. Dafür ist er meisterhaft im Kritisieren, wenn ich den falschen Weg aufspüre.

In einem Waldstück kurz vor Muglin schlagen wir nochmals ein Nachtlager auf. Es ist so schön im Wald und die Luft riecht so fein.

Campirganj – Muglin = 220 km

November 1997 – Agra – Nepal

1997 fahren wir nochmals nach Nepal. Alle Paxlis wollen dort ihre Überland-Tour beenden.

Bereits um 6 Uhr treffen wir uns zum Frühstück, zwei Stunden später verlassen wir Agra Richtung Nordosten.

ERWARTE NICHTS GENIESSE ALLES

An einem Bahnübergang verlieren wir etwa zwei Stunden, weil die Inder so ein Chaos veranstalten. Man kann ja nicht einfach auf seiner Spur warten hinter den Schranken. Auf beiden Seiten des Bahnübergangs wird die Strasse aufgefüllt mit Ochs-Karren, Fahrrädern, Mofas, Autos, Bussen und Lastwagen. Als die Barriere dann hochgeht, geht erstmals gar nichts mehr, ausser man ist zu Fuss oder mit dem Fahrrad unterwegs. Bis sich das Gewühle etwas auflöst, geht die Barriere schon wieder runter. Das geht eigentlich bei fast jedem Bahnübergang so in Indien. Ein Spektakel! Eine Nervenprüfung für Adam!

Durch Etawah verlieren wir eine weitere Stunde, da dort an der Strasse gearbeitet wird. Alles ist aufgebaggert. Wir begegnen drei jungen, etwas verwirrten Indern, die mit Steinen nach uns werfen und drohen eine Scheibe einzuschlagen. Wir versuchen einfach weiter zu kommen und sie zu ignorieren, ohne sie aus den Augen zu lassen. Lunch-Stopp machen wir in einem kleinen Dorf. Es gibt wieder mal die feinen Kartoffel Puffer, Aloo Tikki.

Am Nachmittag kommen wir besser vorwärts. Überall in Indien wird an den Strassen gearbeitet, Verbesserung ist in Sicht. Kurz vor Kanpur finden wir ein UP (Uttar Pradesh) Tourist Hotel. Der Rasen sieht günstig aus, dort können wir vielleicht campieren. Der Manager ist ein lustiger Mann und ist erst überrascht von meiner Idee, dann aber ganz meiner Meinung. Ausserdem bezahle ich etwas dafür. Während die Paxlis das Lager aufstellen, erledige ich den Papierkram. 50 IRp will er pro Person, die WC Anlage dürfen wir auch benützen. Es hat Touristen aus Sri Lanka hier. Einer der betuchten Herren kommt auf einen Schwatz vorbei. Er ist erfreut, dass wir aus der Schweiz sind, dort war er auch schon mal.

Wir kochen Älpler Makkaroni, die Angestellten und der Manager statten uns einen Besuch ab. Sie sind begeistert von unserer Küche und wollen alles sehen. Es wird ein amüsanter Abend.

Agra – Kanpur = 269 km

ERWARTE NICHTS GENIESSE ALLES

Den Weg durch Kanpur können wir uns dieses Jahr sparen. Wir finden eine Umfahrungsstrasse, das ist viel angenehmer. Auf einem kleinen Markt unterwegs kaufen wir frisches Gemüse. Die scheinen hier einen Einheitspreis zu haben, jedes Gemüse, das wir kaufen, kostet nur 5 IRp.

Kurz vor Basti zweigen wir von der Hauptstrasse ab. Auf einem Feld bei Bauern dürfen wir campieren. In unserer Not-Vorrat Kiste haben wir noch zwei grosse Büchsen Ravioli. Es sind die besten Ravioli, die wir je hatten. Sie schmecken fabelhaft. Der Geschmacksinn verändert sich schon etwas, wenn man so lange in fremden Ländern unterwegs ist. Ravioli aus der Büchse esse ich zu Hause eigentlich nie, aber heute sind sie schon fast eine Delikatesse. Es wird geschmatzt!
Ein paar Buben kommen und zünden das Heu an, das rumliegt, kleine Züsler (Feuerputz)! Janice und ich löschen das Feuer mit dem Abwaschwasser. Besuch haben wir erstaunlicherweise fast keinen. Wir sitzen noch lange draussen und schwatzen über Nepal, alle freuen sich auf das neue Land.

Kanpur – Basti = 334 km

Und nochmals heisst es früh aufstehen. Bereits vor 8 Uhr sind wir unterwegs. Durch Gorakhpur kommen wir ohne Umschweife und so schaffen wir es ziemlich zügig an die Grenze. Eigentlich hatte ich mit Adam abgemacht, dass ich nach Gorakhpur das Steuer übernehmen werde. Aber er fährt und fährt. Erst ca. 20 Kilometer vor der Grenze hält er und übergibt mir zähneknirschend das Steuer. Da der Bus und alle Papiere in meinem Namen sind, muss sowieso ich das Vehikel durch die Grenze bringen. Das passt Adam nicht so recht, das kratzt wahrscheinlich schwer an seinem Ego.

Die Indische Grenze in Sonauli ist so chaotisch wie schon letztes Jahr. Man könnte meinen, man fahre durch einen Bazaar. Die Beamten im Immigrations-Büro arbeiten sehr effizient und so auch die Beamten im Custom House.

ERWARTE NICHTS GENIESSE ALLES

Die Nepalesen sind nicht nur effizient, sie sind auch sehr nett. Im Custom House dauert es etwas länger. Der zuständige Beamte schaut das Carnet lange an, hinten und vorne und weist mich darauf hin, dass Nepal nicht erwähnt ist in der Liste der Länder. Weiss halt auch nicht warum? Ist letztes Jahr jedenfalls niemandem aufgefallen. Er holt seinen Chef, der schaut sich schweigend alles an, füllt die Papiere sorgsam aus, Stempel da, Stempel dort und fertig ist es. Noch eine Unterschrift und ich darf gehen. Meine Paxlis haben ein kleines Dhaba gefunden und sind am Essen. Alle sind bester Laune. Um 13 Uhr sind wir wieder unterwegs. Welcome to Nepal!

Ich fahre wieder und nach einer Stunde möchte Adam einen Halt machen!? Sonst ist er ja eher der Letzte, der anhalten will. Ich mache ihm aber die Freude, kurzer Piss-Rauch-Stopp. Adam zieht schon sein Hemd aus, setzt die Sonnenbrille auf und fragt dann schrecklich freundlich, ob er jetzt wieder fahren dürfe. Aber meine Antwort lautet; Nein! Das verdirbt ein bisschen seine Laune, aber darauf kann ich leider keine Rücksicht nehmen. Er hat mir schon manchen Tag vermiest. Manchmal fahre ja sogar ich gerne. Es fühlt sich manchmal doch ziemlich gut an, hinter dem grossen Steuerrad zu sitzen und durch die Gegend zu brummen.

Es ist herrlich im Terai, das südliche Gebiet von Nepal. Die Strasse ist tiptop, praktisch keinen Verkehr, kleine Pässe, ländliche Gegend, Büffel, Adobe Hütten, Blumen, Reis- und Gemüse-Felder. Nach Narayanghat kommen wir in ein Waldgebiet. Als links ein Weg abzweigt, benutze ich die Gelegenheit und schnell finden wir dort einen Platz für unser letztes Nachtlager vor Pokhara. Adam ist noch immer beleidigt. Er hilft weder mit den Zelten noch mit den Küchen-Kisten. Aber wir schaffen das auch ohne ihn. Zur Vorspeise gibt es verschiedenes Gemüse und ein Senf-Dip, als Hauptgang mache ich die Nudeln mit Thon Sauce, die sie alle so gerne mögen. Wir sitzen noch lange draussen, es gibt viel zu erzählen. Der Abend ist herrlich, nicht all zu kalt und viele Sternen zeigen sich am klaren Nachthimmel.

Der ewige Zwist mit Adam ist manchmal schon zermürbend. Umso mehr geniesse ich es, wenn es den Paxlis gut geht und es ihnen gefällt.

Ich habe natürlich schon auch daran gedacht, Adam zu ersetzen. Aber es ist nicht so einfach jemanden zu finden, der Zeit für die Reisen hat. Und schlussendlich weiss ich dann auch nicht, ob es besser wird. Mit Adam weiss ich inzwischen was ich habe und stelle mich einfach darauf ein. Was einen nicht umbringt, macht dich stärker.

Als ich noch klein war, hat meine Mutter oft geseufzt und durchblicken lassen, dass ich wahrscheinlich dem Teufel vom Karren gefallen sei. Aber ich habe hier Verantwortung und eine Tour am Rollen zu halten. Ich habe keine Zeit für Kindergarten Zwängerei oder majestätisches Gehabe. Manchmal zweifle ich schon an meiner fairen Urteilsfähigkeit, da ich über die Jahre eine eher negative Einstellung gegenüber Adam entwickelt habe. Sehe ich aber die Paxlis und Adam's Verhalten, dann fühle ich mich oft bestätigt, dass ich doch nicht ganz so falsch liege. Ausserdem gibt es viele Tage, an denen Adam und ich ganz gut miteinander klar kommen.

Basti – Narayanghat = 292 km

1998 – Rajasthan – Goa

Mit der dritten Gruppe sind wir nicht nach Nepal gefahren, dafür gibt es eine extra Portion Rajasthan

Mittwoch, 25. November 1998
Schon vor 7 Uhr sind alle auf. Die Zelte werden an die Sonne gestellt, damit der Morgentau und das Kondenswasser der Nacht trocknen kann. Jeder packt seine sieben Sachen.
Um 9.30 Uhr verlassen wir Pushkar. Durch den Stadtverkehr in Ajmer harzt es etwas, aber alles ist gut ausgeschildert. Einmal auf der Schnellstrasse geht es dann zügig vorwärts. Gegen 14 Uhr treffen wir schon in Jodhpur ein. Die Leute sind sehr hilfsbereit und deuten uns den Weg zum Fort hin-

auf. Jodhpur wird auch die Blaue Stadt genannt. Viele der Häuser sind hellblau angemalt. Die Farbe halte die Moskitos fern und an heissen Tagen kann dank der hellen Farbe das Innere der Häuser kühler gehalten werden.

Mehrangarh Fort (Garh bedeutet Fort) thront majestätisch auf dem 123 Meter hohen Felsen. Die Strasse schlängelt sich steil hinauf. Oben auf dem Plateau kommen wir zuerst am Grabmal von Maharaja Jaswant Singh II. vorbei, das sein Sohn 1899 bauen liess. Die gesamte royale Familie liegt hier begraben. Teile des Grabes sind aus verschnörkelten, exquisit geschnitzten Marmor Platten gebaut. Die Platten sind hauchdünn und poliert, wenn sie durch die Sonne angeschienen werden, strömt ein warmes Leuchten von ihnen aus. Die Grabmäler in Rajasthan werden Cenotaph genannt.

Mehrangarh ist eine Festungsanlage samt Palast und unendlich vielen Räumen. Die Festung ist heute noch im Besitze der Nachfahren. Bis 1943 wurde sie von der royalen Familie auch bewohnt. Gleichzeitig mit der Stadtgründung um 1459, wurde auch die Festung gebaut. Weite Teile wurden zwischen 1638 und 1678 durch Jaswant Singh hinzugefügt.

Wir parkieren den Bus und machen uns auf den Weg. Der Eintritt kostet 50 IRp pro Person, die Kamera kostet nochmals 50 IRp extra. Mir gefällt dieses Fort. Viele Fenster sehen aus wie riesige Schokoladen-Waffelkekse. Um zum Hauptgebäude zu kommen, geht man durch sieben Tore (Pol). Eines davon ist das Jai Pol (Sieges Tor), 1806 von Maharaja Man Singh gebaut zur Feier des Sieges gegen Jaipur und Bikaner. Das traurigste ist wohl das Loha Pol (Eisen Tor), es zeigt Handabdrücke von sechs Königinnen oder Maharanis, die 1843 als Witwen von Maharaja Man Singh verbrannt wurden.

Die Aussicht von den Mauern des Forts über die Stadt und die Landschaft ist fantastisch. Es gibt verschiedene Gebäude und praktisch überall darf man rumlaufen. Wir sehen den Thron Saal, versteckte Gänge für die Frauen, reich dekorierte Innenräume, Gemächer, Elefanten Sättel, Sänften, Waffen, Bilder, Kinderbettchen, Kanonen, ja sogar einen eigenen Tempel haben sie hier oben.

ERWARTE NICHTS GENIESSE ALLES

Die Paxlis sind begeistert und sogar Adam gefällt es hier. Um 16 Uhr treffen wir uns alle wieder beim Bus. Unzählige enge Gassen, winden sich durch die Stadt. Die Hauptstrasse finden wir schnell wieder und bald kommen wir hinaus in die Wüste. Die Strasse hier draussen erinnert an Pakistan. Viele Löcher, dafür wenig Verkehr. Es ist nicht ganz einfach ein Busch-Camp zu finden. Wir sehen dann aber auf einem Hügel einen kleinen Tempel. Eine schmale Strasse führt dorthin. Hinter dem Tempelchen hat es einen kleinen See, es ist richtig herzig hier. Aber kaum ausgestiegen kommt schon eine Horde brüllender Kinder auf uns zu gerannt. Einige der kleinen Wesen sind äusserst frech, sie wegzuschicken ein Ding der Unmöglichkeit. Wir warten mit Auspacken, vielleicht müssen sie ja bald nach Hause. Als wir uns auf den Sonnenuntergang konzentrieren und die Kinder zu ignorieren versuchen, kommen ein paar Steine geflogen. Das ist nicht nett und Adam und ich stehen auf. Schnell rennen die frechen Jungs davon, wir hinterher. Ein Mann kommt dann den Weg hinauf. Wir bitten ihn den Kindern zu sagen, sie sollen doch bitte keine Steine werfen. Schnell sind dann alle weg und wir können endlich mit dem Kochen beginnen.

Pushkar – Agolai, via Jodhpur = 266 km

Unser nächstes Ziel ist Jaisalmer.
Heute ist der Strassenzustand viel besser, wahrscheinlich weil diese Strecke hauptsächlich vom Militär benutzt wird. Am westlichen Ende dieser Wüste liegt ja schon wieder Pakistan. Gegen 12 Uhr fahren wir in Jaisalmer ein. Zuerst suchen wir den Maharaja Palast auf. Das dazugehörige Hotel Marind offeriert Camping-Möglichkeiten. Wir werden sehr freundlich empfangen, aber das Camp für fünf Leute wäre etwa gleich teuer wie ein Zimmer im Palast! (1'000 IRp). Ausserdem müssten wir den Platz mit den Gänsen, Büffel und Kamelen teilen. Das stinkt uns irgendwie. Im Dorf, ausserhalb des Fortes, gibt es ein Hostel, da war ich schon mal. Da es am Rande des Dorfes liegt, gibt es viel Platz Ury zu parkieren. Sony vom Renuka begrüsst uns in seiner immer fröhlichen und charmanten Art. Ja, er hat Zimmer für uns (D 150, S 90 IRp) und auf dem Dach hat es ein kleines

Restaurant. Von hier haben wir eine vorzügliche Sicht auf das Fort. Es gefällt allen und so ziehen wir hier ein.

Nachdem sich alle ein bisschen eingerichtet haben, spazieren wir Richtung Fort. Im Fort ist auch das alte Dorf integriert. Die Gassen sind eng und in vielen der kleinen Räume sind Läden untergebracht. Souvenirs, Kleider, Schmuck und vieles mehr wird angeboten. Es hat auch einige Hotels und Restaurants. Die Kinder kauern einfach nieder und verrichten ihr Geschäft, wo sie grad sind. Zwischen den Gebäuden und der Fortmauer befinden sich weitere 'open-air' Toiletten, es stinkt zum Himmel und treibt mir Tränen in die Augen. Ich habe schon früher erfahren, dass sie hier mit der Abwasser-Versorgung Probleme haben, beziehungsweise diese nicht existent ist. Scheinbar versickert alles in die Erhebung, auf dem das Fort steht. Ich stelle mir also vor, dass nach all den Jahren das ganze Fort auf einem Haufen Scheisse steht!

Die Aussicht vom Fort in die Wüste und über das Dorf ist schön und strahlt eine Friedlichkeit aus. Es ist trotz allem angenehm durch die alten Gassen zu wandeln.

Die Aussicht vom Dach des Renuka Hostels auf das Fort ist am Abend besonders schön. Das Fort ist dann beleuchtet und lässt die sandfarbenen Gemäuer angenehm orange-gelblich erscheinen.

Agolai – Jaisalmer = 242 km

Jaisalmer

Ich habe gediegen geschlafen und bin früh wach. Gerade richtig, um noch den Sonnenaufgang von unserer Dachterrasse zu geniessen.

Alle zusammen machen wir einen Ausflug zu den schönen Maharaja Gräbern, die man im Hintergrund auf einem Hügel sieht. Es ist nicht so weit und so gehen wir zu Fuss. Gemütlich schlendern wir durch den Ort zurück zum Fort. Eine Kopfsteinpflaster-Strasse schlängelt sich hinauf zum Dusherra Chowk. Auf diesem Vorplatz müssen die Taxis und Tuktuks umkehren. In den Gassen im Fort gibt es keinen Verkehr. Am Dusherra Chowk befindet sich das Museum und gegenüber lädt ein Restaurant mit Terrasse zum Ruhen, Essen und Trinken ein. Der rege Betrieb auf dem Platz ist sehr unterhaltsam. Nachdem wir uns gestärkt haben, gehen wir hinunter zum Maharaja Palast. Das Palast-Hotel ist offen für Besucher und wir werden wieder freundlich empfangen. Der elegante Herr führt uns gerne durch ein paar Räumlichkeiten und erklärt, dass der jetzige Maharaja 71 Jahre alt ist, seine Familie bewohne einen Teil des Palastes. Auch der Sohn sei hier und alle seien sehr nett versichert er uns. In einem Raum hängt ein Bild von einem früheren Maharaja. Wenn man vor dem Bild hin und her geht, sieht es aus, als würden die Augen des Monarchen einen folgen. Ja sogar die Füsse scheinen sich zu drehen. Ich bin nicht überwältigt aber fasziniert. Natürlich gefallen mir auch die reich dekorierten und bemalten Räume mit viel Marmor, Spiegel und dem typischen Indischen Schnörkel. Die Maharaja Paläste hier in Rajasthan sind eine Augenweide.

Paxli Clumsy macht heute wieder mal einen Vorschlag für das Abendessen. Sie möchte zurück zum Fort.
Babyface und ich wären lieber nicht mehr so weit gegangen, aber wir wollen keine Spielverderber sein. Das gewünschte Lokal scheint ein begehrtes Ziel zu sein. Ich glaub sämtliche Besucher von Jaisalmer sitzen hier. Wir bekommen knapp Platz für alle. Die Küche ist Italienisch-Europäisch und es dauert ewig bis das Essen endlich kommt. Ich habe eine Gemüse Lasagne bestellt, die fehlt dann aber. Alle essen nur ich nicht. Als ich mich erkundige, wo mein Essen bleibt, kommt die Standard Antwort; Fünf Minuten! Aber die fünf Minuten vergehen, alle haben fertig gegessen und ich habe immer noch nichts. Ich nerve mich ein bisschen, weil ich hungrig bin, und weil auch Leute die nach uns kamen, schon bedient wurden. Ich sah auch, dass der Kellner Lasagne an anderen Tischen serviert hat. Langsam geben wir die Hoffnung auf, dass da noch was kommt aus der Küche. Die anderen bezahlen und als wir aufstehen, kommt meine Lasagne. Ja jetzt will ich auch nichts mehr. Nach über zwei Stunden geduldigem Warten, ist mir der Appetit ehrlich gesagt vergangen. Der Kellner ist beleidigt, aber es ist mir jetzt wurst.

Da wir schon in der Wüste sind, habe ich einen Kamel-Ausflug für die Paxlis organisiert.

ERWARTE NICHTS GENIESSE ALLES

Um 13 Uhr treffen wir uns alle, es kann losgehen. Der sympathische Jeep-Fahrer bringt uns zum reich verzierten Jain Tempel, Amar Sagar, dann Bada Bagh Cenotaph und Lodhruva Jain Tempel. Die Philosophie der Jain ist, dass man aussen bescheiden sein soll und innen reich. In diesem Sinne sind auch ihre Tempel gebaut. Aussen eher schlicht aber innen reich dekoriert. Sie sind meistens weisslich und nicht bunt wie viele der Hindu Tempel. Jain Anhänger tragen keine Tierprodukte, also keine Ledersachen. Auch als Besucher muss man den Ledergurt oder die Krokodiltasche draussen lassen.

Beim Lodhruva Tempel findet gerade ein kleines Fest statt. Viele Inder haben sich versammelt, streuen Äpfel und Reis und spielen auf ihren Instrumenten. Es ist so schön hier. All die fröhlichen Gesichter und farbigen Gewänder in diesem Tempelgarten. Völlig unerwartet.

Danach geht es weiter hinaus in die Wüste. Die Kamele und Führer warten schon auf uns. Es hat ein paar einfache, kleine Hütten, Kinder und Frauen und wir sind die Attraktion. Mango Boy, der Kamel-Chef, zeigt uns wie wir auf die Kamele kommen. Mein Führer heisst Samur, das Kamel Raju, es ist 6 Jahre alt und das jüngste in der Gruppe. Das Kamel kommt erst mit den Vorderbeinen runter, dann hinten. Der Sattel besteht aus mehreren Lagen Teppichen, Decken und was weiss ich, was da noch darunter ist. Beim Aufstehen geht das Kamel erst mit den Hinterbeinen hoch, dann sitzt man enorm steil für einen Moment, festhalten und los geht's. Hoch zu Kamel reiten wir gemächlich hinaus zu den Sanddünnen. Es ist wunderschön hier draussen und so ruhig. Nur Sand, soweit das Auge reicht. Auf einer der Dünen lassen wir uns nieder. Zeit für Fotos. Anschliessend warten wir auf den Sonnenuntergang, der dann auch nicht schlecht ist.
Zurück im Renuka treffen wir auf einen Kanadier namens Jan. Ich habe Sony erzählt, dass wir morgen nach Diu weiterziehen. Sony hat das scheinbar an Jan weitergegeben und der möchte nun mit uns mitfahren. Wir beraten uns mit der Gruppe und da niemand etwas dagegen hat, kann Jan morgen mitkommen.

ERWARTE NICHTS GENIESSE ALLES

Jaisalmer – Diu

Um 7 Uhr sind alle bereit, der Bus ist gepackt und auch Jan ist pünktlich zur Stelle.
Wir haben eine weite Strecke vor uns. Die Gegend ist trocken. Die Orte sehen sehr traditionell aus, wie auch die Leute, die wir zu sehen bekommen. Viele der Lehmhütten hier sind rund mit Strohdächern. Die Frauen tragen sehr viel Schmuck, an den Hand- und Fussgelenken, im Haar und um den Hals. Gekleidet sind sie in bunte Blusen, mehrere Lagen Röcke und Tücher. Die Strasse führt entlang der Wüste und nur etwa 30 bis 50 Kilometer entfernt von der Pakistanischen Grenze. Sheo, Barmer, Sanchore und dann kommen wir in die Gegend von Rann of Kutch in Gujarat. Rann bedeutet Salzsumpf. Während der Monsunzeit könnte das Gebiet zeitweise überflutet sein. Heute ist es zum Glück trocken. Ursprünglich war der Salzsumpf eine Bucht des Arabischen Meeres. Durch die Erhebung des Meeresbodens, wurde das Gebiet vom Meer abgeschnitten.
Die Strasse ist in sehr gutem Zustand und Verkehr hat es kaum. Auf einem kleinen Markt kaufe ich ein paar frische Früchte. Der Verkäufer will mich dann aber über's Ohr hauen und kein Rückgeld geben. Ja, dann bediene ich mich halt nochmals. Die Orangen und Äpfel sind sehr schmackhaft und etwa 20 Inder haben sich um mich versammelt. Hier sehen sie nicht viele Touristen.

Jaisalmer – Samakhiyali = 446 km

Vor und nach Rajkot ist die Gegend sehr ländlich und schön. In Jetpur müssen wir nach dem Weg fragen. Ein Polizist zeichnet uns doch tatsächlich eine kleine Karte. Meistens können die Leute mit einer Karte nichts anfangen, halten sie sogar verkehrt rum oder drehen sie, bis es einem schwindlig wird. Wir sind beeindruckt Herr Polizist. In Una müssen wir nochmals nach dem Weg fragen. Wir wissen, dass wir Nahe dem Ziel sind. Die Einheimischen deuten schon den Weg, bevor wir unsere Frage gestellt haben. Diu – this way! Und viele winken uns freundlich zu. Diu ist eine Halbinsel, wir müssen über eine Brücke. Wie auch Daman und Goa war Diu eine Portugiesische Kolonie. Diu ist klein, mit engen Gassen, ein paar Shops und Bars. Langsam müssen wir uns etwas einfallen lassen bezüglich unseres Nachtlagers. Wir fahren Richtung Sunset Point. Bei Jalandhar kommen wir zum Strand. Dort sehen wir einen Platz, wo wir uns ein bisschen versteckt niederlassen könnten. Babyface und Adam gehen zu Fuss zurück ins Dorf, um Bier zu kaufen. Clumsy und Jan machen einen Spaziergang. Rudi und ich richten unser Camp ein. Wunderbar präsentiert sich der Sonnenuntergang durch die Palmen, ah herrlich ist es wieder. Bald ist Vollmond. Die Nacht ist bereits recht hell und die Temperaturen sind sehr angenehm.

Samakhiyali – Diu = 366 km

Ist es nicht schön direkt am Strand zu erwachen? Wir geniessen ein gemütliches Frühstück, dann verabschiedet sich Jan. Er zieht in ein Hostel.
Wir packen unsere Sachen und begeben uns auf eine (Halb-) Inselrundfahrt. Bei einem kleinen Tempel am Meer hat es Wasserpumpen, dort füllen wir unsere Kanister. Die Bucht von Nagoa gefällt uns recht gut. Es hat zwei Hotels und ein Restaurant und viele Inder tollen sich am Strand. Schnell sind wir die Attraktion. Viele westliche Touristen kommen hier scheinbar nicht vorbei. Aber die Leute sind soweit recht freundlich. Wir treffen auf ein paar Fischer, sehen eine Salzgewinnungs-Anlage und schon geht es zurück ins Dorf. Am nördlichen Rand der Halbinsel steht das alte Portugiesische Fort, gebaut 1535. Die Meeressicht von der Festungsmauer ist fantastisch. Als wir Richtung Jalandhar Strand fahren, haben wir wieder einmal einen Plattfuss. Die Paxlis laden wir beim Shankar Hostel-Restaurant aus. Adam und ich besuchen den Lastic Shop im Dorf. Eine Schraube hat sich in den Pneu gebohrt. Zum Glück haben wir es sofort gesehen. Der Schaden ist schnell behoben und dann gibt es auch für uns Lunch im Shankar. Fisch und Calamari sind frisch und eine willkommene Abwechslung auf dem Speiseplan. Es gibt noch Lagebesprechung und wir sind uns alle einig. Morgen reisen wir weiter. Wir studieren die Strassenkarte und suchen uns den besten Weg, um Mumbai geschickt zu umfahren.

ERWARTE NICHTS GENIESSE ALLES

Im Shankar können wir das Dormitory (Mehrbett-Zimmer) haben, so müssen wir unsere Zelte heute Nacht nicht auspacken und duschen können wir auch.

Auf dem Dorfspaziergang treffen wir auf eine grosse Gruppe Touristen, alle mit monströsen Kameras bewaffnet. Sie sind aus Nairobi, arbeiten für Sony und sind auf einem Firmen-Ausflug. Nicht schlecht!

Im Restaurant Aarti gibt es super feines Essen und riesige Portionen. Ich bin froh, dass ich nur Fisch und Gemüse bestellt habe. Wir haben es wieder sehr lustig, nach all den Wochen zusammen sind wir eine sehr schöne Familie geworden. Es freut mich zu sehen, dass es allen gefällt.

Die Toiletten und Duschen im Hostel sind nicht so erfreulich. Warum die Inder 'Western Style' Toiletten hinstellen, frage ich mich immer wieder. Die 'Squat' Toiletten sind viel hygienischer, speziell für Frauen. Da muss man nichts anfassen und man muss nicht so komisch über den Rand kauern. Die in den Boden versenkten Indischen Toiletten werden wenigstens auch geputzt. Geht grad im gleichen Wisch wie der Boden. Die 'Western Style' Toiletten werden oft nicht geputzt, was nach einiger Zeit halt schon grauslig aussieht.

Diu – Benaulim

Wir fahren der Küste entlang, die Strasse ist in desolatem Zustand. Für die Strecke bis Mahuva (97 km) brauchen wir etwa drei Stunden. Via Talaja, Bhavnagar und durch den Nationalpark von Velavadar kommen wir nur langsam vorwärts. Wenigstens hat es nicht viel Verkehr. Kurz vor Dholera finden wir ein ruhiges Plätzchen zum Übernachten. Weil es sich grad so schön anbietet, machen wir mal wieder ein Feuer. Mit all dem feinen Gemüse aus Diu gibt's ein gesundes und farbiges Mahl.

Diu – Dholera = 243 km

Um 6.30 Uhr werden wir von einem wunderbaren Sonnenaufgang geweckt. Die Strasse ist weiterhin in einem sehr anstrengenden Zustand. Irgendwo zwischen Dholka und Borsad fragen wir einen Lastwagen Chauffeur nach dem Weg. Er ist auch unterwegs Richtung Vadodara und so können wir ihm folgen. Das ist nicht so einfach, der fährt wie ein Henker. Südlich von Vasad kommen wir auf die neue NH8, sofort hat es enorm viel Verkehr. Bei einer neuen Tankstelle machen wir eine Verschnaufpause. Oft isst man sehr gut an diesen Raststätten. In ein paar Töpfen kochen verschiedene Kompositionen von Gemüse und Gewürzen, manchmal noch ein bisschen Fisch oder Hühnchen, dazu Reis und Chapati.

Die Weiterfahrt am Nachmittag ist weiterhin sehr anstrengend. Viel Chaos, Unfälle und Gehupe. Man muss sich sehr konzentrieren. Wir kommen nur gemächlich vorwärts. Erst gegen 18 Uhr finden wir einen geeigneten Platz zum Übernachten. Es bleibt den ganzen Abend ruhig, keine Besucher, nur der Vollmond leuchtet uns. Wir sind alle sehr müde und gehen früh schlafen.

Dholera – Navsari = 343 km

Als ich um 6.30 Uhr aufstehe, ist der Vollmond immer noch am Horizont. Zwanzig Minuten später kommt dann auch schon die Sonne, so erleben wir heute Morgen Sonnenaufgang und Monduntergang fast zeitgleich. Ich finde das so cool.

Es hat noch immer sehr viel Verkehr auf der Strasse, aber oft ist die Strasse jetzt vierspurig und so kommen wir ein bisschen besser vorwärts. Die Umfahrung von Mumbai überstehen wir erfolgreich und danach machen wir einen Lunch-Halt. Zur Erfrischung gibt es wieder mal frisch gepressten Zuckerrohr Saft (nein, nicht Schnaps!). Wir füllen auch alle Wasser- und Diesel Tänke auf. In Panvel haben wir Anschluss auf die NH17, nun kommen wir richtig gut vorwärts und der Verkehr nimmt sichtlich ab. Kurz vor Mangaon, in einem kleinen Dorf, erspähen wir ein einladendes Plätzchen für uns. Es hat Strohhütten, Büffel und einen kleinen Fluss. Ein paar Feldarbeiter schauen gespannt, was wir da machen. Sie kommen aber nicht vorbei und haben keine Fragen für uns.

ERWARTE NICHTS GENIESSE ALLES

Da dies heute voraussichtlich unser letztes Busch-Camp ist, kochen wir einen Eintopf mit dem restlichen Gemüse und zum Dessert gibt es Vanille Pudding, den ich aus der Schweiz mitgebracht habe. Alle sind müde aber zufrieden. Es ist herrlich warm und der Mond taucht unser Camp in ein romantisches Licht.

Navsari – Mangaon = 350 km

Um 7.30 Uhr sind wir wieder auf der Strasse. Wir kommen in die Hügel und es ist üppig grün hier. Die Strasse führt uns an die Küste und durch kleine Dörfer, zeitweise sind wir praktisch alleine unterwegs. An der Grenze von Maharashtra zu Goa, will die Goanische Grenzwache unsere Papiere sehen. Meist wechselt man die Staaten, ohne dass eine wirkliche Grenze sichtbar ist. Die Goaner sind halt anders. Mit dem Carnet-de-Passages können sie aber nichts anfangen. Grosse Fragezeichen erscheinen in den Gesichtern der Beamten. Wenigstens sieht das Papier sehr wichtig aus mit all den Stempeln. Die Beamten sind beeindruckt und wir dürfen weiterfahren.

Unser Ziel für heute ist Arambol. Einige Male müssen wir nach dem Weg fragen. Die Gegend ist wunderschön, mit vielen Palmen und immer wieder erhaschen wir einen Blick auf's Meer. Um 17.30 Uhr erreichen wir endlich das verschlafene Dorf am Strand.

Die Herren steuern sofort in eine Bar, Bier o'clock! Clumsy und ich gehen auf die Suche nach geeigneten Zimmern. Entlang der Strasse hat es ein paar so typische Goanische Häuser mit den grossen, tiefgezogenen Dächern und einladenden Veranden. Eine Familie hat Zimmer für 100 IRp, mit Pig-Toilet. Diese Art von Toiletten sind etwas gewöhnungsbedürftig. Es handelt sich hier um eine typisch Goanische Toilette im Garten. Normalerweise mit Holzverschlag drum herum. Die Exkremente gehen direkt auf einer Rutsche in den Schweinestall. Das mag auch erklären, warum Touristen oft auf die Schweinewürstchen, eine Goanische Spezialität, verzichten. Jedenfalls ist die Familie sehr nett, das Haus steht am Strand und die Zimmer sind sehr sauber. Unsere Paxlis können alle dort übernachten. Ich schlafe im Bus auf dem Dorfplatz. In einem der alten Häuser am Platz, ist ein kleiner Shop untergebracht. Das freundliche Besitzer-Paar ist so lieb. Ein warmes Lächeln im Gesicht und besorgt, dass ich auch ja genug Wasser habe. Wegen dem Bus müssten wir uns keine Sorgen machen. Ich sehe schon, wir sind hier in guten Händen.

Wir freuen uns alle auf eine Dusche und ein feines Essen am Strand. Da im ganzen Dorf der Strom ausfällt, ist es zuerst gar nicht so einfach eine Strandbeiz zu finden. Im Santana gefällt es uns. Die Bedienung, das Essen und auch die Musik, alles tiptop. Die Welt ist in Ordnung. Der erste Eindruck von Arambol ist sehr angenehm. Ich glaub wir bleiben morgen noch einen Tag.

Mangaon – Arambol = 427 km

Um ca. 6 Uhr wird es plötzlich laut. Nachdem Mann seine Nase geputzt und den Hals von Schleim befreit hat, wird der Bus-Motor aufgewärmt. Dann fährt der Lokal-Bus weg und es kehrt wieder Ruhe ein. Das Dorf ist friedlich, Arambol ist noch nicht auf dem Touristen Radar. Es ist auch nicht ganz einfach hierhin zu kommen.

Wir verbringen den Tag am Strand, geniessen die Sonne und das Meer. Es kommt Ferien Stimmung auf.

Am Abend treffen wir uns alle im Morning Strandbeizli. Adam und ich haben einen Plan ausgedacht, den wir mit den Paxlis besprechen müssen. Unser Vorschlag ist, bis Mittwoch hier in Arambol zu bleiben. Am Mittwoch früh könnten wir nach Anjuna zum berühmten Flohmarkt und von dort dann südlich nach Benaulim fahren. Dieser Plan gefällt allen und so machen wir das.

Zur Feier des Tages gibt es eine Runde Fenni, den lokalen Schnaps.

Fenni oder Fenny gibt es nur in Goa. Es ist ein Destillat aus Flüssigkeit, die von den Palmen gewonnen wird. Beim zweiten Destillier-Vorgang wird oft Cashew oder Ananas beigegeben. In Süd-Goa gab es mal eine Bar, dort haben sie Lemongras Fenni ausgeschenkt. Der beste Fenni den ich je gekostet habe.

ERWARTE NICHTS GENIESSE ALLES

Die Tage am Strand vergehen gemütlich und vergnüglich. Der Fisch ist fein. Der Strand und das Meer sind herrlich, was will man mehr.

Mittwoch, 9. Dezember 1998
Via Chopdem, wo wir die Fähre über den Fluss nehmen, steuern wir Richtung Anjuna. Es hat ziemlich viele Leute, sprich Touristen und Traveler in allen Gassen und entlang den Strassen. Anjuna ist wahrscheinlich einer der bekanntesten Orte in Goa.

Der Markt unter den Palmen ist bunt. Es wird unglaublich viel Ware angeboten. Jedes Jahr wird der Markt grösser. Am liebsten sitze ich irgendwo und beobachte die Leute und die Szenen. Neben Kleidern, Schmuck, Schuhen, Betttücher und Souvenirs aller Art, gibt es auch feine Esswaren zum Schmausen.
Erst gegen 16 Uhr sind wir wieder alle beisammen und wir können nun endlich nach Benaulim fahren, zur Endstation unserer Überland-Tour.
Einmal mehr bin ich froh, dass alles gut verlaufen ist. Ich hoffe allen Teilnehmern hat es gefallen und jeder kann eine schöne und bleibende Erinnerung mit nach Hause nehmen.

Arambol – Anjuna – Benaulim = 109 km

Unterägeri – Benaulim = 15'621 km

9
Nepal – Goa 1996 – 1997 – 1998

1996 – Nepal

Montag, 18. November 1996
Von Sonauli her kommen wir via Muglin über bergige Pässe, grüne Wiesen-
und Waldlandschaften nach Pokhara. Das letzte Mal war ich 1989 in Nepal.
Bin gespannt wie es heute aussieht.

Wow, das hat sich aber sehr verändert hier. Im ersten Moment erkenne
ich es kaum wieder. Die Seeseite ist jetzt enorm verbaut mit Hotels und
Restaurants. Da stand damals nur das Fewa (oder Phewa) Hotel und sonst
nichts. Manchmal noch ein paar Kühe auf der Wiese. Im ganzen Dorf hat
es nun viel mehr Unterkünfte, Restaurants und Shops. Es macht mich ein
bisschen traurig, wenn ich sehe, was aus dem idyllischen Ort geworden ist.
Wo Pushpa seinen Kiosk hatte, steht jetzt ein top moderner Supermarkt.
Es hat viele Tour-Operators. Alle wollen sie Trekking Touren verkaufen.
Der kleine Dorfplatz beim Laliguransh Restaurant sieht auch ganz anders
aus. Das Restaurant heisst jetzt Maya und ist auch ein Pub. Mir schwant
Böses. Wir schauen uns ein paar Unterkünfte an, wo wir auch parkieren
können. Der Camping-Besitzer beim See ist so unfreundlich, dass mir die
Lust hier vergeht. Ausserdem will er 60 NRp pro Person plus 50 NRp für
jede Dusche! Für diesen Preis finden wir ein Hotelzimmer im Dorf. Im Hotel
Diamond lassen wir uns nieder. Die Doppelzimmer haben einen kleinen
Balkon. Hinter dem Hotel hat es ein Flecklein Wiese, wo Tische und Stühle
stehen. Adam hat die Dreistigkeit von mir zu verlangen, dass ich das Zimmer für ihn bezahle. Dabei hat ENGA nicht so viel Geld übrig und die Rückfahrt kostet auch noch. Ich habe von Anfang an gesagt, dass ENGA keine
Hotelkosten übernimmt. Adam rechtfertigt seine Erwartung damit, dass er
viel investiert habe vor der Abfahrt. Hat er vergessen, dass ich ihm das
Geld für den Kauf von Ury gegeben habe? Ausserdem hatte ich ja auch

Investitionen vor der Abreise. Es nervt mich, dass ich ihn immer durchfüttern muss. Beruhigend ist, dass ihm das Geld für Bier nie auszugehen scheint. Ach, immer das liebe Geld!

Nach einer Ruhepause gehe ich durchs Dorf und auf einen Drink. Das 'Hungry Eye' ist jetzt viel grösser. Das 'Don't Cross Me By' gibt es nicht mehr, dafür hat es dort ein grosses Everest Steak House.

Ich bin sehr froh, dass ich es noch anders erleben durfte.

Muglin – Pokhara = 100 km

Pokhara

Im Dorf gibt es viele Bäckereien mit Swiss Rolls und ich wundere mich, was sie damit wohl meinen? Ah, die mit Crème oder Konfitüre gefüllten Rouladen! Ist das typisch Schweizerisch? Sie haben aber auch frische Gipfeli (Croissants) und allerlei Brot zur Auswahl.

In den Restaurants bieten fast alle diese Set-Breakfast an. Ich bin kein Fan davon, da es immer Zeugs dabei hat, das ich nicht mag. Dennoch finde ich einen Platz an der Sonne auf einer Dachterrasse, wo ich ein Café schlürfen kann. Die Aussicht über den See und in die Berge ist so behaglich. Die Bergluft ist herrlich belebend.

Da die Schweizer den Nepalesen gezeigt haben, wie man Hartkäse macht, ist der Yak- wie auch der Kuhmilch-Käse hier exzellent.

Beim hinteren Teil des Sees, da wo man Richtung Sarankot hinauf kann, hat sich nicht so viel verändert. Wobei das Seewasser schon sehr schmutzig ist, eine schwarze Sauce. Es gibt ein paar Einheimische, die bieten Softdrinks und Tee an. Ein junger Nepalese, Raju, spricht mich an und geht ein Stück mit mir. Ich trinke einen Tee bei ihm und seinem Opi. Der Opi nickt nur ein paarmal und lächelt. Ab und zu kommen Radler vorbei. Die Fahrräder sind nicht mehr so Klappergestelle wie dazumal, die sehen recht sportlich aus.

ERWARTE NICHTS GENIESSE ALLES

An einem Abend gehen Adam, Bon und ich ins Annapurna II zum Essen. Ich bestelle Nepali Food, Reis, Linsen und Gemüse. Die Herren essen Hamburgers, die aber nicht so sind, wie sie sich das vorgestellt haben. Andere Länder andere Sitten. Oder wie ENGA sagt, Erwarte Nichts, Geniesse Alles!

Mit Adam diskutiere ich die Weiterreise und bereite wieder Flyer vor, die wir in Restaurants und Hotels aufhängen wollen. Eine herkömmliche Busfahrt von Pokhara nach Kathmandu kostet zwischen 120 und 170 NRp, je nach Bus. Ich möchte unsere Kosten gedeckt haben und verlange nur 100 NRp.

An einem freien Nachmittag schaue ich ins Pushpa Guesthouse, wo ich 1988 und 1989 gewohnt habe. Mister Pahari sitzt in seinem neuen Büro und strahlt mich an. Er erkennt mich sofort wieder, das freut mich. Er zeigt mir den neuen Anbau mit vier Räumen, das macht den Gartensitzplatz irgendwie heimeliger. Dann kommt Indira, seine Frau. Sie schaut mich mit grossen Augen an und umarmt mich herzlich. Auch sie hat sich nicht verändert. Sie sagt von sich, sie spreche immer noch Buffalo Englisch. Warum ich 8 Jahre nicht mehr gekommen sei? Dabei tätschelt sie mir immer meine Backen. Ich muss natürlich erklären, warum ich nicht bei ihnen wohne und ich erzähle von meiner Fahrt von der Schweiz nach Nepal. Wir trinken zusammen Tee im Garten, da kommt auch die ältere Tochter Mina. Sie ist erwachsen geworden, hübsch mit sehr schönen Augen und schon 19 Jahre alt. Sie geht auf ein Halbtages-College und am Nachmittag hilft sie hier im Guesthouse. Auch sie erinnert sich an mich. Sie erzählt mir, dass sie sich sehr gut an die Geschichte mit der kleinen Schwester Rita erinnert. Das kleine Mädchen, damals etwa 4 Jahre alt, nannten wir Ganji, weil auch Mina und Indira sie so gerufen haben. Ich dachte, das sei ihr Name. Aber Ganji bedeutet 'die jüngste Tochter' oder 'kleines Mädchen'. Und Rita mochte es gar nicht, dass wir sie Ganji rufen und war immer böse auf uns. Wir anderen haben uns amüsiert über die kleinen Tantren und die witzigen Grimassen dazu. Nur ich war mir gar nicht bewusst, was wir dem kleinen Mädchen antun und Mina hat sich auf unsere Kosten amüsiert. Als Rita von der Schule nach Hause kommt, müssen wir natürlich noch einmal lachen. Ganji Rita erinnert sich aber nicht daran, sie war halt noch zu klein.

Sie hat schöne lange Zöpfe und eine feine Stimme. Mister Pahari ist zufrieden und stolz auf das was er erreicht hat. Was für eine liebe Familie! Ich begleite Indira noch zum See, wo sie beim Fewa Hotel ein Stück Garten haben und zwei Büffel.

Mister Pahari meint auch, dass es jetzt zu viele Restaurants, Shops und Hotels hat. Alle treten einander auf die Füsse. Die Hochsaison, in der man am meisten verdienen kann, ist relativ kurz. Aber so ist es halt. Jeder versucht etwas aus seinem Leben zu machen. Der Tourismus mag viel Arbeit in gewisse Gegenden bringen, aber jede Medaille hat zwei Seiten. An vielen Orten werden wegen dem Tourismus die schönsten Gegenden verbaut. Das Ursprüngliche muss Platz machen für den Komfort. Die Natur wird verschandelt, die Kultur muss angepasst werden und so wird der Grund, weshalb Leute hierher kamen, zerstört.

Eine kleine Bootsfahrt müssen wir natürlich auch machen. Unten beim See kann man Boote mieten. Für eine Stunde Ruderboot fahren wollen sie zuerst 100 NRp, kommen dann aber schnell runter auf 50 NRp. Adam und ich rudern hinaus auf den ruhigen See und geniessen die Wärme und die fantastische Bergwelt um uns herum. Da kommt ein Boot voller Inder auf uns zu. Sie sind ganz aufgeregt, winken und rufen uns zu. Adam hat etwas längere Haare und rudert oben ohne. Sie sehen ihn nur von hinten. Rufen die Inder Jungs; hej, bist du ein Girl oder Boy? Ah! Die denken oder hoffen, dass Adam ein Girl oben ohne ist! Was die sich wieder vorstellen! Als die Inder sehen, dass Adam ein Mann ist, rudern sie völlig enttäuscht von dannen.

Ich suche noch ein T-Shirt für Bon, ein Geschenk und Dankeschön für seine Teilnahme an unserem doch abenteuerlichen Trip von West nach Ost.

Es gibt hier einige Näher und Näherinnen, die besticken T-Shirts mit allerlei Sujets und Sprüchen. Die Nähmaschine rattert über das Material, viele der Arbeiten sind qualitativ tadellos. Ich schaue mir ein paar Sachen an und zeichne einem Näher meine Idee auf. Den Yeti haben sie ja schon als Figur-Vorlage, ich gebe ihm ein Serviertablett in die Hand, darauf ein Bier und auf dem Rücken einen kurzen Text.

Ich muss lange verhandeln, bis wir uns auf einen angenehmen Preis einigen können. Aber das macht das Einkaufen ja auch speziell. Der Kitzel, wie weit geht er runter, wie gut schätze ich die Situation und den Preis ein. Jedenfalls finden wir uns dann und ich bestelle das T-Shirt mit der Dekoration. Morgen kann ich es abholen.

An einem Abend, als ich grad zum Essen abgesessen bin, kommt einer zu uns an den Tisch und meint: ich glaub ich setz mich grad zu euch! Hallo Rory! Was für eine Überraschung. Rory wohnt in der Schweiz im gleichen Dorf wie ich. Wir kennen uns seit vielen Jahren und auch er ist ein Reisefüdli. Wir sind uns auch schon in Indien begegnet. Welch Freude ihn hier zu sehen! Es gibt natürlich viel zu erzählen. Wir verabreden uns für morgen, eine Wanderung steht auf dem Programm.

Um 8 Uhr treffe ich Rory, zusammen gehen wir Morgenessen. Eine kleine Stärkung vor dem Abmarsch muss schon sein. Im kleinen Sandwich Shop nebenan treffe ich auch noch Ingo, den Motorradfahrer aus dem Thurgau, den wir schon in Delhi getroffen haben. Wir verabreden uns für einen Umtrunk am Abend. Rory und ich machen uns dann auf den Weg Richtung Sarankot. Über die Reisfelder, vorbei an urchigen und typischen Hütten geht's hinauf in die Berge. Die Wanderung dauert nur etwa zwei Stunden. Im oberen Teil kommt uns ein Junge entgegen. Seine Eltern haben ein Restaurant in Sarankot. Natürlich das Beste und wir sollten mit ihm kommen. Aber bevor wir uns niederlassen, wollen wir ganz hinauf auf den Hügel (1'600 m) und die Aussicht geniessen. So nahe bei diesen Achttausendern zu stehen ist schon eindrücklich, immer wieder. Die spektakuläre Sicht ist gekrönt von Annapurna II (8'091 m), Dhaulagiri (8'167 m) und Machhapuchhre (6'993 m). Machhapuchhre bedeutet Fisch-Schwanz, den erkennt man zweifellos, wenn man den Berg von der richtigen Seite anschaut. Aus einem anderen Sichtwinkel sieht der Machhapuchhre aus wie das Matterhorn, das die Nepalesen natürlich kennen.
Bei Tee und vielen Geschichten vergeht die Zeit im Nu. Für den Rückweg entscheiden wir uns für den längeren Weg entlang der Krete. Ich bin froh diese Wanderung in guter Gesellschaft zu machen. Alleine wäre es nicht so amüsant. Eine Zeitlang werden wir von sechs Jungs aus der Gegend begleitet. Sie lachen und necken uns. Wir versprechen ihnen, sie im Dorf unten zu verkaufen. Nach einer Weile kehren sie doch um und gehen wieder

bergauf. Gegen 17 Uhr sind wir zurück in Pokhara. Dieser Ausflug hat mir gut getan und schön war's auch.

In einigen Restaurants gibt es Mustang Café, das habe ich vor vielen Jahren auf einer Trekking- Tour kennen gelernt. An einem Abend haben das die Nepalesischen Träger getrunken und wir haben das auch probiert. Es ist Café mit Schnaps, fast wie wir ihn in der Schweiz auch kennen.

Die Tage in Pokhara sind herrlich und erholsam. Das Wetter ist meist sonnig,

Bei uns im Hotel hat es Gäste, die an der Fahrt nach Kathmandu interessiert sind und an einem Morgen, als Adam und ich in einem Restaurant sitzen, wo wir Flyer aufgehängt haben, treffen wir auf zwei Frauen, die auch Interesse an der Fahrt bekunden.

Pokhara – Kathmandu

So schön es ist, sich in einem Ort, in einem Zimmer, niederzulassen. So schön ist es auch, wieder zu packen und weiter zu ziehen.

Die Fahrt von Pokhara nach Kathmandu dauert etwa sechs bis sieben Stunden. Die Strasse ist besser als auch schon. Doch leider ist es so, dass je besser die Strasse ist, desto schneller wird gefahren.
Grad nach Muglin kommen wir an einem bösen Unfall vorbei. Ein Bus ist in die Schlucht gefallen. Sieht nicht so schön aus. Viele Vehikel haben angehalten, sie blockieren die Strasse und die Leute gaffen. Ich möchte lieber so schnell als möglich vorbei. Helfen können wir hier eh nicht.

Das Thamel, ein Touristen Quartier in Kathmandu, hat sich sehr verändert. Vor lauter Schildern sieht man gar nicht mehr, wo man ist. Es hat so viele Hotels, Shops und Restaurants, da wird mir schwindlig. Die engen Gassen sind sehr belebt. Fussgänger, Fahrräder, Rikshaws, Tuktuks, Taxis und

Hunde sind unterwegs. Wir kommen nur im Schritttempo voran. Die Hotelsuche ist nicht so einfach. Eine Unterkunft mit Parkplatz für Ury zu finden braucht Zeit. Ein Hotel hätte Platz für uns aber unser Bus würde alles versperren. Ein paar Möglichkeiten sind uns natürlich auch zu teuer. Ein bisschen weiter die Strasse runter, im Tibeter Viertel, werden wir dann fündig. Im Mont Blanc haben sie wunderbar Platz im Innenhof, aber leider haben sie kein Zimmer frei. Es stellt sich dann aber heraus, dass das Polo Guesthouse dem gleichen Besitzer gehört und dort haben sie Zimmer frei. Wir einigen uns, dass wir den Bus im Mont Blanc parkieren dürfen und die Zimmer im Polo beziehen. Wenn man am Lavabo die Hände wäscht, dann werden auch gleich die Füsse gewaschen. Die Wasserleitung vom Lavabo reicht nicht bis zum Boden!

Als wir uns alle endlich einquartiert haben, merke ich, dass ich völlig erschöpft bin.

Etwas Essen tut sicher gut, Auswahl gibt es ja zu genüge. Als wir aus dem Restaurant kommen, laufen wir gerade Jim und James in die Arme. Die Dragoman Crew haben wir auf dieser Reise schon ein paar Mal angetroffen. Sie und ein paar ihrer Gruppe sind auf dem Weg ins Tom & Jerry, DIE Bar hier im Thamel. Wir haben keine Wahl und werden von Jim abgeschleppt. Es gibt zwei Billiard Tische, die Musik ist pop-rockig und es hat viele Nepalesen und Touristen hier. Ich unterhalte mich mit einem Engländer aus der Dragoman Gruppe. Er ist Skilehrer und hat in der Schweiz, in Italien und in Frankreich gearbeitet. In England hätten sie ja keine Schneeberge. Jim ist sehr anhänglich, er braucht immer etwas Feminines, meint er. Aber er ist nicht aufdringlich oder mühsam. Ingo der Thurgauer ist auch hier. Es wird dann doch spät, bis ich endlich ins Hotel komme.

Pokhara – Kathmandu = 200 km
Unterägeri – Kathmandu = 12'800 km

ERWARTE NICHTS GENIESSE ALLES

Kathmandu

Freitag, 29. November 1996

Im Thamel hat es auch sehr viele Bäckereien und natürlich den feinen, gut gelagerten Hartkäse, wie wir ihn in der Schweiz kennen.

In vielen kleinen Cafés gibt es frischen Kuchen für fast jeden Gelust und Geschmack.

Ich bastle wieder Flyers, denn wir suchen noch Passagiere für die Fahrt nach Goa. In all den populären Gastrobetrieben hänge ich ein Exemplar auf, Maya Pub, Pumpernickel, Rum Doodle, Tom & Jerry, Helenas und wie sie alle heissen. In einer Travel Agency frage ich auch, ob sie uns Leute vermitteln würden. Besitzer Dani will pro Person 10 USD als Provision. Naja, jeder will schliesslich leben.

In der Schweiz suche ich während des Sommers immer Leute per Inserat, die gerne über Land mitfahren möchten. Durch ein solches Inserat habe ich auch Herr Abt kennengelernt, ein Journalist (Hansjörg Abt hat 1977 den Fall des Millionenbetrügers Walter K. Rey recherchiert). Er wollte mit seinem eigenen Fahrzeug von der Schweiz nach Indien fahren. Er hat mich deshalb angefragt, ob ich ihn begleiten würde. Ich hätte das ja gerne gemacht, aber da ich immer wieder Passagiere hatte und man die Tour nur zu gewissen Zeiten machen kann (wegen dem Wetter), kam es dann leider nie dazu. Jedenfalls hat er mir geschrieben, dass er auch in Kathmandu sein würde und so rufe ich ihn heute Morgen an. Er ist positiv überrascht und lädt mich freundlicher Weise zum Lunch ein.

Schon bald muss ich mich sputen, um 11.30 Uhr sollte ich im Nongla Restaurant sein, im New Town, wo die grossen Hotels sind. Er sitzt schon an einem Tisch. Obwohl wir uns vorher nie gesehen haben, erkennen wir uns gleich. Ich falle wahrscheinlich auf in diesem schicken Restaurant. Herr Abt ist sehr gross und ein echter Gentleman. Natürlich muss ich von meiner Reise erzählen. Dann hat er viele Fragen. Eine Schwierigkeit sehe ich mit seinem Fahrzeug, da es einen Katalysator hat und bleifreies Benzin braucht. Ich kann mich nicht erinnern unterwegs ein solches gesehen zu haben. Der sehr angenehme Mittag vergeht wie im Flug und wir versprechen in Kontakt zu bleiben.

ERWARTE NICHTS GENIESSE ALLES

Im Kathmandu Tal gibt es viel zu sehen, ohne dass man auf Trekking Tour muss. Die Berge hier sind besonders eindrücklich. Aber auch die alten Städte sind allemal einen Besuch wert.

Pashupatinath ist ein Tempelkomplex am Bagmati Fluss, etwa fünf Kilometer vom Thamel entfernt. Die gesamte Anlage besteht aus über 500 Tempel, Pagoden, Monumenten und einem Ashram. Das innere Heiligtum um den Haupttempel besteht aus etwa sechs Tempel und hunderten von kleinen Schreinen. Das Dach des Haupttempels ist vergoldet.
Pashupatinath ist eine Inkarnation Shivas und einer der heiligen Tempel der Hindu. Am Fluss werden die Toten verbrannt. Als wir ankommen sind gerade zwei Verbrennungen im Gange. Wir sitzen diskret auf der anderen Seite des Flusses. Eine Kremation hat erst gerade begonnen. Es ist eine Frau (Männer werden in weiss gekleidet, Frauen in rot oder gelb). Der Sohn geht ein paar Mal um den Holzstapel herum, auf dem seine Mutter liegt. Nun entfacht er das Feuer mit einer Fackel, beginnend beim Mund. Als er die Fackel an den Mund der Mutter hält, beginnt der Sohn zu weinen. Das ist sicher eine schwere Aufgabe, möchte nicht mit ihm tauschen. Ich finde es jedoch sehr schön, dass er Emotionen zeigt.
Wir sitzen lange auf den Treppen beim Fluss und geniessen die mystische Atmosphäre hier. Es ist sehr friedlich und ruhig. Manchmal hört man ein Glöcklein, ein paar Stimmen. Ich fühle mich an einen fernen Ort versetzt.

Mein Favorit, wenn ich im Thamel verweile, ist der Swayambhu. Ich nehme ein Tuktuk. Die Strasse ist in extrem schlechtem Zustand. Zu Fuss wäre ich glaub schneller.
Wo das Tuktuk hält, um mich auszuladen, gibt es viele Souvenir Shops. Sie verkaufen auch Farbpulver, die weissen kleinen Zuckerstücke, Blumen und andere Gaben, die man dann im Tempel den Göttern spenden kann. Ich kaufe nichts und nehme die lange Treppe (365 Stufen) hinauf auf den Hügel unter die Füsse.
Vom Swayambhu geniesse ich die herrliche Rundsicht über das Kathmandu Tal. Ich sitze gerne dort oben. Der Tempel lebt, viele Besucher kommen und gehen, beten, bringen Gaben und dennoch herrscht eine friedliche Stimmung.

ERWARTE NICHTS GENIESSE ALLES

Der Name Swayambhu oder auch Swayambhunath bedeutet im Tibetischen; erhabener Baum. Der Komplex hier besteht aus der grossen Stupa mit Buddha's Augen, die über das ganze Tal schauen, in alle vier Himmelsrichtungen. Der Dom an der Basis stellt die Welt dar. Die 13 vergoldeten Reifen auf der Spitze des Doms symbolisieren die 13 Phasen der spirituellen Realisation, durch die die fühlenden Wesen gehen müssen, bevor sie die Erleuchtung oder Buddhahood erreichen können.

Es hat viele kleine Schreine und Tempel hier, einige stammen aus der Zeit der Licchavi (3. Jahrhundert). Der Swayambhu gehört zu den ältesten religiösen Stätten in Nepal und ist einer der heiligsten Pilgerorte für Buddhisten.

Ich geniesse die Zeit beim Tempel und gehe dann zu Fuss zurück ins Thamel. Unterwegs treffe ich auf viele zottelige Kinder. Sie wollen 'one Rupee' oder 'school pen'.

Vom Thamel kommt man durch enge Gassen zum Durbar Square, wo der alte Königspalast und viele kleine Tempel stehen. Die Tempel und Paläste sind aus Holz und Stein gebaut. Die Verzierungen und kunstvollen Holzschnitzereien zeigen wie begabt die Newari waren. Die ersten royalen Konstruktionen wurden bereits im 3. Jahrhundert an dieser Stelle gebaut. Scheinbar gibt es keine Schriften über die Geschichte des Durbar Square. Der Palast sei für Sankharadev, 1069 bis 1083 gebaut worden. Die ältesten Tempel auf dem Platz wurden zur Zeit von Mahendra Malla, 1560 bis 1574, errichtet. Sie zeigen die typische Newari Architektur, die Drei-Dächer Tempel auf einer Plattform, die ihnen eine Ähnlichkeit mit den Pyramiden verleiht.

Es ist jedenfalls unterhaltsam auf den Treppen zu sitzen und dem Treiben auf dem Platz zuzuschauen. Jung und Alt, Einheimische und Touristen treffen sich hier. Die Freak-Street, das ehemalige Touristenzentrum, sieht noch mehr heruntergekommen aus als 1989. Das Dach-Restaurant im Hotel Eden ist leider geschlossen.

In den 60er und 70er Jahren war die Freak-Street das Epizentrum der Touristen. Benannt wurde es nach den Hippies aus dieser Zeit. Heute steht diese Gegend im Schatten des Thamel, das in den 80er Jahren zum neuen Touristen Zentrum heranwuchs.

ERWARTE NICHTS GENIESSE ALLES

Zurück im Thamel gehe ich noch ein bisschen Schaufenster-Shopping. An einer engen Stelle quetscht sich ein Auto durch, Fussgänger machen sich so dünn wie möglich und ich kann grad in einen Türrahmen hüpfen. Ein Typ hatte die gleiche Idee. Wir schauen uns an, es ist unglaublich, es ist Malik! Wow, welche Freude! Im ersten Moment sind wir beide sprachlos. Malik und ich haben vor zwei Jahren bei der gleichen Familie in Palolem (Goa) am Strand gewohnt. Er ist Franzose und umwerfend gutaussehend. Es gibt ein riesen Hallo. Wir verabreden uns spontan zum Abendessen. Zusammen schwelgen wir zurück in die herrliche Zeit von Palolem. Malik meint, er sei erfreut und überrascht, dass ich seinen Namen sofort sagen konnte. Der Name Malik hat mir immer gefallen, den habe ich nicht so schnell vergessen. Ausserdem hört man ihn oft in Pakistan. Wir sitzen lange im kleinen Pub, später gehen wir zu den Tibetern zwei Teller feine Momos essen. Als wir nach Hause gehen ist die Stadt wie ausgestorben. Mein Hotel hat die Türen verriegelt. Ich muss die längste Zeit klopfen und klingeln, bis endlich jemand aufmacht. Es ist mein Zimmernachbar. Er hat zum Glück noch nicht geschlafen, nicht so wie der Nachtwächter, der hinter der Theke pennt!

Das Maya Pub ist ein beliebter Treffpunkt. Zur Happy Hour gibt es Popcorn zu den Drinks. Es hat auch Platz, um Backgammon zu spielen.
Im Tom & Jerry Pub hat es wahrscheinlich mehr Leute, da man Billiard spielen kann. Ich treffe hier jedes Mal Ingo. Er wird nächste Woche zusammen mit seinem Motorrad nach Bangkok fliegen. Er habe schon vor fünf Jahren von dieser Reise geträumt. Von Asien möchte er weiter nach Australien und Neuseeland. Immer wenn es interessant ist, wird es schnell spät. Um Mitternacht schmeissen sie uns raus. Dann gehen wir halt schlafen!

In einer Seitengasse, ein bisschen versteckt, habe ich das Nepali Restaurant entdeckt. Die servieren feine Thalis, auch Dal Bhats genannt hier. So quasi ein Set-Menü, alles auf einem Teller. Reis, Gemüse, Linsen, Brot und Dessert. Ich nehme das Machhapuchhare Menü.
An einem Abend als ich mit Adam und Bon dort sitze, beginnen die zwei Herren wieder mal ihr Loblied über England. Ich lache natürlich und lobe

die viel schönere Schweiz. In diesem Restaurant, wie auch in vielen anderen hier, hängt ein Bild vom Matterhorn mit der Überschrift 'Switzerland'. Sieh, solche Bilder sieht man oft, auf der ganzen Welt. Von England hängt niemand ein Bild auf! Die junge Frau vom Nebentisch schaut immer wieder belustigt zu uns rüber. Adam fragt sie; du bist nicht Schweizerin, oder? Doch, sie ist aus Bern. Wir laden sie ein zu uns zu sitzen. Sie hilft mir sehr gerne ein bisschen 'Mist' gegen die Englischen Herren zu werfen. Wir lachen wieder mal Tränen und viel zu schnell ist es wieder spät.

Das GPO in Kathmandu ist wie ein Bienenhaus. Auch hier trifft man ab und zu auf Weggefährten. Zu meiner Freude hat Alexia wieder mal geschrieben. Mit ihr bin ich ein paar Wochen durch Zimbabwe getingelt. Wir hatten eine fantastische Lach-Chemie zusammen.

Langsam tragen unsere Flyer für die Fahrt nach Goa Früchte.
In einem Café lernen Adam und ich Henry kennen, auch er hat Goa als Ziel. Der lustige Belgier Nils möchte auch mitkommen, aber er wartet noch auf seinen Pass, der auf der Indischen Botschaft liegt. Naja, er hat ja noch ein paar Tage Zeit. Die beiden Jungs möchten gerne den Bus sehen. Sie sind begeistert vom Platz, den wir zu bieten haben.

Unser Bon hat auch Leute kennen gelernt, die Interesse an der Fahrt nach Goa haben. Rosetta ist Amerikanerin und erst 18 Jahre alt. Roman, ihr Ehemann, ist ein Berliner. Sie sind sehr interessiert diese Fahrt mit uns zu machen. Die beiden waren eine Woche in Indien, bzw. Delhi und Agra, danach sind sie nach Nepal geflüchtet. Ja, Indien kann schon überwältigend sein. Von den Indischen Bussen waren sie auch nicht so begeistert.
In unserem Hotel haben noch andere Reisende eine Notiz hinterlassen, langsam füllt sich der Bus. Wir haben gehört, dass die Langstrecken-Busse, sowie Flüge und Züge ausgebucht sind und so können wir eine Lücke füllen. Mal schauen, wer dann wirklich alles mitkommt.

Ein Paar aus Holland hat sich die Reise anders vorgestellt. Von unseren Plänen wie Camping, Zelt und so, sind sie nicht begeistert.

Kaori, eine kleine Japanerin, würde eventuell nur bis Varanasi mitreisen. Diese sehr eindrückliche, aber chaotische Stadt, wollten wir eigentlich umfahren. Mal schauen was wir machen. Einen Tag später treffen wir Kaori wieder, heute mit ihrem Freund Ken. Er hat etwas mehr Gepäck dabei als andere, nämlich ein Fahrrad. Man könne das Vorderrad abnehmen, meint er. Ich wundere mich dennoch, wohin wir es verstauen könnten. Wenn der Bus voll ist, das heisst 11 Leute (plus Fahrer), und jeder bringt mindestens einen Rucksack und ein Handgepäck mit, dann wird der Laderaum und die Hutablage schon ziemlich voll. Hinten, wo die gesamte Küche verstaut ist, möchte ich kein Gepäck, sonst sind wir dauernd am Gepäck hin und her zügeln. Ich weiss nicht so recht, was sich Adam vorstellt mit dem Fahrrad. Vielleicht aufs Dach binden?

Zwei Tage vor der Abreise muss ich noch ein paar Kleider waschen. Wer weiss wie die nächsten zehn Tage aussehen werden. Mit Adam bespreche ich die bevorstehende Tour. Ich überprüfe unser Gepäck. Wir füllen die Wasser Tänke und kontrollieren alle Flüssigkeiten. Dann gehen wir einkaufen. Es muss ziemlich viel aufgefüllt werden und Adam hilft mir wieder mal mit Schleppen.

Gegen 17 Uhr treffen wir uns mit allen potenziellen Mitfahrenden im Maya Pub. Die Leute erscheinen zahlreich. Ich bin positiv überrascht. Erst erkläre ich, wie ein Tagesablauf aussehen könnte, und dass vielleicht nicht immer alles genau nach Plan laufen wird. Es kommen viele Fragen, die Leute sind völlig aufgestellt und begeistert. Ich denke es könnte eine heitere Fahrt werden.

Am Tag vor der Abreise kommt Ken. Er bringt sein Fahrrad zum Laden. Adam bindet es einfach aufs Dach. Rosetta bringt eine Anzahlung in Nepali Rupees. Wir verlangen für die Fahrt pro Person 100 USD, inklusive Morgen- und Abendessen, Übernachtung im Zelt oder im Freien.
Nun muss ich noch frisches Gemüse und Früchte einkaufen und ein riesiges Stück vom feinen Yak Käse muss auch noch mit.
Als ich im Bus die gekauften Sachen verstaue, kommt ein altes, verrunzeltes Mutti. Sie schaut mich ganz lieb an. Leider versteht sie kein Englisch

und einmal mehr bedaure ich, dass ich die lokale Sprache nicht beherrsche. Sie will bei mir im Bus sitzen, ich setzte mich zu ihr. Dann gibt sie mir ein kleines Geschenk. Es ist handgemacht, ein schwarzes Medaillon mit einem Ying & Yang Zeichen in der Mitte. Aus roter Wolle hat sie eine Art Makramee Bändel am Medaillon befestig. Ich fühle mich sehr geehrt dieses Geschenk von diesem Nepali Mutti zu bekommen. Sie sitzt noch lange bei mir und schaut sich mit einer Mischung von Scheu und Neugier in unserem Bus um.

Nach über 25 Jahren trage ich das Medaillon noch heute bei mir, auf jeder Reise.

Auf dem Weg zurück ins Hotel, völlig in Gedanken versunken, tritt mir ein Typ in den Weg! Er sagt; diä lömmer ned durä! (die lassen wir nicht vorbei!) Erst bin ich etwas erschrocken, dann sehe ich, es ist Ziggy. Wow, welche Überraschung. Ziggy und Janice sind schon seit ein paar Monaten unterwegs und sie verbringen viel Zeit in Nepal. So schön, dass ich sie jetzt noch treffe. Die beiden sind auch aus Aegeri. Ich sollte noch duschen und packen und mich ein bisschen vorbereiten für morgen. Aber wir müssen uns natürlich unbedingt zum Abendessen treffen. Es gibt ja so viel zu erzählen. Schade, dass wir morgen abreisen. Aber Ziggy und Janice werden auch noch nach Goa kommen. Ich hoffe wir werden uns dort nochmals sehen.

Schnell ist es spät, für mich wird es Zeit ins Hotel zu gehen, um letzte Vorbereitungen zu treffen.

Nils hat einen Zettel hinterlassen, er kann nicht kommen. Wir sehen ja morgen, wer alles erscheint.

Kathmandu ist eine eindrückliche Stadt und Nepal insgesamt ist wirklich ausserordentlich schön. Dezember ist jedoch nicht die beste Zeit hier zu sein. Die letzten Tage waren nass und kalt und deshalb freue ich mich nun auf die Weiterfahrt.

Bon bekommt noch das T-Shirt, das ich in Pokhara für ihn hab anfertigen lassen. Vorne ist ein Yeti der Bier serviert. Natürlich 'Efes Dream', das Bier, dass er in der Türkei so gerne mochte. Hinten steht: Survivor, Overland from Bolton to India. Bon freut sich über mein Geschenk.

ERWARTE NICHTS GENIESSE ALLES

Kathmandu – Goa

Sonntag, 8. Dezember 1996
Schon um 5 Uhr stehe ich auf. Adam und ich packen alle Sachen und tragen unsere Rucksäcke zum Bus. Wir nehmen eine Karte mit und beim Tee besprechen wir unsere Route aus der Stadt.
Wir helfen Bon noch mit seinem Gepäck und stellen sicher, dass wir nichts liegen lassen. Nun wird es Zeit, Ury zum Vorplatz beim Kathmandu Guesthouse zu bringen. Das liebe, alte Mutti vom Mont Blanc Guesthouse kommt, um Adieu zu sagen und winkt uns bei der Wegfahrt.
Die zwei Amerikaner Mike und Henry sind die ersten. Nach und nach trudelt der Rest der Gruppe ein. Oliver werden wir in Patna treffen. Dann sind noch Adam, Bon und ich, da ist der Bus schön voll. Ein Paar kommt zum Treffpunkt, sie haben gehofft, dass jemand nicht erscheint. Einen Sitz hätten wir noch, aber für zwei reicht es leider nicht mehr. Die Fahrt wird etwa 10 Tage dauern, da müssen schon alle bequem sitzen können, sonst wird das eine Tortur.

Gegen 9.30 Uhr fahren wir los. Ich gebe Adam Anweisungen gemäss der Karte. Er fährt aber nicht so, wie ich es aus der Karte ablese und siehe da, wir sind falsch. Natürlich ist es meine Schuld. Adam herrscht mich völlig übertrieben an. Ich sei unfähig eine Karte zu lesen! Ich war bisher immer der bessere Lotse als er und Karten lesen und Himmelsrichtungen habe ich sehr wohl gut im Griff. Es irritiert mich, dass er mich vor all den Leuten schon am Morgen des ersten Tages anschnauzt. Das fängt ja schon heiter an! Aber ich sage nichts und mache keinen Mucks die nächsten paar Stunden. Meine Freude ist getrübt.

Kurz vor 13 Uhr treffen wir in Muglin ein, wo wir einen Lunch-Stopp einschalten. 45 Minuten später sind wir wieder unterwegs. Die neuen Paxlis unterhalten sich fabelhaft. Sie sind bester Laune und neugierig was da kommt. Für mich sind sie moralisch ein Aufsteller und die Wolken auf meiner Seele verziehen sich langsam.

ERWARTE NICHTS GENIESSE ALLES

Nach Narayanghat kommen wir ins Flachland, in die Gegend vom Chitwan Nationalpark. Gegen 16 Uhr suchen wir ein Busch-Camp für die Nacht. Im Wald werden wir schnell fündig. Adam und Bon helfen die Zelte aufzustellen. Rosetta hilft mir Gemüse rüsten. Als Vorspeise gibt es Weisskohl mit Mayo, Chilisauce und Salz, als Hauptgang einen grossen Topf Reis mit Gemüse. Allen scheint es zu schmecken. Zum Glück hat es genug für alle. Ich habe schon lange nicht mehr für eine so grosse Gruppe gekocht. Mike und Kaori helfen beim Abwasch. Der Abend ist angenehm. Hier in der Ebene ist es wärmer als in Kathmandu.

Mike erzählt, dass seine Eltern Luxembourger sind. Er spricht Englisch, Französisch, Flämisch und Spanisch. Er ist schon bald ein Jahr unterwegs. Das Overlander Business habe ihn schon lange interessiert und ein Buch würde er gerne schreiben. Bald legen sich alle irgendwo schlafen und es wird schnell ruhig.

Kathmandu – Bardaghat = 230 km

Bereits um 6.30 Uhr stehe ich auf. Es ist noch ruhig im Camp. Ich koche schon mal Wasser für Café und Tee und breite das Essen auf dem Tisch aus. Wir haben frisches Brot aus Kathmandu, Käse und Konfitüre. Langsam kommen alle aus den Schlafsäcken, ein neuer Tag beginnt.

Um 8 Uhr sind wir bereit für die Weiterfahrt. Das nenne ich Teamwork. Wir wollen in Birghanj und Raxaul über die Grenze. Um 9 Uhr treffen wir am Nepali Zoll ein. Das Carnet-de-Passages dauert nicht lange und niemand will den Bus sehen. Dann suchen wir das Passbüro. Hier muss jeder einzeln mit seinem Pass antreten, Stempel und fertig. Das war sehr effizient. Während ich mit den Paxlis zu Fuss weitergehe, fährt Adam den Bus nach Indien. Sonauli ist ja schon ein Chaos, aber hier in Raxaul sieht es gar nicht nach Zollübergang aus. Man weiss gar nicht wohin und wer zuständig sein soll. Hühner, Hunde, Büffel, Kinder, Frauen, Männer, Lastwagen, ein kunterbuntes Durcheinander herrscht. In einem der vielen Holzbuden finde ich ein Büro mit vier Zoll-Beamten. Sie spielen grad Backgammon. Natürlich muss ich warten, bis sie die Runde fertig gespielt haben. Dann sind sie sich nicht einig, ob ich alle Pässe bringen soll, oder doch jeder Passagier persönlich antreten muss. Es gibt ein hin und her und schlussendlich muss dann jeder einzeln mit dem Pass kommen. Wegen dem ganzen Gepäck dürfen sich die Paxlis nicht zu weit vom Bus entfernen. Ich möchte nicht verantwortlich sein für Gepäck, das mir nicht gehört. Im Custom House hat grad die Schicht gewechselt. Der zuständige Beamte kommt erst in einer Stunde wieder. Es ist schon Mittagszeit. Um 11.30 Uhr kommt der Herr, der das Carnet bearbeiten kann. Er will auch den Bus sehen und das Gepäck inspizieren, wobei er das eher oberflächlich macht. Bereits um 13 Uhr fahren wir aus diesem Chaos raus. Willkommen zurück in Indien. Nach einer Stunde Fahrt machen wir einen Lunch-Stopp in einem kleinen Ort mit vielen Leuten. Hungrig überfallen wir einen Samosa Stand. Da sich Rosetta nicht so wohl fühlt unter all den Indischen Männern, nehme ich sie mit und versuche ihr Indien ein bisschen näher zu bringen.

Auf den Feldern in der Nähe von Muzafarpur finden wir ein perfektes Camp für die Nacht. Viele getrocknete Palmenblätter liegen herum, es hat ein paar Holzhütten und Unterstände. Wahrscheinlich für die Feldarbeiter. Aber heute scheint niemand hier zu sein. Rosetta und Kaori helfen wieder mit Kochen. Heute gibt es ein Gemüse Curry mit Flatrice. Diese trockenen Reisflocken nennt man auch 'beaten rice' (geschlagenes Reis). Es eignet sich sehr gut für Gerichte mit viel Sauce. Der Vorteil ist, dass man es nicht kochen muss.
Rosetta erzählt, dass ihre Eltern so richtige Hippies seien. Statt den Bus zu nehmen seien sie immer per Anhalter gereist. Vor ca. 2 Jahren seien die Eltern nach Florida gezogen, wo sie weiter ihrem Hippie Leben frönen. Sie und ihre Schwester seien im Haus in North Carolina geblieben. Roman hat sie in Amerika kennen gelernt, als er dort auf Reise war. Nach dieser Asien-Reise wollen die beiden zusammen nach Berlin. Da wird sich nochmals eine andere Welt auftun für Rosetta. Der Abend ist witzig und abwechslungsreich. Morgen wollen wir wieder früh auf.

Bardaghat – Muzafarpur = 163 km

ERWARTE NICHTS GENIESSE ALLES

Namaste! India again...

Dienstag, 10. Dezember 1996
Heute gibt es ein gesundes Frühstück mit Müesli, Corn Flakes und Früchte. Adam hat die Motorhaube offen und macht irgendetwas. Einige schauen zu, einige helfen mit dem Abwasch und einräumen. Jeder ist beschäftigt und wenn es nur Zähneputzen ist. Vor 9 Uhr sind wir unterwegs, es gibt einen Pipi- und Zigaretten-Stopp und gegen Mittag erreichen wir Patna. Hier treffen wir Oliver. Die Stadt ist ein Chaos, Mike hilft mit der Navigation, das ist nett von ihm. Wir finden den Bahnhof recht gut und es hat sogar Platz zum Parkieren. Der Camper-Van von Beat und Oliver ist auch schon hier. Die beiden Schweizer kennen wir aus dem Camp in Delhi. Sie haben in Indien verschiedene Interessen, deshalb reist Oliver bis Goa mit uns.
Die Passagiere benutzen die Gelegenheit etwas zu essen und trinken. Beat schreibt sich noch die Adresse vom Guesthouse in Goa auf. Das Gepäck von Oliver wird umgeladen und wir verabschieden uns von Beat. Ich gehe noch einkaufen, Mike und Oliver begleiten mich.

Erst nach 14 Uhr sind wir wieder unterwegs. Adam fühlt sich nicht so wohl, so übernehme ich das Steuer und Oliver und Mike die Navigation. Ausserhalb der Stadt kommen wir schnell in eine ländliche Gegend. Es ist schon wieder spät. Wir sichten eine Ziegel-Fabrik und suchen dort einen Platz für die Nacht. Es gibt Spaghetti mit Tomatensauce. Wir haben zwei Köche dabei, Henry und Oliver. Im Blitztempo schneiden sie alle Tomaten und Zwiebeln.
Innert kürzester Zeit sind wir umzingelt von Indischen Besuchern. Es werden immer mehr und mehr. Ein Aufseher mit Gewehr kommt uns dann zu Hilfe und schickt die Jungs und die Herren nach Hause. Es hat lustige Gesellen darunter, einige betteln um Orangen und Zigaretten. Es wird trotzdem ein friedlicher Abend und einige der Paxlis machen Witze oder necken die Inder, so dass es viel zu lachen gibt. Auch als wir schon wieder alles eingeladen haben, versuchen ein paar der Inder Jungs durch die Fenster in den Bus zu gucken. Erst als es im Camp wirklich ruhig wird und alle in die

ERWARTE NICHTS GENIESSE ALLES

Zelte und Schlafsäcke verschwinden, gehen die neugierigen Besucher endlich.

Muzafarpur - Jatalia = 255 km

Heute Morgen bin ich nicht alleine auf. Einige Paxlis sind schon am Zelte packen. Die Arbeiter der Ziegel-Fabrik sind auch schon hier. Als alle Paxlis bereit sind, ziehen wir los. An der Grenze von Bihar nach Uttar Pradesh steht eine endlose Kolonne von Lastwagen. Kleine Vehikel schlängeln sich nach vorn. Wir warten die längste Zeit, essen Snacks und Früchte. Als wir endlich wieder losfahren können, wundern wir uns, warum wir hier so lange standen. Kein Unfall, keine Kontrolle! Die Strasse ist extrem schlecht aber Adam fährt wie ein Henker, warum weiss ich auch nicht. Das Gepäck und die Foodboxen rutschen hin und her. Als ich mal eine Bemerkung mache Richtung Adam, werde ich verbal weggeputzt. Er hat total schlechte Laune. Oder vielleicht irgendein Problem? Er dirigiert mich herum wie ein Boss. Bring das, mach das. Wenn ich etwas frage, dann werde ich angeschnauzt. Bon hat es auch gesehen, ich bin also nicht paranoid. Bon hat nur gemeint; wie die Majestät!

Gegen 12 Uhr treffen wir in Varanasi ein. Bei einem Hotel können wir parkieren. Alle unsere Mitreisenden machen kleine Ausflüge zu den Ghats, einige müssen zur Bank. Ich sitze unten bei den Ghats und schaue den Leuten und Booten zu und geniesse die ruhige Zeit. Dann suche ich einen Markt, um Gemüse zu kaufen. Im Chai Shop beim Markt kann ich in Ruhe einen Tee trinken. Ich treffe dort auf Mike und er hilft mir meine Einkäufe zurück zum Bus zu tragen. Kaori und Ken entschliessen sich hier in Varanasi zu bleiben. Kaori vermisst schon ihre Dusche. Auch Thy entscheidet sich hier zu bleiben.
Bis alle wieder beisammen sind wird es 16.30 Uhr, endlich verlassen wir die Stadt. Von der Brücke über den Ganges hat man eine schöne Sicht auf die Ghats, die Tempel und die Stadt.
Schon bald geht die Sonne unter, Zeit ein Nachtlager zu finden. Die erste Abzweigung bringt uns in ein herziges Dorf mit vielen Kindern und Frauen.

ERWARTE NICHTS GENIESSE ALLES

Adam will eine steile Abzweigung nehmen, der Bus kommt in gefährliche Schräglage und der Unterboden kratzt über die Strassenkante. Ich sage nichts, aber ich bin geschockt über sein Verhalten, vor allem da wir Passagiere haben und der Bus vollbeladen ist. Adam kehrt dann doch und fährt ein Stück zurück. Schlussendlich finden wir einen kleinen Tempel, wo wir parkieren und den Abend verbringen können. Unsere Köche Henry und Oliver schnipseln das Gemüse, zum Dessert gibt es Papaya. Alle sind müde und schon bald wird es ruhig im Camp. Ich nutze den Abend, um zu schreiben.

Jatalia – ausserhalb Allahabad = 203 km

Bereits um 6 Uhr stehen alle langsam auf. Essen auftischen, Wasser kochen. Es ist interessant das Erwachen des Camps und vor allem die Leute zu beobachten. Manche starren ins Leere oder träumen noch ein bisschen. Mit kleinen Augen blicken sie Richtung Sonne oder leere Kaffeetassen. Ich bin kein Morgenmuffel aber lieber ruhig, zu müde um zu reden.

Es ist noch kühl heute Morgen. Ein alter Mann kommt und beobachtet uns. Dann sammelt er die leeren Plastikflaschen ein und geht wieder. Kurz nach 7 Uhr sind wir wieder unterwegs. Nach etwa 100 Metern schäpperts! Ups, die untere Seitenverkleidung hat sich gelöst. Wahrscheinlich wurde sie schon gestern beim mutigen Manöver beschädigt. Adam zerrt sie einfach ganz ab und wirft sie ins Gebüsch. Nicht die elegante Lösung, aber the Indian way! Zum Glück war dieses Teil nur Dekoration. In der Gegend von Chakghat machts 'puff', wir haben einen Platten! Alles Aussteigen und Rad abmontieren. Da wir grad am Eingang des Dorfes stehen, geht Adam mit dem Rad zur nächsten Pneu Reparaturstelle. Einige der Paxlis gehen auf die Suche nach einer Bier-Tankstelle. Der Wein-Shop wäre zwar noch geschlossen, aber als der Besitzer unsere Gruppe kommen sieht, wird der Shop selbstverständlich sofort geöffnet. Dieses Geschäft lassen sich die Einheimischen nicht entgehen. Es wird Rum, Whisky und eben Bier gekauft. Obwohl es Wein-Shop heisst, verkaufen sie hauptsächlich Bier und Spirituosen. Es gibt schon Wein in Indien, aber der ist nicht sehr verbreitet. Ich denke auch, dass es sich die Einheimischen nicht leisten können. Bier ist günstiger und ihre Schnäpse, oder besser Feuerwasser, werden oft auch Shot-Weise verkauft, jedenfalls in Goa. Soweit ich weiss, ist Poona eine Weingegend.

Natürlich kommen auch viele Neugierige daher, sogar Frauen kommen und inspizieren uns. Kinder schreiben und zeichnen mit den Fingern auf den verstaubten Bus. Adam reisst einen Jungen an den Haaren. Ich hab's nicht gesehen, aber Rosetta kommt und erzählt es mir. Adam benimmt sich manchmal etwas aggressiv gegenüber den Einheimischen. Ich bin zwar froh, dass ich es nicht gesehen habe, aber mir tut der Junge leid.

Als das reparierte Rad wieder montiert ist, fahren wir nochmals etwa 2 Stunden, dann gibt es einen Lunch-Stopp. Mike und Bon begleiten mich und wir geniessen ein feines Puri Baji. Sie helfen mir auch mit dem Gemüse Einkauf. Via Satna geht's Richtung Khajuraho. Die Strasse ist sosolala, es hat nicht viel Verkehr. Der Nachmittag verläuft gemütlich. In der Nähe von Atarra finden wir unser Nachtlager hinter einem kleinen Tempel. Wir haben nur zwei Besucher. Der Abend ist angenehm, bis Roman das Frisbee im Bus findet. Er fragt; wer will spielen? Ich stehe auch auf, etwas Bewegung tut mir gut. Roman wirft das Frisbee in meine Richtung, da springt Adam dazwischen, fängt die Wurfscheibe und läuft weg damit. Wir dürfen das Frisbee nicht haben! Er verstaut ihn in seinem Gepäck. Was war das jetzt? Rosetta meint nur; wenn man einem Kind das Spielzeug wegnimmt, dann versteckt es das nachher!

Also heute ist es extrem schlimm mit Adam, ob ein Vollmond ansteht? Es ist mir etwas peinlich, dass er sich so benimmt. Diese Leute bevorzugen sicher eine unbeschwerte und vergnügliche Fahrt und sie bezahlen uns ja sogar. Wir sind hier schliesslich nicht im Kindergarten. Adam führt sich auf wie der Boss, oder spielt die beleidigte Leberwurst. Leider kann ich seine komischen Ideen nicht unterstützen. Ich bin eher Service orientiert eingestellt und möchte unsere Passagiere als Gäste behandeln. Ich springe und organisiere, stelle sicher, dass alle zu Essen haben und auch sonst alles in Ordnung ist. Ja, das Fahren ist anstrengend, aber Adam muss ja am Abend nichts mehr machen. Ausserdem fahre ich oft auch ein paar Stunden pro Tag. Ich bin sicher nicht perfekt, aber kann er sich nicht ein bisschen zusammenreissen? Ich wundere mich, wie viele solcher Anfälle er noch für uns auf Lager hat und was seine Motivation ist. Aber Adam redet nie über

Probleme oder was ihn bewegt. Dafür ist er zu Macho. Ich bin schon froh, wenn diese Fahrt zu Ende geht. Eigentlich schade.
Unsere Reisegefährten sind wirklich cool. Keiner beklagt sich, alle sind zufrieden und sie scheinen sich auch sehr gut zu unterhalten.
Für Bon ist es sicher auch angenehm, in Gesellschaft dieser Gruppe zu sein. Vom Alter her haben wir nun ein buntes Gemisch. Bon ist jetzt der Erfahrene Überland-Gast und er erzählt während der Fahrt gerne von unseren Erlebnissen. Er hat sich schon ein bisschen verändert seit dem Anfang unserer Reise. Irgendwie ist er erwachsener geworden.

Allahabad – Atarra = 245 km

Auch das noch! Heute ist Freitag der 13.!
Um halb 7 Uhr sind schon wieder einige Paxlis auf. Bon kocht Wasser und ich mache Müesli für alle. Draussen ist es noch frisch und wir wärmen uns die Hände an den warmen Tassen. Eine Stunde später sind wir unterwegs. Ein Encounter Truck kommt uns entgegen sowie ein Minibus aus England. Adam hält kurz an und unterhält sich mit den Engländern. Gegen Mittag treffen wir in Khajuraho ein. Adam will sehen, ob er eine Dusche in einem Guesthouse finden kann. Er steigt im Dorf aus und ich fahre mit der Gruppe zu den Tempeln im Osten.

Wir haben Zeit alles anzuschauen. Hier stehen die erotischen Tempel Adinath, Shantinath und Parsvanath. Es hat ein paar erotische Skulpturen und die Tempel als Ganzes sind eindrücklich. Die Souvenir-Verkäufer hingegen bräuchte es nicht unbedingt. Sie sind zu aufdringlich. Etwas Ruhe wäre viel angenehmer, um diese Sehenswürdigkeiten zu geniessen.
Nach diesem kurzen Halt fahren wir zurück ins Dorf, zur Nordgruppe der Tempel. Die Paxlis verteilen sich. Hier hat es einige Restaurants, Hotels und Shops und noch mehr erotische Monumente. Vishvanat, Parvati, Lakshmana und wie sie alle heissen. Diese hier sind grösser. Sie sind auch sehr gut erhalten für ihr Alter.
Die meisten der Khajuraho Tempel wurden zwischen 950 und 1050 gebaut, zur Zeit der Chandela Dynastie. Im 12. Jahrhundert waren hier 85

ERWARTE NICHTS GENIESSE ALLES

Tempel, nur etwa 20 davon sind heute noch erhalten. Es handelt sich hier um Hindu und Jain Tempel, die zur gleichen Zeit gebaut wurden. Ein Zeichen, dass es damals Akzeptanz und Respekt für verschiedene Religions-Ansichten gab. Der Architekturstil dieser erotischen Skulpturen nennt man auch Nagara-Stil.

Mike begleitet mich auf einer kleinen Exkursion. Drei Kinder verfolgen uns durch die Anlage. Sie wollen, dass wir Fotos mit ihnen machen. Mike steht dann Model mit den Kindern, danach auch ich mit allen dreien. Einem Jungen passt das aber gar nicht. Er will alleine mit Mike oder mir auf dem Foto sein. Aber da könnte ja jeder kommen!
Man kann auch in praktisch alle Tempel hinein gehen. Das Innere ist sehr kühl und wunderschön dekoriert mit detaillierten Steinmetz-Arbeiten. Diese reiche Dekoration finde ich fantastisch.

Im Swiss Restaurant Raju sitzen schon ein paar unserer Weggefährten und auch Adam. Er ist frisch geduscht. Ich hoffe er fühlt sich jetzt besser. Das populäre Restaurant wird seit vielen Jahren von einer Schweizerin geführt. Nach einer kleinen Stärkung mache ich mich auf die Suche nach dem Gemüsemarkt. Ich komme an einer Bäckerei vorbei, wo sie gerade frische Chapatis machen. One Rupee, one Chapati! Ja dann nehmen wir mal zwanzig. Der Gemüsemarkt ist klein, die Leute wie auch die Auswahl. Alle Verkäufer sitzen am Boden, das Gemüse liegt auch auf dem Boden. Eine kleine Familie hat was mein Herz begehrt. Während die Mutter meine Sachen einpackt, gibt sie mir das winzige Baby. Ich soll es halten. Aber als ich das Baby wieder zurückgeben will, deuten die Eltern, ich soll es behalten! Ich kann doch nicht einfach ein Baby mitnehmen! Es ist ein Mädchen und das kleine Würmchen tut mir sofort leid. Aber mitnehmen kann ich es nun wirklich nicht. Ich lege es dann einfach auf's Gemüse und hoffe, sie verstossen das arme Ding nicht. Ich bin fast ein bisschen geschockt. Die Eltern wollten wahrscheinlich nur das Beste für ihr Kind – eine reiche Touristin!

ERWARTE NICHTS GENIESSE ALLES

Nach 15 Uhr verlassen wir Khajuraho. Alle sind in ausgelassener Stimmung. Bei einer Wasserpumpe halten wir an und füllen unsere Tänke. Bon, Mike, Henry und Roman nehmen dann auch gleich noch eine Dusche. Nach etwa zwei Stunden Fahrt finden wir in der Gegend des Panna National Parks schnell einen Platz für uns. Es hat viel Holz hier und die Herren der Gruppe entfachen ein wärmendes Lagerfeuer. Der Abend wird sehr gemütlich, das Gemüse Curry mit den frischen Chapatis ist fein. Oliver spielt auf seiner Flöte.

Atarra – Amdar = 187 km

Es läuft wirklich erfreulich am Morgen und die Paxlis sind locker drauf. Um 7.30 Uhr sind wir wieder unterwegs. Entlang der Strasse sehen wir viele Frauen, die grosse Bündel Holz schleppen. Es hat praktisch keinen Verkehr bis Katni. Die Strasse ist in einem desolaten Zustand. Nach ca. vier Stunden Fahrt und einem Pipi- und Rauch-Stopp, sind wir zurück auf dem National Highway 7. Als wir Diesel tanken, sehen wir, dass vorne links eine Blattfeder gebrochen ist! Zum Glück haben wir noch die geschweisste, die wir in Delhi mitgenommen haben. Ein Stück fahren wir noch, dann suchen wir ein Nachtlager und lassen uns nieder. Adam und Mike ersetzen die defekte Feder. Wir anderen vergnügen uns mit Lesen, Schreiben und Frisbee spielen. Ja, heute ist es erlaubt!
Die Reparatur geht zügig vorwärts. Da der Federblock schon mal ab war, geht das jetzt leichter. Es braucht dennoch viel Kraft. Da wir so früh angehalten haben, habe ich Zeit ein feines Menü zu kochen. Es gibt Mais-Tomaten-Salat, Kartoffelstock und ein riesiges Squash Gemüse, das niemand kennt. Gekocht in Sauce ist es sehr fein. Roman und Bon übernehmen dann den Abwasch. Leider konnten wir heute nicht so viele Kilometer fahren wie geplant.

Amdar – Dhamki = 182 km

ERWARTE NICHTS GENIESSE ALLES

Der Ablauf am Morgen hat sich wunderbar eingependelt und wie gewohnt sind wir nach 7 Uhr unterwegs.

Heute kommen wir sehr gut vorwärts. Zeitweise können wir wieder mal bis zu 80 Kilometer pro Stunde fahren. Welch Seltenheit! In Maharashtra wollen sie Strassen Steuer, 15 Rupees hier, 20 Rupees da und für eine kleine Brücke gar 30 Rupees! Nach 14 Uhr treffen wir in Nagpur ein.

Rosetta begleitet mich zum Markt. Die grosse Auswahl an Früchten und Gemüse zu sehen ist herrlich. Wir kaufen soviel wir tragen können. Dieser Ausflug hat Rosetta gefallen. Sie hat sich mit Indien etwas besser angefreundet, das freut mich.

Gegen Abend suchen wir wieder unser Busch-Camp Plätzchen. Als wir nach dem Abendessen alle so gemütlich dasitzen, startet Adam ein Spiel. Es heisst; Denke an eine berühmte Person. Wir anderen müssen durch kluge Fragen die gesuchte Person erraten. Das ist ganz witzig und Henry's Kommentare tragen sehr zur heiteren Stimmung bei.

Es ist wieder mal ein warmer Abend und es ist eine Wohltat etwas länger draussen sitzen zu bleiben.

Dhamki - Wardha = 395 km

Wir haben schon wieder einen Platten und müssen das Rad wechseln. Am Vormittag fahren wir irgendwelche Nebenstrassen, wo die schnelle und solide NH7 hingekommen ist, wissen wir nicht. Zeitweise ist die Strasse OK und es ist sehr schön hier auf dem Land. Im Hintergrund sehen wir geschwungene Hügelzüge. In einem Dorf lassen wir den Innen-Schlauch flicken, dann geht's wieder weiter. Bald darauf haben wir schon wieder eine Platte. Die Pneu-Flicker finden sogar zwei Löcher. Ich denke es wäre vielleicht an der Zeit neue Schläuche zu kaufen. Die Paxlis benutzen die Gelegenheit durchs Dorf zu schlendern, etwas zu essen und mit den neugierigen, aber sehr freundlichen Leuten zu schwatzen. Gegen 15 Uhr geht's weiter. Die Strasse ist in einem eher schlechten Zustand. Wir haben auch mehr Verkehr jetzt und Ochs-Karren, Büffelherden und eine Ziegenherde trollen sich auch auf der Strasse.

ERWARTE NICHTS GENIESSE ALLES

In Mancheral hoffen wir, dass wir es heute wenigstens noch bis Nizamabad schaffen. Aber kurz vor 18 Uhr suchen wir dann doch einen Platz für die Nacht, bevor es ganz dunkel wird. Meine Haare fühlen sich an wie Stroh. Eine Dusche wäre schon gediegen. Es beklagt sich niemand, aber ich denke es geht allen gleich. Bis jetzt haben wir nicht so geschwitzt, aber je mehr wir in den Süden kommen, desto wärmer wird es. Heute geniessen wir einen eher ruhigen Abend. Ich nutze die Gelegenheit zum Schreiben und die Strassenkarte zu studieren. Wir haben die ersten Kokospalmen in der Landschaft gesehen. Goa, wir kommen!

Wardha - Jaqtial = 286 km

Via Nizamabad geht's südlich Richtung Hyderabad. Die Hauptstadt von Andhra Pradesh (heute Telangana) hat ca. 5 Millionen Einwohner. Sie liegt am Musi Fluss auf dem Deccan Plateau. Hyderabad war früher das Zentrum für Perlen- und Diamanten-Handel. Die Stadt ist eher modern und beeinflusst vom Islam.
Der Markt hier ist eine Freude, das Angebot an Gemüse und Früchten grossartig. Nachdem wieder alles und alle in den Bus eingeladen sind, geht's weiter. Die Strassen sind sehr gut und wir kommen wieder mal schnell vorwärts. Den ganzen Nachmittag sind wir unterwegs bis kurz vor Kurnool.

Heute habe ich mir etwas Spezielles für's Abendessen ausgedacht. Ich habe Eier gekauft und frische Chapati. Die Gewürze und fein geschnittenes Gemüse werden auf dem Tisch ausgebreitet. Nun kann sich jeder eine Omelette oder zwei selber brutzeln. Das dauert etwas länger, aber ist überwiegend unterhaltsam. Oliver und ich unterstützen die Hilflosen ein bisschen.
Später unterhalte ich mich noch lange mit Oliver. Ich vermute, dass er seinen Kollegen Beat ein bisschen vermisst. Die hatten sicher auch eine gute Zeit bis dahin. Ausserdem ist Beat im Moment alleine unterwegs. Vielleicht macht sich Oliver sogar Sorgen.

ERWARTE NICHTS GENIESSE ALLES

Jaqtial – Addakal = 392 km

Kaum habe ich mich gestern hingelegt, beginnt auf der nahen Hauptstrasse ein Hup Konzert. Mehr oder weniger die ganze Nacht hindurch begleiten uns die grosse Auswahl an verschiedenen Horntypen. Ich stehe schon früh auf, an Schlaf ist nicht zu denken. Auf der Strasse stehen Lastwagen hinter Lastwagen, natürlich in die Richtung, in die wir wollen. Sie scheinen blockiert zu sein, aber von was? Nach unserem kurzen Frühstück verlassen wir unser Camp dennoch. Erstaunlicherweise ist die rechte Strassenseite frei und wir fahren einfach an allen Lastwagen vorbei, vorsichtig und langsam. Es kommt eine Brücke und hier ist ein Unfall. Ein Laster liegt unten im Gebüsch, ein weiterer liegt auf der Brücke. Aber wir können uns gut am Wrack vorbei quetschen. Ich bin ein bisschen erstaunt, dass die anderen Laster einfach in der Kolonne stehen. Natürlich wollen alle sehen was passiert ist und der Fall muss ja auch diskutiert werden. Die Chauffeure scheinen es nicht eilig zu haben.

Schon bald finden wir zurück auf die angenehme NH7 und schnell kommen wir nach Guntakal, zum Lunch sind wir in Bellary. Von hier nach Hubli und Hospet ist die Strasse dann nicht mehr so angenehm. Es hat viele Schlaglöcher und nicht genug Platz zum Kreuzen mit Lastwagen. Aber die Gegend hier ist bildschön. Grün, Palmen, Bananenplantagen, viele spezielle Steinformationen. Wir kommen nach Hampi. Hier war ich vor ein-einhalb Jahren auch. Leider wird dieses Tempel-Dorf mehr und mehr von Touristen entdeckt und so werden jedes Jahr mehr Hostels und Restaurants gebaut. Wir parkieren den Bus ausserhalb des Ortes und alle gehen ihren Weg. Adam und ich gehen zum Haupttempel Virupaksha und schlendern durchs Dorf. Es ist gemütlich hier.

Virupaksha ist eine Form von Shiva. Der Tempel wurde im 7. Jahrhundert gebaut im Auftrag von Lakkan Dandesha, einem Stammesführer vom Vijayanagara Empire. Der neun-stöckige Gopuram beim Osteingang ist mit seinen 50 Metern der höchste. Ein Gopuram ist ein Eingangstor zu einem Hindu Tempel, im Drawidischen Stil. Sie sind reich dekoriert, manchmal weiss und manchmal ganz farbig.

ERWARTE NICHTS GENIESSE ALLES

Um 19.30 Uhr treffen wir uns alle wieder. Jetzt müssen wir nur noch ein Nachtlager finden. Zwischen all den Steinen und Tempeln sollte das schon möglich sein. Tatsächlich entdecken wir schnell ein Stück Wiese und genügend Platz für Ury. Kaum haben wir uns ein bisschen eingerichtet, kommen zwei Männer. Sie seien die Nachtwache, wir könnten hier nicht bleiben. Aber sie gehen schnell wieder. Als wir schon gegessen haben, kommt ein gut gekleideter Herr und einer der Nachtwächter zurück. Ich kümmere mich um den netten Herrn im Anzug. Er erklärt mir, das sei ein heiliger Ort. Wir könnten hier nicht einfach campieren. Ich habe aber kein Schild oder irgendwelche Anweisungen dergleichen gesehen. Da könnte ja jeder kommen! Es gibt nicht einmal ein Fahrverbot für die Strasse hierher. Weiter erkläre ich den Herren, dass wir den ganzen Tag gefahren sind. Der Chauffeur habe jetzt schon ein Bier getrunken und deshalb könnten wir nicht weiterfahren. Ich habe dann noch versucht ein bisschen Mitleid zu bekommen und ihm versprochen, dass wir keinen Schnipsel Abfall hinterlassen würden und ganz früh am Morgen von hier verschwinden werden. Nach ein bisschen hin und her diskutieren, alles in sehr freundlichem Ton, dürfen wir dann bleiben. Aber gerne sehen sie es nicht. Ich verstehe das, es würde wahrscheinlich schnell herunterkommen hier, wenn man Leute campieren lässt.

Wir geniessen unser Privileg für heute Nacht.

Addakal – Hampi = 309 km

Donnerstag, 19. Dezember 1996

Ah, ich habe so wunderbar geschlafen und ich glaub es ging den meisten anderen auch so. Um 6.15 Uhr ist Tagwache. Das Wetter ist herrlich! Einige machen bereits einen kurzen Spaziergang zu den Tempeln in der Nähe. Ich bereite ein Frühstück zu, dann packen wir alles ein. Bevor wir wegfahren, mache ich einen Kontrollgang, dass auch ja nichts liegen bleibt. Wir wollen schliesslich nichts als einen guten Eindruck hinterlassen.

Die Gegend ist sehr schön, ländlich, grün, aber auch sehr staubig. Über die Holperstrasse geht's zurück nach Hospet und dann weiter nach Hubli. Da es schon wieder Mittagszeit ist, machen wir hier einen Lunch-Stopp.

ERWARTE NICHTS GENIESSE ALLES

Die Strasse Richtung Goa ist zum Teil in recht schlechtem Zustand. Wenigstens hat es fast keinen Verkehr. Wir kommen in die waldigen Hügel. Es wird sehr kurvenreich, geht auf und ab, dafür ist jetzt die Strasse viel besser.

In Nord-Goa möchte nun doch niemand aussteigen und so können wir in Molem direkt den Bypass nach Süden nehmen. Je näher wir Margao kommen, desto mehr Verkehr hat es. Es ist schon nach 18 Uhr und langsam wird es dunkel.

Als wir endlich in Benaulim eintreffen, verlasse ich den Bus zuerst. Ich bin ja so froh endlich hier zu sein. Da ich seit Jahren hierher komme, kenne ich viele Einheimische. Oft wohne ich bei zwei sehr lieben Goanerinnen. Sie haben ein kleines Haus im Palmenwald, sehr idyllisch und ruhig. Ich habe all mein Gepäck schon bereitgestellt, so dass die Gruppe nicht lange warten muss. Die anderen müssen ja noch ein Hotel suchen.

Später gehe ich zu Fuss zum Strand. Adam hat den Bus auf dem grossen Parkplatz abgestellt. Da niemand zu sehen ist, setze ich mich auf die Mauer und geniesse die Meeresbrise. Bon, Mike und Henry kommen über den Strand gestolpert. Wir gehen zusammen ins Pedro's, eine alte Bar mit dem besten Goan Food.

Ah, die Ferien können beginnen!

Hampi – Benaulim = 340 km

Kathmandu – Benaulim = 3'187 km / 12 Tage
Unterägeri – Benaulim = 15'987 km

1997 – Nepal

Sonntag, 30. November 1997
Auf allgemeinen Wunsch stehen wir nochmals um 6 Uhr auf. Es ist wahrscheinlich unser letzter, gemeinsamer Tag auf der Überland-Tour. Wir nehmen es gemütlich und alle helfen beim Verstauen der Küche und Zelte. Um 8 Uhr sind wir auf der Strasse, bis Muglin sind es nur gerade 34 Kilo-

meter. Unterwegs hat es einen Strassenzoll. Einheimische haben eine Barriere gebastelt. Auf einem Schild steht; Minibus 10 NRp / Foreigner 50 NRp! Eigentlich eine Frechheit, schon fast rassistisch, aber so ist es halt in Nepal und Indien. Immer werden wir gemolken.

Gegen 12 Uhr erreichen wir Pokhara Lakeside. Wow, wir sind angekommen! Es fühlt sich wohltuend und erlösend an. Unsere Paxlis laden wir beim gewünschten Guesthouse aus. Bis alles abgesprochen und ausgeladen ist dauert es noch eine Weile. Ich gönne mir ein feines Yak Käse Sandwich und treffe schon auf ein bekanntes Gesicht. Rory ist auch wieder hier. Wir verabreden uns für ein Abendessen, dann fahren Adam und ich zu unserer Unterkunft. Das Hotel Diamond hat leider keinen Platz für uns. Das Yeti Guesthouse ist aber ein angenehmer Ersatz. Es hat genügend Platz für Ury und einen gemütlichen Innenhof. Lucky, unsere Vermieterin, freut sich sichtlich uns als Gäste zu haben.

Endlich wieder mal ein Zimmer mit Dusche. Mir gefällt es hier sofort. Leider haben wir einen Stromausfall und so gibt es kein warmes Wasser zum Duschen. Geputzt und gestriegelt gehen Adam und ich später wieder Richtung Dorf, wo wir uns mit den Paxlis und Rory zum Essen treffen.

Narayanghat – Pokhara = 128 km

Pokhara

Ich erwache schon früh, meine innere Uhr ist noch nicht angepasst! Aber ich kann ohne schlechtes Gewissen weiter dösen und stehe dann erst gegen 10 Uhr auf. Heute steht ja nichts auf dem Plan, ist das herrlich.

In der Nacht hat es stark geregnet. Die Strasse durch's Dorf hat sich in einen kleinen Fluss verwandelt und überall liegt viel Morast.

Im Innenhof des Guesthouses freunde ich mich mit unseren Nachbarn an. Zwei junge Frauen und ein Typ, alle drei Australier. Sie haben viele Fragen zum Bus und unserer Überland-Fahrt. Natürlich erzähle ich ihnen auch von unserem Plan nach Goa zu fahren. Schnell vergeht dieser Nachmittag im gemütlichen Garten.

ERWARTE NICHTS GENIESSE ALLES

Janice kommt noch vorbei, sie haben ihre Musik Cassetten vergessen. Rory begleitet sie, zusammen gehen wir dann auf einen Apéro Richtung Dam-Side. Letztes Jahr hatten sie um diese Zeit überall Happy Hour, nicht so dieses Jahr.

Plötzlich zieht ein Gewitter über uns mit Blitz, Donner und Regen. So gut es geht verschliessen sie die Bar. Zum Glück ist es nur von kurzer Dauer.

Flyer für die Fahrt nach Kathmandu und die Fahrt nach Goa müssen kreiert und aufgehängt werden. Wäsche waschen sollte ich auch noch. Am besten solange es noch sonnig ist, damit die Sachen schnell trocknen können. Einen Schwatz mit der immer fröhlichen und lustigen Lucky muss auch noch sein.

Die Australier sind abgereist, dafür kommen schon neue Gäste.

Kurz nach 16 Uhr kommen Janice, Ziggy und Rory. Alle zusammen gehen wir zu Meili. Wenn ich mich recht erinnere, ist Meili aus Naudanda, einem kleinen Dorf am Weg des Annapurna Circle Trek. Seit vielen Jahren wohnt sie in Pokhara. Meili ist verheiratet und hat zwei Kinder. Ziggy hat sie 1985 oder 1986 kennen gelernt. Er hat sie damals für ca. 3 Monate nach Aegeri eingeladen. Das Leben dort war ihr aber doch zu fremd und schnell hatte sie Heimweh. Als wir heute bei ihr ankommen, meint sie Rory sei Ipi und an mich erinnert sie sich nicht mehr. Das ist OK, ich habe sie ja nicht so oft gesehen und für sie war alles neu und überwältigend. Aber sie freut sich riesig über den Aufmarsch aus Aegeri. Die ältere Tochter Anjana ist noch in der Schule. Der Sohn ist hier, ein hübscher Nepali Bub. Anfangs ist er noch ein bisschen scheu, taut dann aber schnell auf. Meilis Ehemann kocht Chai für uns alle und geht dann noch einkaufen. Meilis Englisch ist manchmal schwer zu verstehen, so wie damals. Zwölf Jahre sei es her, seit sie in Aegeri war. Wir schlemmen feine Momos, schnell wird es spät und wir verabschieden uns.

Mit Rory und den Paxlis mache ich auch eine Wanderung nach Sarankot. Der steile Aufstieg wird belohnt mit fantastischer Bergsicht. Als hätte der Regen alles frisch gewaschen.

ERWARTE NICHTS GENIESSE ALLES

Auch dieses Jahr tragen die Flyers langsam Früchte. Drei junge Männer kommen im Yeti vorbei und wollen Sitze für Kathmandu reservieren. Das mache ich natürlich gerne. Später melden sich auch noch zwei Schweden für die Fahrt an, sie sind meine Zimmernachbarn.

Ich geniesse die Ruhe im Garten vom Yeti Guesthouse und schreibe in meinem Tagebuch. Dann besuche ich die Pushpa Familie. Nur Indira sitzt im Garten. Sie freut sich und tätschelt immer wieder meine Hand. Rita, die jüngste Tochter, die wir Ganji genannt haben, kommt später auch noch dazu. Sie kichert lustig und möchte alles über unsere Tour und den Bus hören. Danach will sie noch Schweizerdeutsch hören und versucht es nachzusprechen. Schnell vergeht auch dieser Nachmittag.

Am Abend vor der Abreise treffen wir uns ein letztes Mal mit unseren ehemaligen Paxlis. Es wird ein geselliger und lustiger Abend und die Reise darf nochmals durchlebt werden. An einem grossen Tisch sitzen junge Nepalis, Boys and Girls, alle aufgeputzt und gestylt. Sie haben ihre Musik Cassetten mitgebracht, die sie jetzt abspielen möchten. Maccaroni Magdalena scheint ihnen besonders gut zu gefallen. Der Manager setzt sich zu uns und erklärt, dass das die lokale Jugend sei. Gestern habe hier eine 'Mister Handsome Competition' (Schönheits-Wettbewerb) stattgefunden und einige der Jungs haben daran teilgenommen. Er entschuldigt sich fast ein bisschen, aber wir finden das unterhaltsam und auch interessant. Ist ja schliesslich ihr Dorf.
Bald heisst es Abschied nehmen von Janice und Ziggy, Adele und Florian, schön war es.
Rory wird morgen mit uns nach Kathmandu dislozieren.

Samstag, 6. Dezember 1997
Um 6.15 Uhr heisst es aufstehen. Der Bus muss wieder beladen werden. Ich gehe noch schnell frisches Brot und feinen Yak Käse einkaufen. Als ich zurück komme sind die Schweden, der Irländer, Aussie Dave und Rory schon beim Bus und bereit zur Abfahrt. In Dam-Side laden wir noch Darren und Dean auf und los geht's Richtung Kathmandu. Über dem Fewa See

ERWARTE NICHTS GENIESSE ALLES

hängt Nebel, der die ganze Landschaft mystisch erscheinen lässt. Ich lehne mich zurück und geniesse die Morgenruhe und die Aussicht.
In zweieinhalb Stunden schaffen wir es nach Muglin. Dort wollen sie 25 NRp Strassenzoll! Die Strasse ist fast wie neu. Seit dem letzten Jahr haben sie viel gearbeitet. Brücken, die wir letztes Jahr noch umfahren mussten, sind jetzt fertig. Ob die Strassenzölle wirklich etwas bringen? Ich hoffe doch sehr.

Schon kurz vor 14 Uhr treffen wir im Thamel ein. Das war eine ausgezeichnete Fahrt.
Nachdem wir unsere Passagiere ausgeladen haben, steuern wir zuerst zum Mont Blanc Guesthouse. Der Manager will aber 250 NRp für's Zimmer plus 100 NRp für den Bus. Ich erwähne scheu, dass wir letztes Jahr gratis parkieren durften. Der Manager wird sofort unfreundlich und meint, es habe sich viel verändert seit letztem Jahr! OK, dann sind wir hier wohl falsch. Letztes Jahr war dieser Herr so nett. Was wohl geschehen ist? Wir fahren etwas weiter die Strasse runter und fragen beim Hotel Pyramid. Vor dem Hotel hat es viel Platz für den Bus und Zimmer haben sie auch. Das Hotel wird von einem jungen Team geführt. Ury ist die Attraktion des Tages und wird von allen beäugt und bewundert.
Nach einer warmen Dusche im schönen Zimmer gehen Adam und ich auf einen Spaziergang durch die Gassen. Im Maya Pub nehmen wir einen Drink und spielen Yummy. Rory kommt ebenfalls dazu, er will auch spielen. Er hat dieses Spiel erst gerade in Pokhara gelernt.

Unterwegs wird oft gespielt. In Backgammon bin ich über die Zeit ganz passabel geworden. Mit den Karten habe ich es nicht so und ich verliere oft. Es macht mir aber nichts aus. Adam ist es nicht egal, dass es mir egal ist! Er nervt sich, dass ich keinen Ehrgeiz habe, um ein Spiel zu gewinnen! Ich bin einfach nicht so ambitiös veranlagt, ausserdem ist es ja nur ein Spiel. Die Würfel rollen mir aber gut von der Hand.

Pokhara – Kathmandu = 204 km
Unterägeri – Kathmandu = 13'865 km

ERWARTE NICHTS GENIESSE ALLES

Kathmandu

Die sonnigen Tage in der Stadt geniesse ich gerne auf einer Dachterrasse. Im Dezember wird es doch schnell kühl hier.

An einem Nachmittag geht Adam Drinks einkaufen. Als er zurückkommt, hat er Renato im Schlepptau, meinen Nachbarn aus Aegeri. Wow, was für ein Zufall. Ich weiss schon, dass Renato oft in Nepal ist, nun treffen wir uns endlich mal. Es gibt viel zu erzählen.

Am Abend gehen Adam und ich dann ins Typical Nepali Beizli essen. Ein kleines Lokal mit vielen verschiedenen Dal Bhats und lokalen Spezialitäten. Nach dem Essen kommt der Wirt mit einer Flasche Roxi, ein hausgemachter Schnaps. Ich glaub der Wirt hat ihn selbst auch sehr gerne und mit nachschenken ist er gar nicht geizig. Die Szene ist grandios unterhaltend, das Essen sehr gut und die Rechnung ein völliges Durcheinander, aber eigentlich nicht erstaunlich.

Auf dem GPO lernen wir Colin, einen Engländer kennen. Er und sein Reisekamerad sind mit einem Jeep von England bis Pakistan gefahren. In Pakistan hat man sie aber nicht über die Grenze nach Indien passieren lassen, da er kein Carnet-de-Passages dabei hatte. Ich wundere mich, dass die Iraner ihn haben passieren lassen!? Jedenfalls ist Colin dann zurück nach England gefahren und von dort wieder nach Indien geflogen und auf dem Landweg nach Nepal gereist. Er und sein Kollege scheinen grosses Interesse an unserer Goa Fahrt zu haben. Adam und ich gehen danach weiter zur Freak Street, wo wir noch weitere Flyer aufhängen dürfen. Durch die engen Gassen gehen wir dann zurück zum Hotel.

Am Abend nach dem Essen gehen wir meist noch einmal auf die Flyer-Tour. Nachschauen, ob jemand auf dem Papier eine Nachricht hinterlassen hat.

Im Hotel ist immer Betrieb. Sind wir nicht dort, nimmt unser netter Rezeptionist gerne Nachrichten für uns entgegen. Kaum sind wir im Hause, kommt jemand vorbei. Colin und Poppy wollen sich einen Platz sichern in unserem Bus. Ein Paar aus Deutschland kommt uns ebenfalls besuchen.

ERWARTE NICHTS GENIESSE ALLES

Sie wollen nicht mit uns nach Goa reisen, aber sie wollen Infos über die Überland-Tour. Sie möchten gerne nächstes Jahr auch diese Fahrt machen.

Das Wetter hat wieder umgeschlagen, draussen ist es nass, kalt und trübe. Ich nehme wieder mal ein Buch zur Hand.
Mehr Leute kommen vorbei und haben Fragen bezüglich der Fahrt in den Süden.
Colin und Poppy kommen schon wieder. Die beiden sind witzig, es ist ihnen langweilig. Bei diesem Regenwetter kann man ja auch nicht viel machen. Sie wollen noch wissen wie es mit der Bezahlung ist. Ich will das Geld aber lieber erst, wenn wir losfahren. Sie würden am liebsten gleich abreisen. Ich hätte eigentlich auch nichts dagegen, aber ein paar Leute mehr für die Reise wären schon gut für mein Budget.

Auf einem erfrischenden Spaziergang treffe ich wieder Renato. Wir gehen einen wärmenden Tee trinken. Wer sitzt dort? Colin und Poppy! Sie haben noch einen jungen Irländer bei sich. Neil will auch nach Goa. Das freut mich sehr.
Ich unterhalte mich noch lange mit Renato. Er ist auch viel auf Reisen und da wir uns schon seit so vielen Jahren kennen, plätschert die Unterhaltung fröhlich dahin.

Ich habe allen Herren vom Typical Nepali Beizli erzählt. Mit Renato und Rory treffe ich mich erst auf einen Drink. Wir sind alle im gleichen Dorf aufgewachsen und wir sind alle schon viel gereist. Da kommen einige interessante Geschichten zusammen. Schnell ist es Zeit ins Typical Nepali zu dislozieren.
Adam bringt Colin, Poppy und Neil. Ein Kanadisches Girl haben sie auch im Schlepptau. Sie sind schon ziemlich angetrunken. Es wird eine sehr heitere Runde. Dem Chef gefällt unsere Gesellschaft und er ist wieder äusserst grosszügig mit seinem Roxi. Das Kanadische Girl macht Fotos und siehe da, Adam sagt mal nichts. Er macht sonst immer ein riesen Theater, wenn jemand ein Foto von ihm machen will, oder er nur schon zufällig auf dem Foto sein könnte. Nicht so heute Abend, welch Wunder!

ERWARTE NICHTS GENIESSE ALLES

Nach dem Essen ziehen wir weiter in die Underground Bar. Hier gefällt es mir nicht. Eigentlich passt das Ganze so gar nicht hierher. Das Thamel hat sich seit den achtziger Jahren eher in Richtung Dekadenz verwandelt. Zu viele Restaurants, Bars und Lichter, es sieht schon fast aus wie ein kleines Las Vegas.

Langsam wird es Zeit den Bus herzurichten. Ein bisschen putzen, Gepäck durchschauen, Esswaren kaufen. Im grossen Milchladen kaufe ich ein Kilo Yak Käse für 250 NRp. Sie können ihn sogar Vakuumieren.
Adam trifft sich mit der Kanadierin, um Backgammon zu spielen. Ich geniesse meine Freizeit. Ah, die Buchhaltung und das Tagebuch müssen ja auch noch nachgeführt werden.

Soweit haben sich sechs Männer für die Fahrt nach Goa angemeldet. Keine Frau bis jetzt, das wird mir ja eine lustige Fahrt geben.

Als der Regen etwas nachlässt, spaziere ich durch die Gassen zum GPO. Auf dem Durbar Square setzte ich mich auf die Treppen eines Tempels und lese meine Briefe.
Gemüse, Früchte, Linsen, Reis, Spaghetti, Müesli, Honig und anderes Futter muss noch organisiert und verstaut werden.

Den letzten Abend verbringe ich in angenehmer Runde mit meinen Freunden aus Aegeri, bei Pizza und Wein.
Ich muss noch fertig packen.

Kathmandu – Goa

Freitag, 12. Dezember 1997
Adam ist schon um 7 Uhr auf und nervös geht er hin und her. Weiss gar nicht was er hat? Wir bestellen noch Café und pünktlich um 8.30 Uhr kommt schon Rory. Nach und nach flocken auch die anderen Weggefährten ein. Bergführer Colin, Poppy der Englisch-Kanadier, Student Neil und Rasta-Man Darren. Darren muss nochmals in sein Hotel zurück, da er den

ERWARTE NICHTS GENIESSE ALLES

Pass dort liegen lassen hat! Um 9.30 Uhr brechen wir mit dieser lustigen Truppe auf. Adam und ich haben anhand der Karte nochmals die Route besprochen. Ich navigiere und Adam macht wieder was er will und schnell biegt er rechts statt links ab. Ob er das extra macht? Aber wie immer findet sich ein Weg aus der Stadt. Shanti, shanti!

Auf Umwegen schaffen wir es dann doch noch und fahren ohne Halt bis Muglin. Dort füllen wir die Diesel Tänke auf und schon kurz nach 16 Uhr treffen wir an der Grenze in Sonauli ein. Das Nepali Custom ist unkompliziert. Papier ausfüllen, Stempel, Pass-Eintrag, Stempel, fertig! You can go! (du kannst gehen). 15 Minuten, das ist wohl die Rekordzeit für eine Grenzüberschreitung mit Bus. Alle Paxlis sind erstaunt, ich auch! Nun geht es zur Nepalesischen Immigration. Poppy muss 4 US-Dollar Busse bezahlen, da sein Visum seit zwei Tagen abgelaufen ist. Aber auch das dauert nicht lange. Jetzt müssen wir wieder die Indischen Büros suchen.
Bewaffnete Beamte schicken uns zuerst zur Immigration. Dort geht es zackig. Ich glaub, alle wollen nach Hause. Das gleiche Gefühl habe ich auch im Custom House. Die Angestellten haben schon alles weggepackt und spielen Carom, ein grosses Brettspiel, verwandt mit Billiard. Ich setze mich auf die Bank und warte einfach mal. Ich habe ja auch Zeit. Sie spielen die Runde fertig und kümmern sich dann um mein Carnet-de-Passages. Dummerweise zerrt der Beamte die ganze Seite aus dem Carnet statt nur seinen kleinen Abschnitt! Oioioi! Nun muss er alles nochmals frisch machen, die rausgezerrte Seite stornieren und wieder hinein-heften. Dann können sich zwei Herren nicht einigen, ob sie die gesamte Gruppe ins Buch eintragen wollen oder nur mich. Es gibt ein hin und her und schlussendlich dann doch nur ich. Meine Pass-Daten werden in eines ihrer coolen Megabücher eingetragen, ah ja Stempel, und fertig sind wir. Welcome to India! Thank you Sir! Danhyabad!

Ich fahre den Bus langsam durch die fast leere Strasse. Meine sechs Herren stehen am Ende der Häuserreihe. Es ist 18 Uhr als wir aus Sonauli hinausfahren. Da es schon dunkel ist, ist es ein bisschen mühsam ein Busch-Camp zu finden. Aber wir finden einen Platz, wo wir uns niederlassen können.

ERWARTE NICHTS GENIESSE ALLES

Der Abend ist gemütlich, ich mache einen Gemüse Eintopf und alle haben Bier oder Whisky dabei, den wir dazu schlürfen.

Rory hat einen treffenden Namen für Adam gefunden: Road Junky!

KTM – Sonauli = 296 km

Zum Frühstück gibt es Yak Käse aus Kathmandu, Brot und für die Engländer ihr geliebtes Marmite. Niemand hatte Mühe mit Aufstehen. Schnell sind alle Zelte gepackt und um 7.30 Uhr fahren wir ab. Es ist sehr neblig heute Morgen, die Strasse eher holprig und es hat viel Verkehr. Durch Gorakhpur kommen wir zügig, alles ist gut beschildert. An einem Bahnübergang (Railway-Crossing) bleiben wir wieder mal eine Weile hängen. Auf beiden Seiten füllt sich alles mit Vehikel aller Art. Ich hoffe, dass wenn die Barriere aufgeht, wir über die Schienen kommen, bevor der nächste Zug kommt. In Ghasi machen wir einen Lunch-Stopp. Die Herren sind alle pflegeleicht, wie es scheint. Niemand hat irgendwelche Ansprüche oder Sonderwünsche. Soweit, so gut. Ich benütze die Gelegenheit und gehe frisches Gemüse einkaufen auf dem Markt. Auch am Nachmittag kommen wir gut vorwärts.

Ca. 20 Kilometer vor Varanasi sehen wir eine staubige, unasphaltierte Seitenstrasse. Dort unten zwischen den Bäumen sieht es einladend aus. Aber als wir den Boden etwas genauer inspizieren, sehen wir, dass alles voller Fäkalien ist. Es ist die Toilette der Dorfbewohner. Ein paar kommen auch schon daher und wollen wissen, was wir hier machen. Als wir ihnen erklären, dass wir campieren möchten, meinen sie, das hier sei kein Platz für uns. Da kann ich ihnen nur beipflichten. Netterweise zeigen uns die Einwohner, wo wir uns für die Nacht niederlassen können. Ein paar Männer weisen uns den Weg durch's Dorf. Natürlich haben wir eine grosse Audienz. Als wir parkiert haben, kommt sogar noch der Dorf-Chef. Er fragt, ob wir etwas brauchen. Aber wir sind soweit wunschlos glücklich. Der Bus steht entlang den Büschen, so dass wir mit den Zelten dann eine Art Barrikade bauen können. Meine Begleiter spielen Frisbee und tollen mit den

ERWARTE NICHTS GENIESSE ALLES

Dorfkindern umher. Colin ist der Küchenboy und hilft mir mit dem Gemüse. Bis wir essen können, sind praktisch alle Besucher nach Hause gegangen. Als wir nach dem Essen so gemütlich dasitzen und rauchen und den Alkohol auspacken, werden ein paar der übrig gebliebenen Dorfjungen ein bisschen frech. Sie wollen auch rauchen und trinken. Aber das geht gar nicht. Als sie näherkommen, werden sie von meinen Jungs weggeschickt. Es ist ein herrlicher Abend. Langsam wird es dennoch Zeit alles wieder zu packen und schlafen zu gehen.

Sonauli – kurz vor Varanasi = 287 km

In der Nacht hat es geregnet und alles ist nass. Wir entscheiden uns die Zelte nass zu packen und ein Stück zu fahren. Dummerweise versenkt Adam den Bus im Morast auf der Wiese. Ich darf mich ans Steuer setzen. Die sechs Mannen unterlegen die Räder so gut es geht mit Heu und schieben den Bus auf die Strasse. Gemeinsam schaffen wir das. Wir nützen die frühe Morgenstunde und manövrieren durch Varanasi. Darren und ich navigieren und halten Ausschau nach Schildern. Ausserhalb der Stadt kommen wir an einem unbewohnten Haus vorbei. Dort halten wir und ich mache ein wohlverdientes Frühstück. Die nassen Zelte werden ausgelegt und können in der Morgensonne etwas trocknen.

Der Tag im Bus ist sehr unterhaltsam. Alle haben etwas zu erzählen. Es wird viel gewitzelt und gelacht. Beim Lunch-Stopp können wir das Bier- und Schnaps-Lager auffüllen. Am Nachmittag spielt Neil Gitarre und die anderen singen. Die Strasse, NH7, ist holperig, die Gegend ist sehr schön und so fahren wir dahin. Schnell ist es wieder spät und Zeit ein Nachtlager zu suchen. Heute stellen wir unsere Zelte bei einem Reisfeld auf. In der Hütte lebt ein altes Bäuerlein. Er ist zuerst etwas erstaunt über unseren Besuch, hat aber nichts dagegen. Vom Blumenkohl Salat sind alle begeistert, dazu gibt es Tibeter Nudeln mit Tomatensauce und Spinat. Alles wird freudig geschmatzt. Neil ist sehr dünn, aber er isst wie ein Weltmeister. Der Abend vergeht mit Witz- und Trink-Runden. Der Vollmond leuchtet uns herrlich heute Nacht.

ERWARTE NICHTS GENIESSE ALLES

Varanasi – Rewa = 259 km

Als ich um 6.30 Uhr aus meinem Gemach krieche, sind die Männer schon auf den Beinen. Wir gehen es gemütlich an. Die Strasse ist sosolala, gegen 13 Uhr treffen wir in Jabalpur ein. Leider schon zu spät für einen Bank-Besuch. Alle suchen sich etwas zum Essen und ich gehe auf den Markt. Es hat sehr viele Leute auf der Strasse. Als wir wieder weiterfahren, kommen wir an der ersten Kreuzung an eine grosse Menschenmenge. Inder haben eine Menschen-Kette gebildet und versperren uns die Strasse. Wir versuchen über die Kreuzung zu kommen, aber die Inder blockieren alle Vehikel von allen Seiten. Die Leute sind sehr aufgebracht und fast schon aggressiv. Natürlich drängen sich wieder Neugierige an unsere Fenster. Junge Boys werfen kleine Steine an den Bus und ein paar Typen machen ziemlich eindeutige, perverse Gesten in unsere Richtung. Colin steigt aus und versucht herauszufinden, was los ist. Da hat einer das Megaphone in den Händen und verspricht das Blaue vom Himmel. Ein Mopp ist immer ein bisschen gefährlich. Colin trifft aber einen einigermassen vernünftigen Inder, der erklären kann, was los ist. Eine Politische Demonstration ist im Gange. Wir müssen einfach warten und ein bisschen geduldig sein. Nach einer Weile versuchen wir retour aus der Menschenmenge zu kommen und zweigen auf eine Nebenstrasse ab. Doch auch diese bringt uns nicht aus der Stadt. Als wir wieder in Richtung der grossen Kreuzung kommen, ist inzwischen die Polizei eingeschritten und räumt die Kreuzung. Nun geht's endlich wieder vorwärts, es ist schon 15 Uhr. Der Unterbruch hat auf die gute Laune aber keinen negativen Einfluss genommen. Vergnügt geht die Fahrt weiter. Es werden viele Witze gemacht über all die Demonstranten und ihr Gehabe. Etwa zwei Stunden später finden wir ein gemütliches Nachtlager. Wir machen einen Omeletten Abend, wo sich jeder seine Mischung selber brutzeln kann. Die Herren sind sehr kreativ und amüsant geht der Abend dahin.

Rewa – Dhuma = 260 km

ERWARTE NICHTS GENIESSE ALLES

Heute Morgen haben wir hinten zwei Platte Reifen. Während Adam und Colin die beiden Räder wechseln, koche ich Suppe und Café. Erst gegen 9 Uhr fahren wir in den nächsten Ort. Schnell finden wir eine Pneu-Werkstatt. Der junge Mann sieht nach einem Anfänger aus und macht sich ganz langsam an die Arbeit. Schon kommt der Chef, wie es aussieht, direkt aus dem Bett. Zusammen sind sie ein effizientes Team und machen gute Arbeit. Sie kontrollieren auch die vorderen Felgen und Pneus. Gegenüber der Werkstatt können wir auch gleich unsere Wasser Tänke füllen. Ein bisschen Füsse, Hände und Gesicht waschen, dann sind alle wieder bereit. Die Strasse ist heute sehr erfreulich, die Gegend wunderschön. Es ist sehr warm und hat nicht viel Verkehr. Zur Mittagszeit sind wir in Seoni und gegen 16 Uhr treffen wir in Nagpur ein. Leider sind auch hier die Banken bereits geschlossen. Die Paxlis konnten uns noch nicht bezahlen, da sie erst genug Indische Rupees wechseln müssen. Aber ich habe keine Bedenken dies bezüglich. Nagpur ist eine grosse Stadt und erstaunlicherweise sehr modern. Ein paar Kilometer ausserhalb der Stadt schlagen wir unsere Zelte auf. Wir befinden uns zwischen der Bahnlinie und der Strasse, daher nicht wirklich ein ruhiger Platz. Poppy und Darren winken jedem Zug nach der vorbeifährt, wie kleine Kinder. Unser Abendthema ist Benaulim. Alle sind sich einig, wir gehen zusammen dorthin und am ersten Abend werden wir uns alle betrinken, das ist der Plan! Ein weiteres Thema sind die Frauen. Da meine Freundin aus Aegeri mich besuchen kommt, wollen die Herren alles wissen über 'meine' Caroline.

Das Essen wird sehr geschätzt. Das Wetter ist warm und herrlich draussen zu sitzen. Da wir immer früh aufstehen, gehen wir auch relativ früh schlafen, heute schon um 21 Uhr.

Dhuma – Nagpur = 261 km

Als ich am Morgen erwache, regnet es in Strömen. Der erste Gedanke ist; warum heute? Ich bleib dann einfach liegen, in der Hoffnung der Regen lässt jeden Moment nach. Zehn Minuten später ist aber immer noch keine Besserung in Sicht und ich stehe auf. Es gibt dann eine Blitzaktion. Adam und ich verstauen alle Boxen und Stühle, die wir am Abend meistens einfach nur so in den Gang des Busses stellen. In fünf bis zehn Minuten sind die Zelte aufgerollt und wir schmeissen sie in den Kofferraum. Alles und alle sind pitschnass, wach waren eh alle schon. Um 7 Uhr brechen wir auf. Ausserhalb von Jumle halten wir in einem Restaurant, wo sich alle verpflegen können. Hier haben wir das letzte Jahr die NH7 quasi verloren. Die geht hier nämlich nach rechts weg, nordwestlich. Wir wollen aber in südlicher Richtung weiter. Im Bus gibt es noch Toblerone zum Dessert, spendiert von Rory, er hat heute Geburtstag.

Die Strassen sind sehr gut und so kommen wir endlich mal zügig vorwärts. Die Gegend ist saftig grün, es hat Palmen und es ist schon ziemlich warm. Wegen des Regens am Morgen ist es schon feuchtwarm. Nach 12 Uhr treffen wir in Nirmal ein, gerade richtig zum Lunch. Ich organisiere noch Früchte und Gemüse. Nach 15 Uhr gibt es nochmals einen kurzen Halt, um die Beine zu strecken und natürlich für die Raucher. Knapp zwei Stunden später finden wir wieder ein romantisches Plätzchen umringt von Büschen, Bäumen und Palmen. Als wir uns eingerichtet haben, kommt Besuch. Ein betrunkener Inder auf einem Fahrrad. Da wir heute keinen Nachschub an Alkohol kaufen konnten, schicken mich die Paxlis, den Gast zu fragen, woher er den Schnaps hat. Ich kratze all mein Hindi Kauderwelsch zusammen und der Inder ist sofort ein grosser Fan von mir. Er deutet den Herren doch bitte ruhig zu sein, dann erklärt er mir lange und breit wo sich die nächste Bar befindet. Soweit ich verstehe, hat es dort auch eine Frau. Jetzt fängt er noch zu jammern an, weil er nicht rauchen oder trinken sollte, er ist ja ein Muselmann. Neil und Darren versuchen herauszufinden, wie weit die Bar entfernt sein könnte. Die Angaben sind sehr vage und auch die Richtung ist fragwürdig. Alle lachen und diskutieren und alte Geschichten und Erlebnisse werden ausgetauscht. Irgendwann geht dann unser Fahrrad Freund seines Weges. Nun können wir in Ruhe essen, allen schmeckt es wieder. Ja, alle sind eigentlich totale Fans von meiner Küche, weiss der Kuckuck was die erwartet haben?! Ausgerechnet heute, wo wir etwas zu feiern hätten, nämlich Rory's Geburtstag, haben wir kein Bier oder Schnaps dabei.

ERWARTE NICHTS GENIESSE ALLES

Wir kommen alle sehr gut aus miteinander. Sogar Adam hat sich beruhigt und verhält sich doch ziemlich angenehm, meistens.

Nagpur – Kamareddi = 365 km

Wir sind ca. 80 Kilometer ausserhalb von Hyderabad. Darren hilft wieder mit der Navigation durch die Stadt. Irgendwie funktionieren Adam's Fahrkünste besser, wenn ein Mann ihm sagt, ob er links oder rechts abbiegen soll. Man muss sich einfach zu helfen wissen!
Auf der Brücke, die über den Musi Fluss führt, halten wir an und machen ein paar Fotos. Kurz nach 10 Uhr parkieren wir in der Nähe des Bahnhofes. Diese Gegend kennen wir noch vom letzten Jahr. Hier gibt es einen Markt mit reichlich Auswahl. Die Paxlis können nun endlich zur Bank und ich besorge das nötige Essen. Zurück beim Bus hat Adam das Vorderrad abmontiert, schon wieder einen Platten. Ganz in der Nähe können wir diesen reparieren lassen. Da die Paxlis noch nicht zurück sind, reinigt Adam auch noch den Dieselfilter. Erst nach dem Mittag sind wir alle wieder vereint und abfahrbereit. Die Paxlis haben schon gegessen, so können wir nun wieder ein paar Kilometer vernichten.
Aus der Stadt finden wir gut. Der Verkehr hält sich in Grenzen und die Strasse ist tiptop. Schnell ist es wieder Abend. Zeit ein Nachtlager zu erspähen. Alle sind zufrieden mit dem Platz. Es ist trocken und eher Steppenmässig hier. Besucher haben wir keine heute dafür einen schönen Sonnenuntergang. Natürlich konnten die Herren in Hyderabad ihren Schnapsvorrat aufstocken, so dass wir Rory's Geburtstag nachfeiern können.
Die meisten der Paxlis sind Monty Python Fans. Darren parodiert Brian's Mutter, seine Vorliebe. Meine Paxlis kennen die Texte und Sprüche vieler Szenen der Monty Python Filme auswendig.
Eine weitere Figur, die aus Monty Python stammt, heisst Dennis. Er ist seit Tagen der imaginäre Begleiter und Freund von Poppy. Inzwischen ist der unsichtbare Freund ein Teil unseres Teams geworden und hat immer einen lustigen Spruch bereit. Dennis ist überall dabei und sorgt für gute Laune. Es ist ein äusserst amüsanter Abend, ich lache wieder mal Tränen.

ERWARTE NICHTS GENIESSE ALLES

Neil ruft mich meist juicy Luci. Ich rufe ihn Niiil, mit starker Betonung des 'i's. Neil hat erzählt dass, immer wenn er zu Hause etwas angestellt habe, hat ihn seine Mutter mit hoher, schriller Stimme 'Niiil' gerufen. Damit er sich wie zu Hause fühlen kann, imitiere ich für ihn seine Mutter. Neil ist erst 20 Jahre alt. Ein bisschen 'softy', sensibel, sehr lieb und möchte gerne etwas erleben. Er geniesst unsere Gesellschaft und er passt sehr gut zur Gruppe.

Nach und nach gehen alle schlafen. Nur Colin, Neil und ich bleiben noch sitzen und schauen wie der Mond aufgeht. Schön, dunkelorange erscheint er am Horizont, dann wird er langsam heller. Nun kann ich auch schlafen gehen. Colin und Neil schlafen draussen, warm genug ist es ja.

Kamareddy – Kurnool = 262 km

Schon um 6 Uhr ist es recht warm draussen. Poppy kämpft im Zelt noch mit Dennis. Nach dem Sonnenuntergang und dem Mondaufgang, geniessen wir jetzt auch noch den Sonnenaufgang. Jeder macht etwas, dazu wird Café geschlürft.
Um 7.30 Uhr verlassen wir unser Camp. Nach Kurnool geht es Richtung Bellary. In Bellary treffen wir kurz vor 12 Uhr ein, ziehen aber gleich weiter Richtung Hospet. Erst dort machen wir einen Mittagshalt. Es hat viele Läden hier. Ich kaufe Makkaroni, Käse und Chips. Der kleine Einkaufsbummel macht mir Spass.
Ich fahre praktisch den ganzen Nachmittag. Die Strasse in dieser Gegend ist holperig und verflickt, ein riesiges Patchwork! Hinter einem Tempel bei einem Chilifeld finden wir ein fantastisches Camp für diese Nacht. Smashing beautiful sei es hier, ist Colin's Kommentar. Ein paar Einheimische kommen. Sie sind freundlich, bringen uns getrocknete Chilis, offerieren Zwieback und frische, noch warme Erdnüsse, die sie grad am Feuer gebraten haben. Sie möchten Salz für die Nüsse, das gebe ich ihnen natürlich gerne. Zum Essen mache ich heute Älpler Makkaroni mit Käse und gebratenen Zwiebeln. Eine Schweizer Spezialität, oft serviert mit Apfelmus, das ich heute aber nicht habe. Dennoch schmatzen wieder alle und sind

hell begeistert. Wir freuen uns jetzt auf Goa. Auch heute geht uns der Gesprächsstoff nicht aus.

Kurnool – Annigeri (Hubli) = 357 km

Samstag, 20. Dezember 1997
Und noch einmal heisst es früh aufstehen. Wahrscheinlich das letzte Mal
für eine Zeitlang. Das Wetter ist wieder herrlich. Die Gegend ist friedlich,
Verkehr hat es nicht so viel. Schnell erreichen wir die waldigen Hügel. Die
Strasse ist jetzt etwas besser, aber es ist extrem kurvig und endlos scheint
die Fahrt durch den Wald. Als wir um 11.30 Uhr Molem erreichen, die
Grenze zu Goa, müssen wir auf allgemeines Verlangen bei den ersten
Schnapsläden halten. Ich glaub so schnell sind die Paxlis noch nie ausge-
stiegen.
Zwei Stunden später erreichen wir den Parkplatz am Meer in Benaulim.
Geschafft! Endlich Ferien.
Neil, Darren und Adam stürzen sich sofort ins Wasser. Poppy und Dennis
gehen spazieren. Rory, Colin und ich sitzen auf der Mauer mit Sicht auf
Strand und Meer. Einfach mal tief Luft holen und entspannen. Szene be-
trachten. Natürlich gehen wir dann ins Pedro's, die Bar auf dem Platz. Die
Herren kennen nichts! Mit Bier und Honey Bee wird die Reise begossen
und die Ankunft gefeiert.
Pedro sitzt an seiner Bar auf dem gewohnten Platz. Auch er freut sich über
meinen Besuch. Nach all den Jahren kennt man sich, gäll. Er schüttelt
meine Hand und offeriert mir einen Drink. Wir bleiben gleich zum Essen.
Der Abend wird wieder heiter und amüsant.
Das war eine sehr erfreuliche und erfrischende Tour.

Annigeri – Benaulim = 215 km

Kathmandu – Benaulim = 2'562 km / 8,5 Tage
Unterägeri – Benaulim = 16'427 km

10
Lahore – Quetta

In Pakistan fühle ich mich in die Vergangenheit beziehungsweise in eine andere Zeit versetzt. Ausser Islamabad ist nichts modern. In Karachi war ich nie, da es uns nicht am Weg liegt.

Peshawar, die Stadt im Norden an der Grenze zu Afghanistan kommt etwas rau daher. Der Ort ist auch Ausgangspunkt für den berühmten Khyber Pass.
Der Karakorum Highway, der ein lebenslanges Bauwerk ist, gehört natürlich auch auf den Plan. Durch Regen und Schnee wird die Strasse immer wieder stark beschädigt und muss während des Sommers repariert werden. Aber faszinierend ist es dort oben und die Strasse genau nach meinem Geschmack, ein Abenteuer.

Der Loralai Pass von Chinaeli nach Mekhtar gehört auch in diese Kategorie. Wie die meisten Verkehrswege in Pakistan ist auch der Loralai Pass mehr Flussbett als Strasse. Eindrücklich wie sich die alten, Pakistanischen Holzlastwagen den Berg hinauf und hinunter quälen. Gewisse Teile der Strecke sind doch sehr steil, einige Lastwagen oder Minibusse haben Probleme und keuchen den Berg hinauf. Es brechen Achsen und Blattfedern, der Motor gibt den Geist auf und so stehen diese Vehikel links und rechts und alle anderen Teilnehmer müssen sich irgendwie vorbei quetschen. Das ist nicht so einfach, da die 'Fahrbahn' meist nicht zwei Lastwagen breit ist. Ausserdem wollen wir ja auch immer den Löchern ausweichen. Wir kriechen also mit etwa 10 bis 15 km/h über diesen tollen Pass.

Die Lastwagen der Marke Bedford sieht man am meisten. Die Ladefläche, ja der gesamte hintere Teil, ist meist aus Holz und bunt bemalt. Unten drum hängen schmuckartige Ketten und auch die Führerkabine ist reich dekoriert. Da hängen allerlei Beschützer, Klebebilder, kitschiges Blumendekor aus Plastik und farbige Lämpchen. Die Windschutzscheibe ist

schnörkelig verklebt und dekoriert. Oft bleibt nur gerade ein kleines Guckloch offen. Im Inneren, an Türen und Wänden, kleben Bilder von ihren
Traum-Frauen, nein nicht die, die sie zu Hause haben. Pirelli Girls natürlich,
in Bikinis, unglaublich, aber wahr! Und Räucherstäbchen dürfen auch nicht
fehlen.
Diese Bedfords sind eine Pracht, besonders, wenn sie am Abend frisch gewaschen sind.
In Pakistan sind auch die Tuktuks ganz bunt und edel verziert. Die Metall-
beschläge haben filigrane Dekoration eingehämmert. Die Windschutz-
scheiben sehen etwa gleich aus wie bei den Lastwagen. Nur durch ein kleines Guckloch hat der Fahrer Sicht auf das Geschehen rundherum.

Lahore

Auf der Anreise von Westen herkommend, übernachten wir im YWCA in
Lahore. Die haben einen schönen und ruhigen Garten, wo sie uns campieren lassen. Wir dürfen auch die sehr sauberen WC- und Dusch-Anlagen benutzen. Hier kann man gemütlich in den Tag starten, mit einem Café an
der Sonne.
Nur einmal gab es kurz einen unangenehmen Moment. Wir haben schon
gegessen, da kommt Madam von der Rezeption mit einer jüngeren Lady.
Die Lady meint, wir hätten nicht bezahlt. Ich schaue die zwei Frauen verwundert an und Frage, ob die bereits bezahlten 25 Rupees pro Person
nicht genug seien? Die Lady meint dann höchst unfreundlich, ja das sei nur
für die Personen, das Parkieren müsse ich auch noch bezahlen. Wir haben
aber unsere Pakistanischen Rupees bereits in Indische umgetauscht. Jetzt
habe ich kein Geld mehr, um sie zu bezahlen. Warum kommen sie erst
jetzt? Der Bus steht ja schon seit gestern hier? Ich muss mit ihnen ins Büro.
In meinem Geldbeutel kann ich noch 35 Pakistanische Rupees finden, das
ist alles. Die zwei Frauen diskutieren miteinander, die Stimmung ist eher
kühl. Schlussendlich sagt Madam aber, es sei OK. Sie wolle das Geld nicht.
Ich entschuldige mich, für was weiss ich auch nicht.

Lahore hat eine sehr belebte Altstadt. Oft nehmen wir uns Zeit durch die Gassen zu schlendern und in eine Moschee hinein zu gucken. In einem der vielen kleinen Dhabas findet sich auch etwas für den Magen.

Die Altstadt ist von einer zehn Meter hohen Mauer umgeben und hat 13 Tore. Auf dem Weg dorthin machen wir Halt beim Memorial des ehemaligen Präsidenten Zafar Ali Boothu.

Auch eine der grössten Moscheen der Welt steht hier in Lahore, die Badshahi Moschee. Sie wurde 1671 bis 1674 im Auftrag von Aurangzeb (1618-1707) gebaut, der letzte grosse Mughal, Emperor und Sohn von Shah Jahan und Mumtaz Mahal. Warum kommt uns der Name Mumtaz Mahal bekannt vor? Genau, das Taj Mahal wurde für sie gebaut.

Das Lahore Fort, oder Shahi Qila = Royal Fort, liegt im riesigen Iqbal Park, mitten in der Stadt. Das Fort wurde während der Regentschaft von König Akbar gebaut, zwischen 1556 bis 1605. Durchs Alamgiri Gate kommt man in den Park. Einen Besuch wert ist auch die Moti Masjid, welche extra für die Frauen gebaut wurde. Sie wird auch Perlen Moschee genannt und ist sehr schön verziert mit viel Schnörkel, Blumen und winzigen Spiegeln. Es gibt noch viele andere alte Gebäude. Durch die Öffnungen in der Seitenmauer bietet sich uns eine ausgedehnte Aussicht über Lahore und ich erspähe den Minar-e Pakistan. Der Turm wurde 1960 bis 1968 gebaut, ist 60 Meter hoch und das Wahrzeichen von Pakistan. Er steht da, wo 1940 die Muslim-Liga den Antrag für einen eigenen Staat für die Indischen Muslime gestellt hat.

Um den Durst zu stillen gehen wir zum Kleider Bazaar und dann weiter zur Wazir Khan Moschee. Sie ist sehr alt, steht inmitten des Gassen-Bazaar-Labyrinth, zeigt schöne Wandmalereien und ist ganz farbig.

März 1999

Als Adam und ich die Indisch – Pakistanische Grenze so effizient hinter uns bringen konnten, beschliessen wir noch ein paar Kilometer zu fahren. Unsere Reise geht Richtung Sigu und Multan. Verkehr hat es nicht so viel. Etwa zwei Drittel der Strasse ist sogar in einem sehr erfreulichen Zustand, der Rest ist urchig und holperig. Wobei das Tempo in Pakistan, beim Fahren wie im Leben, eher etwas gemächlicher ist. Kurz nach der Grenze hat es noch ein paar Check-Points, wo sie nochmals die Pässe kontrollieren, keine grosse Sache. Oft sind diese Militär-Polizisten ganz froh ein paar Touristen zu sehen, so scheint es mir jedenfalls. In einem Dorf werden wir auch von einem Polizisten angehalten, der aber nur ein paar Worte mit uns reden möchte, da er Englisch kann.

Die Lastwagenfahrer in Pakistan sind gut unterwegs. Ich finde sie sind die vernünftigeren Chauffeure als die Indischen. Sie fahren zwar auch links und rechts und wo's grad geht, aber nicht auf Biegen und Brechen.

Um ca. 17.30 Uhr sehen wir eine Baustelle, die uns als Nacht-Camp geeignet scheint. Als ich zu kochen anfange, kommen zwei Wachmänner daher. Ihre Uniform ist völlig staubig, als hätten die Männer irgendwo gelegen. Oder sind sie durch die Baustelle gerobbt? Sie müssen jedenfalls die Baustelle bewachen, sind aber damit einverstanden, dass wir hier übernachten. Nach dem Essen kommen sie mit Kissen und einem Bett daher. Die Fahrer hier schlafen oft, auch tagsüber, auf den Betten vor den kleinen Landstrassen-Dhabas. Die Betten sind ganz einfach gemacht, ein Holzgestell und die Liegefläche ist geflochten mit Seilen oder breitem, extrem starkem Baumwollmaterial, Leinen, eventuell sogar Hanf? Diese Tagesbetten werden in Pakistan und Indien Charpai, Charpoy oder Manjaa genannt. Ich wundere mich schon, ob da einer der Wachmänner vor unserem Bus schlafen will? Nein, das ist für Adam, damit er sich auch gut erholen kann, so lieb. Ich habe ihnen noch ein Glas Eistee angeboten, das hat ihnen aber nicht so geschmeckt. Zu 'outländisch'?

Wagah – ca. 110 km vor Multan = 260 km

Ich mache Café und fülle die Thermosflasche, so sind wir für's Erste mal versorgt. Um ca. 6.30 Uhr sind wir wieder unterwegs. Durch Multan hat es doch schon einiges an Verkehr, ein paar Mal müssen wir nach dem Weg fragen. Wieder draussen im Grünen, machen wir einen Frühstücks-Halt. Die Pakistanis sind eher scheu aber schon auch neugierig. Sie starren aber nicht wie die Inder. Toyota ist die meist verbreitete Marke für Autos, Minibusse sowie Pickups. Bei den Lastwagen sind es Bedford oder Hino. Ich liebe diese reichdekorierten Lastwagen, aber das habe ich glaub schon mal erwähnt.

Kurz vor Dera Gazi Khan entscheiden wir uns die Südroute zu nehmen und somit an der Wärme zu bleiben. Die Nordroute würde über den Loralai Pass führen, was auch immer schön ist und ein Erlebnis.
Die Südroute ist neu für uns. Ich reise gerne unterschiedliche Routen, um neue Sachen zu entdecken. Die Strasse ist eng, es geht von Dorf zu Dorf. Viele Tuktuks, Esel, Pferde- und Ochs-Karren kommen uns entgegen. Zwei Fahrzeuge können kaum kreuzen, die Fahrt ist anstrengend. Teilweise wird auch an der Strasse gearbeitet, das bedeutet viel Staub auf dem trockenen Stück und viel Morast sowie Rutschgefahr auf dem nassen Stück. In dieser Gegend hat es viele Lastwagen, die schwer beladen sind mit Zuckerrohr. Und plötzlich ist die Strasse fantastisch. Von Rajanpur nach Kandhkot fahren wir auf einer vierspurigen Autobahn dahin, mit Geschwindigkeiten zwischen 80 und 110 km/h. Ah welch Freude! Nach der Abzweigung Richtung Jacobabad ist die Strasse sofort wieder löchrig, man weiss halt nie. Die Gegend aber ist ein Bijou; grün, Erntezeit, Lehmdörfer und zottelige Leute in staubigen Kleidern. Oft winken die Kinder oder sind erstarrt vor Verwunderung. Nur einmal wurden wir mit Steinen beworfen, aber das war eine Gruppe frecher Jungs in der Beluchi Wüste.
Es ist eine helle Mondnacht, herrlich warm noch und ein friedlicher Abend.

Thul – ca. 20 km vor Jacobabad = 520 km

In der Nacht hat es geregnet. Es riecht nach frischer Erde und Koriander. Um 6 Uhr sind wir wach. Ich mache Café und dann brechen wir auf. Die Einheimischen sind auch schon unterwegs. In der Nähe sieht man den Kamin der Backstein-Fabrik. Die Männer sind bei der Arbeit. Sie mischen die Masse, formen Steine, die dann gebacken werden. Alles passiert unter freiem Himmel, wenn es regnet, ist das wohl eine schöne Sauerei.

ERWARTE NICHTS GENIESSE ALLES

In Nuttal kaufen wir frisches Nan (Fladenbrot). Kaum raus aus dem Dorf, wird die Gegend trocken und der Verkehr nimmt ab. Es sind noch etwa 265 Kilometer bis Quetta.

Wir nähern uns Sibi und somit auch dem Hochland. Es wird etwas grüner und die Strasse wird schlechter. Auf den Feldern sehen wir Ziegen, Schafe, Rinder und Kamele. Ein Zigeuner Clan zieht durchs Land. Wir sehen oft Nomaden in Pakistan, Iran und der Türkei. Sie ziehen wohl der Wärme nach, knüpfen Teppiche, weben Kilims. Diese Wandervölker wohnen in riesigen Zelten, die sie von ihren Tieren von Ort zu Ort tragen lassen.

Sibi, Dhadar, Bibi-Nani, Mach, ein Dorf reiht sich ans nächste. Wir fahren dem Bolan Fluss entlang und kommen wieder in die Berge. Es wird kühler, die Luft ist frisch und fast kein Fahrzeug kommt uns entgegen. Das letzte Stück vor Quetta ist dann wieder trocken und flach. Gegen 15 Uhr erreichen wir die kunterbunte Stadt.

Wir steuern schnurstracks auf's Iranischen Konsulat zu. Leider ist es aber schon geschlossen. Morgen Freitag ist eh auch alles geschlossen, also müssen wir halt bis Samstag warten.

Wie immer wohnen wir im Hotel DeLuxe. Die Zimmer sind in Ordnung, mit Dusche und Spucknapf und die Herren an der Rezeption sind nett. Mittlerweile kennen sie uns wohl. Nach einer wohltuenden, warmen Dusche und etwas Ruhe gondeln Adam und ich ins Hotel Lourdes, wo Michelle und Didier mit ihren zwei Pudels campieren. Sie sind auch eben angekommen. Wir genehmigen uns einen Apéro in ihrer Küche und gehen zusammen essen. Michelle und Didier sind so fröhlich und unbekümmert. Schnell vergeht der Abend, erst als ich im Bett liege merke ich, wie müde ich bin.

Jacobabad – Quetta = 341 km

11
Quetta

März 1999

Quetta ist eine eindrückliche Stadt, nicht wegen den Gebäuden, die Leute machen es aus. Hier kommen Pakistanis, Afghanis und Beluchis zusammen. Es ist ein Grenz- und Schmugglerort am Rande der Wüste. Es gibt einen bunten Markt mit riesigem Angebot von allem was man so braucht, ob in der Küche oder im Haus. Ich kaufe dort immer frische Früchte und Gemüse ein, vor allem vor der Weiterfahrt. Wenn ich mit einer weiblichen Weggefährtin einkaufen gehe, bekommen wir viel Aufmerksamkeit, was sehr anstrengend sein kann. Die Einheimischen Frauen sind verhüllt in ihrer Burka, darunter tragen sie meist den Salwar Kameez (Hose und Bluse mit Schal). Die Burka ist jedoch meist farbig; gelb, blau, grün aber natürlich auch schwarz.

In der nördlichen Region (Khyber) sieht man Frauen in langen Kleidern, die reich bestickt sind und mit Wollpullover, weil's kalt ist.

Es gibt auch Zigeuner Frauen zu sehen. Diese tragen bunte Hosen, Röcke und Blusen. Oft tragen sie mehrere Kleiderschichten übereinander. Ihr Haar ist meistens nicht bedeckt.

Beluchi Frauen tragen ebenfalls reich bestickte Salwar Kameez mit Schal, genannt Dupatta.

Beluchi Männer (oder Balochs) tragen einen langen Jama (Baumwollhemd) oft mit Gilet und den typischen Alibaba Schuhen, die vorne zugespitzt sind und der Spitz ist elegant nach oben gerollt. Traditionell sind diese Schuhe aus Kamel- oder Kuhleder hergestellt. Sehr oft sogar handgemacht. Die billigere Version ist aus Plastik. Hier haben sie auch Schuhe, die rechteckig geschnitten sind. Vorne wie abgehackt. Sieht komisch aus, sind aber wahrscheinlich bequemer als die zugespitzten Objekte. Viele Männer tragen einen Turban, die traditionelle Pakol Mütze oder sonst eine

ERWARTE NICHTS GENIESSE ALLES

Kappe als Kopfbedeckung und natürlich den obligaten Bart. Über den Daumen geschätzt würde ich sagen, dass etwa 90 Prozent der Bevölkerung, jedenfalls die, die wir sehen, sehr traditionell gekleidet sind.
Pakistanis und Afghanis sind im Durchschnitt grösser als Inder. Ausserdem haben viele Leute hier in dieser Gegend grün-braune oder gar blaue Augen. Zusammen mit dem dunklen Teint sehen sie umwerfend aus.

Vor Jahren haben wir hier Lal von Lal Motors kennen gelernt. Er hilft uns immer mit den Reparaturen. Zum Beispiel, wenn Ury ein Federblatt gebrochen hat oder neue Filter braucht, etc. Die Beluchi Wüste setzt dem Fahrzeug schon arg zu. Strassen in den Sand zu bauen ist ja auch nicht einfach und so gibt es halt schon ein paar Reparaturen die anfallen.
Lal hat uns dann auch zu sich nach Hause eingeladen. Lal und seine herzliche Frau haben sieben Kinder. Die Mutter nenne ich Mama, da ich ihren Namen nicht kenne. Die Kinder heissen Shakeel (19J), Saima (17J), Suhail (15J), Nizar (13J), Neila (11J), Maria (8J) und der schnuckelige, kleine Zubhair (6J). Der älteste Sohn Shakeel und die älteste Tochter Saima sprechen beide fliessend Englisch. Lal schickt seine Kinder in gute Schulen.
Über die Jahre wurde es zur Tradition, wenn wir Halt in Quetta machen, dann besuchen wir Lal und seine wundervolle Familie.

Da es heute nichts zu reparieren gibt, machen wir mit Lal, Maria und Zubhair eine kleine Ausfahrt. Sie zeigen uns das Cantt Quartier, eine Gegend wo Touristen nicht unbedingt hingehen. Bei Mama's Schwester gibt es einen Zwischenhalt. Im Innenhof spielen viele Kinder und wir werden in die Stube gebeten. Traditionellerweise sitzt man auf Teppichen und Kissen am Boden. Natürlich werden wir mit Fragen überhäuft, wie immer. Es gibt Tee, Gutzli und hausgemachte Samosi. Nach dieser Stärkung geht es weiter ins Hotel Lourdes, wo wir von Michelle und Didier erwartet werden. Lal schaut sich das reparierte Fahrzeug der Franzosen an, einfach um sicher zu gehen, dass alles in Ordnung ist. Wir vertrauen Lal und deshalb haben wir ihn Didier empfohlen.
Zubhair und Maria haben riesige Freude am kleinen Hündchen Ibis und die drei spielen herrlich zusammen.

ERWARTE NICHTS GENIESSE ALLES

Ich würde jetzt eigentlich gerne zurück ins Hotel gehen und mich etwas ausruhen. Aber Lal besteht darauf, dass wir bei ihnen essen. Widerspruch zwecklos!

Es gibt ein riesen Hallo und ja, es ist eine Freude sie alle wieder zu sehen. Shakeel kommt gerade vom Cricket spielen und sogar Lal's Mutter kommt uns Begrüssen.

Es gibt Geissen-Curry, Salat und einen Dip, das sehr fein ist. Ich bin die einzige Frau, die mit den Männern in der Stube essen darf. Alle anderen weiblichen Wesen essen in der Küche. Meist sind noch Freunde und ein Bruder von Lal dabei, wie auch heute. Als wir von unserer Knacknuss mit dem Iranischen Visum erzählen, löst das eine angeregte Diskussion in Urdu aus. Scheinbar kennt Lal's Bruder den Sekretär auf dem Konsulat! Sie wollen natürlich sofort helfen und so wird jetzt auch noch telefoniert. Es wird lange verhandelt aber wie erwartet kann auch der Sekretär nicht wirklich helfen.

Nach dem Essen darf ich in die Küche zu Mama und den Töchtern. Wir haben es immer sehr lustig zusammen. Eigentlich bin ich lieber in der Küche. Die Atmosphäre ist dort viel entspannter und es gibt reichlich zu Lachen.

Auf der Strasse, auf dem Markt oder in Restaurants sieht man eigentlich selten bis nie Frauen, schon gar nicht ohne Begleitung. In der Öffentlichkeit haben ganz klar die Männer das Sagen. Aber zu Hause ist das nicht so. Die Frauen sind das Oberhaupt des Haushaltes.

Mama und ihre Töchter wollen von meinen Reisen hören und von meiner Familie in der Schweiz. Saima kommt dann mit einem schönen Baumwollstoff, den sie mir schenken. Sie wollen, dass ich mir damit einen Salwar Kameez machen lasse. Die Hose in Weiss, die Bluse fein bestickt in Rosa und Vanille, wunderschön. Ich bin sehr gerührt über diese Geste.

Bereits vor ein paar Jahren haben sie mir einen schönen Schal geschenkt, blau, weiss, rot mit Blumen und Streifen, ich habe ihn noch heute.

Die Mädchen wollen immer wieder meinen Schmuck sehen und deshalb habe ich ihnen auch Schmuck aus Indien mitgebracht. Oft bringe ich auch Geschenke aus der Schweiz und natürlich Schokolade für alle.

ERWARTE NICHTS GENIESSE ALLES

Nach diesem bewegten und vollen Tag gehen wir dann gerne zurück ins Hotel. Viel muss ich nicht mehr lesen, schnell versinke ich in einen erholsamen Schlaf.

Am Samstagmorgen geht's wieder zum Iranischen Konsulat. Wir lassen uns von einem Tuktuk hinbringen. Bereits zehn Minuten vor zehn Uhr warten viele Leute vor dem Eingang. Alle Pässe werden hier kontrolliert. Einmal im Innern kommen wir schnell an die Reihe. Wir sind die einzigen Europäer. Dem zuständigen Offizier, der einen sehr effizienten Eindruck macht, erzählen wir kurz unsere Geschichte. Ein Fax aus Delhi haben sie aber nicht erhalten. Er würde ja gerne in Delhi anrufen, aber die haben heute geschlossen! Gutes timing nennt man das! Im hinteren Teil des Büros wird unser Fall mit Kollegen diskutiert. Leider können sie uns nicht weiterhelfen. Aufmunternd laden sie uns ein, doch am Montag wieder zu kommen. Adam ist sehr frustriert, aber es ist halt einfach so. Wir können nichts machen.

In verschiedenen Reisebüros erkundigen wir uns bezüglich Flüge nach Ankara. Der Plan im Moment ist, dass Adam nach Ankara fliegen würde und dann per Bus nach Dogubayazit reist.

Pünktlich um 18 Uhr kommen Lal und Suhail, unser Chauffeur. Das ist super Service. Suhail fährt zum Hotel Lourdes, wo Michelle und Didier bereits vor der Türe auf uns warten. Es gibt wieder Abendessen bei Lal's Familie. Grosszügig wie er ist, hat er auch unsere Freunde eingeladen. Wenn wir aus dem Westen kommen, lädt er unsere ganze Reisegruppe ein. Bei freundlichen Einheimischen speisen und sich austauschen, das ist ein spannendes Erlebnis für alle.

Heute Nachmittag hat es ziemlich lange geregnet und nun sind die Strassen überflutet. In den Gassen herrscht Chaos. Teilweise hat es so viel Wasser, dass man die Strasse nicht mehr sieht. Fussgänger waten knöcheltief im Wasser, Fahrradlenker werden umgezerrt oder fallen in Löcher, die jetzt nicht sichtbar sind. Lal fährt etwas hochtourig und ich denke gerade, hoffentlich überhitzt der kleine Bus nicht, da fängt es im Innern schon an zu dampfen. Die Frontscheibe beschlägt und wir müssen die Fenster öffnen. Nach etwa 15 Minuten warten geht's weiter. Auf einer grossen Kreuzung wühlen sich Autos, Fahrräder und Fussgänger durch das Wasser und über eine Bodenwelle. Plötzlich sitzen wir fest. Lal ist in ein Loch gefahren. Michelle und ich dürfen nicht aussteigen, aber die Männer vereinen ihre Kräfte, hieven das Rad aus dem Gully und schieben den Minibus zur Seite. Das ist nicht einfach und dauert ziemlich lange. Zum Glück hat es wenigstens aufgehört zu regnen. Michelle und ich beobachten das ganze Geschehen um uns herum. Es ist klar, die Einheimischen hier sind cool, für sie ist das nichts Neues. Wir lachen. Für uns ist es ein weiteres Abenteuer. Lal's Minibus ist erledigt. Der wurde wohl durch den Aufprall mit dem Loch beschädigt, oder der Motor hat wegen der Überhitzung Schaden genommen. Ein Freund der Familie holt uns ab und bringt uns ins Trockene. Suhail muss beim Minibus bleiben, er tut mir leid.

In der warmen Stube, auf den breiten Matratzen und kuscheligen Kissen, machen wir es uns bequem. Michelle und Didier werden vorgestellt und viele Fragen müssen wieder beantwortet werden. Ich helfe mit dem Übersetzen vom Französischen ins Englisch, was natürlich sehr spannend ist für alle. Heute sind zudem zwei Cousinen auf Besuch, Sheida und Zara, denen ich bisher noch nicht begegnet bin.

Michelle hat 1988 in Seoul die Goldmedaille im Pistolen schiessen für Frankreich gewonnen.

Didier verfügt über natürliche Kräfte um Entzündungen, Verbrennungen, Moskitostiche und vieles mehr zu heilen. Er erzählt, dass, als seine Grossmutter starb, sie ihm diese Kräfte vererbt habe. Sehr interessant.
Erfahren haben wir das, weil sich Suhail an einem Zündholz einen Finger verbrannt hat. Didier legt seinen Finger über Suhail's Wunde, ca. zwei Minuten später ist der Brandfleck wie auch der Schmerz weg. Wir sind beeindruckt.

ERWARTE NICHTS GENIESSE ALLES

Danach können wir zum Essen übergehen. In der Mitte wird ein Tischtuch ausgebreitet. Ja, am Boden, auf dem Teppich. Dann spazieren die Köstlichkeiten aus der Küche auf. Lal schaufelt zwei grosse Stücke Ziegen-Fleisch auf meinen Teller. Hier Luci, deine Geiss. Ich mag Gitzi oder Geissen-Curry und Lal weiss das mittlerweile natürlich. Auch er geniesst unsere Gesellschaft und den Abend sichtlich. Seine Familie ist herzlich und alle sind so unkompliziert hier. Es ist immer wieder eine Freude bei ihnen Gast zu sein. Didier hält die Szene mit seiner Filmkamera fest und alle wollen sehen was er gefilmt hat. Nach saftigen Mandarinen und Tee geselle ich mich in die Küche für ein bisschen Frauenplausch. Heute kommt das Thema Musik auf. Sheida und Saima kennen sich gut aus. Ricky Martin gefalle ihnen. Ja, das kann ich verstehen. Aber schmunzeln muss ich schon.

Ich übergebe Saima den Schmuck, den ich aus Indien mitgebracht habe. Sie ist erfreut und überrascht und Mama gefällt er auch. Danach kommt noch der Wunsch auf, dass ich den Titanic Song singen soll. Wie sie auf sowas kommen weiss ich auch nicht. Singen liegt absolut nicht in meiner Talentschublade. Ich versichere ihnen, dass sie nicht wollen, dass ich singe, was natürlich wieder zu ausgelassenem Gelächter führt.

Es wird Zeit Adieu zu sagen. Ein unterhaltsamer Abend in wundervoller Gesellschaft geht zu Ende.

Die letzten zwei Tage in Quetta sind gefüllt mit Organisieren. Adam braucht einen Flug und Geld wechseln müssen wir auch noch. Wir gehen also in die Jinnah Road, wo sich all die Geldwechsel Stuben befinden. Auch Sharky, unser Freund vom Afghan Carpet, hat dort sein Geschäft. Natürlich müssen wir mit ihm Tee trinken und er offeriert uns einen passablen Wechselkurs. Er kennt ein vertrauenswürdiges Reisebüro und klar hat er Zeit uns dorthin zu führen. Die Herren vom Speedy Travel sind nett und scheinen kompetent zu sein. Adam bekommt einen Flug von Quetta via Karachi nach Istanbul, inklusive Übernachtung in Karachi, für 380 USD. Das ist der beste Preis, den wir bis jetzt gehört haben und so buchen wir das für Adam.

Sharky ist eine gute Quelle für allerlei Informationen. Da er fliessend Englisch spricht, unterhält er sich mit vielen Touristen. Sharky weiss wer in der

Stadt ist und was läuft. Es ist von Vorteil solche Leute zu kennen in fremden Ländern.

Der Iranischen Botschaft statten wir einen weiteren Besuch ab, aber der sehr nette Sekretär hat leider keine positive Nachricht für uns. Er entschuldigt sich, dass er uns nicht helfen kann oder darf, aber ohne das Fax aus Delhi bzw. Teheran seien ihm die Hände gebunden. Er schaut mich mitleidig an, vielleicht kann er mir wenigstens ein bisschen nachfühlen. Genau weiss ich ja auch nicht, was es heisst, alleine losfahren zu müssen. Die Strecke kenne ich. Das Land habe ich schon mehrmals bereist, wenn ich nur nicht alleine kutschieren müsste. Etwas mulmig ist mir schon, aber es wird schon irgendwie gehen. Ausserdem habe ich ja Michelle und Didier hinter mir.

Apropos Michelle und Didier; Adam und ich gehen ins Lourdes, um nach ihnen zu schauen. Sie fühlen sich körperlich nicht so wohl. Sie waren essen beim Chinesen. Jedenfalls besorgen wir ihnen frisches Wasser und Elektrolyt Pulver, das hilft meistens. Zum Schreck von allen ist auch noch der ältere Pudel gestorben. Der kleine Hund war schon 15 Jahre alt. Er sei einfach im Garten des Hotels umgefallen und war auf der Stelle tot. Das tut mir leid für die beiden. Aber sie hatten eh nicht damit gerechnet, dass er diese Reise überleben wird. Sie durften ihn in einer Ecke im Garten des Lourdes begraben. Und sie haben ja noch Ibis.

Am Abend haben wir nochmals Besuch im Hotel. Eigentlich haben wir uns auf einen ruhigen Abend mit Brot, Käse und Buch eingestellt. Aber dann kommen Lal und Suhail. Wir müssten doch was essen. Suhail muss ein gebratenes Hühnchen und Naan holen und so ergibt sich ein Gelage in Adam's Zimmer. Lal meint, er fühle sich wie ein Filmstar, mit all den Touristen, die ihn besuchen kommen. Ich fühle mich auch ziemlich royal, so hervorragend wie wir hier immer versorgt und behandelt werden.

Am nächsten Morgen gehen wir zu Lal's Garage, Adam verabschiedet sich ein bisschen wehmütig und traurig. Jedes Mal steht die Frage im Raum; wann werden wir uns wiedersehen.

ERWARTE NICHTS GENIESSE ALLES

Michelle und Didier sind nicht zu Hause und so steuern wir Richtung Flughafen. Der Flughafen in Quetta ist nicht gross und parkieren kostet 17 PRp. Ich verabschiede mich schnell von Adam. Wir sehen uns in Dogubayazit. Nun ist es an der Zeit für mich, letzte Vorbereitungen zu treffen. Auf dem Markt kaufe ich frisches Gemüse und Mandarinen. Die sind erfrischend unterwegs. Mein nächster Halt ist das Internet-Café. Für eine Stunde muss ich 200 PRp bezahlen. Dafür ist die Verbindung recht gut und der zuständige Typ ist sehr zuvorkommend und freundlich. Ich habe zwei E-mails, die mich sehr freuen. Die Tastatur in diesem Laden ist super. Manchmal muss man auf den Tastaturen rumhacken, weil die Tasten verklebt oder abgenutzt sind, als hätte jemand darauf gefrühstückt. In diesem Internet-Café herrscht wahrscheinlich nicht sehr reger Betrieb und so ist alles schön sauber.

Bevor ich ins Hotel zurückkehre, gehe ich noch Ury's Dieseltank füllen. Den Abend verbringe ich mit meinem Tagebuch.

12
Pakistan 1996 – 1997 – 1998

1996 PK

Freitag, 18. Oktober 1996
Ich habe tief geschlafen und erwache erst nach 8 Uhr. Wir stehen geparkt hinter dem Zollhaus im gesicherten Areal. Adam hat schon schlechte Neuigkeiten, Ury hat einen Plattfuss. Zuerst machen wir Café, dann pumpen wir Luft in den Reifen und rollen zu einer Werkstatt, nicht weit vom Zollgelände entfernt. Für 2 USD kann unser Luftreifen, der im Innern des Pneus ist, geflickt werden. Dann können wir losfahren.
Es ist schon nach 10 Uhr, ob wir es heute nach Quetta schaffen ist fraglich. Gemäss unserer Karte sind es wahrscheinlich 630 Kilometer. Da es unterwegs aber keine Schilder oder Distanz Angaben gibt, ist es schleierhaft, wie weit es wirklich ist und wo wir uns in etwa befinden. Es hat am Strassenrand ein paar Steinklötze, die sind aber so verwittert, dass man nicht mehr lesen kann, was da in Stein gemeisselt wurde. Die Wüste Beluchistan ist eine trockene und sandige Angelegenheit. Teilweise ist die Strasse geteert, grösstenteils ist sie aber zerfallen. Eine Strasse in den Sand zu bauen ist sehr schwierig. Mit den Sandstürmen, den Sandverwehungen und den Bewegungen der gesamten Landschaft, ist es nicht verwunderlich, dass alles wieder zerfällt. Manchmal ist es nicht ganz klar, wo die Strasse oder der Strassenrand ist. Zum Glück geht es eigentlich nur gerade aus und es ist auch völlig flach. Beim Lunch-Stopp sehen wir, dass unser Vorderrad schon wieder Luft verliert. Ein paar Kamele spazieren in der Wüste. Sie scheinen sehr scheu zu sein. Als ich auf sie zugehe für ein Foto, distanzieren sie sich von mir. Da muss ich halt das Zoom einsetzen.

In Yakmach, einem Wüstendorf, können wir den inneren Luftreifen nochmals flicken lassen. Sie finden zwei Löcher. Die Reparatur dauert eine

Weile. Die Leute sind eher scheu hier und starren uns nicht an. Ein bisschen neugierig sind sie schon, aber sie schauen nur ganz kurz. Sie können kaum Englisch, wir unterhalten uns mit Handzeichen.
Die Leute hier sind sehr schön. Diese Augen, die Kleidung, ich bin fasziniert. Man sieht eigentlich nur Männer. Sie tragen lange Hemden und darunter weite Hosen. Die Kleiderfarben haben jede Schattierung von grün, braun, blau oder schwarz.
Im Dorf können wir frisches Brot und Gemüse kaufen.
Da es schon wieder spät ist, fahren wir nicht mehr weit. Draussen im Sand stehen ein paar Gebäude. Es muss ein Bahnhof sein. Eine Bahnlinie führt vorbei. Zwischen den Gebäuden können wir parkieren. So sind wir windgeschützt und von der Strasse her kann man uns nicht gleich sehen. Gemäss einer Fahrplantafel kommt der Zug nur montags und freitags. Ich nehme an, dass er heute schon vorbei ist. Auf Wunsch von Bon mache ich nochmals Chips und viel Gemüse. Meine Augen brennen von all dem Sand den ganzen Tag. Ich bin froh, endlich ruhen zu können.

Mirjaveh – Dalbandin = 308 km

Als wir gegen 7 Uhr aufstehen, sind wir umzingelt von Arbeitern. Wir staunen, sie staunen und so beäugen wir uns gegenseitig. Sie sagen kein Wort und schauen nur wie wir frühstücken. Danach packen sie ihr mitgebrachtes Werkzeug auf ihre Fahrräder und pedalen zur Arbeit. Ich wundere mich, wo sie wohl hingehen. Die Bahn-Gleise kontrollieren? Weil weit und breit sieht man hier nichts ausser Sand, ein paar Dornenbüsche und die Eisenbahn-Strecke.

Wir kommen nur langsam vorwärts. Das Umfahren der Löcher auf der zerfallenen Strasse braucht seine Zeit. Jetzt haben wir oft Meilensteine am Strassenrand, bzw. Kilometersteine. Anfangs war es ein bisschen verwirrend, da nur jeder zweite Stein die Distanz in Kilometer angibt. Jeder andere zweite Stein gibt die Distanz in Meilen an. Man gewöhnt sich daran. Hier draussen treffen wir auf drei Fahrradfahrer aus Holland. Wir bauen

einen Stopp ein und unterhalten uns mit den dreien. Sie sind schon fünf
Monate unterwegs und wollen nach Nepal.

In der Gegend von Mastung kommen wir wieder in die Berge. Die Strasse
ist teilweise sehr schmal. Es hat kaum Platz, um mit einem Laster zu kreuzen. Dazu kommt auch, dass diese Laster gründlich überladen sind und oft
in Schieflage daherkommen. Es wird aber an der Strasse gearbeitet, es
kann also nur besser werden. Je näher wir Quetta kommen, desto mehr
Verkehr hat es. Laster, Autos, Busse, Esel-Karren und viele Kinder, die Kugelschreiber wollen. Sehr erfreulich ist, dass die Fahrer hier Blinkzeichen
geben, eine Seltenheit bis jetzt.

Die letzten zwei Tage haben wir nicht viele Leute gesehen, umso schöner
ist es nun ins bunte Quetta zu kommen.

Um ca. 16 Uhr erreichen wir unser Ziel. Es ist viel los in der Stadt und wir
haben wieder einen Platten! Wir wollen nur schnell den Pneu pumpen, da
kommt schon der Apotheker aus seinem Laden und bringt uns Tee. Nachdem ich Höflichkeiten mit dem netten Herrn ausgetauscht habe, fahren
wir zum Hotel Lourdes, das Camping offeriert. Die wollen aber 80 Pakistani
Rupees pro Person und 350 PRp für Ury. Für diesen Preis können wir auch
in ein Hotel ziehen. Wir finden das DeLuxe, wo wir sehr freundlich aufgenommen werden. Den Bus können wir gleich vor der Türe parkieren. Für
350 PRp bekommen wir hier zwei Zimmer mit Bad, der Bus ist gratis. Die
Dusche ist herrlich und es hat sogar warmes Wasser. Meine Haare waren
sehr sandig und strohig. Jetzt fühle ich mich wieder richtig frisch und flau-
schig.

Nach einem ganzen Tag im Bus herum sitzen, ist es angenehm, die Beine
zu bewegen. Daher gehen Adam, Bon und ich noch auf einen Spaziergang
durch die Gassen. Hier sind die Einheimischen schon etwas aufdringlicher
und sehr neugierig. In einer Bäckerei kaufen wir noch Kekse, dann müssen
wir einen Polizisten nach dem Weg fragen, um ins Hotel zurück zu finden.
Er ist so nett und ist sehr erfreut, dass er uns helfen kann. Es ist schon
wieder spät und ich falle todmüde ins Bett.

Dalbandin - Quetta = 340 km

ERWARTE NICHTS GENIESSE ALLES

Um 10 Uhr treffe ich mich mit Adam und Bon und wir gehen in eine kleine Beiz zum Tee. Ich bin gespannt was sie zum Essen offerieren. Der Wirt kann uns Omeletten oder Spiegeleier machen, dazu gibt es Fladenbrot. Viele Männer sitzen dort und verfolgen die Nachrichten im Fernseher. Die Männer sind ein Gemisch von Pakistanis, Beluchis und Afghanis. Sie sehen recht attraktiv aus und sind nicht so klein und dünn wie viele Inder. Die meisten Leute hier sind grösser als ich. Nicht, dass ich sehr gross wäre, aber in Indien sind die Leute eher so gross wie ich oder kleiner.

Obwohl Pakistan keine Kleidervorschriften hat, trage ich den Irani Mantel über meine Jeans und den Pulli. In meiner Tasche liegt auch das Kopftuch griffbereit. Die meisten Pakistani Frauen hier in Quetta tragen die Burka. Die Männer schauen schon sehr intrusiv. Sie sind sich ganz klar nicht gewohnt eine Frau unverhüllt zu sehen. Schon gar nicht mit hellen Haaren und auch nicht in ihrer Beiz. Da fühle ich mich einfach wohler eingemummelt zu sein, wobei sie natürlich dennoch glotzen. Nach der Stärkung begleite ich Bon auf eine Bank. Endlich können wir wieder Traveler Checks wechseln und kommen zu Geld. Eine Versicherung finden wir auch und so können wir den Bus gegen Unfall in Pakistan versichern. Die ganze Administration kann schnell erledigt werden. Nun haben wir Zeit und schauen uns Quetta ein bisschen an, gestern war es ja schon dunkel.

Es hat ein paar hübsche Läden mit Teppichen, Schmuck, Taschen, Kleider und die witzigen Schuhe, die sie hier tragen.

Angesprochen wird man selten, wahrscheinlich sprechen sie nicht so gut Englisch. Bon möchte nach Hause telefonieren. Als wir an der Rezeption in unserem Hotel nach dem Telefon-Büro fragen, stellen sie uns ihr Telefon hin. Wir können hier telefonieren, international. Das ist eine positive Überraschung!

Während Bon und ich uns einen lustigen und kulturellen Nachmittag gönnen, kümmert sich Adam um den Ölwechsel. In der Garage entdecken die Mechaniker, dass eine Blattfeder gebrochen ist. Kein Wunder bei diesen Strassen. Die Blattfeder besteht aus acht Teilen. Diese zu entfernen ist keine einfache Sache, jedenfalls nicht ohne das richtige Werkzeug. Da hier keine Ersatz-Blattfedern erhältlich sind, wollen die Mechaniker die defekte Blattfeder schweissen. Die Demontage des ganzen Teils dauert über 2

Stunden. Die Männer sind sehr nett und scheinen ihr Handwerk zu verstehen. Sie organisieren sogar Tee für mich, als ich auf einen Besuch vorbei gehe.

Ein sehr sympathischer, junger Mann mit besten Manieren sitzt bei uns und hilft mit der Übersetzung. Shakeel heisst er und er ist der Sohn vom Besitzer der Garage, Lal. Shakeel spricht nicht nur hervorragend Englisch, er ist auch sonst sehr smart. Wir unterhalten uns über die Schweiz und Schnee und er erzählt von seiner Familie. Bon kommt auch noch dazu. Er hat erfolgreich nach Hause telefoniert (5 Min = 10 USD) und im Sweet Shop wurde er zu Tee und Keksen eingeladen.

Die reparierte Blattfeder ist schneller rein montiert als rausgenommen. Inzwischen ist es dennoch 18 Uhr geworden. Lal lädt uns spontan zum Abendessen ein. Wir müssen unbedingt seine Familie kennen lernen. Das können wir fast nicht annehmen. Jetzt haben die den ganzen Tag an unserem Bus geflickt und laden uns noch zum Essen ein. Ein Nein von uns wird aber nicht akzeptiert und Lal besteht darauf, uns um 21 Uhr beim Hotel abzuholen. Den Bus können wir in seiner Garage stehen lassen, das sei viel sicherer.

Und so werden wir also um 21 Uhr von Lal und seinem Schwager abgeholt. Lal fährt einen Suzuki Van. Durch enge Gassen geht's zu seinem Haus. Von aussen sieht man nur eine Mauer und eine Türe. Drinnen gibt es einen mit Steinplatten ausgelegten Innenhof. Wir werden in die gute Stube gebeten. Möbel gibt es nicht, stattdessen ist der Raum mit vielen Matratzen und Kissen ausgestattet und ein schöner Teppich ziert den Boden. Shakeel stellt uns seine sehr hübsche und scheue Schwester Saima vor. Es kommen noch weitere Geschwister, um uns zu begrüssen – drei jüngere Brüder und zwei Schwestern. Der jüngste, Zubhair, sieht so schnuckelig aus. Ein Cousin ist auch auf Besuch. Nadim ist ein grosser Michael Jackson Fan, lässt er uns wissen. Er redet wie ein Maschinengewehr, non-stop und viel zu schnell. Die Themen wechselt er, wir kommen gar nicht mehr mit. Die anderen Jungs halten sich die Ohren zu, wir lachen. Ich spreche ein paar Worte mit Saima. Sie möchte später Ärztin werden, erzählt sie uns.

Als Lal erfährt, dass ich Deutsch spreche, ruft er jemanden an. Peter, ein Deutscher, lebt schon seit fast zwei Jahren in Quetta. Er ist mit dem Neubau des Spitals involviert. Erst weiss ich gar nicht was ich sagen soll. Aber

ERWARTE NICHTS GENIESSE ALLES

Peter übernimmt das Gespräch souverän. Natürlich sitzt die ganze Familie mit grossen Ohren dabei. Lal ist beeindruckt, dass ich fliessend Deutsch spreche.

In der Mitte zwischen den Matratzen auf dem Teppich wird ein Tischtuch ausgebreitet. Töpfe mit Hühnchen, Ziegenfleisch, Gemüse, Tomaten, Gurken, Reis, Radieschen und Brot werden aufgetragen. Das Essen ist vorzüglich. Nach dem Essen darf ich in die Küche mit Saima, wo die jüngeren Geschwister mit der Mutter und Grossmutter sitzen. Die Mutter ist ja so lieb und wir umarmen uns spontan. Die zwei älteren Töchter gleichen sehr der Mutter. Alle haben sie dieses liebe, runde Gesicht mit dem scheuen Blick und dem schönen Lachen. Es gibt RC Cola, made in Quetta und zum Dessert Früchte. Es ist lustig und angenehm mit dieser Familie, sie sind so herzlich. Zum Abschied bekomme ich ein Tuch geschenkt. Wunderschön in blau, weiss und rot, mit feinem Blumenmuster. Schon ist es Mitternacht, Zeit zu gehen. Lal, Shakeel und der Onkel kutschieren uns zurück ins Hotel. An diesem Abend entstand eine wunderbare Freundschaft. Ich fühle mich geehrt, diese Familien kennen gelernt zu haben.

Eigentlich wollte ich um 9.30 Uhr mit Shakeel zum Markt. Aber ich erwache erst um 9 Uhr. Adam war schon in der Garage und weckt mich nun. Schnell duschen und packen. Der Bus ist fertig, wir könnten also heute noch abreisen. Shakeel sitzt in der Garage. Er sei auch erst gerade gekommen. In Asien wird das mit der Pünktlichkeit ja nicht so genau genommen. Zuerst müssen wir jetzt eh mal einen Tee trinken, vorher geht gar nichts.

Auf dem Weg zum Markt gönnen wir uns einen feinen Apfel-Bananen-Milkshake und einem frischen Nan (Fladenbrot) können wir auch nicht widerstehen. Der Gemüsemarkt ist eine Freude und hat alles was wir brauchen. Dank Shakeel bekomme ich auch die lokal üblichen Preise und ich darf sogar ein paar Fotos machen.

Zurück in der Garage packen wir den Bus, bezahlen unsere Rechnung und verabschieden uns von den Herren, die uns geholfen und uns so lieb aufgenommen haben.

Aus der Stadt finden wir gut, es hat jedoch ziemlich viel Verkehr. Vor lauter Holzlastwagen und Leuten verpassen wir die Abzweigung nach Zhob. Wir müssen also umkehren, zum Glück haben wir es schnell bemerkt. Wir kommen in eine bergige Gegend. Die Dörfer sind sehr primitiv und die Fahrbahn ist wieder so schmal, dass kaum zwei Fahrzeuge kreuzen können. In der Landschaft sehen wir Nomadenzelte, Schafe, Ziegen, Kamele und Familien mit struppigen Kindern. Der Verkehr hat jetzt abgenommen. Ich komme mir vor, wie in eine alte Zeit zurückversetzt.

Als wir einen Pipi- und Snack-Stopp machen, werden wir von einem Mann angesprochen. Er braucht eine Mitfahrgelegenheit ins nächste Dorf. Muslim Bagh ist nur etwa 14 Kilometer von hier, wir nehmen ihn mit. Der Unbekannte ist sehr nett und möchte uns noch zum Tee einladen. Aber da es schon spät ist, wollen wir lieber gleich weiterfahren. Bald finden wir eine Piste weg von der Hauptstrasse und lassen uns hinter Büschen nieder. Ich fange sofort mit Kochen an. Ein Lastwagenfahrer stoppt neben uns. Er will uns schwarzen Afghan verkaufen. Riecht gut, aber lieber nicht. Später kommen noch zwei Fernfahrer vorbei, sie schwatzen und schwatzen und wir verstehen kein Wort. Aber ich glaube, das fällt ihnen gar nicht auf. Es ist lustig mit ihnen hier draussen zu sitzen. Sie haben eine riesige Ladung Äpfel dabei und geben uns einige der feinen Früchte.
Als wir schon alles zusammengepackt haben, wir spielen noch Karten, da hält wieder ein Laster-Fahrer. Ob wir Probleme haben, will er wissen. Alles OK hier. Er gibt uns auch von seiner Ladung etwas ab. Er hat Granat-Äpfel dabei. Nun stehen schon vier Fahrzeuge hier und wir dachten, diese Gegend sei verlassen.

Quetta – ausserhalb Muslim Bagh = 130 km

Heute kommen wir endlich in eine Gegend die grüner ist. Auf den Feldern arbeiten Frauen und Männer. Ich glaub sie pflücken Rüben. Loralai ist ein sehr charakteristisches Dorf, es gefällt mir. Die Backstein-Häuser sehen unfertig aus. Die Adobe-Hütten sind schon oft überpflastert worden und stehen etwas windschief da. Verwitterte Schilder würden erklären was es hier gibt, wenn man sie dann lesen könnte.

ERWARTE NICHTS GENIESSE ALLES

Ein wenig später machen wir einen Lunch-Stopp in der schönen Landschaft. Schnell tauchen wieder Leute auf. Woher die kommen weiss der Kuckuck. Erst sind es nur zwei, schnell werden es sieben oder acht. Sie sagen nichts und schauen nur. Wir amüsieren uns und schauen halt auch einfach.

Über den Loralai Pass führt nicht wirklich eine Strasse. Ich würde es eher Flussbett nennen. Ein Wunder, dass die voll beladenen, alten Laster es auf die Passhöhe schaffen. Links und rechts entlang der Piste stehen immer mal wieder havarierte Patienten mit einem Rad ab, Motorhaube offen, gebrochene Achse und was sonst noch so alles kaputt gehen kann. Es ist eindrücklich, wie sie sich aneinander vorbei quetschen und knorzen, noch schnell den Rückspiegel einklappen, falls vorhanden. Diese Überholmanöver finden in einer Art Zeitlupe statt. Die herrliche Aussicht auf der Talfahrt-Seite ist fantastisch. Die Piste schlängelt sich den Berg hinab, gesprenkelt mit farbigen Punkten, sprich den Lastern, die es geschafft haben. Den Rest des Nachmittags rollen wir dahin. Schnell kommt man auf diesen Strassen hier nicht vorwärts. Sie sind mal breiter, mal schmaler. Viele Stellen sind geflickt und wieder am Zerfallen. Es geht von Loch zu Loch. Die Strassen Abschnitte die neu sind, sind eine Wohltat. Wir erreichen die Grenze Beluchistan – Punjab, dann geht es wieder steil den Berg hinauf. Die wunderbar verzierten, alten Bedfords mit dem Holzaufbau hinten, bunt bemalt, keuchen auch hier wieder den Pass hinauf. Überholen oder kreuzen ist oft schwierig, die Strasse ist sehr schmal. Dennoch finden wir hier ein schönes Plätzchen für die Nacht, hinter Büschen und Bäumen auf einer Anhöhe. Ich mache Apfel Küchlein und Gemüse Salat mit Reis. Es ist sehr kühl draussen, so sehr, dass wir sogar zum Essen drinnen im Bus sitzen. Das kommt selten vor.

Muslim Bagh – Fort Monroe = 323 km

Als wir um 7 Uhr unser Café schlürfen, kommt ein Besucher vorbei und fragt, ob wir Tee oder Brot brauchen. Das ist so freundlich von ihm. Aber wir haben alles, danke!
Weiter geht es den Berg hinauf. Die Strasse bleibt eng und schlecht, die

Durchschnittsgeschwindigkeit liegt bei 10 km/h. Es hat vor allem viele Lastwagen. Ich gehe ein Stück zu Fuss und mache Fotos von der Gegend und den bunten Lastern. Die Gegend ist sehr schön, wenn auch eher karg.

In Dera Ghazi Khan kommen wir wieder in die Ebene hinunter. Hier befindet sich ein Militär Kontroll-Posten. Die Soldaten sind äusserst nett mit uns. Wir überqueren hier den Indus Fluss. Er ist mit einer Länge von 3'180 Kilometer der längste Fluss des Indischen Subkontinents. Entlang diesem Fluss lebte eine der ältesten Zivilisationen der Welt.
Die Brücke ist recht schön und es kostet 5 PRp diese zu benutzen.
Eigentlich wollten wir in Dera Ghazi Khan Richtung Norden nach Peshawar. Schon in Quetta haben die Einheimischen uns abgeraten, entlang der Grenze, via Dera Ismail Khan nach Peshawar zu fahren. Unterwegs, bei einem Lunch-Stopp in einem kleinen Dorf, machen uns Einheimische wieder auf die Unruhen entlang der Afghanischen Grenze aufmerksam. Der Wirt zeigt sich gar besorgt, als wir ihm von unserem Plan erzählen, nach Peshawar zu fahren. So durchqueren wir Pakistan nun also einfach weiter Richtung Osten.

Wir kommen durch viele kleine Dörfer. Es ist staubig und das Leben findet hier auf der Strasse statt. Obwohl es Hütten und einfache Häuser gibt, sind die Tiere und Menschen draussen. Es wird gearbeitet, gekocht und gegessen, ja sogar geschlafen wird unter freiem Himmel. Wir sehen viele Baumwollfelder, es scheint gerade Erntezeit zu sein. Es hat auch Palmen und schöne Zuckerrohrplantagen, deren filigrane Blumen silbrig im Sonnenlicht glänzen.
Bei einer Wasserquelle mit Pumpe halten wir. Es ist Zeit wieder mal die Kanister zu füllen. Ein Mann, der ein bisschen Englisch spricht, lädt uns zu einer Tasse Tee ein. Adam und Bon bekommen sogar Kekse offeriert, ich natürlich nicht. Er sei Polizist, heute ohne Uniform, da er seinen freien Tag hat. Der Ausweis, den er uns zeigt, sieht echt aus, soweit ich das beurteilen kann.
Den Rest des Nachmittags tuckern wir dahin. Wir sehen wieder einige Nomaden Stämme mit ihren Zelten und Kamelen. Manchmal hat es viel Ver-

kehr und dann plötzlich sind wir wieder alleine unterwegs. Die Lasterfahrer hupen hier sehr gerne. Wobei hupen kann man das nicht wirklich nennen. Sie haben ganz spezielle Signalhörner, die tönen wie dideldidüliö, fast schon wie Musik.

Die Strassen-Schilder kann man zeitweise kaum lesen und das nicht nur weil sie in Urdu sind, sondern auch sehr verwittert.

Fort Monroe – kurz vor Harappa = 320 km

Heute ist es wieder etwas wärmer draussen. Als wir Café schlürfen, kommt eine Gruppe junger Pakistanis vorbei. Wie schon oft starren sie uns nur an, sagen aber kein Wort.

Ich müsste noch pinkeln gehen und suche ein geeignetes Versteck. Einer der Jungs ist mir nachgeschlichen und schaut mich unverblümt an. Ich rufe Adam zu, er soll den Typen wegschicken, da der Gaffer auf meine Gesten und Worte nicht reagiert. Adam sieht die Sache nicht so eng. Vielleicht freut er sich, dass ich mich aufrege. Als ich zurückkomme, steht der freche Typ wieder bei seinen Kollegen und schaut mich grinsend an. Ich fühle mich gedemütigt. In meiner Hilflosigkeit nehme eine Hand voll Erde und werfe sie dem jungen Typ an die Brust. So quasi als metaphorisches Zeichen; du hast etwas Schmutziges gemacht! Für einen kurzen Augenblick scheint er verunsichert. Aber als seine Kollegen lachen, findet natürlich auch er es lustig. Ich geh dann zurück zum Bus und versuche die Gruppe zu ignorieren.

Bis Harappa ist es nicht weit von hier. Wir besuchen die Ruinen, wo schon 2200 bis 1900 v. Chr. die erste Indus Zivilisation gelebt haben soll. Von ca. 1524 bis 1707 gab es scheinbar eine Shah oder Moghul Periode. Man weiss nicht viel darüber und die seien auch abrupt verschwunden. Bis heute konnte nicht einmal ihre Schrift entziffert werden. Viel gibt es aber nicht zu sehen, ein paar Mäuerchen und Dreckhaufen, da ist noch viel Arbeit dahinter. Offensichtlich sind Ausgrabungen im Gange. Arbeiter sind aber keine zu sehen. Es gibt ein kleines Museum, Eintritt 4 PRp. Sie zeigen Ton-

ERWARTE NICHTS GENIESSE ALLES

Geschirr, Schmuck, Terra Cotta, Kupfer und Elfenbein Sachen in der Ausstellung. Alles Sachen, die man hier gefunden hat. Zwei Skelette liegen in einem Glassarg. Ihnen wurde Esswaren in Töpfen dazugelegt und die Frau trägt sogar noch Schmuck. Wir finden hier auch Bilder von Moenjodaro, eine andere Ruine, die weiter südlich Richtung Karachi liegt. Sie wurde ca. 2500 v. Chr. gebaut und ist viel grösser als Harappa, jedenfalls nach den Bildern zu urteilen.

Eine Stunde später sind wir wieder unterwegs. Wir kommen durch viele Dörfer und es hat endlos Verkehr. In den Dörfern sehen wir Pferde-Kutschen, Lastwagen, Busse, Tuktuks und ein Gewühl von Menschen. Wir kommen nur langsam vorwärts, aber so haben wir Zeit, alles auf uns einwirken zu lassen und das Leben hier draussen zu beobachten.
Der Verkehr nimmt extrem zu, je näher wir Lahore kommen. Gegen 16 Uhr treffen wir in der Stadt ein. Unser Ziel, das YWCA, finden wir relativ gut. Wir werden sehr herzlich aufgenommen und bekommen einen Platz für den Bus zugewiesen. Auf dem Rasen dürfen wir auch die Zelte aufstellen. Es hat einige Motorradfahrer hier. Zwei Engländer, eine Holländerin und einen Schweizer. Einer der Engländer sieht etwas havariert aus, als hätte er einen Unfall gehabt. Vom Schweizer erfahren wir, dass der Indische Zoll sechs bis neun Stunden in Anspruch nehmen könnte, da alle Fahrzeuge gänzlich auseinander genommen werden. Scheinbar hat jemand Gewehre über diese Grenze geschmuggelt, die man dann erst in Delhi entdeckt hat. Well, wir müssen da durch, es gibt kein zurück. Lassen wir uns überraschen.

Die Engländer empfehlen uns das Cathay Restaurant für ein Abendessen. Ich mache einen Witz, von wegen Engländer wissen eh nicht was gutes Essen sei. Leider bewahrheitet sich das dann auch. Das Essen ist nur so knapp geniessbar. Auf dem Rückweg kaufen wir Kekse. Diese frischen Kekse, die man in Pakistan überall bekommt, haben uns noch nie enttäuscht. Wir sind alle müde und gehen schon bald schlafen.

Harappa – Lahore = 230 km

ERWARTE NICHTS GENIESSE ALLES

Freitag, 25. Oktober 1996
Den Morgenkaffee geniesse ich an der Sonne im noch ruhigen Garten. In einem kleinen Shop kaufen wir Snacks und Getränke. Gegen 11 Uhr machen wir uns auf den Weg Richtung Attari Road, die Grenze zu Indien. Ich freue mich auf Indien.

Lahore – Wagah, Attari Grenze = 23 km

1997 PK

1997 feiert Pakistan das 50 Jahre Jubiläum. Es wurde im August 1947 durch die Briten von Indien getrennt. Überall im ganzen Land sieht man Flaggen, die auf das Jubiläum hindeuten und irgendwie sieht es in vielen Orten festlich aus.

Dienstag, 21. Oktober 1997
Dank der Zeitumstellung ist es schon hell am Morgen als wir aufstehen. Um 6.30 Uhr verlassen wir das Zoll-Areal, wo wir wohlbehütet übernachtet haben. Noch ein letzter Check Posten und dann geht's hinaus in die Wüste. Die haben fabelhaft witzige speed-bump Schilder hier draussen. Der 'bump' auf dem Bild ist grösser als das Auto. Ein weiter Teil der Strasse ist frisch gemacht und so kommen wir wirklich gut vorwärts. Die Lastwagenfahrer machen auch schön Platz und bleiben nicht einfach in der Mitte der Strasse. Dalbandin ist der grösste Ort, an dem wir vorbei kommen.
Ein Sandsturm, der den ganzen Nachmittag anhält, verwischt die Strasse. Sand wirbelt herum und es bilden sich kleine Sandhaufen, die wir mit Vollgas durchsausen, um ja nicht steckenzubleiben. Wir fahren, ohne zu halten. Niemand will hinaus in den Sandsturm. Es bläst schon so genug Sand ins Innere des Busses und es ist enorm warm. Die Metall-Verstrebungen im ganzen Bus sind aufgeheizt.
Zum Glück haben wir das Eistee-Pulver, so müssen wir wenigstens nicht nur Wasser trinken. Erst gegen 16 Uhr halten wir kurz. Wir überlegen uns auch, ob wir einfach grad bis Quetta durchfahren sollen. Aber Ury nimmt uns dann diese Entscheidung ab. Schon wieder ein Plattfuss! In Rekord-

Zeit wechseln Florian und Ziggy das Rad. An Übung hat es uns ja nicht gefehlt die vergangenen zwei Wochen. Danach suchen wir ein Busch-Camp. Esswaren haben wir genug und ein letzter Abend in der Wüste ohne Adam ist nicht so schlecht. Ich geniesse es jedenfalls.

Es gibt Tomaten Salat, Pasta und Würstchen. Ein Camp in der Wüste ist schön. Der dunkle Himmel ist voller Sterne und wir sehen sogar ein paar Sternschnuppen.

Alle schlafen im Bus. Ich teile die Bühne mit Adele. Janice, Ziggy und Florian verteilen sich über die Sitze. Morgen wollen wir früh weiter und die Paxlis freuen sich auf ein richtiges Zimmer mit Dusche.

Taftan – Nushki = 515 km

Um 6.30 Uhr stehen wir langsam auf. Wasser und Öl muss noch kontrolliert werden. Den hinteren Pneu würden wir gerne noch etwas aufpumpen. Aber das Ventil passt nicht ans Teil der Pumpe und so lassen wir das dann halt. Es gibt Broccoli Suppe und Café, gegen 9 Uhr nehmen wir das letzte Stück nach Quetta unter die Räder.

Je näher die Stadt kommt, desto mehr Verkehr hat es. Neben Lastwagen und PWs jetzt auch Esel- und Kamel-Karren, Rikshaws, Motorräder und viele Fussgänger. Im Zentrum fragen wir zweimal nach der Jinnah Road, ein Polizist fährt uns ein Stück voraus. An einer Kreuzung erinnere ich mich wieder, wo wir sind. Wir steuern gerade Richtung Hotel, da erblicken wir Adam zu Fuss unterwegs. Ich halte an und er steigt ein. Seine Begrüssung fällt sehr kühl aus und das Erste was er macht ist, mir übers Steuer greifen, zur Hupe. Was ist denn das jetzt? Wir sind prima gefahren ohne ihn. Ich wäre hier auch ohne hupen durchgekommen! Ist das so eine Art Revier markieren?

Vor dem Hotel DeLuxe können wir parkieren. Die Paxlis packen ihr Gepäck und beziehen die Zimmer. Ich spreche mit Adam und zeige ihm das defekte Kofferraumschloss. Für die immer wieder platten Reifen müssen wir wohl wieder mal neue Innenschläuche kaufen. Danach beziehe auch ich mein

ERWARTE NICHTS GENIESSE ALLES

Zimmer und geniesse eine Dusche. Es ist sehr genussvoll, die frischen Kleider über zu ziehen. Nun wäre etwas zu Essen nicht schlecht. Es ist ja schon 15 Uhr.

Nach dem Essen gehen wir alle zu Lal's Garage. Er ist dort und freut sich uns zu sehen. Hello Miss Luci, begrüsst er mich freundlich. Ja, ich bin eigentlich ganz froh hier zu sein und es ist schön, ein bekanntes Gesicht zu sehen.

Jetzt wird es Zeit in die Stadt zu gehen. Alle wollen etwas von Quetta sehen. Beim Baba im Schnickschnack Shop schauen wir Punjabi Ensembles (Salwar Kameez) an. Aber die Nähte sehen fürchterlich aus, die fallen wahrscheinlich schon nach dem ersten Waschen auseinander. Ausserdem ist alles mit viel zu viel Glitzer dekoriert, jedenfalls für meinen Geschmack. Ich merke, dass ich müde bin und verabschiede mich von der Gruppe. Ein bisschen im Zimmer sitzen, schreiben oder einfach dösen, genau das Richtige für mich. Zum Abendessen gehen wir wieder ins Restaurant über die Strasse. Der Manager ist nicht nur nett, sondern auch so clever, dass wir alle separat bezahlen können. Sonst ist das oft nicht möglich. Da müssen wir die Rechnung schon selber auseinander nehmen. Wir lernen Jim kennen, einen Australier, der erfreut ist, noch andere Reisende anzutreffen. Meine Paxlis und auch ich sind ziemlich müde und alle freuen sich auf ein weiches, kuscheliges Bett. Es ist etwas kühler hier als in den vergangenen Nächten. Die 1'700 Meter Meereshöhe merkt man schon. Zum Schlafen aber genau richtig.

Nushki – Quetta = 115 km

Als ich am Morgen ausgeruht vor das Hotel trete, ist Adam schon am Werkeln. Mit Dreck rausklopfen und etwas Öl konnte er das Schloss des Kofferraumdeckels reparieren. Ich helfe ihm mit dem Rad, das zur Reparatur muss.

ERWARTE NICHTS GENIESSE ALLES

Zurück im Hotel treffen wir Janice und Ziggy. Heute ist Janice's Geburtstag. Ich gratuliere ihr und übergebe mein Geschenk, das ich in weiser Voraussicht in Istanbul besorgt habe. Bei den Nan Bäckern, vorne an der Hauptstrasse, gehen wir Essen. Sie machen uns Tee, Spiegeleier und Dal. Das frische Nan Brot ist einfach göttlich. In einer Wechselstube wechsle ich 50 USD (1 USD = 44.25 PRp). Auf dem Weg zurück ins Hotel gönne ich mir einen Bananen-Apfel-Milkshake und für Lennon kaufen wir Jogurt und Haferflocken. Ihm geht es nicht so gut. Er hat wohl etwas Unreines oder Verdorbenes gegessen und wurde von der Rache des Montezuma heimgesucht.

Am Nachmittag telefoniere ich wieder mal nach Hause. Die Verbindung hier ist solide und ich kann gemütlich schwatzen. Um 18 Uhr gehen wir alle zu Lal's Garage. Zuerst werden wir von Shakeel begrüsst. Er ist gewachsen seit dem letzten Mal. Wir finden alle Platz im Minibus und werden zu Lal's Haus kutschiert.

Da wären wir also wieder. Ziemlich genau ein Jahr später sitzen wir wieder in der gemütlichen Stube bei Lal's Familie. Einer nach dem anderen kommen sie uns begrüssen. Die kleine, feine Maria sitzt sogar zu mir, während die anderen Oklahoma spielen. Ausserdem kommen dann noch zwei Cousinen zu Besuch, auch der Onkel kommt und bringt noch drei Business-Kollegen mit (Auto- und Motoren-Handel). Die Stube ist ziemlich voll. Alle diese Leute hier und vor allem Lal's Familie, haben exzellente Manieren. Die Männer sind natürlich erstaunt, dass ich ohne Adam durch den Iran gefahren bin. Sie wollen von unseren Erlebnissen hören und haben viele Fragen. Ich mache Fotos und die Kinder haben Freude am Würfelspiel.

Erst gegen 22 Uhr gibt es das Essen. Ich bin schon richtig hungrig und freue mich auf die Leckereien. Es ist fantastisch was sie in der Küche hergezaubert haben. Lamm, Hähnchen, Fisch, Salat, Jogurt mit Kräutern, Gemüse, Reis, Nan und Lassi. Für mich haben sie sogar extra ein Stück Ziege gemacht, da ich kein Lamm esse. Ich bin überwältigt. Der Fisch und das Hähnchen hätten völlig gereicht. Lal schaut immer so zufrieden und lieb, er ist ein glücklicher Mann, wie es scheint, und hat eine wunderbare Familie. Man sieht auch, dass die Familienmitglieder ein schönes Verhältnis untereinander haben. Nach dem feinen Mahl müssen die Jungs helfen abzuräumen. Die Mädchen haben nicht mit uns gegessen. Janice, Adele und ich dürfen nun in die Küche, wo wir die Mädchen, Mama und die Grossmutter vorfinden. Es gibt Tee und wir schauen Fotos an, die sie uns zeigen. Janice hat auch schon ein paar Fotos entwickeln lassen von unserer Reise, die zeigen wir dann auch noch. Mama hat sich sehr gefreut mich wieder zu sehen und so ging es auch mir. Ich habe auch noch Zeit mich ein bisschen mit Shakeel zu unterhalten. Er hat meine Postkarte aus Aegeri erhalten, die ich im Sommer geschickt habe. Aus der Schweiz haben wir dieses Jahr verschiedene Geschenke mitgebracht. Lal setzt sich auch zu uns. Die anderen Männer spielen wieder Oklahoma.

Es ist schon fast wieder Mitternacht, Zeit zum Gehen. Wir verabschieden uns, es war wieder ein wunderbarer Abend. Diese Familie ist eine Freude. Ich bin so froh, dass wir sie getroffen haben. Voll mit feinem Essen und guter Stimmung schlafe ich dann sehr schnell ein.

Nun steht wieder mal Büroarbeit auf dem Plan. Buchhaltung, Traveler Checks notieren, das übrige Geld nachzählen und nachrechnen. Es geht uns nicht all zu schlecht.

Am Nachmittag gehen Adam und ich in die Stadt zum Einkaufen auf den Markt.

Es ist einfacher in männlicher Begleitung auf den Markt zu gehen. Hinter den Ständen sitzen nur Männer und von einer Frau können sie kein Geld direkt annehmen. Das Bezahlen an den Ständen gestaltet sich deshalb manchmal komikartig. Der Verkäufer setzt die Ware auf seine Auslage und ich lege das Geld irgendwo hin, wo es möglichst nicht zwischen den Kohlköpfen oder Äpfeln verschwindet. Eine Ablage gibt es an den einfachen Marktständen meistens nicht.

Der Gemüsemarkt hier in Quetta ist eine Pracht und wir schleppen zwei Säcke voller Gemüse und Früchte zum Bus. Kerzen sind nicht so leicht zu finden. Aber nach ein paarmal Fragen, bekommen wir auch die noch. Vor dem Hotel können wir die Wasser-Kanister füllen. Ich putze das Innere des Busses ein bisschen. Alles ist schon wieder sehr sandig und staubig. Dabei kann ich auch gleich das Gepäck optimieren und alles für die Weiterreise bereit machen.

ERWARTE NICHTS GENIESSE ALLES

Morgen um 9 Uhr wollen wir weiterfahren, das empfinden auch unsere Paxlis als angenehm. Eigentlich wollte ich ja noch mein Tagebuch nachschreiben. Ich bleibe dann aber im Zimmer bei Janice und Ziggy hängen. Dort zeigen Adele und Florian Fotos, die sie grad vom Entwickeln abgeholt haben. Der Australier Jim kommt auch noch dazu und gegen 20 Uhr gehen wir alle ins Mehwash Restaurant. Auch Jim reist morgen weiter. Er fährt per Zug nach Taftan. Das ist sicher eine coole Reise. Wir sitzen gemütlich beisammen und erzählen dies und das. Endlich finde ich zurück in mein Zimmer und widme mich dem Tagebuch, danach kann ich in Ruhe schlafen.

Pünktlich um 7 Uhr bringt der Hotel-Boy den Morgencafé. Es ist das erste Mal, dass das klappt! Gewisse Dinge brauchen einfach Geduld! Gemütlich kann ich noch eine Stunde liegenbleiben, da ich ja schon ziemlich reisefertig bin.

Draussen regnet es leider. Das macht die Abfahrt etwas schwierig. Die Strasse ist zu einem Fluss geworden. Wenigstens ist Ury so vor dem Hotel parkiert und nahe den Treppenstufen, dass wir in den Bus hüpfen können, ohne gross nasse Füsse zu bekommen. Das Wasser steigt erstaunlich schnell. Fahrräder und Tuktuks mühen sich durch die Fluten, es sieht sehr abenteuerlich aus. Da wir wissen, dass es Löcher in der Strasse hat, die man jetzt nicht sieht und es auch ein paar Dohlen-Deckel abgehoben hat, wägen wir unsere Chancen ab.
Wir telefonieren noch mit Shakeel. Es geht ihm heute leider nicht so gut, er hatte gestern schon etwas Fieber.

Mit einer halben Stunde Verspätung fahren wir dann aber doch los. Ganz vorsichtig im Schritttempo rollen wir durch die braune Suppe. Schon die nächste Querstrasse ist zum Glück nicht mehr so stark überflutet wie die vor dem Hotel. Die Abzweigung im nächsten Dorf verpassen wir dieses Mal nicht. Überall ist es matschig und pflotschig, viele Strassen sind überschwemmt. An manchen Orten hat sich ein Fluss gebildet und man sieht nicht, was sich unter dem Wasser verbirgt. Aber wir haben Glück und bleiben nicht stecken und brechen im Moment auch keine Blattfeder, oder gar

ERWARTE NICHTS GENIESSE ALLES

eine Achse (knock on wood!). Löcher und 'speed-bumps' sind oft schwierig zu erkennen. Es gibt nur eines; ganz langsam fahren!

In Ziarat, etwa 120 Kilometer von Quetta entfernt, machen wir einen Lunch-Stopp. Im Hotel Juniper gibt es Hähnchen und Reis, sehr scharf und sehr feines Nan dazu. Es ist grau, kalt und nass draussen. Hier drinnen können wir uns etwas aufwärmen. Zu unserer Überraschung sind die WC Anlagen top sauber. Man weiss leider oft nicht was man vorfindet. Wenn die Toiletten für die Öffentlichkeit zugänglich sind, dann kann es schon mal zum Himmel stinken. Auch ein schönes Restaurant sagt noch nichts über die Notdurft-Anlagen aus, da wurde ich schon oft enttäuscht.

Um ca. 15 Uhr fahren wir weiter. Wir kommen aber weiterhin nur sehr harzig vorwärts. Wenigstens lässt der Regen nun langsam etwas nach.
Weil die ganze Natur vom Regen durchtränkt ist, beschliessen wir im Ort Loralai zu halten. Auf eine Nebenstrasse zu steuern, ein Busch-Camp zu finden und die Zelte in den Morast stellen, dazu hat niemand wirklich Lust. Nach 18 Uhr treffen wir in der Stadt ein. Da wir ziemlich auffallen, findet sich schnell jemand, der uns zu einem Hotel begleitet. Die Zimmer sind einfach, ja fast schon spartanisch, aber mit Bad. Kosten etwa 60 PRp und die Leute an der Rezeption sind ganz nett. Einer kann sogar ein bisschen Englisch und erzählt, dass sie vor ein paar Tagen Gäste aus Basel hier hatten. Ury können wir in einer riesigen Garage für Lastwagen parkieren. Nachdem unsere Paxlis die Zimmer bezogen haben, gehen wir zum Abendessen. Ein Restaurant zu finden ist aber nicht so einfach. Es ist schon dunkel und immer noch nass draussen. Wir finden eine kleine Spelunke. Das Lokal ist klein, halbdunkel und hat ein paar Holzbänke um eine Feuerstelle. Das sieht gemütlich aus und wir können uns etwas aufwärmen. Alles stinkt dermassen nach Schaf, dass nicht einmal mehr Ziggy Hunger hat und das heisst etwas, glaub mir! Wenigstens können wir weich sitzen, auf Schaffellen natürlich. Alle trinken nur ein Coca-Cola und dann gehen wir zum Bus. Genau für solche Situationen haben wir ja Notvorrat dabei. Die Paxlis gehen dann in ihre Zimmer auf eine Runde Würfelspiel. Ich bleibe im Bus zum Schreiben. Die Polizei kommt noch kurz vorbei uns zu begrüssen und sie

geben uns ihr OK für's Parkieren. Adam schläft auch im Bus. Man weiss ja nie und mir jedenfalls ist es lieber, als alleine hier draussen zu schlafen.

Quetta – Loralai = 217 km

Entgegen der Erwartung wurde es eine sehr ruhige Nacht und auch am Morgen ist nicht viel Betrieb. Gegen 6.30 Uhr stehe ich auf. Es hat noch heisses Wasser in der Thermosflasche, grad genug für zwei Cafés. Danach gehe ich die Paxlis wecken und bezahle schon mal alle Zimmer. Mit unserem Wasser-Kettle gehe ich über die Strasse in einen Chai Shop. Die Leute sind so nett und kochen das Wasser für mich. Gegen 7.30 Uhr fahren wir los, nach einer Stunde halten wir im Trockenen an und machen Frühstück. Meine Paxlis sind beeindruckt, dass wir schon heisses Wasser haben. Schnell bekommen wir Besuch. Erst sind es nur zwei Männer, die ihre Neugier nicht zurückhalten können. Bis wir abfahren stehen etwa 35 Männer um uns herum.

Adam zieht noch die Bremsen nach, nun geht's Richtung Loralai Pass. Heute Morgen hat es nicht so viel Verkehr wie auch schon. Es ist aber immer noch sehr nass und morastig und wir müssen aufpassen, dass wir nicht stecken bleiben. Wir halten an, um ein paar Fotos zu schiessen und sehen schöne Chili Felder voll mit den roten Früchten. Gegen 14 Uhr wollen wir in einem Dorf halten. Ich muss Adam immer melden, wenn wir irgendwo halten wollen. Ich zeige sogar noch auf einen Parkplatz bei einer Garage. Aber Adam fährt einfach vorbei und dann macht er mich dumm an, weil er keinen Parkplatz findet im Dorf. Manchmal kann ich es ihm einfach nicht Recht machen. Ich gehe mit den Paxlis auf einen Chai und Nan und mache Fotos im Dorf. Die Einheimischen freuen sich über unseren Besuch und einige Jungs und Männer wollen auch fotografiert werden. Der Chai Koch will auch fotografiert werden, auch das lässt sich selbstverständlich machen.
Adam ist nicht sehr geduldig. Er will weiterfahren. Langsam geht's bergauf, über den Loralai Pass. Es ist immer noch mehr Bachbett als Strasse. All die

Christbaum-Laster, die sich über den Pass quälen und ächzen, sind bewundernswert, nicht nur wegen der Dekoration. Dass da keiner in seine Einzelteile zerfällt, ist wirklich ein Wunder. Wobei die Trucks schon viele Pannen haben, aber nichts, das nicht repariert werden kann.
Die kleineren Pickups hupen und wollen an jeder Stelle überholen. Warten kommt überhaupt nicht in Frage. Man könnte meinen sie müssten ein Feuer löschen gehen. Adam macht sich manchmal ein Spiel daraus, die Raser zu blockieren und lässt sie extra nicht vorbei. Ich mag das nicht so, das könnte gefährlich werden, aber ich lasse ihm den Spass. Den Pass hinunter geht es viel besser, die Aussicht ist eindrücklich. Man sieht hinab in eine Talebene, teils grün, teils karg, umringt von Bergen.
In Dera Ghazi Khan kommen wir an einen Militär Check-Posten. Natürlich werden wir aufgehalten. Adam hält einen Schwatz mit den Männern und erzählt von einem Englischen Minister der hier wohne. Jedenfalls werden wir in die Kaserne eingeladen. Hier dürfen wir heute die Nacht verbringen. Gut aufgehoben, gesichert und beschützt. Wir dürfen auch die Toiletten benützen. Die Männer freuen sich noch mehr auf uns als wir auf unser feudales Nachtlager. Die Abwechslung ist sicher sehr willkommen. Wir werden von etwa fünf verschiedenen Militaristen begrüsst und sie fragen, ob alles OK sei. Ich koche ein Gemüse Curry, das von allen gelobt wird. Ich glaube aber auch, dass wir abends jeweils so hungrig sind, dass so manches Gericht sehr fein ist und wäre. Es ist nicht kalt draussen und so machen die Paxlis noch Frage-Spiele. Ich ziehe mich zurück zum Schreiben.

Loralai- Dera Ghazi Khan = 224 km

Am Morgen sind wir schnell von neugierigen Schuljungen umzingelt. Die kleinen Jungs sehen lustig aus in ihrer Uniform mit Krawatte. Neben der Militär-Polizei-Station ist eine Schule. Ich mache ein schnelles Frühstück und schon sind wir wieder unterwegs. Zuerst müssen wir an einer langen und grossen Baustelle vorbei. Sie bauen eine Brücke, sind am Buddeln und Werkeln wie eine Ameisen Kolonie. Ich glaub an dieser Brücke haben sie schon vor einem Jahr gearbeitet. Dera Ghazi Khan ist eine relativ grosse

Stadt und ein riesiges Chaos. Wir fragen etwa dreimal nach dem Weg Richtung Dera Ismail Khan, aber Wegbeschreibungen sind halt nicht so einfach. Als wir dann endlich aus der Stadt kommen, wird es schnell ländlich. Es ist Erntezeit, vor allem Korn- und Baumwoll-Felder sehen wir. Viele Esel-Karren, aber auch Kamele werden eingesetzt, die flachen, überladenen Anhänger zu ziehen. Ein bisschen traurig ist, dass man selten Frauen sieht. In der Stadt sichten wir ein paar wenige, auf dem Land fast gar keine. Die wenigen die man sieht, erinnern mich an Geister. Unter der Burka mit dem Netz vor den Augen könnte ja weiss wer stecken. Aber einen Dresscode wie in Iran kennen sie hier in Pakistan nicht.

In Taunsa halten wir. Adam und ich gehen einkaufen. Schnell haben wir einen Begleiter. Er kann relativ gut Englisch und hilft uns mit der Übersetzung. Auf dem Markt haben sie nicht so viel verschiedenes Gemüse im Angebot, aber Crackers und Kekse sind kein Problem. Sie haben auch hier definitiv eine Schwäche für Süssigkeiten. Nach getaner Arbeit schleppt uns unser Dolmetscher in seine Dorf-Bar, eine richtige Spelunke voller Männer. Was schauen sie dort am Fernseher? Indisches MTV mit vielen, sehr sexy gekleideten Tänzerinnen. Sämtliche Gäste blicken uns mit grossen Augen an und es wird gelacht, getuschelt und geschaut. Auch ich finde es sehr amüsant. Hätte nicht erwartet, dass diese Männer in diesem Dorf MTV schauen! Ausserdem ist es interessant zu sehen, wie gewisse Männer uns völlig ungläubig anschauen. Andere wieder präsentieren sich schon eher und versuchen keine Verwunderung zu zeigen. Als wir unseren Chai und das Nan bezahlen wollen, meint der Wirt, es sei schon gut. Er danke uns, dass wir in seine Bar gekommen seien. Wow, das ist ja eine nette Überraschung.

Erst gegen 17 Uhr treffen wir in Dera Ismail Khan ein. Weil es schon früh dunkel wird jetzt, suchen wir ein Nachtlager. Bei der ersten Gelegenheit, wo wir links abbiegen können, schicken uns die Bauern weg. Das ist uns noch nie passiert! Aber wir respektieren das und kehren um. Die nächste Möglichkeit kommt zum Glück bald. Es hat ein paar Strohhaufen und genug Platz den Bus zu parkieren und Zelte aufzustellen. Ein alter Mann kommt auf uns zu. Wir verstehen aber nicht was er will, wenigstens schickt

er uns nicht weg. Wir richten uns ein und beginnen mit Kochen, da kommen wieder ein paar Männer daher. Ah, der alte Mann hat Unterstützung geholt. Einer der Pakistanis spricht exzellent Englisch. Er erklärt uns, dass das Land eben diesem alten Mann gehört. Nun wollen sie alles von uns wissen. Woher, wohin, was wir hier machen, so der übliche Small-Talk halt. Der Englischsprechende Pakistani meint, der alte Mann hätte noch nie Ausländer gesehen und sei völlig durcheinander. Wir lachen alle und sind froh, dass alles in Ordnung ist. Der Besitzer lässt dann noch ausrichten, dass wir morgen unbedingt ins Dorf kommen und mit ihnen Tee trinken müssen. Und plötzlich steht eine Frau zwischen all den Herren. Zur weiteren Überraschung trägt sie keine Burka. Sie ist in einen Salwar Kameez gekleidet und in ein grosses Tuch gehüllt, das auch ihre Haare bedeckt. Sie hält ein süsses Baby auf dem Arm. Ich rede ein bisschen mit ihr, aber sie versteht kein Gobeldigugg und ich kein Pakistani, Urdu oder was immer sie spricht. Erst als sie Pani (Wasser) und Roti (Brot) sagt, verstehe ich was sie will. Ich deute, dass wir alles haben und bedanke mich. Shukria!
In Pakistan gibt es etwa 50 verschiedene Sprachen die gesprochen werden. Die Nationalsprache ist Urdu. Von dem in Nordindien verbreiteten Hindi unterscheidet sich Urdu im Wesentlichen nur durch einen höheren Anteil an Lehnwörtern Persischer und Arabischen Ursprungs sowie durch die Verwendung des Nastaliq-Stil geschriebenen persischen Alphabets.

Nach einiger Zeit können wir dann doch noch in Ruhe essen und den Abend hier draussen geniessen. Es ist eine wunderschöne Sternen-Nacht und alle warten auf Sternschnuppen.

Dera Ghazi Khan – Dera Ismail Khan = 279 km

Aus unserem Frühstück im Dorf wird nichts. Erstens können wir kaum die Strasse hinunter fahren Richtung Dorf und zweitens ist unser Freund nirgends zu sehen. Wir gondeln unseres Weges und halten zirka eine Stunde später bei einem Fluss an, wo wir dann gemütlich frühstücken. Der Platz ist recht schön. Einige Nomaden ziehen vorbei. Sie sind im Stil der Rajasthanis, Banjaris oder Lambanis gekleidet, sehen auch wie Zigeuner aus.

ERWARTE NICHTS GENIESSE ALLES

Viele bunte Farben, viel Schmuck und die Kleider in mehreren Lagen übereinander geschichtet. Ihre Wagen sind vollbeladen mit Hausrat, Teppichen und Kindern. Die Lasten werden von Kamelen gezogen. Die Kinder mit den struppigen Haaren und schmutzigen und teils zerschlissenen Kleidern finde ich besonders lustig.

Halb dösend sind wir unterwegs Richtung Kohat. Irgendwie kommt mir die Richtung wieder mal falsch vor. In einem Dorf können uns ein paar Einheimische erklären, dass wir ca. 20 Kilometer zurück fahren müssen! Die Strasse ist teilweise recht gut und teilweise halt doch sehr verlöchert. Wenigstens ist die Gegend sehr schön und grün und auf den Feldern wird gearbeitet. Wir kommen in eine Gegend, wo die Chinesen an einem riesigen Strassen Projekt beteiligt sind, das Highway Karachi-Peshawar Projekt. Wir landen auf dem fertigen Stück, die Fahrt wird angenehm. Dann kommen wir in die Berge, hier ist das Projekt nicht sehr weit fortgeschritten und die Strasse wird zur Schotterpiste. Über Stock und Stein kreuchen wir langsam dahin. Zwei Lastwagen-Lenker zeigen uns den Weg, so wissen wir wenigstens, dass wir richtig sind. Es wartet noch viel Arbeit hier, aber sie sind voll dran. Immer in den Teil-Stücken, wo eine Brücke gebaut werden musste, ist das Projekt schon recht weit voran. So haben wir immer wieder kurze Erhol-Phasen.

In einem Dorf müssen wir wieder den Auspuff schweissen lassen. Jetzt ist der vordere Teil defekt. Den hinteren Teil haben wir ja schon in Iran machen lassen. Wir verbinden das Warten mit einem Lunch-Stopp. Adam muss wieder am Kofferraum-Schloss herum werkeln, bis es dann ganz kaputt ist. Warum er hier nicht gerade ein Teil aufschweissen lässt, verstehe ich nicht ganz. Ziggy und ich wundern uns ein bisschen, aber Adam will natürlich nicht auf uns hören. Schlussendlich muss Adam das Schloss wieder mit der Kette am Kofferraum-Deckel befestigen. Ich gehe einkaufen und ein sehr netter Pakistani kommt mir mit seinen Sprachkenntnissen zu Hilfe.

Entlang der Kilometer langen Baustelle finden wir sogar ein Busch-Camp für uns. Es hat einen Fluss hier und es sieht soweit ganz friedlich aus. Bald kommt ein Jeep daher mit drei sehr gut gekleideten Pakistanis. Sie sind an diesem Chinesischen HW Projekt beteiligt. Die drei Herren stellen sich uns vor; Strassenkonstrukteure und Engineers seien sie. Sie arbeiten schon seit zwei Jahren hier. In einem Jahr soll das Projekt fertig werden. Da müssen sie aber Gas geben. Einen Tunnel wollen sie nämlich auch noch bauen. Nach dem netten Schwatz gehen sie dann wieder.

Wir essen gemütlich und diskutieren über die verbleibende Zeit, die wir bis Nepal noch haben. Der Karakorum Highway und Gilgit sind ein bisschen ein Fragezeichen, weil wir nicht viel über diese Strasse nach dort oben wissen. Soweit ich informiert bin, muss der KKH jedes Jahr neu präpariert werden, da er im Winter durch Regen und Schnee jeweils stark beschädigt wird. Ende Sommer Saison könnten also unsere Chancen gut stehen, diese berühmte Route zu manövrieren.

Später kommen unsere Strassenbauer nochmals vorbei. Sie bringen uns Bananen und Äpfel und wollen sich mit uns unterhalten. Da sie praktisch fliessend Englisch sprechen, können wir Allerlei diskutieren. Sie wollen wissen, ob wir auch arrangierte Hochzeiten haben. Die Herren sind sehr vergnügt und es ist eine schöne Abwechslung, sie auf Besuch zu haben.

Dera Ismail Khan – Kohat = 209 km

Am Morgen fahren wir ca. 3 Kilometer, dann erreichen wir das Camp des Chinesischen Unternehmens. Wir fragen, ob wir unsere Wasser Tänke hier füllen dürfen. Unsere Pakistani Freunde von gestern Abend kommen auch daher und laden uns zu Tee und Keksen ein. Sie erzählen uns von der Arbeit des Projekts, was sehr interessant ist. Sie sind erstaunt, dass wir mit unserem Bus die Parallel-Strasse überstanden haben. Sie wollen auch wissen, was wir zu Hause machen. Es ist wieder unterhaltsam mit ihnen und schnell vergeht die Zeit. Noch eine halbe Stunde müssen wir auf der Holper-Strasse manövrieren, dann kommt wieder ein fertiges Stück.

Gegen 12 Uhr erreichen wir Darra. Es ist ein sehr staubiges, ursprüngliches Dorf und überall hat es Gewehr-Schmieden. Es hat auch einen Hauch von einem Cowboy Städtchen à la High Noon. Der ganze Ort, Fussgänger sowie

ERWARTE NICHTS GENIESSE ALLES

Verkehr scheinen fast still zu stehen. Die Leute entlang der Strasse staunen und schauen uns mit grossen Augen an. Als wir anhalten wollen, um einen Polizisten etwas zu fragen, winkt er uns sehr energisch mit den Armen. Er fordert uns zum Weiterfahren auf. Etwas verdutzt rollen wir langsam weiter. Der Polizist schaut uns nach und gestikuliert unverkennbar, es wird hier nicht angehalten.

Später erfahren wir, dass es Bustouren gibt für Touristen. Nur mit einer solchen Tour dürfen Fremde den Ort Darra besuchen.

Eine Stunde später erreichen wir Peshawar. Wir finden uns gut zurecht in dieser Stadt. Die Paxlis wollen in ein Hotel. Wir liefern sie im Hotel Khanis ab. Adam und ich fahren zum Hotel Dean, wo wir im Garten parkieren dürfen. Das Hotel hat nur wenig Gäste. Die Lobby und der Garten sind sehr schön hergerichtet. Es ist eigentlich ein teures Hotel, aber der Manager hat ein gutes Herz und lässt uns für 50 PRp pro Person campieren. Es hat hier auch eine WC- und Dusch-Anlage für uns. Weil der Schlüssel dazu abhandengekommen ist, brechen die Angestellten kurzerhand das Schloss auf. Das Personal ist äusserst nett. Zum Lunch treffen wir uns mit den Paxlis. Jeder findet einen Happen an einem Stand oder in der feinen Bäckerei. Für das Abendessen gehen wir schon mal einen Tisch reservieren im Restaurant HongKong. Ich schlendere noch ein bisschen über den Markt und gehe dann zurück in den ruhigen Garten und geniesse den Nachmittag. Meine Jeans bringe ich in die Express Laundry. Abgabe 18h – Retour 22h, Preis 30 PRp. Den Rest meiner Wäsche wasche ich eigentlich immer von Hand. Jeans von Hand zu waschen ist etwas mühsam, deshalb dürfen sie zum Reinigungs-Service.

Im Restaurant HongKong essen wir wirklich ausgezeichnet und günstig. Der Kellner gibt uns hilfreiche Tipps, wieviel wovon wir bestellen sollen. Wir sind ihm sehr dankbar.

Im Garten des Deans trinken Adam und ich noch einen Whisky und geniessen den ruhigen Abend. Es ist doch etwas komisch, so ganz ohne die Paxlis. Im Hintergrund blitzt es und in der Nacht regnet es wieder mal.

Kohat – Peshawar = 109 km

ERWARTE NICHTS GENIESSE ALLES

Vor der Abfahrt gehe ich auf den Markt. Wir brauchen frisches Gemüse, Früchte und sonst noch ein paar Esswaren für die nächsten Tage. Geldwechseln muss ich auch noch. Die Strasse durch den Ort ist pflotschig und um die Marktstände geht man auf Gemüse-Resten vermischt mit Morast. Ich trage Wanderschuhe, so bekomme ich wenigsten keine nassen Füsse. Peshawar hat ein paar modernere Ecken, aber das Marktquartier und die umliegenden Häuser sehen alt und am Zerfallen aus.

Um 12 Uhr treffen wir unsere Paxlis vor ihrem Hotel. Nun kann die Reise weitergehen.

Unsere Fahrt bringt uns weiter Nord-Ost, Charsadda, Takht Bhai, Jalala, Malakand, Mingora. Die Strasse ist nicht schlecht und meistens zwei Lastwagen breit. Die Landschaft ist wunderschön und grün. Die Dörfer sind sehr einfach, Heuhaufen überall, im Hintergrund die Schneeberge und diese bunten und reichdekorierten Laster sieht man überall. An vielen Orten in Pakistan fühlt man sich in eine lang vergangene Zeit zurück versetzt. Mir gefällt das. Wir verlassen die Ebene und es geht hinauf in die Berge. Immer abschüssiger und enger wird die Strasse. Es ist nicht so einfach ein Nachtlager zu finden, da die Hänge steil abfallen. Etwa 20 Kilometer vor dem Shangla Pass finden wir einen flachen Platz, wo wir parkieren und zelten können. Es geht nicht lange, da rücken fünf Polizisten in einem Jeep an. Wir müssen erklären was wir hier machen und sie sind der Meinung, dass es hier viel zu gefährlich sei für uns. Auf der Polizei Station haben sie aber keinen Platz. Netterweise offerieren sie zwei Nachtwächter bei uns zu lassen. Wir stellen ein weiteres Zelt auf, wo die Nachtwächter sich aufhalten können, oder gar schlafen. Der Chef versichert uns, dass sie über das Walky-Talky jederzeit erreichbar sind und sofort zur Stelle, sollte etwas vorfallen während der Nacht. Ich zweifle keinen Moment an seinen Worten. Unsere Bewachung ist freundlich und beide sprechen überraschend gut Englisch. Eigentlich erstaunlich, wenn man bedenkt, wo wir hier sind. Wir fragen sie nach dem Karakorum Highway (KKH). Die Strasse sei gut befahrbar, ist ihre Meinung. So steigen unsere Chancen, dass wir nach Gilgit können, enorm.

ERWARTE NICHTS GENIESSE ALLES

Wir essen unter den Bäumen in unserem kleinen Camp und gehen bald schlafen. Es wird schnell kalt hier oben und die langen Fahr-Tage sind doch ermüdend für alle. Die vielen Eindrücke können ja auch im Schlaf verarbeitet werden.

Peshawar – Khwazakhela = 187 km

Um mir eine Freude zu machen, haben Lennon und Janice gestern Abend einen Schlüssel verlangt für die Hintertüre am Bus. Heute Morgen wollten sie das Frühstück zubereiten. Das hat sich erfreulich angehört für mich, das hat noch nie jemand offeriert. Um 6 Uhr ist es bereits hell und wie so oft bin ich die erste, die aufsteht. Nur unsere Nachtwache ist auf und macht sich auf den Heimweg. Die Aussicht von unserem Camp in die wilde Natur ist grandios. Die Morgensonne beleuchtet die Bergkette am Horizont, herrlich. Unser Camp ist wie eine kleine Oase mit etwas grünem Gras und von Bäumen und Büschen umringt.

Um alle Schlafmützen zu wecken, betätige ich kurz das Horn. Wow, das ist laut! Ich bekomme keine Komplimente dafür, aber jetzt sind alle wach. Die Zubereitung des Frühstücks bleibt an mir hängen. Kurz vor 8 Uhr rollen wir los. Wir fahren durch Bergdörfer und raue Gegenden. Man sieht wo die Strasse des Karakorum verschüttet war. Die Lawinen haben ihre Spuren hinterlassen. An gewissen Orten sind die Hänge eine riesige Geröllhalde. Viel Dreck und Morast musste weggebaggert werden. Es ist nicht mehr so grün hier oben. Die Landschaft ist eher steinig. Gegen 11 Uhr treffen wir in Besham ein.

1966 wurde mit dem Bau des KKH von Dassu bis zum Khunjerab Pass begonnen. Der Khunjerab Pass ist mit 4'693 müM der höchste Punkt der Strecke und die Grenze von Pakistan zu China. Der KKH gehört zu den höchstgelegenen Überlandstrassen der Welt.

Wegen den Erdrutschen, den harschen Wintern und der schroffen Berghänge war dieser Bau eine riesige Herausforderung. Die Arbeiten haben über 20 Jahre gedauert. Das Tal ist wunderschön und die Aussicht herrlich.

ERWARTE NICHTS GENIESSE ALLES

Vor 1977 führte der erste und alte Teil des KKH von Peshawar bis Besham. Nun kommen wir in den nördlichen Teil der Strecke. Bis auf ein paar wenige Stücke ist die Strasse wirklich nicht schlecht. Es gab kürzlich ein paar Erdrutsche, aber alles ist unter Kontrolle. Von Besham bis Gilgit sind es noch etwa 340 Kilometer. Es hat praktisch keinen Verkehr und wir kommen gut vorwärts. In Dassu machen wir eine Mittagspause, dann geht es weiter dem Indus Fluss und den Felsen entlang. In Chilas gibt es einen Check-Point, wo wir uns in eines der überdimensionalen Bücher eintragen müssen. Es ist schon fast 16 Uhr als wir im Dorf ankommen. Wir entscheiden uns, hier eine Nacht zu verbringen. Im Garten des Chilas Inn dürfen wir campieren (200 PRp). Das Hotel ist eigentlich geschlossen. Der Besitzer ist aber erfreut solch illustre Gäste zu beherbergen. Wir dürfen sogar sein Restaurant benützen, so müssen wir nicht draussen essen. Die Temperaturen am Abend sinken auf empfindlich kalt. Janice hilft mit Kochen und der Hotel-Guard kommt auf einen Schwatz zu uns. Er schwärmt von seiner Frau und seinem drei Monate frischen Baby.
Da wir morgen wieder früh weg wollen, gehen wir auch früh schlafen.

Chilas liegt an der Seidenstrasse. Entlang dem KKH gibt es über 50'000 Petroglyphen. Die Steinmetzarbeiten und Buddhist-Rock-Art sind Überbleibsel von verschiedenen Händlern, Pilgrims, Einheimischen und Invasoren, die entlang des Weges kamen. Die ältesten Werke stammen aus 5'000 bis 10'000 v. Chr., zeigen Tiere, primitive Figuren und Jagd-Szenen.

Khawazakhela – Chilas = 250 km

Samstag, 1. November 1997
Um 6.30 Uhr stehe ich auf. Das Liegen ist unbehaglich, meine Nase ist verstopft. Ich glaub, ich habe mich erkältet.
Um uns alle aufzuwärmen, koche ich eine Suppe. Dann wird wieder gepackt und wir nehmen das letzte Stück bis Gilgit unter die Räder. Wir halten oft, es gibt so viele schöne Foto-Objekte. Die Landschaft ist wunderbar und das Wetter zeigt sich von der besten Seite. Gegen 11 Uhr treffen wir in Gilgit ein.

ERWARTE NICHTS GENIESSE ALLES

Der 1. November ist der National-Feiertag in Gilgit. Es geht gerade eine Prozession durchs Dorf. Eine Strasse ist gesperrt und so quetschen wir uns durch Seitengassen, um auf die andere Seite des Dorfes zu gelangen. In unserem Reiseführer sind ein paar Unterkünfte aufgelistet. Das Golden Peak Inn finden wir aber schon mal nicht. Das Mount Barok gibt es scheinbar nicht mehr und so gelangen wir zum Riverside, das nun aber Riviera heisst. Man sieht, dass es neu ist. Es macht einen teuren Eindruck, aber Janice und ich gehen trotzdem an die Rezeption. Die Zimmer wären 1'200 PRp, aber da es nicht Saison ist, könnten wir den Preis runterhandeln. Im grosszügigen, charmanten Garten dürfen wir für 100 PRp pro Zelt campieren. Der Hausherr lässt uns sogar in einem Zimmer duschen. Das ist sehr nett. Alle sind hungrig und wir bestellen Food. Das Essen ist exzellent. Die Paxlis sind sonnigen Gemühtes. Es gibt viel zu lachen. Auch hier ist der Manager sehr freundlich. Er trägt einen dunklen Anzug mit Fliege, das passt so ganz und gar nicht hierher.

Bei einem Spaziergang durchs Dorf, treffen wir auf die vier Neuseeländer und zwei Engländerinnen mit den Motorrädern. Sie haben uns schon erwartet. Sie haben nämlich den Eintrag beim Check-Point gesehen. Fünf Schweizer und zwei Engländer, das konnten nur wir sein.
Das Dorf ist nicht gross, es hat nicht viele schöne Häuser. Alles sieht halbfertig aus. Ich hatte etwas mehr Berg-Idylle erwartet.
Die Paxlis wollen heute Abend im Dorf essen gehen. Ich werfe mich in einen der bequemen Ohrensessel an der Rezeption und schreibe. Da das Essen im Hotel so gut ist, verpflege ich mich hier. Danach muss ich hinaus in die kalte Nacht. Aber der Schlafsack wird schnell warm. Bloss nicht die eiskalten Fensterscheiben berühren.

Gilgit liegt südlich des Hunza Tals. Tagsüber an der Sonne wird es ca. 10 bis 15 Grad. In der Nacht sinken die Temperaturen auf 5 bis 0 Grad. Der Ort liegt auf 1'500 Meter über Meer und hat etwa 21'6000 Einwohner. Von den Einheimischen wird Gilgit auch Sargin genannt, der alte Name des Ortes.

ERWARTE NICHTS GENIESSE ALLES

Der Karakorum Highway ist eine wichtige Handelsroute zwischen Pakistan und China, was Gilgit zu einer wichtigen Destination macht. Chilas wie auch Gilgit gehören zum Gebiet Kashmir.
Der Staat Jammu & Kashmir hatte ihre Truppen aus Gilgit abgezogen. Anstelle dieser Truppen, haben Britische Offiziere Söldner rekrutiert, genannt Gilgit Scouts. Diese Scouts wurden von Delhi bezahlt. Im April 1947 hat Delhi entschieden, die geliehene Gegend an Hari Singh's Jammu & Kashmir, per 15. August 1947, zurück zu geben. Doch die Gilgit Scouts rebellierten gegen diese Aktion und traten unter der Führung von Major WA 'Willie' Brown offiziell dem neu gegründeten Staat Pakistan bei.

Chilas – Gilgit = 137 km

Die Sonne wärmt den Bus herrlich, so ist der Morgen ganz angenehm. Jeder macht etwas für sich.
Am Nachmittag gehen Adele und ich ins Dorf. Eigentlich wäre es ja eine Stadt, aber man hat nicht das Gefühl in einer Stadt zu sein.
Da die Post geschlossen ist, suchen wir uns eine Beiz und schmatzen frische Samosi und riesige Makaronen Kekse. Eine Brücke bringt uns über den Gilgit Fluss (ein Seitenarm des Indus), auf die andere Seite des Ortes. Es fällt uns auf, dass es sehr viele Schulen hat. Auch Frauen sieht man hier mehr als im Flachland. Einige sind unten am Fluss beim Waschen. Zwei kecke Mädchen laufen uns ein Stück nach. Sie können kein Englisch und so machen wir uns einen Spass und sprechen Schweizerdeutsch mit ihnen. Sie finden das jedenfalls auch sehr lustig. Wir machen Fotos und kaufen Gemüse und vom grünen, fein riechenden Gewürz. Wahrscheinlich ist es eine Gewürzmischung, leider verstehe ich nicht, was der Verkäufer bezüglich dieses grünen Gewürzes erklärt, aber es riecht wirklich sehr fein.
Die Strasse führt von hier weiter durchs Hunza Tal zum Khunjerab Pass über die Chinesische Grenze und wird rege für den Transport von Gütern benutzt. Touristen können hier scheinbar nicht über die Grenze, hat man uns erzählt.

ERWARTE NICHTS GENIESSE ALLES

Da es schon wieder kühl wird, sind alle Paxlis ins Entrée des Hotels gezogen. Lennon geht es besser, dafür fühlt sich Florian nicht so wohl. Wahrscheinlich macht eine Erkältung die Runde. Zum Abendessen wollten wir alle ins China Restaurant aber die haben geschlossen. So beschliessen wir wieder bei uns im Hotel zu essen. Sie servieren uns riesige Portionen, die sogar Ziggy erschrecken. Alles ist sehr fein.
Wir entscheiden noch, dass wir morgen zurück Richtung Tal steuern. Es ist kalt hier oben und wir haben genug gesehen.

Alle stehen um 6 Uhr auf. Zelte packen und weg sind wir.
In den nächsten zwei Dörfern versuchen wir Diesel zu bekommen. Wieder mal erfolglos. Sorry, finish! Erst beim dritten Anlauf klappt es. Der Verkehr hält sich in Grenzen und wir kommen gut voran. Gegen 14 Uhr sind wir zurück in Dassu, wo wir schnell etwas trinken und die Beine bewegen. Es hat genug Esswaren im Bus, so dass jeder etwas zum Schmausen findet. Vor Besham sehen wir einen schönen Markt und decken uns dort mit frischem Gemüse und Früchten ein. Ein alter Mann kommt mir als Übersetzer zu Hilfe und das ganze Dorf läuft zusammen, um zu sehen, was wir hier machen.
Gegen 16 Uhr treffen wir in Besham ein. Nun sind wir zurück auf dem südlichen Teil des KKH.

Wir sind alle müde und suchen eine Möglichkeit für unser Busch-Camp. Da die Gegend noch immer felsig und steil ist, ist es schwierig. Reisterrassen und kleine Dörfer zieren die Strecke. Als wir endlich eine Abzweigung sehen, fährt Adam einfach weiter. Zu mir sagt er; zu viele Leute hier! Später sagt er, ihr müsst halt genauer bekunden was ihr wollt! Manchmal ist es mühsam mit ihm. Etwa 20 Minuten später sehen wir wieder einen Platz. Schön ist es nicht, aber besser als Nichts.

Nach dem Essen trinken wir noch Tee zusammen. Es ist ein eher ruhiger Abend. Die Paxlis verziehen sich in ihre Zelte. Janice und Ziggy nehmen die Spiel-Karten mit. Ich ziehe mich auch zurück, da kommt Adam und fragt mich, wie lange wir Janice und Ziggy die Karten zur Verfügung stellen?! Das ist jetzt ein Witz, oder?

Gilgit – Batagram = 367 km

Es hat heute ein bisschen mehr Verkehr. Wir kehren zurück in die Zivilisation. Die Strasse ist zum Teil völlig zerlöchert. Es ist wunderbar warm und die Gegend zeigt sich in den schönsten Herbstfarben. In Abbottabat machen wir einen Halt, den ich auf dem Markt verbringe. An einem Gemüsestand spricht mich ein elegant gekleideter Mann an. Er spricht perfekt Englisch. Er lebe jetzt in Manchester und sei zu Besuch hier, lässt er mich wissen. Sein Vater besitze viel Land und Häuser hier, aber er könnte jetzt nicht mehr hier leben. Das verstehe ich irgendwie.

Nachdem ich alles beisammen habe, reisen wir weiter. Abbottabat ist die erste grössere Stadt seit Peshawar. Ausserhalb der Stadt, bei einem Fluss auf einer Wiese, breiten wir ein Picknick aus. Adam schaut wieder nach den Bremsen und meint die rechte Hinter-Bremse funktioniere nicht mehr. Nach der angenehmen Pause fahren wir bis Haripur. Dort hat es viele Werkstätten und einer der Mechaniker kann uns helfen. Zufälligerweise ist auch ein gutaussehender und sehr fein riechender Pakistani zur Stelle. Sein After Shave, oder Parfum, erinnert mich an Mary Quand. Er riecht nicht nur gut, er spricht auch fliessend Englisch.

Die Mechaniker nehmen die Bremsen professionell auseinander. Die Bremsklötze sind restlos zu Boden gefahren und ein Regelteil (Druckregler?) ist auseinander gefallen. Als wir fragen, was diese Reparatur kosten wird, meint einer der Mechaniker; you are our guest! (ihr seid unsere Gäste!). Naja, warten wir's mal ab. Ich stehe in der Garage rum und überlege mir grad, was ich machen soll. Da kommt der nette, attraktive Gentleman zu mir.

Sein Name ist Mohammad Farooq. Er ist in Haripur aufgewachsen, seine Eltern sind vor einigen Jahren in die Gegend von Rawalpindi gezogen. Sein Vater war einer der Chefs von Telecom Pakistan. Farooq selber führt einen Stoffwaren-Handel und verkauft Stoffe für Schul-Uniformen. Ausserdem besitzt er noch ein Papeterie-Geschäft; Schulhefte und Schreibsachen, was man halt so braucht in der Schule. Farooq und sein Kollege Ahmed laden mich auf eine Stadt-Tour ein. Adam gefällt das gar nicht und er besteht darauf mitzukommen. Ich sitze hinten mit Farooq, Adam vorne bei Ahmed. Es ist offensichtlich, dass Farooq ein grosser Fan von mir ist. Er ist so freundlich und lächelt mich unermüdlich an. Zuerst kutschieren wir zum Schmuckmarkt. Farooq möchte unbedingt, dass ich mir etwas aussuche. Aber ich sehe nichts, das mir gefällt und ich kann ihn überzeugen, dass ich keinen Schmuck möchte. Der Ausflug geht weiter, über die Grand Trunk Road zu einer kleinen Colony (ein Quartier), wo ein grosses Telecom Gebäude steht. Alle Häuser sind klein, quadratisch und vorne weiss angemalt, die Dächer sind aus Wellblech. Weiter hinten hat es eine Schule, ein paar Angestellten-Häuser und einige Regierungsgebäude. Bei einer Reihe von verschiedenen Geschäften, die in kleinen, garagenartigen Bauten untergebracht sind, kauft Farooq Bananen. Eines der Geschäfte ist auch Farooq's Papeterie. Wir werden freundlich begrüsst von einem sehr sympathischen Angestellten. In 15 Tagen reise er nach Frankreich, meint dieser. Seine Eltern leben schon seit 10 Jahren dort, nun will er sie besuchen. Ich bekomme ein richtiges Coca-Cola und werde überall bei den Nachbar-Geschäften stolz präsentiert. Farooq packt Haarbänder aus und meint, ich müsse mir eines aussuchen. Schwarz, Grün, mit viel Gold-Verzierung und Bling. Da ich mich nicht entscheiden kann, sucht Farooq eines für mich aus. Ganz in Pink, aus flauschigem Samt, dazu noch ein paar Haargummis mit Früchten verziert. Gefüttert werde ich mit feinen Caramel (ich mag Caramel). Einerseits geniesse ich diesen Ausflug und den Einblick in das Leben in Haripur. Die Situation im Laden ist auch sehr lustig. Gleichzeitig ist es mir ein bisschen mulmig zumute, soviel Aufmerksamkeit zu bekommen von Farooq. Er ist total fasziniert von meinen grau-blauen Augen und den blonden Haaren. Ich muss sagen, Farooq hat selber auch sehr schöne, grün-braune Augen. Er ist sicher gebildet und aus gutem Hause. Gegen 16 Uhr kehren wir endlich zurück zur Werkstatt. Alles ist fertig und sie wollen tatsächlich kein Geld für die Arbeit. Wir müssen nur die Ersatzteile bezahlen. Ich gebe den Mechanikern ein grosszügiges Trinkgeld. Die sind unglaublich freundlich hier.

ERWARTE NICHTS GENIESSE ALLES

Farooq will natürlich meine Adresse und Telefon-Nummer. Auch ich bekomme seine Koordinaten und als wir uns sehr höflich verabschieden meint er; bitte vergiss mich nicht. Wie könnte ich! Dieses Erlebnis wird mir sicher ewig in Erinnerung bleiben. Khoda hafez!

Von Haripur reisen wir südlich Richtung Taxila. Die Stadt ist ein Chaos! Es hat viele dieser reich-dekorierten Laster und Busse. Für ein kurzes Stück können wir die neue Autobahn nehmen, die wir aber bald wieder verlassen. Schnell finden wir ein Busch-Camp, wahrscheinlich das letzte in Pakistan. Wir bekommen sofort Besuch, erst vier Jungs, dann drei Männer. Die Männer wollen uns die Hände schütteln, das ist so komisch, so formell hier draussen.

Wir machen wieder mal das Omeletten Buffet, wo jeder selber etwas brutzeln kann. Die Gäste kommen und gehen. Einer will sogar Tee mit uns trinken. Einer bringt frisches Popcorn. Meine Paxlis wollen natürlich alles wissen von unserer Exkursion mit Farooq und ich zeige ihnen meine Geschenke. Sie lachen, vor allem Adele quietscht laut heraus. Aber ich schätze die kleinen Gaben und vergrabe sie in meinem Rucksack. Der Abend plätschert lustig dahin und schnell wird es spät, Zeit zum Schlafen. Eigentlich wollte ich noch schreiben, aber Schlaf brauche ich ja auch.

Batagram – kurz vor Rawalpindi = 167 km

Mittwoch, 5. November 1997
Es ist noch kühl am Morgen und unser Dieselmotor will heute nicht so recht starten. Wir müssen wieder mal anschieben. Alle wollen so schnell wie möglich nach Lahore. Das ist mir auch recht. Jeder macht eine Prognose für die Ankunftszeit beim GPO. Ziggy: 13h, Adele: 13.15h, Florian: 13.30h, Lennon: 13.40h, Janice: 14h!
Bis Rawalpindi sind es nur noch 23 Kilometer. Durch die Stadt herrscht jedoch ein kleines Verkehrs-Chaos. Wo all die Leute bloss immer hingehen? Rawalpindi, auch genannt Pindi, war früher und ist noch heute eine wichtige Militär-Stadt. Sie ist inzwischen schon fast mit der heutigen Haupt-

stadt Islamabad zusammen gewachsen. Rawalpindi und Islamabad werden auch die Zwillings-Stadt genannt. Rawalpindi ist laut und staubig aber auch bunt und unterhaltsam. Islamabad ist im Vergleich ruhig und sehr modern. In meinen Augen gleichen sich die zwei Städte gar nicht. Sie sind eher das pure Gegenteil.

Ausserhalb der Stadt kommen wir dann zügig vorwärts. Wir machen nur einen kurzen Pipi-Rauch-Stopp. Es hat noch Früchte und Snacks zum Essen und selbst meine Caramel von Farooq kommen gut an.

Bereits um 12.30 Uhr erreichen wir die Stadtgrenze von Lahore. Die Strasse ist komplett verstopft mit Fahrzeugen. Wir kommen auf die Circular Road, die etwas verwirrend ist. Zweimal müssen wir nach dem Weg zum GPO fragen. Dann kommen wir endlich zur Mall Road und schwupp stehen wir vor dem YWCA. Es ist 13.15 Uhr, gratuliere Adele, du hast perfekt geschätzt.

Ein Amerikaner, der auch im YWCA wohnt, fragt uns, wo die AMEX sei. Adam erklärt ihm einen völlig falschen Weg. Da muss ich eingreifen, weil die Amex nämlich gerade hier um die Ecke ist. Als wir ihn später wieder treffen meint er, ich hätte Recht gehabt- bin ich ja froh.

Ich freue mich auf einen ruhigen Abend im schönen Garten des YWCA. Beim Abwasch in der Küche treffe ich auf einen Deutschen und einen Holländer. Sie sind beide mit dem Motorrad unterwegs und wir plaudern angenehm eine Weile. Obwohl mir die Grenze nach Indien ein bisschen auf dem Magen liegt, schlafe ich erstaunlich gut.

Kurz vor Rawalpindi – Lahore = 304 km

1998 PK

Samstag, 17. Oktober 1998
Um 7.30 Uhr sind wir unterwegs. Von Zahedan bis zur Grenze sind es noch ca. 80 Kilometer. Die erste Polizei Kontrolle ist ein bisschen aggressiv. Manchmal habe ich schon ein mulmiges Gefühl, wenn die uniformierten

Männer, bewaffnet bis auf die Zähne, so grimmig auftreten. Die nachfolgenden Posten sind dann freundlicher und etwas entspannter. Die Iranischen Zollbeamten sind recht locker. Sie fragen, ob wir Teppiche mitführen. Adam zeigt zuerst sein kleines Exemplar, welcher er bei Hossein gekauft hat. Damit sind sie schon zufrieden und so sagen wir nichts, dass wir auch noch fünf andere Teppiche mitführen. Das Carnet wird effizient bearbeitet. Mein Freund, Mister Akbar, hat heute erstaunlicher Weise keine Zeit für Tee mit mir. Sie hätten das ganze Personal ausgetauscht. Daher muss er schauen, dass alles richtig läuft, erklärt er mir. Die Paxlis sind schon alle zu Fuss zur Passkontrolle weiter und bereits in Pakistan, als ich endlich auch durch das grosse Tor gelassen werde. Weg mit Mantel und Kopftuch, dann bin auch ich bereit für die Passkontrolle der Pakistani. Die bärtigen Herren im Büro sind nett und schnell ist alles erledigt. Die letzte Hürde ist jetzt noch die Zollkontrolle für Ury. Es werden die üblichen Nettigkeiten ausgetauscht. Heute will der Beamte die Chassis- und Motor-Nummer kontrollieren. Alles in Ordnung, die Einträge in die überdimensionalen Bücher werden gemacht und dann; you are free to go! Hört man das nicht gerne?!

Mit der Zeitverschiebung von ein-einhalb Stunden ist es nun doch schon 12 Uhr, das lässt uns genug Zeit, bis nach Dalbandin zu fahren. Es gibt Zugschienen, die durch die Beluchistan Wüste nach Quetta führen. Ich bezweifle, dass sie noch in Gebrauch sind, da ich noch nie einen Zug gesehen habe. Aber hier weiss man ja nie so genau. Der Sand setzt dieser Strecke sicher ziemlich zu. Teilweise sind die Geleise auch von Sand bedeckt, halt wie die Strasse.

In Dalbandin gibt es ein verlassener Bahnhof, oder vielleicht sieht er auch nur verlassen aus. Jedenfalls können wir uns da gut verstecken und zwischen den Hütten sind wir auch vor einem allfälligen Sandsturm geschützt. Vor einer Türe sitzt ein älterer Mann, langes, ausgewaschenes, grünes Shirt, weite Hosen im gleichen ausgewaschenen Grün, dazu einen Turban, Schnauz und Bart dürfen natürlich auch nicht fehlen. Seine Augen sind grün-braun, sein Gesicht ist voller Runzeln. Er sieht toll aus und passt perfekt in diesen Bahnhof. Er hat nichts dagegen, dass wir hier übernachten, jedenfalls macht es nicht den Anschein. Er spricht kein Englisch und ist überhaupt sehr wortkarg.

Wir bekommen einen schönen Sonnenuntergang präsentiert und zum Dessert gibt's sogar noch eine Sternschnuppe. Lange sitzen wir draussen und geniessen die Ruhe in der Wüste.

Zahedan – Dalbandin = 392 km

Heute haben wir das schöne Stück Wüste vor uns. Manchmal fühle ich mich hier wie am Ende der Welt. Nur Sand und Dünen, ein paar wenige Stachelbüsche und ab und zu sehen wir Kamele, die einsam in der Wüste stehen. Die Strasse ist zeitweise in sehr schlechtem Zustand. An einigen Stellen ist die Strasse komplett von Sand bedeckt und mit Vollgas preschen wir durch die Sandverwehungen, um ja nicht stecken zu bleiben. Da es praktisch keinen Verkehr hat, kommen wir zügig vorwärts und treffen bereits am frühen Nachmittag in Quetta ein.

Wie jedes Jahr wohnen wir im Hotel DeLuxe. Wir finden es auf Anhieb und sie haben Zimmer für uns alle. Der Preis hat sich nicht verändert, 200 PRp inkl. Badzimmer. Alle sind glücklich und stürzen sich unter die Dusche.

Erfrischt und sauber gehen wir beim Afghan Shop Geld wechseln. Sharky gibt uns 56 Pakistanische Rupees für 1 USD. Auf dem Weg zurück ins Hotel besuchen wir noch den Schnapsladen. Murree Bier (80 PRp) und Lion Whisky (400 PRp) haben sie im Angebot. Eigentlich ist es verboten Alkohol zu konsumieren. Aber es gibt ihn überall.

In der Stadt hat es an vielen Ecken Nan Bäcker. Das Nan Brot wird in einem Ton-Ofen gebacken, wie das Nan in Indien. So frisch und noch warm ist es am besten. Das Abendessen im Restaurant Marina ist auch recht erfreulich.

Dalbandin – Quetta = 328 km

Nach dem Morgencafé gehen Adam und ich zu Lal in die Werkstatt. Die zwei Motorradfahrer vom Murat Camp sind auch da. Luc, der Schweizer lässt seinen Auspuff reparieren. Der Engländer kommt mit uns zur Versicherung. Das alte Männlein arbeitet immer noch hier. Nach einem netten Gespräch können wir unsere Papiere gleich mitnehmen. Zwei Dragoman Trucks seien gestern Abend im Lourdes eingetroffen, weiss der Experte zu berichten. Da wir keine Reparaturen haben, gehen wir ins Lourdes. Crazy Chris und Goose sind dort und auch das zweite Team sitzt dort.

'G' war früher im Team Afrika, bis er und seine Gruppe in der Sahara Wüste überfallen wurden. Ein Passagier wurde dabei erschossen und zwei junge Frauen wurden vergewaltigt. Dass 'G' seither ein Trauma hat, ist nicht verwunderlich. Dieser Überfall war nicht der einzige. Heute wird die Tour nach Afrika nur noch im Konvoy durch die Wüste gefahren.

Da Stella heute Geburtstag hat, bleiben wir auf einen Drink. Mit vielen Geschichten vergeht dieser Tag, fröhlich und schnell. John, einer der Passagiere setzt sich zu mir. Er winkt mir jedes Mal, wenn wir das Drago Team irgendwo treffen. Heute sprechen wir das erste Mal miteinander. Er liebt die Berge, da haben wir ja eine Gemeinsamkeit. Er wird von Indien aus nach Nepal weiterreisen, um dort trekken zu gehen.

Adam erzählt Clumsy, die uns ins Lourdes begleitet hat, dass er diese Überland-Touren gerne mit mir macht. Bei ENGA müsse nicht immer alles so perfekt sein. Bei den grossen Organisationen ist das schon anders. Da ist jeder Tag genau geplant. Budget, wo wann was gemacht wird, alles ist geregelt. Aber diese grossen Unternehmen betreuen auch grosse Gruppen. Wir sind eine kleine Gruppe im Vergleich, da kann man schon etwas flexibler sein. Jedenfalls freut es mich, dass sich Adam auch mal Positiv über meine Führung der Tour äussert.

Um 19 Uhr sind wir bei Lal und Familie zum Abendessen eingeladen. Es ist bereits Tradition geworden und für unsere Paxlis immer eine wunderbare Erfahrung. Ich muss nur noch schnell die Geschenke ausgraben, die ich aus der Schweiz mitgebracht habe. Jetzt noch Babyface und Rudi abholen, dann können wir gehen. Shakeel fährt uns. Wir werden schon erwartet und natürlich sind noch Cousinen und Freunde eingeladen. Das Essen ist wieder sehr fein und viel zu viel.

Unser Babyface und die Jungs der Familie haben riesigen Spass miteinander. Clumsy und ich besuchen die Frauen und Mädchen in der Küche. Erst nach Mitternacht werden wir nach Hause entlassen. Ich falle fast von der Stange, so viel Unterhaltung den ganzen Tag ist anstrengend.

Ausgiebiges Ausschlafen steht heute auf dem Programm. Clumsy und ich gehen später zum GPO. Das Leben in der Post kommt fast zum Stillstand als wir eintreten. Wir werden angestarrt wie Ausserirdische. Der Beamte hinter dem Schalter bedient uns aber anstandslos. Sogar die Briefe für Babyface dürfen wir mitnehmen. Als wir alles zusammen haben verschwinden wir schnell aus dem Büro. So viel Aufmerksamkeit sind wir uns einfach nicht gewohnt.

Lachend und schwatzend gehen wir auf dem Trottoir dahin als uns ein Bus überholt. Die Männer im Bus quetschen sich an die Fenster, durch die offenen Fenster wird gejohlt und gerufen. Sie können wahrscheinlich nicht viel oder gut Englisch, trotzdem ist es nicht so nett was wir zu hören bekommen. Ziemlich obszön!

Auf dem Markt ist es dann kein bisschen besser. Was ist denn heute los? Wir werden mehrmals begrapscht und ich haue zweimal einem Aufdringling auf die Finger. Natürlich fallen wir hier auf. Frauen gehen nicht auf den Markt, schon gar nicht ohne männliche Begleitung. Trotz der Wärme tragen wir beide lange, weite Blusen und Schlabber-Hosen, aber das hilft auch nicht. Clumsy macht ein paar Fotos, dann verkriechen wir uns im angenehmen Hotel DeLuxe.

Ich verbringe heute viel Zeit mit Schreiben, Lesen, Buchhaltung und Vorbereitungen für die Weiterreise.

Alle Beteiligten verbringen einen ruhigen Tag und ich denke, morgen wollen wir eventuell weiter. Aber die Paxlis meinen, einen Tag länger zu bleiben würde allen gut tun, bevor wir uns ins Abenteuer Pakistan stürzen. Das lässt sich einrichten.

Seit zwei Tagen fühlt sich Rudi nicht so wohl. Ich habe ihm Diät verschrieben. Da es ihm heute nicht besser geht, möchte er ein Antibiotika nehmen. Ich gehe also zurück in die Apotheke und lasse mich beraten. Später gehen wir vier anderen zurück auf den Markt. In Begleitung von Adam und Babyface ist es viel angenehmer und die Einheimischen gehen auf Distanz.

ERWARTE NICHTS GENIESSE ALLES

Wir stocken unseren Vorrat auf. Ich hoffe, dass wir morgen weiterreisen können. Für Rudi kaufen wir noch Bananen. Falls er etwas essen kann oder möchte.

Die drei Herren verbringen den Rest des Nachmittags mit Karten spielen, das ist schon mal ein positives Zeichen. Ich geniesse mein Buch.

Um 7 Uhr bin ich auf und voller Tatendrang. Wach bin ich schon seit etwa 6 Uhr, da draussen im Hotel Korridor eine Pakistanische Familie und ihre Kinder am Spielen, Rennen und Quieken sind.

Es geht allen besser und so steht einer Abfahrt nichts im Wege.

Lal ist noch nicht in seiner Werkstatt. Wir hinterlassen Grüsse bei seinem freundlichen Angestellten und fahren dann los.

Ausserhalb der Stadt verkommt die Strasse schnell zu einer Schotterpiste. Gegen Mittag schaffen wir es nach Ziarat. Viele Lastwagen, gefüllt mit Äpfeln, sind unterwegs. Es ist Erntezeit.

Ausserhalb des Dorfes Loralai biegen wir auf eine Nebenstrasse ab. Bald finden wir einen Platz für unser Nachtlager. Kaum ausgestiegen, werden wir von einheimischen Jungs umzingelt. Zum grossen Erstaunen beherrschen zwei von ihnen die Englische Sprache ziemlich gut. Als dann auch noch der Dorf-Älteste zu Besuch kommt, fühlen wir uns sehr wohl. Er versichert uns, dass wir hier gut aufgehoben und willkommen sind.

Quetta – Loralai = 242 km

Innert kürzester Zeit sind wir zurück auf der holperigen Hauptstrasse. Es hat bereits viel Verkehr. Die Gegend ist schön, ein paar Lehmhütten und Bäume, umringt von Bergzügen. Wir können die Fahrt geniessen.

Der Loralai Pass muss eine Hauptverbindung sein, warum sonst würden sich diese wie Christbäume geschmückten Lorries über diesen Pass quälen. Zum Überholen ist die Strasse meist nicht breit genug und wegen den vielen Löchern muss man sehr vorsichtig lenken. In Manco müssen wir die 5 PRp Strassen-Gebühr zahlen. Ob sie diese Strasse jemals reparieren mit diesem Geld?

ERWARTE NICHTS GENIESSE ALLES

Als wir wieder ins Flachland kommen, die Indus Ebene, suchen wir uns ein Busch-Camp. Hinter einem Hügel mit Büschen lassen wir uns nieder. Zu Besuch kommt heute niemand. Wir besprechen die nächsten Destinationen, Distanzen und Sehenswürdigkeiten.

Meist essen wir einfache Gerichte. Heute gibt es Suppe mit Kartoffeln und Kohlrabi. An Gewürzen fehlt es uns nie. Manchmal müssen wir lange Zeit immer die gleichen Gemüse kaufen, da der Saisonale Markt halt eher bescheiden ist. Aber Not macht erfinderisch und da am Abend alle hungrig sind, schmeckt es auch meistens.

Loralai – kurz vor Dera Ghazi Khan = 221 km

Letztes Jahr konnten wir von Dera Ghazi Khan in nördliche Richtung nach Peshawar fahren. Aber dieses Jahr wurde uns wieder abgeraten die Strecke entlang der Afghanischen Grenze zu nehmen. So fahren wir halt Inland Richtung Islamabad.

Dera Ghazi Khan und Multan sind grosse Städte. Multan hat über eine Million Einwohner, DGK etwas weniger. Es hat viel Verkehr, dafür ist der Strassenzustand relativ gut. Gegen 16 Uhr sind wir kurz vor Lahore. Wir entscheiden noch ein paar Kilometer nördlich zu fahren. Vor uns liegt die brandneue M2, eine sechsspurige Autobahn. Wir können kaum glauben was wir hier sehen. Bei diesem Anblick würden sogar die Schweizer Strassenbauer erbleichen. Leider macht dieser super Highway einen Umweg von etwa 100 Kilometer und deshalb wechseln wir auf die vierspurige Strecke. Die ist auch nicht schlecht, aber den Platz müssen wir halt mit den üblichen Ochs-Karren, Tuktuks, viele Mopeds, Autos und Lastwagen teilen. Ich bin schon froh, wenn alle auf ihrer Seite bleiben und kein Geisterfahrer entgegen kommt.

Es dauert eine Weile bis wir eine Möglichkeit finden, um unsere Zelte aufzustellen. Bei einer Baustelle verlassen wir die Schnellstrasse. Zur Überraschung werden wir von einer Nachtwache samt Gross-Familie begrüsst. Sie freuen sich riesig uns zu sehen und sie schwatzen und fragen und lachen. Das Einzige was ich verstehe ist 'adscha' (OK, verstehe). Die Mutter haut

Bus können wir auch parkieren. Doch leider hat schon in den letzten Kurven vor Murree der Motor angefangen zu husten. Adam meint, das sei sicher der Benzin Filter. Ausladen müssen wir unser Gepäck deshalb unten beim Shop, wo wir angehalten haben. Während Adam den Filter reinigt, beziehen wir die Zimmer.

Am Abend können wir alle an der Rezeption den Film Titanic schauen. Babyface meint, er hätte den schon zig-Mal gesehen und schaut ihn trotzdem wieder, mit seinem breiten und ansteckenden Lachen.

Gujranwala – Murree = 350 km

Es ist kalt am Morgen und ich verkrieche mich lieber noch ein bisschen unter der warmen Decke. Erst zum Lunch treffen wir uns alle. Es gibt hier eine Mall, viele kleine Läden hat es und auch Restaurants. Wir suchen uns ein Essplätzchen, wo wir auf der Terrasse an der Sonne sitzen können. Zweimal werden wir von reichen Pakistanis angefragt, um Fotomodel zu stehen. Man merkt auch an den Preisen, dass es ein Ort für die Reichen ist. Es hat eine reichhaltige Auswahl an Salwar Kameez Material. Oft wird nur der vorbereitete Stoff gekauft. Im Paket hat es genug Stoff für eine Hose und eine Bluse. Das Material für die Bluse ist dekoriert und die Form des Ausschnittes schon vorgegeben. Die Hose kann je nach Wunsch eng oder weit gefertigt werden. Überall gibt es Schneider, die diese Outfits professionell auf deine Masse zusammennähen. Eigentlich eine gute Idee. Einige Verkäufer sind ein bisschen aufdringlich. Es hat auch so ganz coole Jungs hier. Ob die uns beeindrucken wollen? Ich finde sie sehr albern. Sie sind so eitel, schauen in jede Reflektion, die sie finden können, kämmen sich dauernd die Haare und natürlich darf die Sonnenbrille nicht fehlen. Die Unterhaltung, natürlich aus der Entfernung, ist sehr amüsierend.

Wir geniessen einen schönen Sonnenuntergang von unserem Balkon aus und schon ist wieder Zeit zum Essen.

ERWARTE NICHTS GENIESSE ALLES

Adam und ich fahren heute Morgen hinunter nach Rawalpindi. Bei einer Werkstatt fragen wir nach Benzin Filter. Der Mechaniker will unseren Motor anschauen, aber das bringt eh nichts. Erstens ist Adam ein guter Mechaniker und zweitens macht der Mechaniker hier einen sehr unprofessionellen Eindruck. Schnell sind wir wieder weg.

An einer relativ neuen Shell Tankstelle halten wir. Der Chef hier, Mister Raja W. Kiyani, spricht fliessend Englisch und er hilft uns einen Filter zu finden. Während er umher telefoniert, dürfen wir in seinem Büro Tee trinken. Ein Freund vom Chef setzt sich zu uns. Es stellt sich heraus, dass er Arzt ist. Ich spreche mit ihm bezüglich Durchfall und auch er meint, dass viel Wasser trinken, Minerale und Vitamine ersetzen, erst mal der beste Weg sei. Die Bakterien soll man auch verhungern lassen. Das heisst, dass man möglichst nichts essen sollte, damit die kleinen Viecher sich nicht weiter ernähren können, dann sterben sie. Obwohl ich mich dank meiner Ausbildung, gut auskenne, bin ich immer dankbar um eine professionelle Meinung.

Ein Mechaniker, William, musste auf Anweisung vom Chef unseren Benzin Filter säubern. Endlich kommt Mister Kiyani, er hat einen Filter für uns gefunden. Ausgerüstet mit einer Wegbeschreibung gehen Adam und der Arzt das Ersatzteil holen. Zurück in der Garage darf Adam gleich hier die Reparatur vornehmen. Mister Kiyani gibt uns noch seine Visitenkarte. Falls wir sonst noch etwas brauchen, sollen wir doch einfach anrufen. Die sind so nett und hilfsbereit hier. Neben der Garage gibt es auch eine Waschstrasse, sie heisst Jet-Wash. Das Team dort putzt unseren Bus blitz blank. Die Fenster werden innen und aussen auf Hochglanz poliert. Wow! Ich bin beeindruckt. Bezahlen müssen wir nichts, aber wir geben dem Team ein grosszügiges Trinkgeld. Haben sie sich verdient.

Es ist bereits 13 Uhr und einen Happen zu Essen wäre nicht schlecht. Das Omar Khayam ist ein Iranisches Restaurant. Es ist schön dekoriert mit edlen Teppichen und Bildern und der Service ist sehr gepflegt. Das Essen enttäuscht auch nicht, eine gute Wahl. Via Constitution Avenue, vorbei an den grossen Gebäuden des High Court und National Assembly, fahren wir zurück zur Indischen Botschaft.

ERWARTE NICHTS GENIESSE ALLES

Adam holt seinen Pass ab, ich warte im Bus. Ein paar Männer in Uniform kommen vorbei. Sie erklären mir, sie müssen die Gegend kontrollieren. Sollte etwas vorfallen, müssten sie sofort einschreiten. Da fühle ich mich sicher aufgehoben. Die Männer sind sehr höflich. Eine ganze Stunde muss ich warten, bis Adam wieder kommt. Zeit zurück nach Murree zu steuern. Die Fahrt dauert etwa 90 Minuten, Verkehr hat es zum Glück nur wenig. Unsere Paxlis warten schon im Hotel auf uns. Sie wollen alles wissen. Beim Abendessen gibt es viel zu erzählen.

Murree – Rawalpindi – Islamabad – Murree = 130 km

Da wir schon hier oben sind, machen wir auch eine kleine Wanderung. Unser Ziel ist der Kashmir Point. Nördlich von Murree kommen wir schnell in den Wald. Die Bäume riechen so fein und an jeder Ecke steht ein Kiosk. Wir wundern uns, wieviele Verkäufe sie hier wohl tätigen, denn wir sind die einzigen Menschen, die spazieren. Wenigstens heute. Wir sitzen auf einer Bank auf dem Hügel. Zwischen den Bäumen verstecken sich prächtige Villen. Die Aussicht ist beeindruckend.
Zurück im Dorf gehen Clumsy und ich für morgen einkaufen. Früchte, Gemüse, Gebäck, der Markt ist reichhaltig.
In den Läden und auch im Hotel hängen die Einheimischen vor dem Fernseher. Sie schauen Cricket, Pakistan gegen West Indies. Da darf man natürlich nicht stören.
Tagsüber an der Sonne ist es sehr angenehm, aber die Nächte sind eher kalt hier oben. Wir sind uns einig, morgen reisen wir weiter.

Aus den Murree Bergen geht es nun Richtung Nathiagali und Abbottabat. An der Strasse wird gearbeitet. Teile der Hügel werden abgetragen für eine Strassen-Verbreiterung. Die Strasse bleibt kurvig und immer wieder haben wir schöne Aussicht ins Tal und die üppig, grüne Landschaft.
In 90 Minuten machen wir nur gerade 20 Kilometer. An einem sonnigen Platz gibt es einen Café-Halt. Ein Britischer Land Rover kommt vorbei, das Paar hält an und wir plaudern eine Weile mit ihnen.

ERWARTE NICHTS GENIESSE ALLES

Lange Zeit befinden wir uns zwischen 2'300 bis 3'000 Meter über Meer. Diese Voralpine Gegend ist grün, darüber ist es karg und steinig. Gegen Nachmittag kommen wir in die Ebene, wo es staubiger und trocken ist. Als wir Richtung Haripur fahren, nimmt der Verkehr wieder zu. Die Strasse nach Peshawar ist recht gut, teilweise arbeiten sie am neuen Belag. Am späteren Nachmittag erreichen wir Peshawar. Vorbei am grossen Fort kommen wir zum Hotel Dean.

Doch heute sieht es geschlossen aus. Ich quetsche mich trotzdem durch's geschlossene Gitter-Tor und treffe auf einen sehr netten Pakistani. Er erklärt mir, dass das Hotel eigentlich geschlossen sei. Es wurde von einer Privatperson gekauft. Der Aufpasser und sein Kollege beschliessen dann aber, dass wir schon hier campieren könnten und öffnen das Tor für uns. Ich bin sehr froh darüber, denn Peshawar liegt unmittelbar an der Afghanischen Grenze. Es ist hier nicht so einfach eine Unterkunft zu finden, wo wir auch unseren Ury sicher parkieren können. Hinter den Mauern im Garten des Dean fühle ich mich wohl. Während wir uns einrichten, kommen immer mehr Wachmänner zum Vorschein. Die Anlage ist recht schön und gross. Schade, dass das Hotel geschlossen ist. Aber wenigstens dürfen wir im ruhigen Garten logieren.

Neben dem imposanten Haupthaus liegen auch kleinere Nebengebäude. Einige werden von den Wachmännern bewohnt. Es gibt auch eine separate WC- und Dusch-Anlage, die wir benützen dürfen. Sauber ist es nicht gerade, aber man kann ja nicht zuviel verlangen.

Der Chef aller Wachmänner kommt nochmals vorbei, um zu schauen, ob alles in Ordnung ist. Wir sollten einfach zu ihnen kommen, falls wir etwas brauchen. Die Truppe der Wachmänner sitzt zusammen. Ich glaub die rauchen Ganja, es riecht ganz danach.

Zwei hungrige Katzen schleichen auch um die Gebäude und unser Lager. Der Abend wird etwas kühler. Adam und die Paxlis jassen wieder mal und ich mache mich ans Tagebuch.

Murree – Peshawar = 256 km

ERWARTE NICHTS GENIESSE ALLES

Adam arbeitet ein bisschen am Bus. Unsere Paxlis gehen in die Stadt und ich zum Tourist Office. Darra, die Waffenstadt, sei für Touristen geschlossen, meint der Angestellte. Aber der Khyber Pass sei offen. Uh! Da war ich auch noch nie. Ich besuche also das Khyber Permit Office und lasse mich informieren. Am Pult sitzend, bzw. eher halb in seinem Sessel liegend, ist der leitende Offizier. Seine nackten Füsse auf dem Pult. Aus dem Hinterzimmer kommt seine rechte Hand, hat sich gerade die Nase geschnäuzt, à la Asien, ohne Taschentuch. Jetzt streckt er mir auch noch diese Hand zum Gruss entgegen. Pfui Teufel! Ich falte sofort meine Hände vor der Brust und neige meinen Kopf höflich.

Die nötigen Informationen bekomme ich von diesen zwei illustren Herren ohne Umschweife.

Pro Person kostet der Spass 120 PRp. Ich muss ihnen den Tag und die Zeit angeben, wann wir genau dorthin gehen wollen. Ah, morgen! Ja, dann soll ich doch einfach morgen wiederkommen. Sie seien ab 8 Uhr hier. So machen wir das.

Ich gehe noch zur Arbad Road, wo ich im London Book Shop unsere Paxlis antreffe. In diesem Laden gibt es eine grosse Auswahl an Postkarten. Wir stöbern durch unendlich viele Karten und kommen mit einem Mann ins Gespräch. Mohammed heisst er und er erzählt uns, dass sein Bruder in der Schweiz, in Bern, wohne. Mohammed freut sich sehr Leute aus der Schweiz zu treffen. Am liebsten würde er mit uns mitkommen.

Danach nehme ich die Paxlis mit zu Jan's Bäckerei. Sie machen grosse Augen als sie all die bunt dekorierten Torten sehen. Die moderne Bäckerei ist ein imponierender Kontrast zum sonst so staubigen und eher herunter gekommenen Peshawar. Wir kaufen ein paar Donuts und Chips und machen uns auf den Weg zurück ins Dean.

Unser Zuhause ist gemütlich und ruhig. Das Essen schmeckt allen. Da es bald Vollmond ist, bleibt es lange hell draussen.

Es ist wieder mal der 1. November, so schnell vergeht die Zeit.

Nach dem Frühstück geht's sofort los zum Khyber Permit Office. Heute ist dort ein anderer Beamter, der etwas mehr Stil hat und sehr freundlich ist.

Während ich ein Papier ausfülle mit all unseren Pass-Nummern und -Namen, stellt der Beamte das Permit für uns aus. Danach gehen wir in den Hinterhof, wo uns ein 'Gunman' zugeteilt wird. Unsere bewaffnete Begleitung hat krause Haare, ist kleiner als ich und sehr schmächtig. Ich schätze er ist knapp 20 Jahre alt. Als er mich sieht, verdreht er erstmals die Augen. Er schnallt seine Weste mit Munition um, nimmt sein Gewehr und schon können wir gehen. Natürlich sitzt unser Gunman vorne. Ich denke so für mich; wenn irgendetwas passiert, ist er wahrscheinlich der Erste, der davonrennt.

Es dauert, bis wir die Urbanität endlich hinter uns lassen. Es hat viel Verkehr durch die Stadt und die Strasse ist eine Schotterpiste. Der Gunman kann kaum Englisch, ganze Sätze kommen nicht von ihm. Als wir die 'Trouble Area' erreichen, müssen wir an einem Kontroll-Punkt das Permit zeigen. Danach geht es hinauf in die Berge. Die Strasse ist recht befahren, viele Busse und Pickups kommen uns entgegen. Ob die alle von und nach Afghanistan gehen?

Auf einer kurvigen Strecke dürfen wir halten und Fotos machen. Auch bei Ali Masjid dürfen wir halten. Das ist keine Moschee. Ali Masjid ist der engste Ort am Khyber Pass. Von Felsen zu Felsen ist die Stelle hier nur gerade 30 Meter breit. Hier wurden 1862 die Engländer von den Afghanen überfallen. Während wir die Tafel lesen und Fotos machen, hält unser Gun-Männchen einen Schwatz mit Kollegen. Danach gondeln wir durch ein paar Dörfer, vorbei an Lehmhäuser, mehr Kurven, mehr Berge. In Landi Khotal gibt es einen Markt und die letzte Bahnhofstation. Es herrscht ein buntes Chaos auf dem Markt Platz und alles scheint von einer Schicht Staub bedeckt zu sein. Adam fährt ganz langsam, halten dürfen wir leider nicht. Unser Gunman ist sichtlich nervös. Er hat ja auch eine grosse Verantwortung. Diese doofen Touristen bewachen, die diese Pass Strasse fahren wollen.

Es sieht friedlich aus und die Einheimischen scheinen kein Problem mit uns zu haben. Wir werden kaum beachtet. Etwas später kommen wir wieder an einen Kontrollpunkt. Auf der Tafel steht, dass Ausländer ab hier nicht weiter dürfen. Aber wir werden nicht einmal angehalten. Erst in Fort Michni – Torkham ist unsere Fahrt dann zu Ende. Wir dürfen aussteigen und die weite Sicht in die Berge und die Wälder geniessen. Wir stehen an der

Grenze zu Afghanistan. Kinder wollen uns Afghani Geld und Kaugummi der Marke Chicklet verkaufen. Unser Gunman rollt ein Jointchen.
Der Ausflug zum Khyber Pass hat sich gelohnt. Es ist spektakulär hier oben und die ganze Fahrt ist ein Erlebnis. Als ich für die Rückfahrt das Steuer übernehme, gefällt das unserem Gunman zuerst gar nicht. Er schaut mich misstrauisch an. Aber er entspannt sich schnell wieder, meine Fahrkünste sind ja nicht so schlecht.
Gegen 14 Uhr sind wir zurück in Peshawar. Die Fahrt ist ca. 115 Kilometer lang, hin und zurück. Unser Gunman ist froh wieder zu Hause zu sein. Kaum halte ich vor dem Permit Office an, flüchtet er in seine Baracke.
Hungrig stürzen wir uns alle in Jan's Bäckerei. Den Rest des Nachmittags verbringen wir gemütlich in unserem Garten. Babyface hat angefangen ein Englisches Buch zu lesen. Es tut den Paxlis gut, dass sie Englisch sprechen müssen. Alle haben Fortschritte gemacht.

Der Chef Wachmann vom Hotel Dean kommt wieder vorbei, um zu schauen ob bei uns alles OK ist. Wir bezahlen ihm die Camping-Gebühren, die wir vereinbart haben. Er wünscht uns noch alles Gute und verabschiedet sich. Wir gehen heute auswärts essen. Das letzte Jahr haben wir hier im Chinesischen Restaurant HongKong gar nicht schlecht gegessen. Als Alternative zu unserem Menüplan kommt der Vorschlag positiv an.

Montag, 2. November 1998
Um 8 Uhr fahren wir aus Peshawar weg. Via Grand Trunk Road können wir die Stadt schnell hinter uns lassen und kommen gut voran. Bereits vor dem Mittag treffen wir in Taxila ein.
Zwischen dem 5. Jahrhundert vor bis 5. Jahrhundert nach Christus war Taxila die Hauptstadt des Reiches Gandhara, das sich vom östlichen Afghanistan bis ins nordwestliche Pakistan erstreckte. Im Indischen Epos Ramayana, wie auch dem Mahabharata, wird erwähnt, dass die Gründung von Taxila auf den Bruder Ramas zurück geht. Auch Ashoka habe sich hier aufgehalten. Die Stupa hier ist vermutlich die älteste in Pakistan und hatte ursprünglich einen Durchmesser von 50 Metern. Bei einem Erdbeben im

Jahre 30 wurde vieles zerstört, jedoch in erweiterter Form wieder aufgebaut. Die Ruine von Taxila bestand aus mehreren Stadtanlagen. Bhir Mound im Westen sei der älteste Teil. Wiederentdeckt wurden die Ruinen erst Mitte des 19. Jahrhunderts durch einen Englischen Archäologen. Die Ruine ist teilweise wieder überwachsen. Nur in einem Teil des Geländes arbeiten einige Leute mit kleinen Besen und Mini-Werkzeugen. Wir können auch mit einem der Zuständigen hier sprechen. Um die Strassen, Häuser und Läden zu sehen, braucht es ein grosses Vorstellungsvermögen. Die grosse Stupa Dharmarajika ist hingegen unübersehbar. Sie ist immerhin 15 Meter hoch und hat einen Durchmesser von ca. 30 Metern.

Die Gegend ist herrlich grün und ich kann schon verstehen, warum man hier wohnen wollte. Weil es so schön ist, besuchen wir auch noch eine weitere Ruinen-Stadt. Ganz in der Nähe liegt Sirkap. Dort wird sogar Eintritt verlangt, 4 PRp. Diese Stadt wurde etwa 180 v. Chr. vom Griechisch-Baktrischen König Demetrius gebaut. Hier fand man kultische Gebäude wie eine Buddhistische Stupa, ein Hindutempel und ein griechischer Tempel, wobei die Ausgrabungen auch Platz für andere Theorien lassen. Einige Wissenschaftler sind sich nicht immer ganz einig.

Die runde Stupa von Sirkap zählt zu den ältesten Stupas des Indischen Subkontinents. Ich habe schon eindrücklichere Ruinen Stätten gesehen, aber da diese hier so alt sind, kann man ja auch ein Auge zudrücken.

Für die Fahrt nach Lahore nehmen wir die neue M2 Autobahn, die sechsspurige. Der Spass kostet 200 PRp, aber man kann 120 km/h fahren. Es hat neue Shell Tankstellen und sogar Rastplätze, die nicht übel aussehen. Nur einmal sehen wir, wie eine Familie mit Kindern über die Superstrasse rennt, um auf die andere Seite zu gelangen. Das ist sehr gewagt, aber erstaunt bin ich eigentlich nur, dass sonst keine komischen Vehikel unterwegs sind. Die Seiten der M2 sind dicht abgeriegelt.

Gegen 17 Uhr treffen wir schon in Lahore ein. Der Garten des YWCA unser Ziel. Madam empfängt mich wieder sehr nett.

Peshawar – Lahore = 542 km

13
Beluchistan, die Wüste

März 1999

Um 7 Uhr stehe ich auf. Ich erwache sogar ohne Wecker. Aber eigentlich nicht wirklich erstaunlich, ein bisschen aufgewühlt bin ich natürlich schon. Gestern Abend habe ich noch heisses Wasser gekocht, in der Thermosflasche bleibt es schön warm, so dass ich heute Morgen ein Café im Bett trinken kann.

Dem Nachtwächter gebe ich ein Trinkgeld, er richtet mir den Aussenspiegel und hilft mir aus dem Parkplatz des Hotel DeLuxe zu manövrieren. Ich kann das, ich bin schliesslich kein Waschlappen. Mit diesen positiven und ermunternden Gedanken im Kopf, fahre ich los.

Im Hotel Lourdes sind auch Michelle und Didier bereit, nur ihr Renault will nicht starten. Schlussendlich überbrücken wir von meiner Batterie auf seine und dann kann es endlich losgehen. In der Stadt hat schon der Morgenverkehr übernommen. Hupen, Vortritt erzwingen, naja das Übliche. Kaum aus der Stadt wird es schnell ruhig auf der Strasse. Wir kommen hinaus in die Wüste. Bis Taftan, der Grenzort, sind es etwa 650 Kilometer. Der Belag ist voller Flicklöcher und daher etwas holperig. Ich muss mich voll konzentrieren, um ja in keine Löcher zu steuern, das könnte sonst schlimm enden. Je nach Lichteinfluss sehe ich manchmal nicht genau, wie tief das Loch ist, oder ob es doch nur eine leichte Unebenheit ist.

Nach Nushki brauche ich mal einen Pipi-Stopp, bei einem verlassenen Truck-Stopp halten wir. Ein bisschen Beine bewegen tut gut. Als Frühstück gibt es die Zimt-Rolle, die ich gestern in der French Bakery gekauft habe. Ibis geniesst den Halt auch und hüpft fröhlich um uns herum.

Bis Dalbandin bleibt die Strasse holperig. Vor Dalbandin wird schon seit längerer Zeit an einem Brücken Projekt gearbeitet. Ich sehe den Fortschritt gegenüber vom Herbst letzten Jahres, aber fertig ist es noch lange nicht.

ERWARTE NICHTS GENIESSE ALLES

Nach Dalbandin sind zwei weitere Brücken nicht fertig, aber die Umfahrung ist sehr geschmeidig gemacht. Nach dieser Baustelle kommt ein Stück Traumstrasse; frisch geteert und eine glatte Oberfläche. Ich gebe mal Gas und brause mit 110 km/h dahin. Welch ein Fahrvergnügen! Schnell verschwindet der Französische Renault am Horizont. Dafür kommt von hinten ein einheimischer Pickup, der mich erst überholt, dann fährt er direkt neben mir her und 'geifert' zu mir rüber. Ich versuche mich nicht ablenken zu lassen. Schön ruhig bleiben. Ich drossle mein Tempo wieder, möchte Didier nicht zu lange aus den Augen verlieren. Der Pickup Typ zieht an mir vorbei. Wenig später sehe ich ihn am Strassenrand stehen. Er hat auf mich gewartet und nun winkt er mir und deutet, ich solle anhalten. Kaum bin ich an ihm vorbeigefahren, kommt er hinter mir her und macht das gleiche Spiel nochmals. Die längste Zeit fährt er parallel neben mir her und grinst dauernd zu mir rüber. Er deutet wieder, ich solle anhalten. Diese Freude werde ich ihm aber bestimmt nicht bereiten. Ich fahre nun extrem langsam und überlege mir was ich machen soll. Was, wenn die Franzosen eine Panne haben? Oder ich? Endlich sehe ich Didier im Rückspiegel und bin beruhigt. Der Pakistani hat wohl den weissen Renault auch gesehen und verschwindet nun von der Bildfläche. Später erzählt mir Didier, er hätte dieses Manöver aus der Ferne mitbekommen. Ich sollte daher nicht so weit voraus fahren. Er hat ja Recht und ich bin schon froh, die beiden Franzosen dabei zu haben.

Gegen 18 Uhr treffen wir in Nok Kundi ein. Mit den letzten 250 PRp befülle ich meine Tänke mit Diesel. Gerade ausserhalb der Stadt kommen wir an einen Polizei-Check-Point, wo man sich in ein Buch eintragen muss. Diese überdimensionalen Bücher begegnen uns wirklich überall. Manchmal bin ich erstaunt, dass das kleine Holztischlein, auf dem das Buch liegt, nicht unter dem Gewicht zusammenbricht.
Bald darauf erreichen wir auch schon den Militär Komplex. Wir halten an und fragen, ob wir bei ihnen übernachten dürfen. Das ist kein Problem. Sie lassen uns durch's Tor und weisen uns einen Platz zu. Wahrscheinlich ist es ihnen lieber, dass wir bei ihnen bleiben. Man weiss nie, wer in der dunklen Nacht durch die Wüste schleicht.

ERWARTE NICHTS GENIESSE ALLES

Ich hatte eigentlich auf unseren Reisen nie Angst, dass uns etwas passiert in unseren Busch-Camps oder unterwegs auf verlassenen Landstrassen. Aber vor dieser Wüstenlandschaft hier in Beluchistan wurden wir schon ein paar Mal gewarnt. Die Einheimischen wie auch die Besatzung der Militär- oder Polizei-Stationen schauen uns besorgt an, wenn wir diese Strecke fahren. Es hat auch jedes Jahr mehr Check-Points, wo man kontrolliert wird. Das ist eigentlich keine schlechte Sache, aber vielleicht auch kein gutes Zeichen.

Michelle hat ein kühles Coke im Kühlschrank, mhhh, ist das erfrischend. Ich koche Kartoffeln in einer Pilzsuppe und mache es mir bequem in meinem Klappstuhl. Michelle und Didier sitzen in ihrem Camper, es ist ihnen zu kühl draussen. Ein Offizier kommt vorbei und fragt, ob alles in Ordnung sei. Wir bedanken uns und versichern ihm, alles ist bestens. In der Militär-Kaserne fühle ich mich sicher. Hab mich daran gewöhnt und kann entspannen. Die Männer sind freundlich und oft auch grosszügig, geben Wasser, lassen uns die Toiletten benutzen oder würden sogar das Essen mit uns teilen. Ich geniesse den ruhigen Abend und den Sternenhimmel.
Bis Taftan sind es noch ca. 130 km

Quetta – Nok Kundi = 510 km

14
Pakistan – Iran – die Grenze Taftan – Mirjaveh

Pakistan – März 1999

Kurz nach 6 Uhr erwache ich. Ich nehme die Kleider in den Schlafsack, um sie ein bisschen aufzuwärmen. Draussen ist es bitterkalt aber geschlafen habe ich wie ein Murmeltier.

Der Renault muss auch heute Morgen wieder überbrückt werden, danach können wir losfahren. Die Kälte scheint der sonst schon schwachen Batterie des Renaults nicht zu bekommen.

Soweit das Auge reicht, sehe ich nur Wüste. Der Morgen fühlt sich ruhig an. Je näher wir der Grenze kommen, desto mehr Militär-Polizei-Kontrollen hat es. Ich bemühe mich, Michelle und Didier nicht aus den Augen zu verlieren. Er fährt schon ein bisschen sehr langsam. Aber eigentlich haben wir ja Zeit.

Bei diesen Kontroll-Posten drücke ich oft nur meinen offenen Pass an die Fensterscheibe. Die bärtigen Männer in Tarnanzügen, bewaffnet bis auf die Zähne, lachen wenn sie mich sehen. Vor Freude eine Frau zu sehen? Oder vielleicht, weil ich etwas eingeschüchtert aussehe? Ich jedenfalls fühle mich wie ein Schaf, das den Wölfen zum Frass vorgeworfen wird! Den Bus halte ich verschlossen, so dass niemand hinein kommen kann. Manchmal sind die Männer nicht sicher, ob sie mich einfach so weiterfahren lassen sollen. Sie schauen sich an, es wird diskutiert. Einer geht ums Fahrzeug. Aber meistens klappt es. Einmal, als ich doch aussteigen muss, warte ich, bis Michelle und Didier auch hinter mir angehalten haben. Das allgegenwärtige, überdimensionale Buch liegt bereit für den Eintrag. Diesen Eintrag können sie mir natürlich nicht abnehmen. Eigentlich sind die Soldaten schon nett. Sie können kaum Englisch, würden aber gerne etwas mit uns reden. Viel exotischen Besuch bekommen sie hier draussen bestimmt nicht. So ganz alleine ist es mir schon etwas mulmig zumute bei ihnen in dieser einsamen Wüste. Mit den dunklen Augen mustern sie mich durchdringend von oben bis unten. Ich lese viele Fragezeichen und Verwunderung in den Gesichtern. Diese bärtigen Wesen mit Kappen und Waffen sehen nicht gerade wie George Clooney oder Pierce Brosnan aus. Wobei man ja auch nicht nur gut aussehenden Männern trauen kann.

Gegen 10 Uhr treffen wir in Taftan ein, der Grenzort zum Iran. Diese Grenze ist umringt von Sand und Bergen. Sie liegt völlig im Nirgendwo. Es gibt kein Dorf in der näheren Umgebung. Um den Pakistanischen wie auch den Iranischen Kompound wurden hohe Mauern und Zäune errichtet. Man wird schon vor der Einfahrt durch das grosse Tor etwa dreimal kontrolliert. Alle paar Meter wird man angehalten, Pass zeigen, weiterfahren. Auch diese Soldaten sind schwer bewaffnet.

Endlich können wir bei der Zollkontrolle vorfahren. Vor dem Büro müssen wir warten, da der Schreiber grad nicht zur Stelle ist. Aber wir werden begrüsst und der Herr meint: ah it's you again! (ah, du bist das wieder!) – und auch sein Kollege meint; ja, dich kennen wir hier. Da wir Zeit haben, wird der Eintrag von meiner Reise vom letzten Herbst gesucht. Siehe da, wir finden ihn sogar und alle freuen sich. Dieses Spiel machen sie hier fast jedes Mal mit mir. Ich falle auf, da nicht viele Frauen ein Fahrzeug durch den Zoll steuern. Selbstverständlich will ich ihnen die Freude nicht verderben. Natürlich erinnere ich mich jeweils auch, wann ich das letzte Mal hier war. Es ist sehr angenehm für mich, so freundschaftlich empfangen zu werden. Die verwöhnen mich schon fast hier.

Ich habe mich schon oft gewundert, was sie mit all diesen grossen Büchern machen, wenn sie voll sind. Ich möchte mal gerne so ein Archiv sehen.

Als der Herr Schreiber von seiner Pause zurück kommt, geht alles sehr freundlich weiter. Es sind Welten im Vergleich zum Übergang an der Grenze zu Indien. Die Pakistanis hier sind nett, effizient und haben keine komischen Ideen. Absolut professionell würde ich sagen.

Das Carnet-de-Passages wird gestempelt. Einer der Zollbeamten schreitet durch den Bus. Er hat keine Fragen und ich muss auch nichts auspacken. Dann kommt der befreiende Satz; you are free to go! (du bist frei zu gehen!)

ERWARTE NICHTS GENIESSE ALLES

Auch Michelle und Didier können schnell alles erledigen und gemeinsam gehen wir zur Immigration. Es hat fast keine Leute im Büro und so sind wir auch hier schnell fertig. Es ist 12 Uhr, zwei Stunden für drei Leute und zwei Fahrzeuge, das ist nicht schlecht. Da kann man sich wirklich nicht beklagen.

Ich habe hier schon viel Amüsantes erlebt. Nicht nur mit den Beamten in Pakistan, die immer wieder den letzten Eintrag suchen wollen, in ihrem überdimensionalen Buch.

Das erste Mal als wir vom Iran herkommend die Pakistanische Grenze erreichen, sitzen meine Weggefährten schon vor der Immigration und warten auf mich. Um nicht all zuviel Zeit zu verlieren, ordne ich schnell meine Papiere und steige im Mantel, den man in Iran tragen muss, aus. Das Erste, was der Pass-Beamte mir zuruft; he Madam, wir haben keine Kleidervorschriften hier in Pakistan! Also gehe ich halt gleich wieder zurück, um mich umzuziehen. Mantel weg, dafür streife ich meine geliebte Jeans Jacke über.

Das Jahr darauf an der gleichen Grenze, da sitzen meine Passagiere auch bereits im Passbüro. Die erklären dem Beamten, dass ihre Fahrerin bald kommen werde. Wegen 'she is coming, not he is coming' (sie kommt, nicht er kommt), kommt es zum Erklärungsbedarf. Als ich dann eintrete, sind die bärtigen Wesen natürlich gespannt auf die Fahrerin und alle Augen sind auf mich gerichtet.

Auf der Fahrt von West nach Ost müssen und dürfen wir nach der Zollabfertigung im Kompound der Pakistanis übernachten. Das Militär sieht es nicht gerne, wenn wir am späten Nachmittag noch in die Wüste hinaus fahren. Das sei viel zu gefährlich. Es gibt ein Restaurant hier und sogar ein Hotel. Aber ich schlafe im Fahrzeug und die Paxlis im Zelt. Einmal, es war schon spät abends, da wollten ein paar der Zollbeamten noch eine Party mit uns feiern. Aber das ist sehr anstrengend und könnte auch unangenehm werden. Also löschen wir schnell unsere Lichter und stellen uns schlafen.

ERWARTE NICHTS GENIESSE ALLES

Nok Kundi – Taftan – Mirjaveh = 139 km

Iran – März 1999

In Iran ist es erst 10.30 Uhr (Zeitverschiebung: -1.5 Std) und auch hier geht die Immigration geschmeidig. Michelle und ich haben uns bereits am Morgen für die Einreise nach Iran entsprechend gekleidet. Ich trage meinen frisch gewaschenen, blauen Salwar Kameez. Nur noch schnell das Kopftuch umbinden und fertig.

Auf's Zollhaus freue ich mich schon, weil ich dort immer so galant behandelt werde. Im schönen, grossen Büro sitzt mein Freund, der Jahrgänger, Mister Akbar. Auch er erkennt mich gleich wieder und freut sich. Didier und ich bekommen einen Zollbeamten zugeteilt und gehen zurück zu den Fahrzeugen. Wir müssen dann ein bisschen warten. Viele Lastwagen stehen bereit für die Kontrolle. Ich unterhalte mich mit einem Türkischen Fahrer, der auf dem Weg nach Karachi ist.

Als wir an der Reihe sind, fragt mich der Offizier, ob ich Teppiche mitführe. Ja, ich habe etwa vier Teppiche dabei. Ein wunderschönes Exemplar aus Seide, zwei Teppiche geknüpft aus Baumwolle und einen Kilim, ein gewobener Teppich. Es handelt sich hier nur um kleine Teppiche, Bettvorleger oder zur Dekoration auf einer Kommode oder so. Der Offizier meint, ich müsse diese versiegeln lassen. Das ist mir recht, sonst muss ich Zoll zahlen bei der Ausreise.

Aus Didiers Fahrzeug bringen sie alle CDs zur Versiegelung. Ich habe nur Kassetten dabei, die scheinen kein Thema zu sein. Voll beladen geht's also zurück ins Büro zu Mister Akbar.

Zuerst werden natürlich Didiers Papiere erledigt – hier gilt ja immer; gentleman first! Ich habe kein Problem damit. Ich bin schon froh, wenn sie nett zu mir sind.

Mister Akbar ist immer sehr freundlich. Schon als ich das erste Mal hier ankam.

Ich stehe im Haufen mit all den Lastwagen Fahrern in der Halle vor den Büros. Als Mister Akbar aus seinem Büro tritt, um den nächsten Fahrer herein zu bitten, erblickt er mich, oder wahrscheinlich eher mein Kopftuch, zwischen all den bärtigen Männern. Seine erste Reaktion ist wie aus dem Bilderbuch. Ich sehe, dass er erst seinen Augen nicht traut. Nach der ersten Schrecksekunde werde ich dann aber sofort ins Büro beordert. All die Männer, die vor mir stehen, machen schön Platz. Mit gesenktem Blick gehe ich an allen vorbei. Eigentlich wäre ich ja überhaupt nicht an der Reihe. Es gibt nicht viele Frauen, die Fahrzeuge über diese Grenze bringen und hier wird es mir nochmals ganz klar vor Augen geführt. Während ich zusammen mit dem Chef Tee trinken darf, geht ein junger Bursche alle nötigen Stempel für mich holen. Eine sehr angenehme Erfahrung.

Mister Akbar sieht dann natürlich schnell, dass mein Jahrgang 1964 ist. Da es auch sein Jahrgang ist, werden wir Freunde.

Heute erzählt mein Freund, dass er eine vier-jährige Tochter hat, Soheilia heisst sie und sie sei sehr laut. Weiter erzählt er, dass er seit Anfang Jahr befördert worden sei. Er sei jetzt Chef Offizier des Custom hier in Mirjaveh. Eigentlich ist seine Familie aus Teheran, aber wegen seinem Job, seien sie alle hierher nach Mirjaveh umgezogen. Das ist sicher eine grosse Umstellung. Teheran ist eine sehr moderne Stadt, was man von Mirjaveh nicht gerade sagen kann. Aber so hat er wenigstens seine Frau und sein Kind in der Nähe. Oft sind ja die Männer alleine irgendwo am Arbeiten und der Rest der Familie bleibt zurück. Es gibt Familien, die sehen sich nur einmal im Jahr für ein paar Wochen.

Während also an meinen Papieren gearbeitet wird, plaudere ich mit Mister Akbar und natürlich gibts den obligaten und sehr süssen Tee dazu. Mister Akbar will heute genauer wissen, warum ich immer hin und her pendle. Ich erkläre ihm also was ich so mache. Während den Sommer Monaten arbeite ich in der Schweiz. Im Winter-Halbjahr fahre ich mit anderen Reisenden von der Schweiz nach Indien, um Kultur und Menschen in all den Ländern kennen zu lernen, die wir auf der Fahrt durchqueren. Auch erwähne ich, dass Iran immer eines der Highlights auf der Reise ist, da wir in Europa nicht viel über dieses Land hören. Meine Antwort scheint ihm zu gefallen.

Die Teppiche werden genauer unter die Lupe genommen. Der Inspektor meint, die seien aus dem Iran! Obwohl ich es nicht beweisen kann, bleibe ich bei meiner Version der Geschichte; Ich habe die Teppiche in Pakistan gekauft. Schwierigkeiten gibt es aber nicht. Der Beamte kommt mit Werkzeug und Metallringen, die an die Teppiche angebracht werden. Die Metallringe haben einen speziellen, gravierten Stempel, das Siegel. Mister Akbar steht auf. Mit einem breiten Lachen streckt er mir die Hand entgegen und so verabschieden wir uns. Normalerweise werden zwischen weiblichen und männlichen Wesen nie Hände geschüttelt, weder in Iran noch in Pakistan oder Indien. Aber hier kann ich das meinem Freund natürlich nicht abschlagen.

Eigentlich wird einem nie die Hand zum Gruss angeboten, aber es gibt Ausnahmen. Dann halte ich einfach meine Hände zusammen und neige den Kopf nach unten, was als sehr anständig gilt und auch immer sofort respektiert wird. Ich denke, dass die Männer in diesen Ländern halt gerne mal eine weibliche, weisse Hand anfassen würden. Aber was für die Einheimischen gilt, gilt meist auch für mich.

Michelle und Didier sitzen im Schatten unter einem Baum und warten auf mich. Die Armen!

Sie haben keinen Tee bekommen. Drei Stunden haben wir hier verbracht. Aber in Anbetracht der noblen Behandlung kann ich das gut verkraften. Nun geht's wieder weiter. Zweimal werden wir noch von Polizei-Check-Points angehalten. Kaum sind wir ausser Sichtweite der letzten Kontrolle, taucht ein Typ in Militäruniform auf. Er fährt in seinem Jeep neben mir her und will mich zum Anhalten zwingen. Da er alleine ist, denke ich nicht, dass das offiziell ist. Ich bleibe also auf der Strasse und fahre langsam. Als er mitten auf der Strasse anhält, manövriere ich um ihn herum. Mein Herz schlägt bis zum Hals. Michelle und Didier sind etwas zurückgefallen, obwohl ich sehr langsam fahre. Als der Trottel endlich aufgibt und umkehrt, halte ich an. Da ich den Renault nicht mehr sehe, spiele ich schon mit dem Gedanken umzukehren. Doch da kommt er endlich. Bin ich erleichtert! Endlich in Zahedan, steuern wir direkt zu einer Tankstelle. Didier meint, er habe ein Problem mit dem Motor, dieser hüstelt etwas. Wir füllen unsere Tänke auf und entscheiden bis zum Militär-Kompound zu fahren, der nicht weit ausserhalb von Zahedan liegt. Hoffentlich schafft das der Renault noch. Bei der Wegfahrt von der Tankstelle, werde ich, bzw. mein Bus, von kleinen Jungs mit Steinen beworfen! Das gefällt mir gar nicht!

ERWARTE NICHTS GENIESSE ALLES

In der Militär-Kaserne sind wir herzlich willkommen. Der komische Vogel vom letzten Jahr ist zum Glück nicht hier. Während Michelle und ich Trimino spielen, widmet sich Didier einem Ölwechsel. Trimino ist verwandt mit Domino, nur sind die Steine dreieckig und somit gibt es mehr Lege-Möglichkeiten.

Bereits nach 18 Uhr ziehe ich mich in mein Zuhause zurück. Muss noch ein bisschen schreiben. Hungrig bin ich nicht aber sehr müde.

Mirjaveh – Zahedan = 89 km

Während ich den ganzen Tag mehr oder weniger alleine im Bus sitze und durch die Gegend fahre, gehen mir allerlei Gedanken durch den Kopf. Ich habe viel Zeit die vergangenen Reisen Revue passieren zu lassen. Da kommt schon einiges zusammen und viele Geschichten kommen mir in den Sinn.

Dann gibt es wieder Momente, wo ich mich konzentrieren muss. Sei es wegen dem Verkehr, dem Strassenzustand, den Verzweigungen oder anderen Strassenteilnehmern. Der Tag vergeht meist schnell und erst am Abend, wenn wir irgendwo parkieren, merke ich, wie müde ich von der langen Fahrt bin.

15
Iran 1996 – 1997 – 1998

1996 IR

Samstag, 5. Oktober 1996
Aufstehen um 5.30 Uhr, schnell kalt duschen, fertig packen und um 6.10 Uhr sind Adam, Bon und ich unterwegs. Die Stadt Dogubayazit schläft noch, nur der Bäcker ist unterwegs. Wir halten kurz an und können zwei frische, noch warme Ezmak kaufen. Auf geht's nach Gürbulak zum Gümrük (Zoll).
Wir sind sogar eine halbe Stunde zu früh dort. Der Zoll öffnet erst um 8 Uhr. Den ersten Registrations-Eintrag dürfen wir aber schon machen. Der sehr korpulente Beamte stinkt nach Alkohol. Bon und ich distanzieren uns und schmatzen vom feinen Brot. Pünktlich sind sie hier nicht, was nicht weiter erstaunlich ist. Adam geht alleine mit dem Gepäck und Fahrzeug über den Zoll und zur Passkontrolle. Das gilt für alle Fahrzeug-Besitzer, die Passagiere müssen zu Fuss gehen. Bon und ich gehen durch eine Fussgänger-Zone. Vor den Schaltern drängeln sich alle vor, jeder will der Erste sein. Anstehen kennen sie hier auch nicht. Jedenfalls nicht hintereinander, eher nebeneinander. Das Chaos ist perfekt als der Strom ausfällt. Bon und ich stehen etwas zurück und erfreuen uns einfach am Schauspiel. Einige der Passanten scheinen es sehr eilig zu haben. Es wird heftig diskutiert und mit den Pässen herum gefuchtelt, bis einem Beamten der Kragen platzt. Mit autoritärer Stimme jagt er sämtliche Leute aus dem Schalterraum. Bon und ich bleiben einfach stehen und niemand scheint sich daran zu stören. Wir sind wie unsichtbar. Als dann der Computer endlich wieder läuft, kann die Passkontrolle beginnen. Der Beamte hinter dem Schalter winkt uns zu sich und bearbeitet zuerst unsere Pässe. Scheinbar sind wir doch nicht so unsichtbar. Obwohl ich das Kopftuch bereits trage und auch den langen, dunkelblauen Mantel, sieht man gleich, dass ich eine Fremde bin.
Zur Iranischen Seite können wir zu Fuss gehen. Vor einem grossen Tor müssen wir warten. Es wird erst geöffnet, wenn mehrere Leute anstehen.

ERWARTE NICHTS GENIESSE ALLES

Der Türsteher lässt nicht einzelne Nasen passieren. Am Iranischen Schalter kommen wir sofort an die Reihe. Unsere Pässe werden eingehend studiert, gedreht und durchgeblättert und schlussendlich gestempelt. Ein Beamter öffnet eine kleine Seitentüre und deutet uns durch zu gehen. Erst kommt mir das komisch vor, aber auf der anderen Seite sehen wir gleich unseren Ury und Adam. Der Zollbeamte bearbeitet gerade unser Carnet-de-Passages und die Zollpapiere. Von mir will der Beamte nochmals den Pass sehen. Er erklärt mir, dass eigentlich ich das Fahrzeug hätte durch den Zoll fahren sollen, da die Fahrzeug-Papiere in meinem Namen sind. Es ist fast unglaublich, wie nett diese Iraner sind.

Der Beamte schaut sich kurz unser Gepäck an, ein paar Stempel mehr und dann dürfen wir alle drei im Bus aus dem Kompound fahren. Hello Iran, wir kommen.

Wegen der Zeitverschiebung ist es in Iran bereits 11 Uhr. Ein Stück den Hügel hinunter werden nochmals alle Papiere kontrolliert. Es hat viele Büros hier und wir sehen einen Versicherungs-Agenten. Der Herr ist sehr hilfsbereit und effizient. Sein Englisch ist exzellent und so bekommen wir schnell das Gewünschte.

Diesel brauchen wir dringend. In der Türkei haben wir nicht mehr aufgetankt, da der Diesel in Iran günstiger ist. An der Tankstelle in Bazargan, eigentlich immer noch Teil des Zollgebietes, können wir alle unsere Tänke und Kanister füllen. Fast 200 Liter Diesel zapfen wir, umgerechnet bezahlen wir pro 100 Liter gerade mal 3'000 Rials, das ist nur 1 USD! Erst bin ich ein bisschen verwirrt. Habe ich etwas falsch verstanden? Oder mache ich einen Fehler bei der Umrechnung? Schnell weg hier, bevor der Tankwart es sich anders überlegt!

Maku heisst der erste Ort in Iran, wo wir halten. Der Gemüsemarkt sieht einladend aus. Gekleidet in Mantel und Kopftuch wage ich mich auf die Strasse. Ich komme mir schon ein bisschen komisch vor. Das Kopftuch nennt man hier Rusari oder auch Hijab.

Ausserhalb des Ortes im Grünen, gönnen wir uns einen gemütlichen Lunch-Stopp. Viele Leute, die an uns vorbei fahren, hupen und winken uns freundlich zu. Die scheinen Touristen zu mögen. Gestärkt und erfreut machen wir uns auf den Weg.

Wir rollen gemütlich dahin, da rumpelt es! Haben wir den Auspuff verloren? Nein, einen Platten! Das Rad können wir schnell wechseln und im nächsten Ort finden wir einen 'Lastic' am Strassenrand. Hier können sie uns den Luftreifen flicken, aber die Felge ist auch etwas angeschlagen. Nach kurzer Beratung und Inspektion, lassen wir den Pneu auf eine neue Felge aufziehen. Während die Mechaniker Crew arbeitet, kommen immer mehr Leute und starren uns an. Selbst ein Bus des öffentlichen Verkehrs haltet an. Der Chauffeur, wie auch alle Passagiere, starren uns an, als kämen wir von einem anderen Stern. Ich könnte im Bikini dort stehen, sie würden genau gleich unverschämt glotzen. Die sind ja noch schlimmer als die Inder! Da verkrieche ich mich doch lieber im Bus. Eine Stunde vergeht, bis alles fertig ist. Kosten: 30'000 Rials.

Gegen 17 Uhr finden wir ein Busch-Camp, eine verlassene Baustelle. Nur ein älterer Mann, der als Nachtwächter dort ist, treffen wir an. Er beobachtet uns von weitem und scheint nichts gegen unseren Plan zu haben, hier zu übernachten. Nach dem Essen sitzen wir über der Strassenkarte und diskutieren das weitere Vorgehen. Bon würde gerne zum Kaspischen Meer fahren. Adam hat Bedenken, dass die Visa Tage nicht ausreichen. Die Engländer bekommen nur 14 Tage für Iran. Eine Verlängerung des Visums kann aber in jeder grösseren Stadt beantragt werden, haben wir gehört.

Dogubayazit – Marand = 240 km

Gegen 8 Uhr fahren wir wieder los. Tabriz ist unser erstes Ziel heute. Der linke Blinker vorne hat den Geist aufgegeben. In der Nähe des grossen Bazaars und Imam-Khomeini Avenue finden wir einen Parkplatz. Adam macht sich sofort an die Reparatur und wir hoffen, das nötige Ersatzteil hier auch zu finden. Kaum ist er mit dem Schraubenzieher am Hantieren, kommt ein Mann, der uns Hilfe anbietet. Zu meiner Überraschung spricht er sogar Deutsch. Stolz erzählt er mir, dass er ein paar Jahre in Salzburg gelebt hat. Auch in Manchester war er schon. Ich unterhalte mich nett mit ihm und er meint, sollten wir Hilfe brauchen, sollen wir einfach zu ihm in den Laden kommen. Sein Geschäft ist gleich über die Strasse. Es kommen auch einige Schaulustige, die einfach sehen wollen, was wir machen und versuchen einen Blick in unseren Bus zu erhaschen. Natürlich sind wir und Ury interessant für die Einheimischen, das kann ich schon verstehen. Adam verplempert eine Stunde mit dem Blinker, danach machen wir uns auf die Suche nach Esswaren.

Bon fühlt sich heute nicht so wohl. Ich kann ihn aber überreden nicht gerade zu Antibiotika zu greifen, sondern erst einmal einen Tee zu trinken. Durchfall für ein, zwei Tage ist nicht so schlimm und säubert den Körper. Wenn man Bakterien erwischt hat, müssen diese raus. Mit Imodium oder Antibiotika schwächt man den Körper, was unnötig ist. Es ist besser die Bakterien durch Aushungern zu vernichten. Dann mit Vitaminen und Mineralien (Elektrolyten) den Körper wieder aufbauen. Ein Glas Coca-Cola oder leichter Schwarz-Tee können Wunder bewirken.

Wir müssen noch Iranische Rials besorgen. Traveler Checks zu wechseln entpuppt sich aber als ein Ding der Unmöglichkeit. Die Iranischen Banken haben keine Verbindung zu den Traveler Check Banken, erklärt uns einer der Angestellten. Zum Glück habe ich noch ein paar US Dollar Noten dabei, das nehmen sie gerne.

Iran ist kein armes Land und Tabriz eine recht moderne Stadt. Auf dem Markt treffen wir schon wieder einen Herrn, der praktisch fliessend Deutsch spricht. Er meint, es gefalle ihm besser hier, weil es friedlicher ist als in Deutschland. An der Universität habe es zur Zeit mehr Frauen als Männer, weiss er auch noch zu erzählen.

Man sieht oft Frauen, die sitzen beim Tee mit Freundinnen, tragen schöne, dezente Kopftücher. Einige tragen Mäntel, die gerade so knapp über die Knie reichen. Darunter sieht man Jeans und Turnschuhe oder gar Strümpfe und Pumps. Nicht alle Frauen sind in den schwarzen Tschador eingehüllt. Ich bin positiv überrascht.

Auf dem Markt kaufen wir Früchte und Gemüse. Milch finden wir keine, dafür feine Kekse. Überall entlang dem Trottoir hat es Wasser-Hahnen. Das trifft sich gut, so können wir noch unsere Wasser-Kanister füllen.

ERWARTE NICHTS GENIESSE ALLES

Trink-Wasser zum Kaufen haben wir nicht gesehen. Coca-Cola hingegen wäre kein Problem.

Nach 12 Uhr verlassen wir Tabriz Richtung Zanjan. Ausserhalb der Stadt machen wir einen Lunch-Stopp. Bon geht es bereits etwas besser. Wir kosten den Schafskäse und das Brot. Zum Dessert machen wir uns an die Kekse-Kollektion. Die mit den Rosinen finde ich am besten.

Wir gondeln durch sehr trockene Gegenden und sandige Hügel. Die kleinen Dörfer sind perfekt in die Landschaft eingepasst. Sie scheinen sich unter der Sonne und vor einem eventuellen Sandsturm zu ducken. Als wir in eine grüne Ebene kommen, finden wir endlich einen Platz für die Nacht. Schon kommen zwei Männer daher. Sie wollen etwas zu trinken; einen Tee hätten sie gerne. Aber ich habe grad keinen Tee bereit, deshalb offerieren wir ihnen ein Glas Wasser. Einer der Männer redet und redet. Merkt er nicht, dass wir kein Wort verstehen? Ich antworte in Schweizerdeutsch, aber das scheint ihnen nicht aufzufallen. Am liebsten würden sie auch noch mit uns essen. Oder nach Zanjan sollten wir mit ihnen gehen? Meine Männer wollen sich nicht um die Gäste kümmern. Ich fühle mich ein bisschen unsicher, wie ich mich gegenüber diesen Iranern verhalten soll. Mit dem Kochen lasse ich mir Zeit. Die Situation ist lustig aber irgendwie auch surreal. Irgendwann verabschieden sich die beiden dann doch noch. Es ist kühl geworden und ich bin ganz froh um mein Mäntelchen und Kopftuch.

Marand – Chiyar = 355 km

Bis Zanjan sind es noch etwa 45 Kilometer. In einem Dorf kommen wir an einem Markt vorbei, so packen wir die Gelegenheit und kaufen Gemüse und auch Milch. Das kleine Tetra Pack scheint nicht mit Flüssigkeit gefüllt. Es fühlt sich wie Pudding an. Was das wohl sein mag? Wir werden sehen. Nach Zanjan kommen wir wieder in eine trockene Gegend. Vor uns liegt eine lange gerade Strasse. Ab und zu mal eine Polizei Kontrolle. In den Orten bleiben die Fussgänger manchmal grad mitten auf der Strasse stehen, wenn sie uns sehen. Kiefer unten, Mund offen. Wir winken ihnen meistens und sie grüssen uns zurück. Wir sind scheinbar ein seltener Anblick. In Buin machen wir Halt. Adam geht Brot und Hühnchen kaufen. Das Brot, das man überall bekommt, ist ein Fladenbrot. Wie vom Fliessband kommt es aus dem Ofen. Es wird dann gerollt oder gefaltet. Eine Lage ist so gross wie die Seite einer Zeitung. Es heisst Lavash oder Sangak. Frisch und noch ein bisschen warm ist es ein Genuss. Es gibt aber auch runde Brote, dicker oder dünner, süss oder leicht gewürzt. Während Adam einkaufen geht, warten Bon und ich im Bus. Einige Männer und Jungs kommen zum Bus und drücken ihre Nasen platt an den Fenstern.

In der Nähe ist auch gerade eine Mädchen Schule aus. Die kleinen, etwa 5 oder 6 Jahre alten Mädchen, stehen zusammen in einer Gruppe. Sie tragen alle einen schwarzen Tschador. Das sieht schon ein bisschen traurig aus.

Unsere Iranische Strassenkarte zeigt praktisch jedes Kuhdorf, oder treffender Schafdorf und auch die Tankstellen. Was fehlt sind die Distanzangaben. Es gibt weder Kilometer Anzeigen noch den Massstab auf der Landkarte. Aber besser als gar nichts, gäll!

Das Lesen der Arabischen Zahlen habe ich schnell im Griff. Mit den Strassenschildern hapert es noch. Aber ich habe mir angewöhnt, das Gesamt-Bild des Wortes zu merken, statt es zu lesen versuchen. Die Arabische Schrift ist eigentlich sehr dekorativ.

Nastaliq, wie die verwendete Schrift auch genannt wird, ist eine besondere Stilart der persischen Kalligraphie. Gemäss einer Legende wurde diese Schrift von Mir Alis Tabrizi, einem persischen Kalligrafen aus dem 14./15. Jahrhundert, in Tabriz geschaffen.

Bei Hassan Abad können wir die Autobahn nehmen. Sie ist ganz neu, die Auffahrt ist sogar noch ohne Belag. Die Autobahn bringt uns um Teheran herum. Südlich geht's in Richtung Qom. Teheran hat sicher auch Sehenswürdigkeiten, aber wir haben beschlossen, uns von der Grossstadt fernzuhalten.

Bald finden wir ein Nachtlager für uns. Hinter einem Hügel, versteckt hinter Steinen, lassen wir uns nieder. Der Abend ist sehr gemütlich. Wobei ich lange mit dem frischen Hühnchen kämpfe. Es hat sogar noch ein paar Federn und ist nicht ausgenommen. So dauert es heute ein bisschen länger, bis es etwas zu Essen gibt.

ERWARTE NICHTS GENIESSE ALLES

Die Milch ist eher eine Paste, macht sich aber sehr gut als Zutat für die Curry-Sauce zum Hühnchen. Bon haut wieder mal richtig rein. Er hat wieder Hunger, das ist erfreulich.

Chiyar – kurz vor Qom = 444 km

Am Morgen um 8.15 Uhr erreichen wir bereits Qom. Bei der Autobahn Ausfahrt für die Stadt, sollten wir eigentlich Zoll bezahlen. Ich stehe am Fenster und warte auf Anweisungen. Der Angestellte kann oder will aber nicht mit mir sprechen. Stattdessen versucht er an mir vorbei mit Adam Augenkontakt aufzunehmen. Adam aber schaut aus seinem Fenster. Remember, wir sind in einem Englischen Fahrzeug, der Chauffeur sitzt rechts. In Iran aber fahren sie rechts, wie wir in der Schweiz. Der Angestellte scheint zuerst ein bisschen verwirrt und ratlos, dann hat er eine super Idee. Er sagt einfach: OK, go! Und signalisiert uns weiterzufahren. Also nichts wie weg hier. Merci!

'Merci' ist weit verbreitet in Iran. Der Ursprung ist Französisch und es wird auch in Iran als 'Danke' täglich gebraucht. Ebenfalls verwendet werden 'Mam'noon' oder 'Sepasgozaram', was aber eher mit 'ich bin dankbar' zu übersetzen ist.

In Qom können wir in der Nähe der prächtigen Freitags-Moschee parkieren. Die vier Eingangstore dieser Moschee sind riesig, die Minarette sind wunderschön und ganz anders dekoriert als in der Türkei. Adam und Bon begleiten mich auf dem Spaziergang rund um die Moschee. Wir spähen auch durch eines der imposanten Tore der Freitags-Moschee. Ein Mullah zeigt sich nicht sehr erfreut über unseren Besuch und so brechen wir die Aktion ab. Eine Stunde später sind wir schon wieder unterwegs.

Wir fahren heute wieder eine lange Strecke, hören Musik und lassen die Umgebung an uns vorbeiziehen.

ERWARTE NICHTS GENIESSE ALLES

Die Strassen in Iran sind in exzellentem Zustand, praktisch wie in der Schweiz. Die Busse, speziell auch die Langstrecken Busse, denen wir begegnen, sehen neu aus. Die Iraner fahren oft Citroen, Peugeot, Toyotas oder alte Mercedes. Man sieht Ford Escort ähnliche Fahrzeuge und auch ältere Amerikaner Fabrikate. Es gibt aber auch eine Eigenmarke, Paykan heisst sie und die kleinen Pickups sind von Zamyad. Die Busse sind fast ausschliesslich von Mercedes und sehr modern.

Gegen 16 Uhr treffen wir in Esfahan ein. Wir sehen uns ein paar Hotels an und einen geeigneten Busparkplatz brauchen wir auch dazu. Im ersten Hotel werde ich an der Rezeption eher unfreundlich empfangen. Ein Zimmer haben sie nicht. Mich beschleicht das Gefühl, dass sie mir eher kein Zimmer geben wollen. Der Manager des Hotels Persepolis ist hingegen sehr freundlich. Mosel will 60'000 Rials für's Doppelzimmer und 45'000 Rials für's Einzelzimmer. Ich lasse mir die Zimmer zeigen und bin positiv überrascht. Alles, inklusive Dusche, ist sehr sauber. Zurück an der Rezeption kostet das Doppelzimmer jetzt nur noch 40'000 Rials. Wir überlegen uns noch das Camp anzuschauen. Das liegt aber ausserhalb der Stadt. Mosel offeriert uns dann ein Doppel- und ein Einzelzimmer für total 60'000 Rials. Alle freuen sich und wir ziehen ein. Nach all den Busch-Camps ist die Dusche eine richtige Wohltat. Die Herren teilen sich ein Zimmer und ich habe die vier Wände ganz für mich alleine, welch ein Luxus!

Nachdem sich alle erfrischt haben, machen wir uns auf den Weg zur Pizzeria, die wir vorher erspäht haben. Aus der Nähe sieht es leider nicht mehr so einladend aus. Wir finden aber schnell ein passendes Iranisches Restaurant. Es gibt Suppe, Salat, Kebab und Pepsi. Das Pepsi entpuppt sich als eine hausgemachte Orangen-Limonade, aber durchaus trinkbar. Die Rechnung soll 24'000 Rials kosten. Das kann nicht sein, auf der Karte steht eine sieben, also pro Menü 7'000, gibt 21'000 Rials. Ausserdem sage ich meinen Begleitern immer wieder: fragt den Preis vorher! Ich kann oder darf ja mit den Männern hier nicht sprechen, bzw. wenn sie meine Begleiter sehen, wollen sie natürlich nur mit ihnen reden, nicht mit einer Frau! Aber ich gehe jetzt an die Theke und frage höflich, was hier falsch sei! Da entschul-

digt sich der Kassierer. Die Rechnung wird subito auf 21'000 Rials angepasst, so geht das! Ja, es sind nur 3'000 Rials, also 1 USD, aber es geht mir
eigentlich mehr um's Prinzip als um den Dollar. Zudem können wir für
3'000 Rials allerlei kaufen.
Auf dem Spaziergang zurück ins Hotel treffen wir auf den sympathischen
Jim und seinen Kollegen James, die beiden Dragoman Fahrer. Wir setzen
uns zu ihnen in die kleine Beiz. Jim erzählt, dass er auch schon mal in Zürich
war. Sie erwähnen auch das Hostel hier, wo viele Reisende Unterkunft finden und auch genug Platz für Gruppen ist. Ich mache mir eine Notiz, um
es auf der Rückreise auszukundschaften.

Kurz vor Qom – Esfahan = 490 km

Mittwoch, 9. Oktober 1996
Während ich mich über den gemütlichen Morgen freue, haben sich Adam
und Bon schon auf den Weg zum Konsulat gemacht. Sie wollen hier ihre
Visa verlängern lassen.
Beim Café im Azady Restaurant treffe ich wieder auf Jim und James.
Jim meint: wie geht es dir? Du siehst aus, als hättest du gestern noch ein
Pub gefunden und bist verkatert! Ist er nicht charmant? Welch nettes
Kompliment, das stellt einen doch auf am Morgen. Nach der Stärkung wird
es Zeit in die Stadt zu spazieren.
Die Stadt ist sehr grosszügig angelegt und die Strassen sind schön breit mit
viel Grün.
Der grösste Platz, Maidan-e Imam, ist sehr gefällig und noch friedlich. Die
Arkaden rund um den Platz bilden ein grosses Rechteck. Darin sind viele
Shops untergebracht. Im Zentrum des Platzes gibt es Wasserbecken um-
ringt von Rasen, Büschen und Blumen. Sitzbänke laden zum Verweilen ein.
In kleinen Schaufenstern winken wunderschöne, handbemalte Vasen, Tel-
ler, Tassen und vieles mehr. Sie sind aus Email und mit Miniatur Malereien
verziert. Die kleinen Vasen sind so herzig, dass ich eine kaufen möchte.
Aber sie sind schon etwas teuer. 25 Dollar will der Verkäufer für die kleine
Version. Ich muss lange handeln, bis ich das gewünschte Objekt erhalte,
zu einem Preis, den ich zu zahlen bereit bin. Auf der einen, langen Seite

des Platzes ist auch die Masjid-e Sheik-Lotfallah und hinten steht die wunderschöne Masjid-e Imam mit dem grün-, blau- und goldfarbenen Dom. Die Farben werden mir von einem alten Mann erklärt: grün für Natur, blau für Himmel und gelb für Sonne.

Beide Moscheen sind im typisch, dekorativen Schnörkel-Stil verziert. Die Imam Moschee, Jaame Abbasi oder auch Royal Moschee genannt, soll eine der eindrücklichsten Bauten der Welt sein. Sie ist wirklich sehr bezaubernd. Die blau bemalten Kacheln, das Blumendekor, ich bin völlig hingerissen. Ein kleiner Ah-Effekt kommt auf, als ich in den Vorplatz trete. Was auch speziell ist, es hat kein Tor am Eingang. Man geht durch einen Zickzack-Gang hinein zum Vorplatz. Gebaut wurde die Moschee von 1611 bis 1629 im architektonischen Stil der Safavid.

Der Besuch im Chehel Sotoun Palast geniesse ich auch sehr. Der Name bedeutet 40 Säulen Palast. Der Palast oder Pavillon hat nur 20 Säulen, die spiegeln sich aber im Wasser vor dem Pavillon und somit ergibt das dann 40. Die Säulen sind aus Zypressenholz. Es gibt auch einen Spiegelsaal und viele Stuckverzierungen. Fresken zeigen verschiedene Schlacht Szenen und ein Treffen des Shahs mit einem Indischen Maharaja. Der Palast wurde 1647 gebaut, gehört zu den schönsten Beispielen der Safavidischen Architektur und steht immer noch in der Gartenanlage von anno dazumal. Auf einer Parkbank schreibe ich in Ruhe ein paar Postkarten und geniesse den Tag an der Sonne. Im Markt gönne ich mir einen frischen Karotten Saft und ich werde von einem sympathischen Mann vom Nomad Teppich Shop angesprochen. Er will mir nichts verkaufen. Er will nur sicherstellen, dass alles OK ist und es mir an nichts fehlt. Hossein ist sein Name, den werde ich mir merken. Auf dem Weg zurück ins Hotel kaufe ich noch zwei Pipi ZamZam, die Iranische Version von Coca-Cola, ist gar nicht schlecht und nicht so süss.

Nach diesem sehr erfreulichen Ausflug muss ich mich ein bisschen erholen. Erst um 19 Uhr klopft es an der Tür. Bon hat Hunger und fragt, ob es etwas zu Essen gäbe? Wir gehen wieder ins Azady, das Reis und Kebab sind sehr gut dort.

ERWARTE NICHTS GENIESSE ALLES

Die Visa zu verlängern war für Adam und Bon kein Problem. Es hat nur etwas lange gedauert, weil so viele Leute dort waren.

Check out im Hotel ist erst um 14 Uhr. Das finde ich grosszügig und es gibt uns Zeit für ein Frühstück und den Einkauf auf dem nahen Markt.
Im Hotel können wir auch Geld wechseln. Für einen US Dollar bekommen wir hier sogar 4'000 Rials.
Da hier viele Mercedes fahren, ist es ziemlich einfach Ersatzteile für Ury zu bekommen. Adam überlegt sich noch ein paar Teile auf Vorrat zu kaufen, man weiss ja nie.
Auf dem Postbüro kann ich einfach in die Schalterhalle stehen und fragend umherschauen, schon kommt Hilfe. Ah, Briefmarken und schon werde ich am richtigen Schalter bedient. Kein Ellbogen Kampf, einfach nur angenehm und freundlich.

Bis jeder seine Sachen erledigt hat, wird es Nachmittag als wir uns aus der Stadt bewegen. In der kargen Hügellandschaft machen wir eine Pause. Eine Frau aus Deutschland gesellt sich zu uns. Sie ist per Fahrrad unterwegs, schon seit fünf Monaten, ganz alleine. Sie ist froh Europäer zu treffen und trinkt gerne einen Tee mit uns.
Wir fahren so dahin, hören Musik und als es dann steil den Berg hinauf geht, muss ich unweigerlich an die Radlerin denken. Da wird sie wohl ins Schwitzen kommen. Unser Ury kommt auch ins Stocken. Etwas stimmt nicht! Wir schaffen es knapp auf die Anhöhe des Passes, dort können wir zum Glück gut zur Seite fahren. Adam muss den Diesel Filter reinigen. Manchmal hat es viel Schmutz im Diesel, den wir kaufen, da muss der Filter öfters gereinigt werden.

Erst nach 17 Uhr halten wir für unser Nachtlager. Der Platz sieht verlassen aus, hat aber Stall ähnliche Gebäude mit niedrigen Mauern, alles aus Lehm. Es geht nicht lange, da kommt schon ein Junge auf einem Esel daher geritten. Das sieht lustig aus. Er schaut was die Fremdlinge hier machen. Besonders fasziniert schaut er Bon zu, der gerade sein Zelt aufstellt. Der Junge reitet von dannen, kommt aber schon fünf Minuten später zurück mit einer Melone. Kurz hinter ihm kommt seine Familie daher. Vater, Mutter und zwei kleine Jungs. Sie bringen uns einen Eimer Wasser. Ausserdem wollen sie, dass wir mit ihnen ins Haus kommen. Ich sehe erst gar nicht wo sie wohnen. Aber diese Ställe sind gar nicht unbewohnt, hier wohnen die Bauern oder Schafhirten. Nach einigem Hin und Her gehen wir mit dieser Familie mit. Sie sind so lieb und wir hoffen einfach, dass der Bus hier sicher ist. Als wir alle in der kleinen Stube auf Teppichen am Boden sitzen, gibt es erstmal Tee, sehr süss natürlich. Viel reden können wir nicht miteinander aber die Augen und Gesten sprechen Bände.

Nun kommt Farhad nach Hause, der älteste Sohn. Er spricht überraschend gut Englisch und wir bekommen alles erklärt. Mama ist 52 Jahre alt, hat keine Runzeln und ein ganz liebes Gesicht. Der Vater hat viele Runzeln, sieht richtig cool aus und ist 62 Jahre alt. Im Moment sind noch die drei Jungs hier, die wir ja schon kennen gelernt haben. Sie sind die jüngsten. Insgesamt sind sie 10 Kinder, 6 Jungs und 4 Mädchen. Die anderen Geschwister sind in Shiraz in der Schule und kommen nicht jeden Tag nach Hause. Auch Farhad ist eigentlich in Shiraz zu Hause. Er ist verheiratet und hat einen kleinen Sohn. Die Familie besitzt auch 250 Schafe. Ich denke, das ist ein ziemlicher Reichtum.

Bon spielt mit den Jungs Tic Tac Toe, auch genannt Drei gewinnt. Das gefällt ihnen sichtlich und sie lernen schnell. Erstaunlicherweise haben sie sogar einen Fernseher. Die Bild Qualität ist zwar sehr schlecht und scheinbar können sie nur Nachrichten schauen, gesprochen vom Khomeini.

Mama serviert sehr feine Mandeln und selbst getrocknete Rosinen, die ich mir genüsslich einverleibe. Senjed offerieren sie uns auch. Etwas Komisches, etwas zwischen Frucht und Nuss, eine Art Mini-Dattel. In einem kleinen Ofenkonstrukt heizt der Vater seine Pfeife, ab und zu zieht er daran. Taschiadsch oder so ähnlich heisst der Tabak. Ist es Tscharass oder gar Opium? Der gemütliche Vater offeriert uns auch mitzurauchen, aber von uns will keiner. Da lässt er eine Flasche aufspazieren, gefüllt mit vielen Kräutern und klarer Flüssigkeit. Grappa nennt er es und ich bin erstaunt, dass sie dieses Wort benutzen. Das Gebräu ist tatsächlich wie der Italienische Grappa. Uhh! Wärmt schön und ist vorzüglich. Habe er selbst gemacht, verrät der Vater und schmunzelt. Kaufen kann man das hier ja

nicht. Zum Hauptgang gibt es das feine Iranische Reisgericht, das stunden-lang in einem grossen Topf gekocht wird. Dazu gibt es Kartoffeln, Schafs-käse, Tomaten und Fladenbrot. Der Schafskäse ist ein bisschen streng, aber alles zusammen schmeckt sehr fein. Natürlich essen wir mit den Hän-den, wie sich das gehört. Der Abend ist so schön und mit dieser Familie zusammen sitzen zu können, empfinde ich als ein spezielles Erlebnis.
Langsam wird es Zeit zu gehen. Sie wollen, dass wir bei ihnen schlafen, aber wir wollen im und beim Bus schlafen. Sie lassen uns dann gehen.

Esfahan – Safashahr = 312 km

Am Morgen an der Sonne ist es bereits angenehm. Ich bin schon am Was-ser kochen, da kommen Farhad und einer der kleinen Boys. Wir müssen bei ihnen frühstücken. Farhad lässt nicht locker, bis wir unsere Sachen pa-cken und mit ihm mitgehen. Mama kocht Eier von 'happy chicken', dazu gibt es Nan und Schafskäse. Eine der Töchter ist heute auch zu Hause, ein bildhübsches Mädchen. Mama fragt, ob Bon mein Sohn sei? Vom Alter her nicht wirklich möglich, aber wahrscheinlich meint sie das, weil wir das Brot teilen. Oder weil unsere kleine Reisegruppe für die Aussenwelt eine selt-same Kombination ist? Ich erkläre ein bisschen, was wir machen und wie wir zu Bon kamen.
Die Familie macht sich bereit für ihren Tag mit den Schafen. Wir verab-schieden uns und bedanken uns herzlich für die Gastfreundschaft. Mama umarmt mich ganz fest und verküsst mein Gesicht, so lieb.
Während Bon und ich die Zelte packen und alles wieder verstauen, geht Adam mit Farhad ins Dorf, um einen Diesel Filter zu kaufen. Adam mon-tiert den neuen Filter anschliessend gleich, danach sind wir abfahrbereit.
Es wird fast 11 Uhr bis wir wegkommen und weit kommen wir dann auch nicht. Bei der ersten Steigung stellt der Motor ab. Adam entdeckt schnell, dass er beim Montieren des Filters etwas vergessen hat. Ein kleiner Fix. Ich schlafe bis wir in Persepolis eintreffen.

Der Eintritt zu den Ruinen von Persepolis kostet 10'000 Rials für Touristen, 500 Rials für Iraner.

Persepolis sitzt auf einem Plateau. Dort hinauf führen links und rechts imposante Treppen.

Hinter den Ruinen führt ein Pfad den Hügel hinauf. Von dort oben hat man eine schöne Aussicht auf die Ruinen und die karge Landschaft. Persepolis wurde 520 v. Chr. von Dareios I. gegründet. Der Name stammt aus dem Griechischen und bedeutet Stadt der Perser. Persisch wird der Ort Tacht-e Jamshid genannt, was Thron des Jamshid bedeutet. Für den Bau wurde der Berg Kuh-e Mehr terrassiert. Verschiedene Herrscher haben immer wieder neue Gebäude errichten lassen. Die Palaststadt wurde 330 v. Chr. durch Alexander den Grossen zerstört und nachher nur teilweise wieder aufgebaut.

Der letzte Shah des Iran, Mohammad Reza Pahlavi, liess 1971 Teile von Persepolis restaurieren und machte es dem Tourismus zugänglich.

Es hat heute nicht so viele Besucher. Mir gefällt die Anlage mit den riesigen Steinen, Torbögen, hohen Säulen und Mauern, verziert mit reichhaltigen Steinmetzarbeiten, die lange Geschichten erzählen.

Ein bisschen ausserhalb von Persepolis finden wir einen angenehmen Platz für unser Nachtlager. Hinter einer Baumallee entdecken wir ein Adobe Gebäude. Als wir näher kommen sehen wir, dass es sogar eine Wasserquelle hat. In einer offenen Rinne fliesst reichlich Wasser. Das motiviert uns, den Bus so richtig zu fegen. Wir füllen unseren Eimer mit Wasser und schrubben mit Besen und Schwamm den Staub der vergangenen Wochen von Ury's blauem Kleid. Es macht sogar richtig Spass.

Drei Jungs kommen uns besuchen. Da sie nicht mit uns sprechen können oder getrauen, kichern sie nur rum wie kleine Mädchen. Ich mache einen grossen Gemüse Salat und zum Dessert essen wir die Melone, die wir von der lieben Schäfer-Familie geschenkt bekommen haben. Während ich schreibe, spielen Adam und Bon Backgammon. Bon ist schon richtig gut geworden.

Nach 21 Uhr kommt ein Mann vorbei, der Wächter über die Wasserquelle. Er bringt uns Tee. Was für eine nette Überraschung. Mich beachtet er gar nicht, das ist halt manchmal so in Iran. Ich empfinde das meist gar nicht als unangenehm und denke auch, dass das gar nicht als feindselig oder unhöflich zu interpretieren ist. In Iran darf man ja auch nie die Hand reichen zwischen Mann und Frau. Männer sind nicht unfreundlich gegenüber Frauen und sie helfen ihnen auch, wenn es nötig ist. Die Frauen scheinen sehr herzlich miteinander umzugehen.

Safashahr – Persepolis/Marvdasht = 160 km

Nach all der Zeit unterwegs sind wir nun bei Pulvermilk gelandet und der Nescafé geht auch zur Neige. Ich wundere mich, ob wir auf Tee umstellen müssen.

Da wir grad so schön bei einer Wasserquelle sind, füllen wir alle Kanister und Adam putzt nochmals die Fenster, damit wir die Sicht wieder geniessen können.

Innerhalb einer Stunde erreichen wir Shiraz. Dummerweise erwischen wir bei der Einfahrt in die Stadt eine Einbahnstrasse, die durch den Markt führt. Umkehren ist ein Ding der Unmöglichkeit. Der Verkehr wird lahmgelegt durch die vielen Fussgänger, die uns anstarren. Ja, selbst die anderen Verkehrsteilnehmer vergessen, wo sie sind. Sie bestaunen lieber uns und fahren so nahe wie möglich an unseren Bus heran, um einen Blick zu erhaschen. Ich fühle mich wie im Zoo. Alle Augen sind auf uns gerichtet. Die Gesichter schauen erstaunt, stirnrunzelnd oder amüsiert. Ich richte mein Kopftuch und versuche, völlig entspannt da zu sitzen.

Als wir endlich wieder aus dem Gewühl heraus kommen, finden wir sogar einen Parkplatz am Strassenrand und gar nicht weit vom Bazaar entfernt. Bon begleitet mich zum wunderschönen und riesigen Markt. Auch hier ist der alte Markt gedeckt mit Kuppeln und die Geschäfte sind in kleinen Kabinen untergebracht. Es gibt auch Arkaden, wo man von der Sommerhitze geschützt von Laden zu Laden gehen kann. Beim Metzger haben wir es besonders lustig. Der Laden hat einfach drei Wände und vorne ist er offen wie eine Garage. Überall liegt und hängt Fleisch. Da ich nicht sicher bin welches Fleisch da hängt und ich kein Schaf kaufen möchte, versuche ich mit Mäh und Muh an das richtige Stück Fleisch zu kommen. Erst schaut mich der Metzger ganz verdutzt an, dann merkt er, was ich sagen möchte.

ERWARTE NICHTS GENIESSE ALLES

Auf seinem Gesicht zeigt sich ein breites Lachen. Im Brotladen ist Bon wieder mal die Attraktion. Heute mal nicht nur dank seines guten Aussehens, sondern wegen seiner Tattoos, die seine Arme zieren. Da er die Hemd-Ärmel hochgekrempelt hat, werden die Kunstwerke rundherum bestaunt. Weder Frauen noch Männer halten sich zurück und gehen auf Bon zu. Ich geniesse diese Szene und beobachte wie die Iraner auf diese Tattoos reagieren.

Gemüse, Früchte, Käse und Kekse besorgen wir auch noch, dann geht's zurück zum Bus. Adam spricht dort mit einem Mann in weissem Hemd und Anzug. Er habe in Delhi, Bombay und Bangalore Engineering studiert. Jetzt möchte er mit uns von Zahedan nach Quetta mitfahren. Seine neun Freunde möchte er auch noch mitbringen. Ich befürchte, dass das alles Männer sind und bin mir nicht so sicher, ob ich das möchte. Aber es wären ja nur zwei Tage. Adam erklärt, dass wir zuviel Öl verlieren. Der nette Afzan offeriert uns zu einer Garage zu begleiten. Seine guten Englisch- und Farsi-Kenntnisse sind sehr hilfreich für die Übersetzung. Etwas mit der Reparatur in Esfahan muss schief gelaufen sein. Jedenfalls machen sich drei Mechaniker an die Arbeit. Bon und ich vertreiben uns die Zeit mit Backgammon.

Die Diagnose für den Ölverlust ist, dass alle Ventile ersetzt werden müssen. Das ist ein Schaden von etwa 300 USD! Die Reparatur würde etwa 4 bis 5 Tage dauern. Für dieses Geld können wir ziemlich viel Öl kaufen! Dank unserem neuen Freund kostet uns die Diagnose nichts Ich gebe den Mechanikern aber ein Trinkgeld. Afzan erklärt uns noch, wie wir am besten aus der Stadt kommen und gibt uns die Adresse des Tourist Camp in Zahedan, wo wir uns treffen könnten.

Auf dem Weg nach Sarvestan kommen wir an den schönen Maharlu See. Der Salzsee hat nur von Winter bis Frühling Wasser. Während des trockenen Sommers verdunstet das Wasser. Nun liegt nur ein kleiner See vor uns. Der Rest des Grundes ist fein mit weissem Salz bedeckt. Die Gegend ist umringt von Bergzügen, genau richtig für unseren Lunch-Stopp. Eine Herde Ziegen kommt vorbei und wir müssen schnell unsere Esswaren verstauen. Die Hirten sind nett und fragen, woher wir kommen. Als wir wegfahren winken sie uns nach.

ERWARTE NICHTS GENIESSE ALLES

Wir sehen einige Unfälle, schwer beschädigte Autos und Busse stehen am Strassenrand. Die guten Strassen hier verleiten zum schnellen Fahren. Den Rest des Nachmittags rollen wir entspannt dahin. In der Nähe von Estahban finden wir wieder ein schönes Nachtlager. Alle geniessen wir den gemütlichen und ruhigen Abend draussen in der Natur. Wir befinden uns in einer Feigenplantage. Verstreut über den Hügel hat es ein paar unbewohnte Pflücker-Hütten. Unter dem Vordach einer dieser Hütten richten wir unsere Küche ein und fühlen uns wie Plantagenherren.

Marvdasht – Estahban = 235 km

Langsam kommen wir in eine Hügellandschaft und dann wieder hinunter in eine Ebene. Es wird dürr. Lange Geraden, links und rechts entlang der Strasse gibt es Ausfahrstellen. Viele dieser Parkplätze sind schwarz verkleckert und voller Öl. Ich nehme an, dass all die Tanklaster ihre Tänke hier waschen oder Lastwagenfahrer einen Ölwechsel vornehmen. Es sieht schrecklich aus.
Etwas später passieren wir einen trockenen Salzsee und danach kommen wir bald nach Sirjan. Manchmal sind die Tafeln mit den Distanzangaben etwas verwirrend. Da steht, dass es noch 75 Kilometer bis XY sind, 5 Kilometer später steht, dass es noch 55 Kilometer sind! Aber so genau kommt es uns eh nicht drauf an, meistens jedenfalls.

Kurz vor Kerman werden wir wieder mal von einem Polizisten angehalten. Er ist sehr sympathisch und sehr nett. Natürlich will er in den Bus kommen und sich umschauen. Man sieht, dass er ganz neugierig ist. Er will keine Papiere sehen und nachdem er seine Neugier gestillt hat, können wir weiterfahren.

In Kerman suchen wir zuerst die Bus-Station, da das Camping nicht weit entfernt davon sein soll. Die hilfsbereiten Leute beim Bus-Stand bringen uns Mohsen, ein Schalter Angestellter, der exzellent Englisch spricht. Er erklärt uns, dass das Camp nicht mehr existiert. Dafür hilft er uns eine Garage zu finden und verhandelt auch gleich mit dem Chef dort. Wir haben ja immer noch das Problem, dass Ury zuviel Öl verbraucht. Während sich ein junger Mechaniker an die Arbeit macht, trinken Bon und ich Pipi ZamZam und spielen Backgammon.

Gegen 19 Uhr kommt Mohsen wieder und übersetzt, was der Garagen Chef zu berichten hat. Die Reparatur kostet etwa 500 US Dollar. Sie wird voraussichtlich einen ganzen Tag in Anspruch nehmen. Das nächste Problem wird wohl sein, diese 500 Dollar cash zu besorgen. In Iran kann weder eine Kreditkarte eingesetzt werden, noch können wir Traveler Checks wechseln.

Mohsen offeriert uns, bei ihm zu übernachten. Er muss aber noch bis 20.30 Uhr arbeiten. Ury dürfen wir über Nacht in der Garage lassen. Wir packen ein paar Sachen vom Bus in einen Rucksack und warten in der Bus-Station auf Mohsen. Das Publikum starrt uns zum Teil schon sehr neugierig an. Angesprochen werden wir aber nicht. Viele dieser Leute hier sehen eher Pakistanisch als Iranisch aus. Iraner haben meist etwas feinere Gesichtszüge als Pakistanis und sind auch etwas heller in der Hautfarbe.

Mohsens Apartment ist nur etwa fünf Minuten zu Fuss entfernt. Er hat zwei helle Zimmer, die mit weichen Teppichen ausgelegt sind, ein modernes Bad und eine kleine Küche. Mohsens Bruder Abad wohnt auch hier. Er hat Elektronik studiert und reist viel in der Welt herum. Er war schon in Paris, München, Kairo, Houston, in Indien und Pakistan. Mit 57 Jahren wird er schon bald pensioniert werden. Er meint, wenn sein Sohn das nächste Jahr sein Studium beendet, dann wolle er wieder in die USA zurück. Das Essen, das uns die Herren servieren, ist eher im Indischen Stil und sehr genüsslich. Zum Dessert gibt es frische Datteln und Jogurt. Die frischen Datteln kommen aus Bam, dort haben ihre Eltern eine Plantage. Ich bin begeistert, diese Gastfreundschaft, die versteckten Talente. Nur Frauen sieht man keine. Die sind mit den Kindern in Bam und unterstützen die Eltern. Abad hat drei Söhne (33, 24 und 14 Jahre alt).

Es ist mir schon oft aufgefallen, dass manche Iranische Familien ein Kind haben, dass viel älter ist als die nachfolgenden Geschwister. Wahrscheinlich bekommen sie das erste gleich nach der Hochzeit und dann warten sie mit der Vergrösserung der Familie. In Mittel- und Südamerika ist mir das auch schon aufgefallen.

ERWARTE NICHTS GENIESSE ALLES

Mohsen will Backgammon lernen und schnell wird es Mitternacht, Zeit zum Schlafen. Die weichen Teppiche und unsere Schlafsäcke dienen uns als Nachtlager.

Estahban – Kerman = 400 km

Adam macht sich schon um 8 Uhr auf den Weg zur Garage. Bon und ich schlafen bis 9 Uhr, ist das herrlich. Abad macht uns ein reichhaltiges Frühstück mit Eiern, Brot, Käse, feine Konfitüre und Tee. Er hat viele amüsante Geschichten auf Lager. Erst gegen 10.30 Uhr kommt Adam zurück. Er müsse mehr Teile besorgen, jemand müsse beim Bus bleiben. Mohsen arbeitet, Abad besucht seine Schwester, Adam geht einkaufen, Bon bewacht den Bus und ich bleibe in der Wohnung und geniesse die Ruhe.

Zur Mittagszeit kommen alle ausser Adam wieder in die Wohnung. Abad brutzelt etwas in der Küche. Es riecht so gut! Hackfleisch Burger lecker gewürzt, Jogurt, Brot, Datteln und Tee werden aufgetischt. Es ist so behaglich hier und auch interessant. Wieder ganz anders als bei der Schäfer-Familie. Mohsen hat gerne Gäste, wie es scheint und er ist sehr entspannt in unserer Gegenwart. Als hätten die Brüder oft Gäste aus dem Westen.

Nach dem Essen verschwinden alle wieder. Ich entscheide mich auch an die frische Luft zu gehen. Die Gegend hier ist nicht gerade schön. Ich finde aber einen kleinen Park und sitze eine Weile an der Sonne. In einem kleinen Quartier-Laden finde ich Honig, Butter und Zitronensaft. Mit meinen Goodies gehe ich zur Garage. Es sieht immer noch nach viel Arbeit aus. Zwei junge Mechaniker sind am Zusammensetzen des Motors. Wenigstens liegen nicht mehr so viele Teile herum wie gestern Abend. Sie denken, dass sie heute Abend noch fertig werden. Adam jammert, da er den ganzen Tag beim Bus sitzen musste und weder Tee noch Café erhalten hat. Wieviel Mitleid soll ich haben? Ja, ich geh ja schon! In einem kleinen Shop in der Nähe organisiere ich ihm eine Tasse Tee.

Ich verstaue meine Sachen im Bus, den Honig nehme ich mit. Zurück in der Wohnung widme ich mich meinem Reiseführer für Pakistan. Plötzlich läutet es an der Türe. Jemand scheint es sehr dringend zu haben, die Klingel läutet sturm. Da niemand zu Hause ist, bin ich unsicher was ich machen soll. Durch's Fenster sehe ich, dass unten ein Mann und eine Frau stehen. Sie rufen etwas das wie Ali tönt. Ich öffne das Fenster und versuche zu erklären, dass kein Ali hier ist. Danach kehrt wieder Ruhe ein. Gegen 20 Uhr kommt Abad zurück. Wir trinken Tee und essen Melone. Etwas später kommt auch Bon. Er berichtet, dass ein Teilchen des Motors verloren gegangen sei. Nun sei aber alles an seinem Platz. Die Reparatur sei etwa in einer Stunde fertig. Bereits zwanzig Minuten später kommt Adam. Der Motor müsse morgen bei Tageslicht getestet werden. Am Abend wegfahren käme eh nicht in Frage und so dürfen wir noch eine Nacht bleiben. Abad hat ein feines Gemüse Curry zubereitet, dazu gibt es wie üblich Brot, Jogurt und Datteln. Ein weiterer Bruder von Mohsen und Abad könne gut singen. Abad spielt uns ein Kassetten Tape vor. Die Musik ist wirklich nicht schlecht.

Mohsen erzählt, dass er für dieses Apartment 60 USD pro Monat bezahlt. Das ist sicher nicht wenig für Iranische Verhältnisse. Mohsen arbeitet als Manager bei Payman, ein grosses Bus Unternehmen. Ich hoffe er verdient entsprechend. Es kommt noch ein Neffe zu Besuch. Mohsen und sein Neffe sind ein lustiges Gespann. Sie necken Bon, weil er ein Manchester United und New Castle Fan ist. Schnell wird es wieder spät.

Dienstag, 15. Oktober 1996
Heute Morgen heisst es Abschied nehmen. Abad und Mohsen haben uns diesen Reparatur-Aufenthalt wirklich sehr angenehm gestaltet.
Auf dem Weg zur Garage kaufe ich noch frisches Brot. Obwohl eine Reihe Leute anstehen, kommt der Bäcker zuerst auf mich zu und fragt, wieviel Brot ich wolle. Ich gebe ihm einfach das Geld und ich bekomme sofort das Gewünschte. Wahrscheinlich wollte er vermeiden, dass es zuviel Aufsehen gibt vor seinem Laden.
Siehe da, der Bus ist fertig und bereit zur Weiterfahrt. Der ganze Spass kostet uns 350 US Dollar, die ich dem Chef bar gebe. Er kann die Dollars ja selber wechseln und wie es scheint, macht ihm das nichts aus.

Endlich sind wir wieder unterwegs. Viele tote Tiere zieren den Strassenrand; ein Schaf, ein Hund, ein Fuchs und sogar einen Esel sehen wir.

Manchmal stinkt es grauslig. Die Gegend ist sehr trocken, wir sind in der Wüste. Nach etwa zwei Stunden Fahrt sehen wir eine grosse Oase. Das ist Bam. So schön üppig grün und voller Palmen, sehr erfreulich nach all dem Staub und Sand.

Die Zitadelle sieht toll aus. Da es noch nicht so spät ist, spazieren wir durch die Ruinen Stadt. Alles ist aus Lehm. Ständig muss daran gearbeitet werden, um die Gebäude und Ringmauer aufrecht zu erhalten.

Arg-e Bam war der grösste Lehmbau der Welt. Der Ort war ursprünglich eine Oase und wurde um 642 von den Arabern besetzt. Im 10. Jahrhundert entstand die Zitadelle und der Ort gedieh zum Zentrum für Textilherstellung und Handel. Bis vor etwa 180 Jahren haben die Leute noch hier gewohnt. Etwa zwei Kilometer entfernt wuchs das neue Bam heran. Die Leute siedelten langsam um. Das alte Bam wurde als Militäranlage benutzt und entwickelte sich später zum Anziehungspunkt für Touristen. 2003 wurde die Zitadelle, ein Grossteil der Lehmstadt und das neue Bam durch ein starkes Erdbeben zerstört.

Nordöstlich hinter den Lehmmauern von Bam, zwischen kleinen Hügeln, lassen wir uns dann nieder. Obwohl es windet, ist es ca. 30 Grad warm. Um 17.30 Uhr ist es schon dunkel.

Kerman – Bam = 190 km

Schon am frühen Morgen ist es herrlich warm. Gegen 9 Uhr sind wir startklar. Ich sage Adam noch, er soll bitte genau so rausfahren auf die Strasse, wie wir hergekommen sind. Aber nein, er will eine Runde drehen und das im Sand und schon passiert es. Adam versenkt den Bus! Wahrscheinlich habe ich das heraufbeschworen. Das linke Hinterrad versinkt im Sand, wir müssen buddeln. Der Sand ist so fein und trocken, was für eine Sisyphus Arbeit! Mit Holz und Teppichen versuchen wir eine Brücke zu bauen und das Loch mit Steinen zu füllen. Aber Ury will nicht. Ein Lochblech fehlt uns natürlich! Nach einer Stunde sind wir ziemlich KO! Bon und ich versuchen auf der Strasse jemanden anzuhalten und um Hilfe zu bitten. Schnell haben wir einen Motorrad-, einen Traktor- und einen Jeep-Fahrer zur Stelle.

Jetzt geht es schnell. Mit Ästen von nahen Büschen wird eine Rampe gebaut. Dann stossen die vier Herren und Adam fährt. Ich darf natürlich nichts machen. Das schickt sich für eine Frau schliesslich nicht. Welche Erlösung als wir zurück auf der Strasse sind.

Mit fast drei Stunden Verspätung geht es endlich weiter. An einer Wasserquelle waschen wir unsere Kleider und erfrischen uns. Da es ein schöner Platz ist, bleiben wir auch gleich zum Lunch. Es ist schon 13 Uhr als wir unterwegs sind Richtung Zahedan. Die Gegend ist flach, dürr und erdrückend warm. Kamele latschen gemütlich durch den Sand. Nach zwei Stunden kommen wir endlich wieder in ein Dorf. Nosrat Abad ist geschickt eingebettet in die Wüste. Alles ist flach und sandfarbig. In einem Laden bekommen wir Zitronensaft, der ist durstlöschend und peppt das Wasser auf. Als wir wieder ein bisschen in die Hügel kommen, suchen wir ein geeignetes Nachtlager. Obwohl wir alle erschöpft sind von Arbeit und Hitze, verbringen wir einen vergnügten Abend zusammen.

Bam – ausserhalb Nosrat Abad = 250 km

Kurz nach 6 Uhr hält ein Fahrzeug neben uns. Ich äuge durch den Vorhang und sehe ein Polizei Auto. Niemand steigt aus und nach ein paar Minuten fahren sie weiter. Ich stehe dann auf. Es ist schon wieder warm, was mir eigentlich gefällt. Jedenfalls besser als die kalten Morgen, an denen ich schlotternd am Gaskocher die Hände wärmen musste.
Es sind nur noch ca. 85 Kilometer bis Zahedan, kurz nach 9 Uhr treffen wir dort ein. Ein graues Nest. Es macht einen verlassenen Eindruck. Im Tourist Camp werden wir sehr unfreundlich empfangen. Campieren kann man hier nicht, aber wir können ein Zimmer haben für 30 USD! Wir entscheiden uns noch ein bisschen rumzufahren, vielleicht finden wir ja etwas Angenehmeres. Herr Afzan und seine neun Männer scheinen auch nicht hier zu sein. Auf dem Markt decken wir uns mit Esswaren ein. Sie sind Halsabschneider hier. Das Pipi ZamZam kostet 400 Rials, im ganzen Land haben wir bisher immer 250 Rials bezahlt. Auch das Brot lassen sie sich vergolden,

statt 150 Rials für zwei Stück verlangen sie 500 Rials für zwei! Wir wundern uns, was wir hier sollen und entscheiden Richtung Grenze zu fahren.

Um 14 Uhr stehen wir vor den geschlossenen Toren am Zoll. Ah, Lunchpause bis 16 Uhr! Da es sehr windig ist, sitzen wir im Bus. Ich schreibe und Adam und Bon spielen Backgammon. Schon um Viertel vor vier Uhr lassen sie uns in den Kompound fahren. Der Chef Beamte kommt und kontrolliert unsere Pässe. Er will unser Geld sehen, fragt nach Drogen und schaut sich unser Gepäck an, aber nur oberflächlich. Fünf Minuten später ist unser Carnet-de-Passages gestempelt und fertig. Wir dürfen weiter zur Passkontrolle. Für Frauen gibt es eine separate Reihe. Da ich gerade die einzige Frau bin, komme ich sofort dran. Adam und Bon stehen hinter mir und der nette Beamte bearbeitet auch ihre Pässe effizient. Adam fährt den Bus ins Custom House nach Pakistan, Bon und ich gehen zu Fuss. Vor der Immigration in Pakistan macht mich ein Beamter darauf aufmerksam, dass ich das Kopftuch hier nicht benötige. Ich hab's völlig vergessen und wegen dem Wind ist es eh ganz angenehm. Ich nehme das Tuch aber trotzdem runter.

Als wir in die Hütte eintreten, ist es voller Männer mit Bärten. Licht haben sie keines, nur das, welches durch die Tür flutet. Dicke Geldbündel werden umhergereicht. Es sieht aus wie in einer Spelunke. Unsere Namen werden in ein überdimensionales Buch eingetragen, Stempel in den Pass und schon sind wir fertig. Ury's Papiere werden woanders bearbeitet. Wir fahren ein Stück, ein Beamter begleitet uns. Das Custom House sieht schon von aussen viel besser und grösser aus als die Hütte von vorhin. Muss ein neues Gebäude sein. Die Wände sind so schön weiss. Bald kommt ein weiterer Beamter dazu. Sehr nett der Pakistani. Mit ihm muss ich wieder nach Draussen zum Bus. Er kontrolliert die Motoren-Nummer und schaut schnell in den Gepäckraum. Dann geht's zurück ins Büro. Nun wird das Carnet gestempelt. Da und dort wird etwas gekritzelt und natürlich muss einen Eintrag ins grosse Buch gemacht werden. 15 Minuten später ist alles bereit zur Weiterfahrt.

Inzwischen ist es aber schon nach 18 Uhr und dunkel. Wir dürfen im Grenz-Kompound übernachten. Es kommt noch ein Engländer auf einer Royal Enfield angetuckert. Er hat die Maschine in Delhi gekauft und ist auf dem

Weg nach Hause. Auch er übernachtet hier neben uns. Wir kochen Reis und Gemüse. Henry, der Engländer, gesellt sich auch zu uns und ist sehr dankbar für das warme Essen. Es ist so still hier draussen in der Wüste und angenehm warm. Wir sitzen noch lange beisammen und unterhalten uns. Ich sehe vier Sternschnuppen.

Nosrat Abad – Zahedan/Mirjaveh = 170 km

1997 IR

1997 ist die Reise durch den Iran ein bisschen anders verlaufen, da Adam, mein Fahrer und Mechaniker, kein Iran Visum erhalten hat. Zum Glück habe ich aber Paxlis dabei, die mich unterstützen.

Dienstag, 7. Oktober 1997
Schon vor 6 Uhr bin ich auf. Es sieht nach einem sonnigen Tag aus. Ich wecke meine Paxlis. Wir müssen packen und uns bereit machen für den Iran. Um 6.30 Uhr kommt schon das Café, dazu gibt es noch eine Überraschung. Der Koch vom Murat Camp hat frisches Brot gebacken, mhh, das ist sehr fein.
Lennon und Adam werden von hier zurück nach Ankara fahren und dort mit dem Flugzeug nach Karachi in Pakistan fliegen. Von Karachi nach Quetta reisen die beiden per Bus. In Quetta wollen wir uns dann alle wieder treffen.

Um 7.30 Uhr fahre ich mit Janice, Adele, Florian und Ziggy los Richtung Grenze. Der Mount Ararat ist noch schneebedeckt, die Gegend sieht fabelhaft aus im Morgenlicht.
Es hat schon eine lange Kolonne von Lastwagen vor den Toren zum Grenz-Kompound. Wir Frauen ziehen schon mal die Mäntel an und binden die Kopftücher um. Zuerst werden unsere Namen, sämtliche Koordinaten und Passnummer in ein grosses Buch eingetragen und dann werden unsere Da-

ten in einen Computer eingegeben. Das ist ganz neu. Das ist ja überraschend modern hier. Das Papier, das sie ausdrucken, muss ich mitnehmen. Der nächste Stopp ist die Gesundheits-Kontrolle. Auch dort wartet ein grosses Buch. Diese überdimensionalen und sicher auch sehr schweren Bücher gefallen mir. Sie stammen aus einer anderen Zeit aber hier an den Grenzen zu Iran, Pakistan und Indien sieht man sie überall. Vom Gesundheits-Beamten bekommen alle einen Stempel in den Pass. Ironischer Weise sieht dieser Beamte etwas krank aus mit seiner grau-bleichen Gesichtsfarbe.

Die Passagiere müssen durch ein separates Gebäude zur Passkontrolle. Ich erkläre meinen Paxlis, wohin sie müssen. Wir sehen uns dann in Pakistan wieder. Ich fahre zum Custom House, wo sie erst einen falschen Eintrag machen. Der Zollbeamte hat angenommen, ich reise in die Türkei ein! Es sind gerade massenhaft Teilnehmer von der Peking – Paris Rallye angekommen. Viele Engländer, Deutsche, Österreicher etc., stehen an. Sie alle reisen in die Türkei ein, nur ich nicht.

Nachdem ich dann ins Ausreise-Buch eingetragen bin, wird noch das Carnet-de-Passages für Ury gestempelt und schon kann ich gehen. Ich muss nicht weit fahren und kann gleich vor dem Custom House in Iran parkieren. Ich werde hier sehr freundlich empfangen. Zuerst wird mein Pass gestempelt und dann erhalte ich ein Papier, das ich nicht lesen kann, da alles nur in Farsi geschrieben ist. Nun bekomme ich einen weiteren, freundlichen Beamten zugeteilt. Der nimmt mir alle Papiere ab und wir gehen zum Fahrzeug. Er kontrolliert die Motoren- und Chassis-Nummern und schaut sich ein bisschen im Bus um. Er fragt, ob ich Videos, Alkohol oder Sexheftchen mitführe. Da wir nichts dergleichen dabeihaben, geht's dann in die Büros. Im ersten Raum werden alle Papiere nochmals durchgeschaut und kontrolliert, ob alles stimmt. Im zweiten Raum bekomme ich wieder Stempel in den Pass und im dritten Büro wird das Carnet gestempelt und der Einreise-Abschnitt wird abgetrennt. Finish, and welcome to Iran!

Meine Paxlis kommen auch gerade daher. Weil wieder eine Gruppe der Peking – Paris Rallye einfährt, müssen wir einen Moment warten. Es ist interessant, all die Fahrzeuge und Teilnehmer zu sehen. Auch auf der

Strasse ausserhalb des Grenz-Kompounds steht eine lange Kolonne der illustren Gesellschaft. Die sportlichen Fahrzeuge tragen Nummern und sind mit viel Werbung verklebt.

Es ist 10.30 Uhr Iran Zeit. Unten im Dorf Bazargan können wir unsere Diesel Tänke füllen, die lokale Versicherung abschliessen und Geld wechseln. Für einen Dollar bekommen wir 3'000 Rials. Der Diesel ist ein bisschen teurer als letztes Jahr, 100 Liter kosten nun schon 1.20 USD!

In Maku halten wir, um etwas zu essen. Inzwischen sind alle hungrig und wir freuen uns auf den Iran. Oder besser: ich freue mich und die anderen sind neugierig und gespannt. In einem Kekse Shop werden wir von der Bäckerin unterhalten. Sie ist lustig und meint, hot weather, no good! (heisses Wetter, nicht gut!). Wir fragen noch nach Gas für unsere Gasflaschen, aber das gibt es scheinbar erst in Tabriz.
Ich übergebe das Steuer für die Weiterfahrt an Ziggy. In Marand fragen wir nochmals nach Gas. Ein netter Mann zeigt uns den Weg zu einer Gas-Station. Aber die Station ist schon ausverkauft. Auch eine zweite Station ist leer. Sie hätten bereits drei Tage lang keine Lieferung mehr erhalten, erzählt uns der Angestellte. Das tut mir leid für sie und für uns heisst das wohl, dass wir heute Abend nichts Warmes zu essen bekommen. Wir bedanken uns für die Hilfe.
Ausserhalb von Marand suchen wir uns ein geeignetes Camp. In einer Apfelplantage lassen wir uns nieder. Sie liegt etwas abseits der Strasse. Ein Bauer kommt, um zu sehen, was da los ist. Er ist sehr nett und bringt uns einen Kanister Wasser. Wir dürfen auch ein Feuer machen und er zeigt uns sogar, wo wir Holz finden. Das ist so lieb. So können wir wenigstens heisses Wasser kochen. Wir essen Salat und den Rest des frischen Brotes von Murat's Koch. Die Äpfel des Bauern sind saftig und geschmackvoll. So wird es doch noch ein recht gemütlicher Abend mit Camp-Feuer.

Dogubayazit – Marand = 283 km

ERWARTE NICHTS GENIESSE ALLES

Als ich um 7 Uhr aufstehe, ist Ziggy auch schon auf und macht ein Feuer, damit wir wieder Wasser kochen können. Letztes Jahr musste ich meist alles alleine machen, mindestens was die Küche anbelangte. Diese Paxlis helfen oft und tragen so viel zum allgemeinen Wohlsein bei. Irgendwoher kommt meist ein heiterer Spruch, so gibt es viel zum Lachen.

Es ist schon sonnig und warm, wir nehmen es gemütlich. Kurz vor 9 Uhr verlassen wir unsere Apfelplantage und machen uns auf den Weg nach Tabriz. Auf der grossen Kreuzung an der Imam Khomeini und Ferdosi Street, mitten in Tabriz, wundern wir uns in welche Richtung wir abbiegen sollen. Wir stehen an der Kreuzung und schon kommt ein junger Mann auf uns zu, der uns Englisch anspricht. Er scheint ewig Zeit zu haben, erzählt uns von Iran und fragt uns nach unserem Leben in der Schweiz. Wir unterbreiten ihm unser Gasproblem. Spontan steigt er in den Bus ein und zeigt uns den Weg zu einer Gas-Station. Leider hat auch diese Station kein Gas mehr. Wen wunderts! Die Angestellten wissen aber wo die Gas-Fabrik ist und erklären uns den Weg. Eigentlich ist es nicht so schwierig die Fabrik zu finden, aber unser neuer Freund, Javard, begleitet uns trotzdem. Man sieht die Gas-Fabrik schon von weitem. Das Feuer züngelt aus dem hohen Kamin und weist uns den Weg. Javard erklärt den Angestellten beim Tor zur Fabrik was wir hier wollen. Bereitwillig wird das Tor für uns geöffnet und wir dürfen an einer Rampe vorfahren. Unsere zwei Gasflaschen werden anstandslos aufgefüllt. Viele Arbeiter erscheinen auf der Bildfläche, wir sind wieder mal die Attraktion. Als der Chef kommt, bezahlen wir ihm die 2'500 Rials. Von gestern Abend haben wir noch einige Äpfel dabei, die Hälfte davon verschenken wir den Zuschauern.

Zurück in der Stadt ist es Zeit für einen Lunch. Wir laden Javard ein uns zu begleiten. Auf dem Weg aus der Stadt kommen wir an der Universität vorbei, wo wir uns dann von unserem jungen Freund verabschieden. Das war ein sehr schönes und interessantes Erlebnis für uns und hoffentlich auch für Javard. Nun geht es weiter Richtung Süden.

Langsam müssten wir nun noch Diesel tanken, das scheint heute irgendwie auch ein Mühsal zu sein. An den ersten zwei Tankstellen sind sie ausverkauft. Die nächsten zwei Stationen haben nur noch wenig Diesel. Sie verkaufen uns den Rest, den sie noch haben. Wenn man den letzten Tropfen aus der Pumpe holt, dann kommt auch oft viel Dreck mit. Das wiederum belastet unseren Dieselfilter. Aber wir nehmen was wir bekommen. Alles kann man einfach nicht haben.

Als wir wieder unterwegs sind, meint Janice plötzlich, hei, da hinten raucht es. Ausgerechnet bei den Batterien! Das gefällt mir gar nicht. Ich fahre zur Seite und wir schauen uns das an. Ziggy meint es sei der Auspuff. Im nächsten Dorf suchen wir eine Garage und die schweissen uns das Loch am Auspuff zu. Innert 15 Minuten ist das repariert und 5'000 Rials später sind wir wieder unterwegs. Meine Paxlis sind begeistert wie freundlich alle Iraner sich uns gegenüber verhalten.

Lehmdörfer machen diese Route zur Augenweide. Gegen 17 Uhr suchen wir einen Lagerplatz für die Nacht. Alle sind müde, aber froh, dass wir wieder kochen können. Wir sind auf einem Hügel, haben eine schöne Aussicht und geniessen den Sonnenuntergang.

Marand – Miyaneh = 259 km

Nach dem eher feuchten Wetter in der Türkei, geniessen alle die warmen Tage in Iran. Die Nacht war sehr angenehm und auch heute Morgen lacht schon die Sonne. Ziggy und ich kontrollieren noch Öl und Wasser, alles scheint in Ordnung. Eine grosse Schaf Herde kommt auf den Hügel. Gut, dass wir unsere Küche schon weggepackt haben.

Kaum sind wir unterwegs, werden wir von einem Polizisten aufgehalten. Er deutet auf unser Vorderrad. Ah, ein platter Reifen. Wir bedanken uns und machen uns an die Arbeit den Reifen zu pumpen. Als wir fertig sind zischt es, das heisst, der Schlauch der Pumpe hat ein Loch! Aber wenigstens können wir weiterfahren. Im nächsten Dorf halten wir bei einer Garage. Die Pumpe kann oder will der Mechaniker nicht reparieren. Öl-Nachschub wollen wir noch kaufen. Doch der Verkäufer verlangt 17'000 Rials für eine Flasche Öl. Nie und nimmer! Ein Lastwagen Chauffeur, der die Szene beobachtet hat, winkt uns zu sich hinüber. Er kann ein bisschen Englisch und er ist so nett, uns sogar aus seinem Öl-Kanister einen Liter abzugeben - gratis. Später, als wir Diesel tanken, kaufen wir dann drei Liter Öl für insgesamt 3'000 Rials.

In Khorram Darreh machen wir einen Lunch-Stopp. Wir sitzen in einem ganz einfachen, kleinen Restaurant. Ein älterer Mann, der auch dort sitzt, kommt zu uns an den Tisch und fängt an aus Adele's Teller zu essen. Wow, wir sind so überrascht, dass alle nur lachen können!

Nach Tabestan sehen wir eine Strasse, die direkter nach Qom zu führen scheint, Richtung Buin und Saveh. Eine passable Strassenkarte für Iran und Pakistan ist mir bis jetzt nicht unter die Augen gekommen. Aber soweit wir das beurteilen können, mit dem Material das wir haben, sieht das OK aus. Schnell nimmt der Verkehr ab, die Gegend wird ländlich und friedlich.

In einem verlassenen Lehm-Kuhfladen-Dorf lassen wir uns nieder. Wir halten heute etwas früher als sonst. Jeder macht irgendetwas. Ziggy ist so nett und repariert die Luftpumpe. Wir diskutieren auch verschiedene Routenmöglichkeiten. Nur wegen der Freitag Moschee wollen die Paxlis nicht wirklich nach Qom. Khomeinis Grab liegt näher bei Teheran als Qom, in diese Richtung wollen wir auch nicht. Also entscheiden wir uns, direkt auf Esfahan zu zusteuern.

Janice möchte am liebsten den Mantel wieder ablegen. Sie fühlt sich nicht so wohl darin. Nur geht das leider nicht. Mir macht es nicht so viel aus. Ja, manchmal ist es fast ein bisschen zu warm. Dafür muss man sich am Morgen keine Gedanken machen, was man anziehen soll.

Miyaneh – Buin = 354 km

Unser Vorderrad hat schon wieder ziemlich wenig Luft. Die Luftpumpe konnte nicht wirklich abgedichtet werden. Während ich Porridge koche, kümmert sich Ziggy um den kränkelnden Pneu. Da die Luftpumpe nicht helfen kann, muss das Rad gewechselt werden.

Erst gegen 10 Uhr brechen wir vom angenehmen Camp auf und fahren nach Saveh. Der Mechanic-Shop ist offen und wir lassen einen neuen

ERWARTE NICHTS GENIESSE ALLES

Schlauch in den Pneu einsetzen. Janice und Adele haben eine Bäckerei entdeckt und sind fasziniert, wie das frische Fladenbrot auf dem Band daher gerollt kommt.

Die Gegend ist bergig, karg, immer wieder tuckern wir durch Lehmdörfer. Die Strassen sind sehr gut und wir kommen zügig vorwärts. Bis Esfahan sind es noch etwa 290 Kilometer, wir hoffen, wir schaffen das heute noch. Alle freuen sich auf ein Zimmer und eine Dusche.

Lastwagen Chauffeure reagieren oft überrascht, wenn sie sehen, dass eine Frau am Steuer des ausländischen, sieben Meter langen Busses sitzt. Manchmal fahren sie neben mir her und versuchen meine Aufmerksamkeit zu bekommen. Ich versuche sie zu ignorieren, vielleicht winke ich kurz. Überholen lassen sie sich aber gar nicht gerne. Manchmal versuchen sie mich wieder zu überholen, nachdem ich sie überholt habe. Aber oft hat ihr Vehikel nicht genug Saft dafür.

Etwa 30 Kilometer vor Esfahan stehen zwei Polisi am Strassenrand. Sie sind mit einem Verkehrssünder beschäftigt. Aber als sie mich sehen, winken sie und halten die Hand auf. Ich fahre 90 km/h und mache daher sicher keine Vollbremsung. Die wollen mich bestimmt nur aufhalten, weil ich eine Frau bin. Ich winke freundlich und fahre einfach weiter. Nach kurzer Absprache mit Ziggy, machen wir uns bereit für einen Fahrerwechsel. Bei der nächstbesten Möglichkeit halten wir kurz und Ziggy übernimmt das Steuer. Wir wollten eh wechseln, da es besser ist, wenn Ziggy in die Stadt fährt und ich die Navigation übernehme, da ich ja die Stadt schon ein bisschen kenne.

Es geht nicht lange, sehen wir das Polizei Auto hinter uns. Schnell holen sie uns ein und stoppen uns. Ganz erstaunt betrachten sie Ziggy am Steuer. Dann schauen sie durch die hinteren Fenster und meinen; before a woman was driving! (vorher ist eine Frau gefahren). Ich stehe neben Ziggy ans Steuer und gestehe, ja das war ich. Jetzt wollen sie meinen Führerschein und Pass sehen. Während ich die Papiere hervorkrame, fragen die Polizisten, ob sie in den Bus hineinkommen dürfen. Wir haben nichts dagegen. Sehr freundlich sind die beiden ja schon, muss man sagen. Meine Papiere werden inspiziert, den Führerschein bekomme ich sofort wieder zurück. Der Pass hingegen muss länger betrachtet werden. Der Polizist, der die Papiere kontrolliert, meint zu seinem Kollegen: come, look, here she looks very beautiful! (komm, schau, hier sieht sie sehr hübsch aus!). Alle müssen lachen. Die zwei Polizisten schauen sich in der Gruppe um und wollen nun auch Adele und Janice's Pass sehen. Die beiden Ladies zeigen ihre Papiere und auch mit denen sind die Polizisten sehr zufrieden. Weder Ziggy noch Florian müssen irgendwelche Papiere zeigen. Für einmal sind wir Frauen der Mittelpunkt. Professionell erklären uns die zwei Polizisten noch, wie wir am besten in die Stadt kommen. Fröhlich und lachend verabschieden wir uns und können nun endlich weiterfahren.

Gegen 17.30 Uhr erreichen wir das Stadt-Zentrum. Zum Imam Khomeini Boulevard finden wir gut. Am grossen Kreisel verpassen wir die Ausfahrt und müssen nochmals nach dem Weg fragen. Schnell finden wir die Chahar Bagh Strasse und dann sehen wir auch schon das Amir Kabir Hostel. Wir können vor dem Hostel parkieren. Der sehr korpulente und freundliche Manager hat sogar noch Zimmer für uns alle. Das Einzelzimmer ist eher eine Besenkammer. Er hat aber noch ein 3er und ein 4er Zimmer und so nehmen wir diese beiden. Adele und Florian bekommen ein Zimmer, ich darf bei Janice und Ziggy einziehen. Die Zimmer sind schön gross mit Tisch und Lavabo. Der offene und grosszügige Innenhof beherbergt eine Cafeteria und einen dekorativen, runden Brunnen, der dahin plätschert. Die Duschen- und WC-Anlagen sind sauber und nicht weit von unserem Zimmer entfernt. Pro Bett müssen wir 8'000 Rials bezahlen. Den Bus können wir gleich vor dem Eingang stehen lassen. Der Manager empfiehlt uns noch ein Restaurant, das auf der anderen Seite der Strasse liegt. Das Essen ist wirklich sehr fein, dazu gibt es Pipi ZamZam, das Iranische Coca-Cola oder Fanta. Ein weiteres lokales Coca-Cola heisst Aras-Cola. Aras ist ein Fluss im Norden von Iran.
Zurück im Zimmer spielen wir noch ein paar Runden Oklahoma. Dann ist es Zeit zum Schlafen.
Im Amir Kabir sind sie sich an westliche Touristen gewöhnt. Das Hostel ist voll von Reisenden aus aller Welt. Es wird auch von den grossen Überland-Unternehmen gebucht.

Buin – Esfahan = 392 km

ERWARTE NICHTS GENIESSE ALLES

Samstag, 11. Oktober 1997

Es kommen mir allerlei Sachen in den Sinn, die ich heute erledigen will. In der Cafeteria treffe ich einen Schweizer aus Bern und wir kommen ins Gespräch. Er reist mit öffentlichen Verkehrsmitteln. Das ist sicher auch sehr spannend. Ausserdem muss man sich nie um das Fahrzeug kümmern oder um platte Reifen. So hat jede Reise-Art seine Vor- und Nachteile.

Ich möchte zur Irani Khodran Garage, wo Adam schon letztes Jahr Teile besorgt hat. Ziggy begleitet mich zur Garage. Der Hostel-Manager hat uns eine Adresse notiert, die wir zu finden versuchen. Irani Khodran Garagen gibt es aber viele. Die erste Adresse ist nur eine PW Garage. Die können uns mit dem Bus nicht helfen. Sie geben uns aber eine weitere Adresse. So steuern wir in der Stadt umher, einmal machen wir eine 180 Grad Wende und enden in einer Einbahnstrasse, geisterfahrend! Wir können aber auf die Bus-Spur ausweichen und gefährden niemanden. In der zweiten Garage kennt man die Irani Khodran Garage von Ahmed Nazar und ein Angestellter fährt in einem neuen Peugeot vor uns her, um den Weg zu zeigen. Es wird eine Rallye Fahrt durch die Stadt und eine Herausforderung ihm zu folgen. Die gesuchte Garage liegt ca. 12 Kilometer ausserhalb der Stadt. Wir werden dort mit der gewohnten Iranischen Freundlichkeit begrüsst. Ich werde in ein Büro gesetzt und bekomme ein Glas Wasser. Ziggy fährt den Bus zu den Mechanikern. Es sieht hier sehr professionell aus. Ich erkläre dann, was wir alles gemacht haben wollen und zeige auch die Visitenkarte. Daraufhin wird sofort der Besitzer, Ahmed Nazar, herbeigerufen. Mit ihm können wir uns klar Verständigen. Er erinnert sich sogar an Adam's Besuch vom letzten Jahr. Nun geht es zügig vorwärts. Alles wird notiert, die Federn müssen angeschaut werden. Es sieht so aus, als wäre ein Blatt gebrochen. Mister Nazar erzählt noch, dass er gerne Pharmazie studiert hätte, aber seine Mutter hat gemeint, er könne nicht nach Amerika, um zu studieren. So hat er sich diese Ersatzteil- und Mechanik-Garage aufgebaut. Bewundernswerte Pirouette von der Pharmazie zum Ersatzteillager. Nachdem alles besprochen ist, fährt uns ein Mechaniker zurück ins Hostel. Ury müssen wir in der Garage lassen.

Im Hostel warten die anderen drei schon auf uns. Zusammen gehen wir Richtung Zentrum.

Im Telefon Büro sieht es heute nicht positiv aus. Ein Pole meint, er warte schon die längste Zeit. Ein Angestellter lässt uns wissen, dass wir mindestens eine halbe Stunde warten müssen. Sämtliche Linien seien besetzt. Zeitangaben sind oft eine fragwürdige Sache. Wenn 5 Minuten 20 Minuten bedeuten, wieviel sind dann 30 Minuten? Wir lassen das Telefonieren bleiben und gehen zum Maidan-e Imam. Der grosse Platz mit all den kleinen Läden rund um den Park wird auch Naqhsh-e Jahan genannt. Die wunderschöne Masjid-e Imam ist leider immer noch unter einem Gerüst versteckt, die Reparatur scheint ewig zu dauern. Wir schlendern dahin und kommen an eine steile Treppe, die in ein Tee Haus hinaufführt. Es sieht niedlich verspielt aus. Kleine Sitzbänke, niedrige, kleine Tische, die mit den sehr dekorativen, für hier typischen Tüchern bedeckt sind. Auf den Gestellen stehen viele verzierte Glasvasen und allerlei Schnickschnack. Wir lassen uns Tee und Kekse servieren und auch eine Wasserpfeife dürfen wir rauchen. Man nennt sie Shisha. Der Tabak ist leicht feucht und riecht nach Apfel und Zimt. Es hat auch andere Geschmacksrichtungen zur Auswahl. Der Tabak enthält kein THC oder sonstige halluzinogene Wirkstoffe.

Durch die vordere Fensterfront haben wir eine herrliche Aussicht auf den Maidan-e Imam. Wir geniessen diese gemütliche Pause. Zurück auf der Strasse treffen wir einen Mathematik Lehrer. Er spricht gut Englisch und wir unterhalten uns ein bisschen mit ihm. Sein Onkel habe ein Atelier nur wenige Meter von hier. Da wir keine anderen Pläne haben, gehen wir mit ihm mit. Innert fünf Minuten stehen wir in einem niedrigen Raum. Der Onkel sitzt am Boden und heisst uns herzlich willkommen. Er sieht kauzig aus mit der breitrandigen, starken Brille und weissen, verstrubelten Haaren. Es riecht nach Farbe. Viele Farbtöpfe und beige-weisse Stoffe in verschiedener Grösse liegen in diesem kleinen Raum. Von Hand bedruckt der Onkel diese prachtvollen Tücher. Die Tücher sind aus robuster Baumwolle oder Leine gewoben. Für den Druck verwendet der Onkel Holzstücke, in die verschiedene Sujets geschnitzt sind. Er kann bis zu fünf verschiedene Farben übereinander drucken. Die Holzteile werden in die gewünschte Farbe getunkt und dann auf das Tuch gedrückt. So entsteht ein komplettes Dekor-Bild im typischen Iranischen Stil. Wir dürfen auch Fotos machen und sind begeistert von dieser Handarbeit. In seinen Pyjama Hosen sieht der verrunzelte Onkel so richtig bilderbuchmässig aus. Die Tücher kosten zwischen 25 und 30 US Dollar.

Für's Abendessen finde ich sogar das Restaurant wieder, wo wir letztes Jahr auch waren. Es gibt Suppe, Salat, Reis und Hühnchen, dazu ein ZamZam.

Am Vormittag widme ich mich der Buchhaltung. Ausserdem muss das Tagebuch nachgeführt werden und Geld wechseln möchte ich auch noch. Meine Reisebegleiter geniessen einen freien Tag in dieser schönen Stadt. Es gibt ja so viel zu sehen hier, da wird es ihnen sicher nicht langweilig. Esfahan wird auch die Garten-Stadt genannt. Es gibt viele grüne Parkanlagen und Bäume entlang den Strassen.

Für 15 Uhr organisiert unser Hostel-Manager ein Taxi für mich und Ziggy. Wir müssen ja unseren Bus wieder abholen bei Ahmed Nazar. Der Fahrer plaudert frisch fröhlich vor sich hin. Wir amüsieren uns, verstehen aber kein Wort. In der Garage angekommen, werden wir sofort ins Büro begleitet. Der Angestellte ruft Mister Nazar an, der heute in Teheran ist. Er erklärt mir am Telefon, dass zwei Blattfedern ersetzt werden mussten und die anderen Arbeiten wie besprochen erledigt werden konnten. Alles wurde kontrolliert und geölt. Die Rechnung kommt etwa auf 120 USD. Ziggy geht mit dem Chef-Mechaniker mit und zusammen sehen sie nochmals alles kurz durch. Der Feder-Spezialist hat noch ein Problem, er hat nämlich kein komplettes Set für meine Blattfedern. Es beginnt ein Zeichnen und Diskutieren in Farsi und Englisch. Der Feder-Spezialist und ich finden uns dann und danach beginnt der Sekretär zu telefonieren. Offensichtlich suchen sie nun das Ersatzteil. Wir hängen im Büro herum und warten. Mister Nazar telefoniert noch einmal, aber für mich ist soweit alles klar und in Ordnung. Bald fährt ein kleiner Zamyad Pick-Up vor, auf der Ladefläche liegt genau das 4er-Set Blattfedern, das wir wollen. Jetzt muss ich nur noch die Gummi-Bushes haben. Das sind Puffer, die man benötigt, um die Blattfedern richtig zu montieren. Ich darf mit dem Feder-Mann ins Ersatzteil-Lager und natürlich hat er was wir brauchen. Ganz wichtig seien auch die Verbindungsteile. Für diese hüpft Mister Feder-Mann auf sein

Mofa und kehrt innert fünf Minuten zurück. Nun kann alles in den Bus geladen werden und wir gehen zurück ins Büro. Die 120 USD reichen jetzt natürlich nicht mehr. Der Sekretär telefoniert daher nochmals mit Mister Nazar. Der nette Besitzer und ich einigen uns sofort. Zum Abschluss gibt es den obligaten Tee und Kekse dazu. Ich gebe auch Trinkgeld für die Mechaniker und für den hilfreichen Feder-Mann. Wir kommen nächstes Jahr ja vielleicht wieder hierher. Es gibt ein grosses Adieu mit vielen guten Wünschen.

Während wir gemütlich Tee trinken im Büro, fegt ein Sandsturm über die Stadt. Als wir losfahren regnet es ein bisschen. Der Bus sieht fürchterlich aus, dabei war er doch so schön sauber! Durch die Stadt finden wir unseren Weg schnell. Flugs sind wir zurück im Amir Kabir.

Im Innenhof des Hostels sitzen viele Leute. Zwei Lastwagen von Encounter sind angekommen, aus Pakistan. Ziggy und Florian unterhalten sich mit ein paar Leuten. Janice nimmt ihren Wecker auseinander. Ich muss noch Socken und meinen Geld-Gurt flicken.

Da wir genug Zeit haben, bleiben wir einen weiteren Tag in Esfahan.

Letztes Jahr wurde für die Masjid-e Imam keinen Eintritt verlangt. Heute kostet es 15'000 Rials. Aber ich denke, diese Moschee muss man gesehen haben. Schon der Innenhof ist atemberaubend. Es ist umwerfend schön hier. Die vorherrschende Farbe ist blau. Die Kacheln sind mit Blumendekor verziert. Die eigentliche Moschee hat keine Tore, alles ist offen, nur gedeckt mit der grossen Kuppel. Ich geniesse die stille Atmosphäre, niemand ist hier.

Südlich vom Maidan-e Imam liegt der Zayandeh Rud (Fluss). Ich mache mich auf den Weg zur Si-o-se Pol Brücke. Gegenüber dem Maharaja Restaurant gibt es ein kleines Tee Haus mit den typischen, niedrigen Tischen und Kissen, um bequem zu sitzen. Auf der luftigen Dachterrasse werde ich sehr freundlich bedient. Da ich schon hier bin, mache ich noch einen Spaziergang entlang dem Zayandeh Rud und gelange zur schöneren Pol-e Khaju Brücke. Entlang dem Fluss wurde ein herrlicher Park hergerichtet mit einem Pfad, Bäumen, Blumen und Sitzbänken. Insgesamt hat es elf Brücken über diesen Fluss in der Stadt.

Auf dem Rückweg mache ich einen Halt beim Nomad Carpet Shop. Der freundliche Besitzer ist nicht da, aber seine Angestellten Ali und Sayd freuen sich über meinen Besuch. In einer Ecke des kleinen Ladens, auf einem Stoss Teppiche sitzt einer der Encounter Fahrer. Er macht sich lustig über mich als ich ihm erzähle, dass ich mein eigenes Überland-Unternehmen führe und zur Zeit auch viel selber fahren muss. Aber wir unterhalten uns nett. Als er mir erklärt, dass alle 'Overlander' einen Übernamen haben, beichte ich ihm gerne meinen. Er lacht über das Piglet und ich habe gerade ein paar Punkte bekommen. Als ich ihm auch noch von Afrika erzähle, wird er schon fast neidisch.

Am Abend unterhalte ich mich mit dem Tour-Guide der Encounter Gruppe. Er meint, sie hätten keine Probleme gehabt an der Grenze, alles im grünen Bereich. Gemäss seinem Bericht gibt es auch betreffend dem Strassenzustand keine Neuigkeiten. Einen Teil der Strecke vor Quetta wurde neu gemacht. Das ist erfreulich. Der Guide ist sehr sympathisch. Schade, dass wir beide nicht wirklich Zeit für ein längeres Gespräch haben.
Obwohl ich sehr müde bin, schlafe ich ausnahmsweise gar nicht gut.

Esfahan hat allen sehr gefallen. Jetzt freuen wir uns aber auf die Weiterfahrt, Busch-Camps und neue Abendteuer.
Ich fahre und erinnere mich sehr gut an die vor uns liegende Strecke. Der Platz, wo wir letztes Jahr die Deutsche Radlerin getroffen haben, dann der Pass. Nun ist es nicht mehr weit bis Safashar. Den Platz und die Behausung der Schäfer-Familie erkenne ich sofort wieder. Hinter der festungsähnlichen Behausung lassen wir uns nieder. Es scheint auch heute niemand da zu sein. Aber das dachten wir ja letztes Jahr auch schon. Ich denke, wenn jemand von der Familie hier ist, werden sie wahrscheinlich den blauen Bus wiedererkennen und sicher vorbeikommen. Ich richte die Küche her, während die Paxlis ihre Zelte aufstellen. Es geht nicht lange, da kommen zwei Mofas daher. Auf einem sitzt hinten unser Papi. Ich gehe auf ihn zu, er

erkennt mich auch sofort. Als ich ihm dann noch die beiden mitgebrachten Fotos übergebe, die ich letztes Jahr geschossen habe, ist er sichtlich erfreut. Soweit ich ihn verstehe, sind sie umgezogen in ein Haus im Dorf. Er will uns alle einladen. Zuerst müssen wir aber noch die gekauften Ersatzteile richtig verstauen und das reparierte Ersatzrad wollen wir auch noch wieder hinten anschrauben. Um die Teile zu verstauen, müssen wir einiges aus der Box ausräumen und Platz machen. Florian macht das offensichtlich Spass. Er hilft mir jedenfalls voller Elan. Es dauert doch einige Zeit. Adele kocht Tee und Papi trinkt auch eine Tasse mit uns. Jetzt kommt die Schafherde vom Tagesausflug zurück und Papi muss nach dem Rechten schauen. Ich fange an zu kochen, wir wollen Tomaten Spaghetti machen. Ziggy macht mit dem übrigen Holz aus Tabriz ein Feuer. Es wird doch kühl am Abend hier draussen.

Weiterer Besuch kommt. Ein Mann, den wir nicht verstehen. Wir sind nicht sicher was er will. Ob er uns nicht hier lagern lassen will? Nach ein paar Achselzucken und Fragezeichen geht er dann wieder. Bald darauf kommt schon wieder jemand, diesmal in einem Auto. Ich nehme drei Gestalten wahr. Den Gewändern nach zu urteilen sind zwei davon Frauen. Jetzt schau daher, Mama höchstpersönlich! Ich freue mich riesig sie zu sehen und die Freude ist auch ganz auf ihrer Seite. Sie umarmt mich die längste Zeit und drückt mich an ihren grossen Busen, ich bekomme schon fast keine Luft mehr. Sie hat eine der hübschen Töchter und einen Sohn mitgebracht. Sie wollen natürlich, dass wir mit ihnen mitkommen. Mit meinem Farsi Kauderwelsch Büchlein sowie Händen und Füssen erklären wir ihnen, dass wir hier glücklich sind und das Essen praktisch fertig ist. Wir versprechen aber, dass wir am Morgen bei ihnen vorbeischauen. Mama sieht das nicht so gerne, aber wenn wir zum Frühstück kommen, dann ist es akzeptabel. Als sie gehen, essen wir unsere Spaghetti und geniessen das glitzernde Mondlicht. Plötzlich kommen wieder drei Männer. Ich erkenne schnell zwei Söhne von Mama. Mehed, der Schafhirte von Papi, kann sogar ein paar Worte Englisch. Die jüngeren Söhne Farheid (18) und Farjid (14) sind etwas scheu und sagen nicht viel. Sie setzen sich aber zu uns ans Feuer. Mehed erklärt dies und das und wir können uns doch alle ein bisschen unterhalten. Er bringt uns auch ein paar Farsi Wörter bei, aber leider vergessen wir die auch schnell wieder, das meiste jedenfalls. Alles in allem ein ganz lustiger und spezieller Abend. Die Jungs holen noch mehr Holz für's Feuer, so müssen wir nicht frieren.

Esfahan – Safashar = 296 km

Die Küche haben wir gestern Abend verstaut, so dass heute Morgen nur noch die Zelte gepackt werden müssen. Wir sind noch nicht fertig, da kommt schon Farheid mit seinem alten Pick-Up daher. Als wir den Bus starten wollen, springt der Motor nicht an. Die Batterie tönt tot! Wir haben zwei und eine braucht dringend Wasser. Farheid bringt uns dann die benötigte Flüssigkeit. Leider springt der Motor immer noch nicht an. Wir müssen anstossen. Damit das klappt, muss der Bus erst auf die Strasse befördert werden. Farheid hat ein Seil dabei. Er zieht mit seinem Pick-Up, während wir anderen hinten stossen. Das wäre geschafft. Nun hat sich aber das Seil verklemmt. Ziggy holt den Hammer. Ich ziehe vorne und sehe nicht, dass Farheid hinten auch zieht. Als das Seil freikommt, knallt mir das Teil an den Zeigefinger und reisst einen Fetzen Haut mit. Ahhuhhh! Das tut weh! Die Fingerkuppel wird schnell blutunterlaufen. Eigentlich hätte ich es besser wissen müssen und die Finger vom Helfen lassen. Wenigstens läuft jetzt der Bus. Farheid zeigt uns den Weg durchs Dorf zum Haus, wo die Schäfer-Familie nun wohnt. Wir werden herzlich empfangen. Sie haben hier viel mehr Platz und verschiedene Zimmer. Das grosse Wohnzimmer ist mit bequemen Matratzen ausgelegt und es gibt sogar niedrige Tische. Mama und Papi huschen von Zimmer zu Zimmer und tragen Esswaren herbei. Schafkäse, Schafbutter, Fladenbrot und Trauben. Bin ja sonst gar kein Schaf-Fan, aber hier schmeckt es vorzüglich. Muss die Atmosphäre und die nette Gesellschaft sein. Der Käse ist so fein und rund im Geschmack, ich bin positiv überrascht. Der Tee ist etwas übersüss, aber sie meinen es nur gut. Der jüngste Sohn, Ali, ist nur gerade fünf Jahre alt. Er rollt im grosszügigen Raum umher und hat es sehr lustig. Papi schreibt uns ein paar Sachen auf Farsi nieder. So gut es geht, erklärt er uns alles. Wir erfahren auch endlich seinen richtigen Namen, er heisst Ali. Ich darf wieder ein paar Fotos knipsen. Natürlich möchten sie, dass wir zum Mittagessen bleiben.

Aber wir wollen wieder weiter. Aus der Schweiz habe ich Geschenke mitgebracht. Die Eltern bedanken sich innig. Mama will mich nicht mehr los-
lassen. Sie umarmt mich ganz fest und verküsst mich immer wieder. Auch
Papi verabschiedet sich sehr herzlich. Um 10.30 Uhr reisen wir weiter, der
Motor startet zum Glück auch sofort wieder.

Gegen 13 Uhr treffen wir bei den Ruinen in Persepolis ein. Beim Besuch
der Sehenswürdigkeit nehmen wir uns Zeit. Die riesigen Steinmetzarbeiten, die ganze Geschichten erzählen, werden bestaunt. Es ist sehr warm
und trocken auf dem Gelände. Ich suche mir verschiedene Plätzchen im
Schatten und bewundere so die Anlage aus unterschiedlichen Winkeln.
Später treffen wir uns alle in der kleinen Beiz bei den Souvenirläden vor
dem Eingang. Der Holländer, der schon im Amir Kabir war, sitzt auch dort.
Er ist mit dem Fahrrad unterwegs. Man trifft immer wieder Leute, die auf
Überland-Touren per Fahrrad unterwegs sind. Ich stelle mir das extrem
anstrengend vor.
In Marvdasht bei einem 'Lastic' können wir wieder einen Pneu, bzw. den
Luft-Schlauch flicken lassen. Anschliessend fahren wir zur Wasserquelle
ausserhalb des Dorfes. Den Platz finden wir gleich auf Anhieb. Ich mache
den Vorschlag wieder den Bus zu putzen. Es macht wirklich Spass, mal so
richtig verschwenderisch mit Wasser umzugehen. Wir pflotschen und
schrubben bis alles glänzt und Ury wieder schön blau ist. Auch wir sind alle
nass und erfrischt. Jetzt gibt es Café und 'Petit Beurre' (Gutzli aus der
Schweiz), die ich aus dem Notvorrat ausgegraben habe. Der Abend vergeht
vergnügt und schnell ist es spät.

Safashar – Persepolis/Marvdasht = 161 km

Nun geht es auf den Markt nach Shiraz. Ich freue mich auf diesen Bazaar,
er heisst Vakil Bazaar. Er ist riesig und es gibt hier fast alles zu kaufen. Wir
decken uns mit vielen Esswaren ein und besuchen auch wieder mal den
Metzger. Dort hängen die enormen Fleischstücke an den Hacken und man
kann sich das gewünschte Stück selber aussuchen. Ein Stück Seife brauche

ich noch. Es hätte auch Kleider und Haushaltwaren, aber wir sind gut eingedeckt. In der Halle treffen wir auf einen Mann, der uns Deutsch anspricht. Vor 20 Jahren hat er in München gearbeitet. Er hat sofort erkannt, dass wir Schweizerdeutsch sprechen. Zum Schluss besorgen wir noch die feinen Iranischen Kekse, dann geht's zurück zum Bus. Die Leute sind so freundlich mit uns und allgemein hat man den Eindruck, dass die Stimmung hier positiv und friedlich ist.

Wir machen uns auf den Weg Richtung Kerman. Vor Sarvistan kommen wir zum Salzsee Maharlu. Da hat es schöne Plätze zum Parkieren und wir geniessen ein Picknick in dieser speziellen Landschaft. Der hintere Teil des Sees hat sogar Wasser. Darin spiegeln sich die Berge, die den Horizont säumen. Vorne, wo wir sitzen, hat es kleine Salzhäufchen.
Den Rest des Nachmittags fahren wir. Die Gegend ist herrlich, ruhig und bergig. Es hat viele Feigenbäume und in einer Ebene zwischen all den Bäumen finden wir ein angenehmes Plätzchen für unser Nachtlager. Ein heller, grosser Mond scheint uns. Wir geniessen das frische Rindfleisch, das wir gebrutzelt haben. Dazu gibt es Persisches Juwelen Reis mit Pistazien und getrockneten, roten Beeren. Eine Art Cranberries, auch genannt Barberries oder Zeresht.

Marvdasht – Qatruyeh = 307 km

Als ich erwache bin ich noch völlig müde. Janice und Ziggy haben schon ihr Zelt gepackt und kommen in den Bus. Mein verletzter Finger sieht heute Morgen auch nicht so schön aus. Den muss ich erstmal frisch verbinden. Dann machen wir Frühstück. Die Iranischen Eier werden gelobt, die sind richtig frisch und gut.
Die Fahrt Richtung Kerman wird fortgesetzt. Schon gestern konnten wir keinen Diesel finden und auch heute sind alle Tankstellen, die wir anfahren, leer gekauft. Wir mussten schon einen Ersatztank leeren, um überhaupt noch weiterfahren zu können. Heute können wir 34 Liter kaufen, aber das reicht auch nicht sehr weit. Wir hoffen, dass die Situation in Kerman besser ist.

ERWARTE NICHTS GENIESSE ALLES

Die erste Tankstelle in der Nähe der Stadt ist so voll von wartenden Lastwagen, dass wir gar nicht erst anhalten. Um den Bus Terminal zu finden, muss ich nach dem Weg fragen. Schnell erkenne ich dann das Gebiet wieder und wir parkieren im Schatten vor dem Terminal 1. Vielleicht hat mein Freund Mohsen eine Idee, falls er dort ist. Hinter dem Schalter steht er und kommt sofort hinaus, um mich zu begrüssen. Ein erfreuliches Wiedersehen. Zusammen gehen wir zum Bus, um auch die anderen zu begrüssen. Als ich Mohsen von unserem Dieselproblem erzähle, lacht er und meint, ja das kann es geben. Mohsen fragt, ob wir in Kerman bleiben wollen. Wir können gerne wieder bei ihm übernachten. Das ist so lieb und grosszügig. Ohne Diesel kommen wir eh nicht mehr weit. Wir fahren alle zusammen zum Haus von Mohsens Bruder Mohamed. Dort gibt es viel mehr Platz als in seinem Apartment. Die Brüder gleichen einander sehr. Es ist Mohsen einfach in einer jüngeren Ausgabe. Genau die gleichen Augen. Wir trinken Tee zusammen. Leider muss Mohsen zurück zur Arbeit. In einem Nebenzimmer hören wir Stimmen und Frauenlachen. Ein Typ wird uns vorgestellt, er ist aber ziemlich betrunken. Auf den Fersen folgt ihm seine Freundin Mariam. Viel reden können wir nicht miteinander. Als sie merkt, dass wir sie nicht verstehen, redet sie einfach ein bisschen lauter. Ich glaube, sie ist auch etwas betrunken. Sie verküsst mich und Janice. In der Hand hält sie eine Tasse, den Tee darin versprüht sie im Zimmer, wo wir sitzen, da sie zu ihrer Geschichte mit den Armen gestikuliert. Mariam's Freund erklärt uns; she is very good and I'am only little Englisch (sie ist sehr gut und ich bin nur klein Englisch). Ich nehme an er will uns sagen, dass sie sehr gut Englisch spricht und er nur wenig. Etwas später verschwinden wieder alle in einem Zimmer. Mohsen hat uns gezeigt wo der Kühlschrank ist und gesagt, wir sollen einfach nehmen was wir wollen. Da wir langsam hungrig sind, kochen wir Eier und Würstli. Wir haben noch Brot im Bus und andere Snacks. Mohsen kommt gerade rechtzeitig, als alles bereit ist. Wir essen gemeinsam und unterhalten uns über unsere Fahrt, seine Familie und das Leben in Iran. Für die Nacht kehrt Mohsen in sein Apartment zurück. Wir richten uns in einem der Zimmer ein und schlafen auch bald.

Qatruyeh – Kerman = 295 km

ERWARTE NICHTS GENIESSE ALLES

Samstag, 18. Oktober 1997

Es ist ganz gemütlich in einem Raum zusammen zu übernachten.
Als Mohsen kommt, fahren wir zuerst zu einer Tankstelle. Es stehen schon
viele Busse und Laster an. Aber dank Mohsen kommen wir schnell an die
Reihe und können wieder mal alle Tänke auffüllen. Wir kaufen 170 Liter
für 7'000 Rials. Sie sehen es zwar nicht so gerne, als wir alle unsere Kanister
ausladen. Als ich dem Tankwart ein kleines Bakshish hinhalte ist die Welt
aber wieder in Ordnung.

Mohsen begleitet uns zu einem Supermarkt. Wir sind richtig beeindruckt.
Das ist das erste Mal, dass ich einen Supermarkt in Iran betrete. Wir gehen
sonst immer auf dem Markt oder bei den kleinen Tante-Emma-Läden einkaufen. Es ist ein Erlebnis, wieder einmal in einem grossen Laden einzukaufen und zu sehen, was die alles anbieten. Wir decken uns grosszügig
ein und gehen dann in einem Restaurant essen. Hähnchen und Reis, wie
so oft. Bald heisst es Abschied nehmen. Mohsen meint, wir seien jederzeit
willkommen. Vielleicht sehen wir uns ja im Frühling auf der Rückreise wieder. Wir wünschen einander alles Gute und schon sind wir wieder unterwegs.

Unser Ziel heute; Bam. Es hat nicht viel Verkehr und wir kommen zügig
voran. Gegen 17 Uhr treffen wir in der Oase ein. Das Fort und die Zitadelle
finde ich auf Anhieb. Auf der hinteren Seite der Ruine lassen wir uns nieder. Die Abendsonne taucht die Sehenswürdigkeit ins beste Licht.

Ziggy macht mir noch ein Kompliment für's Kochen. Ich hätte bis jetzt
überhaupt nicht nachgelassen. Wenn er es sich finanziell erlauben könnte,
dann würde er mich als Koch einstellen. Wir lachen und die Witze lassen
auch nicht auf sich warten.

Kerman – Bam = 219 km

Da ich früh wach bin, mache ich einen Spaziergang zum Fort.
Zurück beim Bus setze ich die Küche in Betrieb und langsam kommen auch
meine Paxlis aus dem Zelt gekrochen. Weil es in der Nacht extrem windig
war, haben sie nicht so gut geschlafen, das tut mir natürlich leid. Davon

habe ich im Bus nichts mitbekommen. Ausserdem schlafe ich meistens sehr tief.

Es kommt ein Motorrad und ein Jeep daher. Die Fahrzeuge halten neben uns. Auf dem Motorrad sitzen zwei Engländerinnen und im Jeep zwei Neuseeländer. Ihnen gefällt unser Platz und wir unterhalten uns über Strassen, Grenzen und Goa. Sie wollen an Weihnachten auch dort am Strand sein. Meine Paxlis machen sich auf den Weg zur Zitadelle. Ich bleibe beim Bus. Nach zwei Stunden kommen sie wieder. Sie sind begeistert. Früher war das Fort der Wohnsitz, also das Dorf, wo alle Einwohner gelebt haben. Es gibt Häuser, Stallungen, einen Marktplatz, ein Handwerkerviertel, ein Militärviertel und hinten, ein bisschen erhöht, steht die Zitadelle, der Wohnsitz der ehemaligen Herrscher.

Gegen Mittag bewegen wir uns weiter. Es hat nicht viel Verkehr. Der warme Wüstenwind macht uns alle träge. Ruhig und gemütlich rollen wir dahin. Etwa 70 Kilometer vor Zahedan finden wir ein Haus, oder soll es eine Moschee werden? Der Bau ist nicht fertig, aber gut genug für uns. Da es wieder windig ist hier draussen auf dem flachen Land, ist das ein angenehmes Nachtlager. Im Haus ohne Türen und Fenster können die Paxlis schön windgeschützt schlafen. Ziggy und ich reparieren den Kofferraumdeckel. Er schliesst nicht mehr richtig. Etwas scheint ausgelatscht. Schlussendlich müssen wir mit einer Kette und einem Vorhängeschloss den Kofferraumdeckel sichern.

Obwohl es nicht so spät ist, legen wir uns schon bald nach dem Essen schlafen. Alle sind müde. Als ich am Wegdösen bin, höre ich einen Jeep kommen. Ich denke erst, einfach ruhig liegen, vielleicht fahren die ja nur vorbei. Aber ich höre wie sie anhalten und man hört Männerstimmen. Ich piepe ganz vorsichtig durch den Vorhang und sehe ein Panzer-Jeep, eine Art topmoderner Hummer mit Nachtsichtgerät auf dem Dach. Die Gestalten, die aus dem Fahrzeug aussteigen, gehen sofort auf das Haus zu. Sie sind bewaffnet, tragen Helme und Uniformen. Im Dunkeln suche ich sofort meine Kleider zusammen. Schon höre ich die Stimme eines Mannes und dann die von Ziggy. Hoffentlich ist das kein Überfall! Mein Herz schlägt bis zum Hals und schon klopft es am Bus. Ich bin sofort zur Stelle. Es ist das Militär, bewaffnet bis auf die Zähne. Sie meinen, es sei sehr gefährlich hier draussen. Sie erklären uns, dass sich Banditen im Gebiet herumtreiben. Meine Paxlis haben schon alles zusammengerafft. Die Küchenboxen stellen wir einfach in den Gang zwischen die Sitze des Busses, das Bettzeug schmeissen wir auf die Sitze. Wir werden aufgefordert dem Militärfahrzeug zu folgen. Ziggy fährt. Die Typen geben ganz schön Gas und ich befürchte, dass wir wieder eine Feder brechen, wenn wir so schnell über das unebene Ackerland sausen müssen. Ohne Schaden landen wir auf der Strasse und schon bald kommt eine Militär-Check-Station. Dort können wir parkieren und wir dürfen auch alles wieder auspacken und richtig verstauen. Nun fallen der ganze Stress und Schreck ab und alle entspannen sind wieder.

Die Männer sind sehr freundlich und auch erfreut uns als Gäste zu haben. Ich denke wir sind eine erfreuliche Abwechslung hier draussen in der Wüste. Janice und Ziggy rauchen Zigaretten mit ein paar Männern. Plötzlich bemerkt Janice, dass sie ja ohne Kopftuch draussen steht. Sie entschuldigt sich. Aber die Männer haben nichts dagegen. Es sei ja dunkel. Alle lachen. Wir richten uns so ein, dass ich und meine Paxlis alle im Bus schlafen können.

Wow, welch eine Aufregung. Aber nun ist alles wieder ruhig und ich schlafe einigermassen schnell ein.

Bam – Nosrat Abad = 283 km

20 Minuten nach 5 Uhr klopft einer ans Fenster! Ah, wir sind hier beim Militär! Wir müssen tatsächlich aufstehen und wir sollen auch gleich weiterfahren. Vorne haben wir einen Platten, schon wieder. Den Reifen pumpen Florian und ich zusammen auf, da wir die ersten sind, die auf den Beinen stehen. Wir dürfen die Toiletten in der Militär-Anlage benutzen, sogar Seife bringen sie uns. Um 7 Uhr fahren wir weg. Eine Stunde später halten wir, um Café zu machen. Es sind nur noch etwa 45 Kilometer bis Zahedan. In der Stadt lassen wir den havarierten Innenschlauch flicken und füllen nochmals unsere Diesel Tänke. Im Hotel Abuzar trinken wir etwas. Die Wüste macht uns alle sehr durstig. Ein Mann, der relativ gut Englisch spricht, erzählt uns, dass er manchmal auch an der Grenze arbeitet. Er gibt

uns die genauen Öffnungszeiten an und informiert uns, dass wir bis zum Zoll noch an vier Check-Points vorbei müssen.

Bis Mirjaveh, wie der Grenzort heisst, sind es ca. 100 Kilometer. Wir bedanken uns, gehen noch einkaufen, danach hält uns hier nichts mehr. Es ist ca. 11 Uhr.

Die Militär-Polizei-Checks überstehen wir locker. Um 12 Uhr erreichen wir den Iranischen Zoll. Zuerst werden wir wie gewohnt in eines der überdimensionalen Bücher eingetragen. Die Paxlis müssen wieder einen separaten Weg gehen. Ich muss im Custom House antraben, im ersten Stock. Dort warten schon einige bärtige Männer, alles Truck-Drivers. Als hinten im Gang die Türe aufgeht, schaut der Beamte in die Runde und entdeckt mich ziemlich schnell. Obwohl ich nicht so gross bin, ist mein Kopftuch wohl aus der Menge heraus gestanden. Jedenfalls winkt mich der Beamte zu sich und meint; you don't wait, come here inside (du musst nicht warten, komm hier hinein). In seinem Büro steht der Mechaniker. Mit ihm gehe ich zum Bus. Der Mechaniker kontrolliert die Chassis- und Motoren-Nummern, dann werde ich zurück ins nette Büro begleitet. Der Beamte im Anzug ist sehr freundlich, fragt dies und das und blättert in meinem Pass. Die Afrikanischen Visa interessieren ihn und wir plaudern gemütlich dahin. Zu meinem Erstaunen wird sogar Tee serviert. Ein junger Mann wird mit all meinen Papieren in ein weiteres Büro geschickt. Ich wundere mich, wie lange das wohl dauern wird. Als der junge Papier-Bote wiederkommt, ist bereits alles gestempelt. Das Carnet-de-Passages ist verarbeitet, alles sieht gut aus. Ich bedanke mich für den Tee und verabschiede mich. Unten, bevor ich das Custom House verlasse, werde ich nochmals in ein Buch eingetragen, dann kann ich gehen. Obwohl ich mich erst ein bisschen unsicher gefühlt habe, war der Büro-Aufenthalt eine sehr angenehme Erfahrung. Es ist jetzt 13.30 Uhr, die Immigration macht Mittagspause. Ich treffe meine Paxlis und gemeinsam fahren wir Richtung Tor, das Iran und Pakistan unterteilt. Zwei Iraner kommen und wen wunderts, sie müssen nochmals Bucheinträge machen. Ich darf meinen Exit Zettel abgeben. Um 16 Uhr müssen wir dann nur noch durch die Immigration. Es ist sehr warm, zum Glück hat es ein Restaurant und wir trinken alle ein letztes Pipi

ZamZam. Als das Tor endlich öffnet, geht es schnell mit der Passkontrolle, Stempel und fertig.
Khoda hafez Iran! Assalamo aleikum Pakistan!

Meine Paxlis müssen zu Fuss über die Grenze, ich fahre zur Immigration in Pakistan. Im Innern des Busses ziehe ich mein Mänteli aus und lege das Kopftuch ab. Letztes Jahr haben sie nämlich explizit darauf bestanden, dass sie in Pakistan keinen Dress-Code haben und ich bitte Mantel und Kopftuch ablegen soll. Also bin ich dieses Jahr vorbereitet und wechsle schnell in meine geliebte Jeans Jacke. Nicht etwa weil es hier kühler ist, sondern weil die Jacke so viele Taschen hat, so habe ich alles Nötige bei mir. Die Zeitverschiebung ist 90 Minuten, es ist also schon 17.45 Uhr.
Als ich in das halbdunkle Büro der Immigration eintrete, werde ich mit einem Hallooo Hallo begrüsst und alle Augen sind auf mich gerichtet. Ich bin überrascht aber alle lachen und einer der Pakistani meint; tatsächlich eine Frau!
Später erklären mir meine Paxlis dann, was sich vor meiner Ankunft abgespielt hat.
Als die Paxlis ins Passbüro eintreten, werden sie von den Männern, die dort sitzen, nach dem Fahrer gefragt. Die Paxlis erklären dem Beamten, dass ihre Fahrerin bald kommen werde. Der Beamte korrigiert und sagt; du meinst der Fahrer? Nein, nein Sir, es ist eine Frau. Der Beamte fragt nochmals höchst ungläubig; eine Frau? Als ich eintrete sind natürlich alle neugierig.
Die Herren der Immigration sind sehr vergnügt und voller Elan werden unsere Pässe gestempelt, ein paar nette Worte gewechselt und der Eintrag ins Buch gemacht. Ein eher grimmiger Typ fährt mit uns auf den Parkplatz des Custom Houses. Ich werde von einem Beamten begrüsst und muss vor dem langen Pult Platz nehmen. Es hätte für mindestens sechs Personen Platz und ich fühle mich schon ein bisschen verloren auf meinem Stühlchen. Die anderen vier dürfen auf der Seite auf dem Sofa sitzen. Der Officer fragt dies und das und blättert durch meinen Pass. Der Schreiber kommt und erinnert sich an mich! Er scheint sich riesig zu freuen und erzählt mir, dass es nur ganz wenige Frauen gibt, die einen Bus steuern. Nach einem

freundlichen Austausch können nun endlich die Einträge in die zwei Mega-Bücher begonnen werden.

Ein wahrscheinlich 'hohes Tier' kommt ins Büro, das übrigens sehr gross ist (das Büro). Er schüttelt allen Männern die Hände, auch Florian und Ziggy werden begrüsst. Zu meiner Überraschung kommt der dekorierte Herr sogar zu mir und streckt mir seine Hand entgegen. Da sollte man wohl eine Ausnahme machen und das Pfötchen schütteln. Dann kommt ein skurriler Typ daher, er ruft mich 'Miss Luci'. Er meint, wir sollten heute Abend hier im Grenz-Kompound übernachten. Sie hätten Platz und wir können auch im Restaurant essen, bitte seid meine Gäste. Angesichts der späten Stunde ist das wahrscheinlich die beste Idee. Die Wüste Beluchistan ist nicht der beste Platz, um irgendwo zu übernachten und den Bahnhof bei Dalbandin werden wir heute wohl nicht mehr erreichen, das ist zu weit.

Ich muss noch mit zwei Beamten zum Bus. Sie schauen ein bisschen Gepäck an, öffnen die Motorhaube, alles begleitet mit nice small talk, alles easy und relaxed. Dann drücken sie mir den Pass und das Carnet in die Hand, alles ist OK – welcome to Pakistan! Shukria! (Danke)

Wir fahren auf den Parkplatz des PTDC (Pakistan Tourism Development Corporation) Hotel, gegenüber dem Zoll Haus. Um das Areal steht eine hohe Mauer, da sind wir sicher gut aufgehoben. Wir dürfen die Toiletten des Restaurants benützen. Das Essen ist fantastisch und die Bedienung sehr freundlich. Wir sind sehr hungrig und essen mit den Händen. Für Adele und Florian ist das eine neue Erfahrung. Danach sitzen wir draussen vor dem Bus und lassen Iran Revue passieren. Kommt ein Jeep daher, eine schon gehörte Stimme ruft; Miss Luci, Miss Luci! Mein neuer Kollege vom Custom House. Er will sein Englisch aufpolieren, mit mir! Er und seine Freunde wollen nun mit uns essen gehen. Ich erkläre ihm, dass wir schon gegessen haben, da wir so hungrig waren. Das verstehen sie. Sie kämen dann nach ihrem Dinner zurück, um nach uns zu schauen. Sie wollen noch mit uns zusammensitzen. Mir sind diese Herren etwas ungeheuer. Wollen die etwas von uns, von mir? Kaum sind sie weg, bespreche ich meine Bedenken mit meinen Paxlis. Sie verstehen mich und wir beschliessen früh schlafen zu gehen und morgen ganz früh weiter zu reisen. Wir löschen alle

Lichter und ich lege mich in den Bus, die anderen sind vor dem Bus in den Zelten. Einige Zeit später kommt dann der Jeep tatsächlich zurück. Viermal fahren sie um unser Camp. Ein Auto kommt auch noch. Eine Türe geht auf und zu, aber an den Bus heran kommt niemand. Als sie wegfahren kann ich endlich einschlafen.

Nosrat Abad – Taftan = 159 km

1998 IR

Dienstag, 6. Oktober 1998
Die Morgensonne ist wunderbar warm. Wir sitzen alle draussen vor dem niedrigen, weissen Gebäude und geniessen die Aussicht über Dogubayazit. Clumsy hat es noch nicht aus dem Zelt geschafft, was niemanden verwundert. Babyface leidet auch ein bisschen an Hangover. Ich mache eine Bouillon für alle, das hilft schnell auf die Beine. Clumsy serviere ich die Bouillon ausnahmsweise ans Bett. An den Raki muss man sich erstmals gewöhnen und nie mehr als drei Gläser trinken. Die Erfahrung hat auch mich gelehrt.

Ich beschäftige mich mit dem Gepäck im Bus. Ein bisschen umpacken, die Kleider für den Iran bereitlegen, vielleicht noch ein bisschen putzen wäre auch angebracht.
Später gehe ich mit unseren Paxlis hinauf auf den Berg, wo die leere Ishak Pasha Saray steht. Die Aussicht ist atemberaubend. Die Gegend ist steinig und trocken und wir rätseln einmal mehr über die Ankunft der Arche Noah hier im Gebirge des Ararat.
Zurück im Camp geniessen wir die Sonne. Farouq, Murats Freund, Diener und Kellner erklärt uns, dass Murat weg musste. Farouq scheint ein treuer Begleiter, er ist immer zur Stelle, wenn Murat etwas braucht. Er gibt ihm Feuer für die Zigarette, hilft ihm in die Jacke, serviert Tee und kümmert sich um das Wohl der Gäste.
Kurz bevor es dunkel wird, kommt der Dragoman Wagen. Crazy Chris mit den schönen Augen ist Teil der Crew. Ihn haben wir schon auf der letzten Fahrt nach Indien getroffen. Er ist eine Frohnatur, witzig und hat an jeder

Hand ein hübsches Girl, wie immer. Seine Gruppe breitet sich draussen aus und sie kochen und essen auch draussen.

Unser Team macht es sich in der warmen Stube gemütlich. Später kommt noch ein Pärchen. Sie sind mit einem Motorrad samt Seitenwagen unterwegs. Er ist Engländer und sie ist aus Australien. Dann kommen noch zwei Motorradfahrer, Harry und Andi aus Deutschland. Wir kommen alle so ins Gespräch, da meint Harry, er kenne zwei, die kennen ENGA. Harry ist aus Darmstadt wie Thomas und Nicole, die wir auf der letzten Reise angetroffen haben. So klein kann die Welt sein. Als Murat zurückkommt, kann ich unsere Rechnung begleichen. Dazu gibt es natürlich einen Schlummertrunk und schon ist es wieder nach 2 Uhr. Wie schnell die Zeit vergeht!

Die Immigration und Zollabfertigung auf der Türkischen Seite geht normalerweise schnell und unkompliziert. Alle Papiere werden ohne viele Fragen gestempelt und auch das Gepäck will niemand sehen. Der Iranische Zollbeamte will heute alle Passagiere sehen und jeder muss sein Gepäck identifizieren. Zweimal fragt er mich, ob wir illegale Sachen transportieren. Er meint Alkohol, Sexheftchen und Waffen. Ich versichere ihm, dass wir nichts dergleichen mit uns führen. Das Stempeln des Carnet-de-Passages wird dann sehr effizient und freundlich erledigt. Um 10 Uhr sind wir in Iran. Ah ja, die Zeitverschiebung, es ist hier bereits 10.30 Uhr.

Vor der Ausfahrt aus dem eingezäunten Gelände machen wir unseren gewohnten Halt beim Versicherungs-Büro. Wir kaufen wieder die lokale Versicherung (1 Monat = 18 USD). An der Tankstelle füllen wir unsere Diesel Tänke. Hundert Liter kosten nun schon 1.50 USD!

Ausser einem kurzen Verpflegungs-Stopp fahren wir ziemlich direkt Richtung Tabriz.

In Tabriz füllen wir wieder unsere Gas-Tänke. Das Feuer auf dem hohen Kamin sieht man von weitem und so finden wir die Fabrik schnell wieder. Das Areal ist durch ein Tor von der Aussenwelt abgeriegelt. Sie lassen uns dann aber schnell rein. Ich glaub, es hat Mitarbeiter hier, die erinnern sich an uns vom letzten Jahr. Jedenfalls dürfen wir zur Rampe fahren und einer hat schon den Chef geholt. Wahrscheinlich hat der sich gefragt, was da unten los ist. Viele seiner Mitarbeiter stehen bei uns an der Rampe und die

Arbeit bleibt liegen. Der Chef begrüsst uns aber freundlich und lädt mich und Adam auf eine kleine Fabrik-Besichtigung ein. Es ist eindrücklich die Büros zu sehen. Was mir sehr gut gefällt ist, dass wir Frauen hinter den Bürotischen vorfinden. Der Chef stellt uns sogar seine Assistentin vor. Ich darf ihr die Hand geben und Adam, der Tollpatsch, streckt ihr seine Hand auch hin! Ich lege schnell meine Hand auf seinen Arm und drücke ihn sanft hinunter. Alle haben es gesehen und die Assistentin lächelt mir freundlich zu. Zurück bei der Rampe finden wir unsere Paxlis und die gefüllten Tänke. Wir müssen heute nicht einmal bezahlen. Die Gastfreundschaft und Grosszügigkeit der Einheimischen begeistern mich immer wieder.

Auf der Umfahrung von Tabriz gibt es eine Hügellandschaft mit verschiedenen Camping-Möglichkeiten. Wir finden einen Platz und können sogar einen schönen Sonnenuntergang geniessen. Es ist etwas kühl und auch der Wind ist ein bisschen unangenehm. Da bin ich wieder mal fast froh um das Kopftuch. Alle sind gespannt auf Morgen und auf den Iran. Oft sind die Mitreisenden etwas skeptisch, wenn ich von Iran erzähle, aber meistens gefällt es dann allen. Mysteriös, von negativen Nachrichten überschattet, werden die ersten Begegnungen oft scheu angegangen. Aber mit ihrer Herzlichkeit und Gastfreundschaft gewinnen die hilfsbereiten Iraner immer schnell das Vertrauen der Paxlis.

Dogubayazit – Tabriz = 325 km

Auf Wunsch unserer Gäste werden wir künftig etwas früher aufstehen. Das wollte noch nie jemand, aber mir ist es auch recht. Dafür wollen sie am Abend früher halten, auch das ist machbar.

Manchmal ist es schwierig eine Tankstelle zu finden, oder dann gibt es keinen Diesel mehr, alles leer gekauft! An einer Tankstelle lassen wir heute aber nicht locker und betteln so lange, bis sie alle unsere Diesel Tänke auffüllen. Wir wollen unseren Vorrat aufstocken. Leere Kanister im Stauraum bringen ja auch nichts.

ERWARTE NICHTS GENIESSE ALLES

Der Rest des Tages gondeln wir entspannt dahin und geniessen die Landschaft. In einem kleinen Ort vor Abhar halten wir, um Essen zu kaufen. Ein Tante-Emma-Laden hat ein bisschen Gemüse und eine grosse Auswahl an Keksen, süss und salzig und auch sonst allerlei Snacks. Da der sympathische junge Mann kein Wort Englisch spricht und ich praktisch kein Wort Farsi, spreche ich Schweizerdeutsch mit ihm. Ich habe das schon oft gemacht. Es macht ja keinen Unterschied, ob ich Englisch oder Gobeldigugg spreche. Der clevere Mann und ich verstehen uns prima. Ich deute auf Dinge, die wir wollen Er legt alles auf die Theke und als ich zahlen will, versteht er auch das auf Anhieb. Clumsy, die mich begleitet, lacht Tränen. Sie kann sich kaum erholen und findet diese Art von Shopping sehr unterhaltsam. In einer Beiz, wo unsere Herren warten, trinken wir ein erfrischendes ZamZam, das Iranische Coca-Cola. Ich bin jetzt auch ganz sicher, dass wir letztes Jahr genau in dieser Beiz zu Mittag gegessen haben. Der witzige alte Mann, der am Nebentisch sitzt, gehört wahrscheinlich zum Inventar. Er hat letztes Mal plötzlich angefangen Reis aus Adele's Teller zu essen. Heute beschränkt er sich, uns zu beobachten. Wir sind in Khorram Darreh.

Für den Rest des Nachmittags ist Fahren angesagt. Die Gegend ist sehr trocken, öd und die Sicht ist zeitweise trüb, da Sand umherwirbelt. Bei einer verlassenen Karavanserei lassen wir uns nieder. Hier sind wir windgeschützt und von der Strasse her kann uns niemand sehen.

Einige Iranische Karavansereien gehen zurück in die Zeit von Marco Polo (13. Jahrhundert) und der Seidenstrasse.
Sie dienten als sicheres Nachtlager für Nomaden und Karavanen. Sie haben schnell gelernt, dass das Reisen in Gruppen von grossem Vorteil sein kann. Banditen gab es auch damals in der Wüste. Ausserdem konnte man Informationen und Ware austauschen und sein Network pflegen.

Wir genehmigen uns einen Apéro, dazu gibt es Kabisblätter mit Mayo Dip. Nach dem Essen beladen wir den Bus, weil wir morgen wieder früh los wollen.

Tabriz – Buin = 520 km

ERWARTE NICHTS GENIESSE ALLES

Gegen 10 Uhr treffen wir in Qom ein. Da es Freitag ist, der Sonntag der Muslime, wimmelt es überall von Leuten.

Die Mullas hier in Qom sehen es nicht so gerne, wenn Fremde in ihre Moschee wollen. So macht es mir jedenfalls den Anschein. Schon das erste Mal als ich hier war, hat mir ein Mulla zu verstehen gegeben, dass ich nicht willkommen bin in seiner Moschee.

Auch heute werden Clumsy und ich von einem Mulla angesprochen. Wir seien nicht korrekt gekleidet, meint er! Aber ich weiss, dass ich vorschriftsgemäss gekleidet bin und eine Moschee betreten darf. Andere Leute, die uns beobachten, schütteln nur den Kopf. Der Mulla ist nicht sehr freundlich und das gefällt den Einheimischen nicht, mir gefällt es auch ganz und gar nicht. Beleidigen will ich niemanden, aber ich will ja auch nicht für etwas angeklagt werden, das nicht stimmt. Ich halte aber meinen Mund und starre den Mann einfach an, dann gehen wir weiter. Clumsy und ich beraten kurz, was wir machen sollen. Sie würde gerne hinein gehen, aber ich bin mir nicht sicher, ob wir es vielleicht besser lassen sollen. Es gibt ja noch andere Möglichkeiten eine Iranische Moschee zu besuchen. Wir stehen etwas unentschlossen da, kommt schon ein junger Iraner auf uns zu und fragt, was da war. Ich erkläre ihm, dass der Mulla nicht wolle, dass wir in die Moschee gehen. Der junge Mann findet es nicht in Ordnung und offeriert, uns zu begleiten. Wir nehmen dieses Angebot gerne an und so kommen wir doch noch in diese wunderschöne Moschee. Wie die meisten Moscheen hier in Iran ist auch diese dekoriert mit Kacheln, die mit Blumen- und Schnörkel-Dekor bemalt sind. Die feine Arbeit und die Farben ergeben ein fantastisches Gesamt-Kunstwerk. Unsere Begleitung ist nicht nur sehr nett, er erklärt uns auch gleich die Moschee und das Leben hier. Er ist ein Student und spricht recht gut Englisch. Der Qom Besuch wendet sich doch noch zu einem erfreulichen Erlebnis. Ich gebe unserer Begleitung als Dankeschön ein paar Rials, die er erst gar nicht annehmen will.

Eine Stunde später sind wir auf der vierspurigen Schnellstrasse mit Ziel Esfahan.

Schon am frühen Nachmittag erreichen wir unser Hostel, das Amir Kabir. Vor dem Eingang steht ein grosser Truck mit Anhänger von Encounter. Ich hoffe, die haben noch ein Zimmer für uns.

ERWARTE NICHTS GENIESSE ALLES

Die Gebrüder Ziae, die das Amir Kabir führen, erkennen mich gleich wieder. Sie haben Reservationen von Dragoman und Topas (Dänisch), uiuiui, das wird eng. Aber wir haben Glück! Zwei Zimmer mit je drei Betten können wir haben. Pro Bett und Frühstück zahlen wir 20'000 Rials. Für mich als Guide ist das Frühstück gratis. Perfekt, ein Zimmer für die Herren, eines für die Damen. Adam passt das zuerst gar nicht. Er als Crew will nicht ein Zimmer mit den Paxlis teilen! Ich habe gar kein Verständnis dafür. Von mir aus kann er im Bus schlafen. Das ist wieder mal typisch Adam. Aus heiterem Himmel hat er manchmal so komische Ideen.

Den Bus können wir auf dem bewachten Parkplatz hinter dem Hostel unterbringen.

Neu gibt es jetzt auch einen jungen Tourguide im Hostel. Er hat sogar sein eigenes Büro und seine Firma heisst Delta-Service. Ich unterhalte mich kurz mit ihm.

Nach den drei Tagen 'on the road', ist wieder mal eine Dusche fällig. Alle nehmen es gemütlich. Das Hostel hat einen grossen Innenhof, wo man tagsüber Tee oder Café haben kann. Hier trifft man andere Reisende und kann Informationen und Erlebnisse austauschen.

Als alle Paxlis bereit sind, machen wir uns auf den Weg zu unserem Freund Hossein, der in der Stadt ein Teppichgeschäft hat. Hossein, der ein paar Jahre in Spanien gelebt hat, spricht fliessend Englisch. Er versteht die westliche Mentalität und ist eine unerschöpfliche Quelle für Informationen. In seinem Laden treffen sich Teppich-Connaisseurs, Rucksack Touristen und die Overlanders.

Hossein, Ali und Sayd freuen sich über unseren Besuch. Nach dem üblichen Austausch von Höflichkeiten trinken wir zusammen Tee und erzählen, was seit April alles so passiert ist. Adam und ich waren auf der Rückreise im Frühling auch hier im Nomad.

Zurück im Hostel geht es zu wie in einem Bienenhaus. Die Dragoman Truppe ist eingetroffen. Wie gedacht ist es Chris, den wir schon im Murat Camp getroffen haben. Es ist immer angenehm, die Dragoman Crew zu treffen. Eigentlich sind die meisten über Land reisenden Leute in eher fröhlichem und entspanntem Spirit. Man trifft ja nicht jeden Tag jemanden und der Austausch von Informationen kann sehr interessant und auch wichtig sein. Zwei Motorradfahrer sind auch noch eingetroffen. Ein Schweizer aus dem Waadtland und ein Engländer. Unsere Paxlis mischen sich unter die Leute. Ich entscheide mich für Buchhaltung und Tagebuch, muss auch mal wieder sein.

Buin – Esfahan = 454 km

Samstag, 10. Oktober 1998

Bereits um 7 Uhr herrscht Betrieb im Innenhof. Viele der Tour Gruppen müssen zur Botschaft, um ihre Visa Verlängerung zu beantragen. Engländer bekommen nur ein zwei Wochen Visa, wir Schweizer bekommen 30 Tage. Auch Adam ist schon früh weg, er muss auch zur Botschaft.

Als Clumsy erwacht, bestellen wir Café. Dieses Jahr müssen wir auch im Innenhof das Kopftuch tragen, das war bisher nicht so.

Später spaziere ich mit allen Paxlis zuerst zum GPO, General Post Office, wo wir uns durch die Briefe wühlen. Aber erstaunlicherweise hat keiner von uns Post erhalten. Babyface ist völlig enttäuscht. Das kann passieren, vielleicht hat die Post Verspätung.

Von der Post schlendern wir zum Naqhsh-e Jahan oder auch Imam-e Maidan. Die schöne, blaue Shah Moschee befindet sich dort. Viele kleine Läden sind entlang der Mauer unter den Arkaden untergebracht sowie die Lotfallah Moschee und der Ali Qapu Palast. In einem Teehaus geniessen wir eine Pause, trinken Tee und essen die offerierten Süssigkeiten. Auch Wasserpfeife kann man hier rauchen. Die sehen sehr dekorativ aus, aber rauchen mag keiner von uns. Danach tauchen wir ein, in den riesigen, gedeckten Bazaar-e Bozoorg. Es ist bunt hier und es gibt so viel zu sehen. Natürlich möchte man uns auch allerlei verkaufen, aber nur schauen ist auch OK.

Clumsy hat Interesse an einem Teppich und so setzen wir uns ins Nomad zu Hossein. Er hat exquisite Exemplare in jeder Grösse. Ich denke auch, dass wir bei ihm einen fairen Preis bekommen. Hossein freut sich über unseren Besuch. Wir trinken Tee und lassen uns Teppiche aus Seide und

Baumwolle zeigen. Zu fast jedem Teppich oder Kilim hat Hossein eine Geschichte, was jedes Exemplar dann halt speziell macht. Es tönt so romantisch, wenn er von den Nomaden Stämmen erzählt, aber das Leben da
draussen ist bestimmt hart. Hossein erklärt uns auch die verschiedenen
Arten der geknüpften Teppiche. Da gibt es grosse Unterschiede, nicht nur
vom Material her, auch von der Anzahl Knoten. Ein gewobener Teppich
nennt man Kilim.

Nun könnten wir noch einen guten Tipp für's Abendessen brauchen.
Hossein lacht und meint, er wisse etwas. Da telefoniert er mit seiner Frau
und meint, er lade uns alle zu sich nach Hause ein. Nein, das können wir
nicht annehmen. Wir sind fünf Leute und so kurzfristig können wir seine
Familie nicht überfallen. Nach einigem Hin und Her einigen wir uns, dass
wir eine Einladung für morgen Abend annehmen könnten. Das gibt mir
auch Zeit, noch ein Geschenk zu organisieren.

Clumsy und ich kommen erst gegen 19 Uhr ins Hostel zurück, die Herren
warten schon auf uns und alle sind hungrig.

Zur Verdauung machen wir einen Abendspaziergang zur Si-o-se Pol, die 33
Bogen-Brücke, die über den Zayandeh Rud (Fluss) führt. Sie ist für den Au-
toverkehr gesperrt. Die Brücke wurde 1602 durch Shah Abbas I in Auftrag
gegeben und gilt als Meisterwerk dieser Epoche. Sie ist ein zweistöckiges
Viadukt aus Stein und Ziegelsteinen, ist 290 Meter lang und 14.75 Meter
breit. An beiden Enden der Brücke gibt es Teehäuser. Frauen sind dort
nicht willkommen. In der Nähe hat es aber ein Hotel, das auf dem Dach ein
Teehaus hat. Die Aussicht auf die Stadt und das Lichtermeer ist herrlich. Es
ist sehr traditionell dekoriert und wir sitzen auf schönen Teppichen am Boden, wie sich das gehört. Auch Babyface und Rudi gefällt es sehr gut in Iran,
das freut mich.

Der Abend ist amüsant, die Paxlis fühlen sich wohl und es wird wieder Mitternacht bis wir ins Bett kommen.

Wie versprochen gehen Clumsy und ich schon früh ins Nomad, wo Hossein
uns bereits erwartet. Früh morgens, bevor andere Besucher kommen,
kann man die besten Geschäfte machen.

Hossein meint dann, ich sollte den ganzen Tag im Geschäft bleiben, ich könne hier viel lernen. Da es eh regnet draussen, überlege ich mir das. Kaum haben wir unsere Exemplare verhandelt, kommen auch schon die ersten Kunden. Inzwischen ist auch Ali, der hübsche Angestellte eingetroffen. Er unterhält sich prächtig mit Clumsy und ich schwatze mit zwei Australierinnen. Schnell ist der Laden voller Leute. Es ist ein stetes Kommen und Gehen. Ali will Clumsy zum Lunch ausführen. Die zwei sind lange Zeit weg. Da fragt Hossein, ob er das Vergnügen hätte, mich zum Lunch zu begleiten. Ob so viel Höflichkeit bin ich sehr amüsiert, natürlich kann ich da nicht nein sagen. Wir gehen in ein kleines Lokal in einer Gasse im Bazaar. Hossein bestellt Curry für uns, ich lasse mich überraschen. Er erzählt, er sei schon seit 23 Jahren im Teppichgeschäft. Er habe dadurch sehr gute Menschenkenntnisse erlangt über all die Jahre. Von all den verschiedenen Leuten aus allen Ländern könne man viel lernen. Er habe aber noch selten eine Person getroffen wie mich, ich sei schön und speziell. Wie ich mich freue, wenn andere Leute einen Teppich kaufen der gefällt, oder wie ich die längste Zeit nur schaue und nichts kaufe, das gebe es sehr selten. Bei so viel Komplimenten wird es mir schon fast unwohl. Wir unterhalten uns gerade über Essen und Kochen, da stehen plötzlich Ali und Clumsy an unserem Tisch. Fertig ist es mit der Ruhe. Clumsy ist ja so begeistert von Ali und Esfahan und überhaupt. Den Tee trinken wir im Nomad. Dort sind inzwischen Adam, Stan von Encounter und Chris von Dragoman eingetroffen. Wir reden über Iran und Pakistan und Stan meint dann, er sei Stan der Schreckliche, Chris the Crazy (der Verrückte) und Luci? Ich bin Luci the Piglet (kleines Schweinchen). Alle brechen in Gelächter aus. Das Piglet muss ich natürlich wieder erklären und Stan meint, das passe gut zu mir.

Es wird Zeit noch mal zurück ins Hostel zu gehen, der Spaziergang ist eine Wohltat. Im Hostel ist gerade Stromausfall. Um 19 Uhr müssen wir schon wieder bereit sein. Die Einladung für das Abendessen steht, Hossein meinte, es sei eine Ehre für ihn.
Hossein holt uns ab. Wir packen uns alle in seinen Renault und wir sind gespannt auf seine Familie. Seine Frau Jamila ist sehr hübsch, aber zu scheu, das Kopftuch abzulegen, obwohl Hossein es ihr erlauben würde. Auch die Kinder sind erst sehr scheu. Die Tochter Sepide ist 9 Jahre alt und

der Sohn Joseph ist 11 Jahre alt. Im Verlauf des Abends tauen sie dann aber etwas auf und wir können uns mit allen gut unterhalten. Man sieht schon, die Familie ist gebildet. Adam und Hossein spielen eine Runde Backgammon. Rudi, Babyface und ich helfen Jamila in der Küche. Wir dürfen Fragen und sie antwortet lieb. Eine muslimische Familie zu Hause zu erleben ist natürlich schon sehr speziell und interessant. Ein Erlebnis für uns alle. Ali ist auch noch angekommen, seine Augen leuchten als er Clumsy erblickt. Die zwei sitzen in der Stube und unterhalten sich frisch und fröhlich.

Jamila hat ein wunderbares Gemüse Buffet zubereitet. Das Auberginen-Gericht ist sehr fein, dazu gibt es cremigen Ziegen-Käse und Brot. Der Abend, im Kreise dieser Familie, ist so angenehm, ich fühle mich echt geehrt solchen Menschen zu begegnen.

Nach Tee und Gutzli verteilen wir uns in zwei Autos und fahren zum Zayandeh Rud. Wir spazieren über die schöne Brücke. Hossein erklärt, warum sie Karton Brücke genannt wird; viele Obdachlose übernachten hier. Die Kinder freuen sich über den abendlichen Ausflug mit uns. Die anfängliche Zurückhaltung ist abgefallen. Nun wollen unsere Gastgeber uns noch einen Aussichtspunkt zeigen. Clumsy, Babyface, Sepide und ich sind im Auto mit Ali, plötzlich holpert es verdächtig. Wir haben einen Platten! Ali hat scheinbar Übung und so ist das Rad innert kürzester Zeit gewechselt. Vom Aussichtspunkt hätte man eine herrliche Sicht über die Stadt, aber die halbe Stadt hat Stromausfall, schön ist es trotzdem.

Langsam kommt bei allen Müdigkeit auf. Wir werden ins Hostel zurückgebracht und verabschieden uns herzlich von dieser lieben Familie.

Es war ein toller Abend.

Nicht weit vom Naqhsh-e Maidan gibt es ein feudales und bekanntes 5-Sterne Hotel, das Abbasi. Dorthin bringe ich heute Morgen meine Paxlis, damit sie auch noch ein anderes Gesicht der Stadt sehen. Wir sind nicht wirklich standesgemäss gekleidet, aber das Personal im Hotel ist trotzdem sehr nett und bedient uns wie alle anderen Gäste. Ist ja nicht so, dass wir es nicht bezahlen können.

ERWARTE NICHTS GENIESSE ALLES

In einem Blumenladen kaufe ich noch ein kleines Sträusschen, das wir beim Nomad vorbei bringen. Hossein soll die Blumen Jamila überreichen, als Dank für das feine Buffet. Ali hat ein Geschenk für Clumsy und für mich. Er hat Stempel machen lassen mit unserem Namen, geschrieben in Farsi. Das sieht sehr gediegen aus. So eine Überraschung. Dann heisst es Abschied nehmen. Morgen reisen wir weiter. Alle sind ein bisschen traurig, aber ich bin froh, dass wir uns getroffen haben.

Zurück im Amir Kabir erfahren wir, dass Crazy Chris alle Pässe seiner Gruppe im Hostel Tresor hat liegenlassen. Der Mister Ziae telefoniert nochmals mit Chris und verbindet mich mit ihm. Wir verabreden uns. Je nach Zeitplan treffen wir uns in Persepolis oder dann spätestens in Shiraz. Dragoman hat eine straffere Agenda als wir. Wir nehmen es nicht so genau mit den Tagen, einer mehr oder weniger kommt meistens nicht so drauf an.
Ich zahle dann noch die Hostel Rechnung, damit wir morgen speditiv losfahren können.

Obwohl es schon relativ viel Verkehr hat, kommen wir schnell aus der Stadt. Bereits um 14 Uhr treffen wir in Safashar ein. Ein Teil unserer Schäfer Familie ist zu Hause. Wir kennen sie nun schon seit drei Jahren. Es ist schön, sie immer wieder zu sehen. Wie schnell die Kinder wachsen. Heute ist Mama leider krank. Sie hat Kopfweh und Fieber. Mit meinem Farsi Buch versuche ich ihr zu erklären, dass wir heute weiterfahren werden, da wir am Abend in Shiraz sein müssen. Sie freut sich über den Besuch und unsere Mitbringsel. Mama will natürlich, dass wir etwas essen und Tee trinken, das muss einfach sein. Wir geniessen den feinen Käse und das frische Brot. Sie tut mir leid, sitzt völlig eingemummt da, sichtlich leidend. Wenigstens kümmern sich ihre Kinder nett und hilfsbereit um alles. Mama fragt mich noch nach Medizin. Viel habe ich nicht dabei. Ein Aspirin nimmt sie aber gerne. Ich hoffe es hilft ihr. Wir verabschieden uns nach einer Stunde und machen uns auf den Weg nach Persepolis.

ERWARTE NICHTS GENIESSE ALLES

Gegen 17 Uhr treffen wir bei den Ruinen in Persepolis ein. Der Dragoman Truck ist noch dort. Unsere Paxlis besuchen die Ruine. Adam und ich treffen uns mit Chris. Er ist so froh, dass wir die Pässe bringen und offeriert uns eine Runde Bier und Whisky, die wir nicht ablehnen.

In der Nähe von Persepolis gibt es diese Wasserquelle, wo wir meist über Nacht bleiben. Weil es so viel Wasser hat, waschen wir auch heute gleich noch den Bus. Das Waschen ist schon Tradition geworden und das Plantschen mit dem vielen Wasser macht Spass. Alle helfen, es ist eine schöne Abwechslung. Ausserdem ist es herrlich warm hier draussen in der Wüste und das Wasser erfrischend.

Adam hat mich heute wieder mal den ganzen Tag dumm angemacht. Alles mache ich falsch und beim Manövrieren stehe ich eh nur im Weg! Manchmal tun diese Beleidigungen schon weh. Ich mache so viel für diese Touren, habe kaum mal eine Minute für mich. Die Paxlis sind immer so zufrieden und dankbar, nur Adam findet dauernd etwas zum Nörgeln. Er will nur fahren und kümmert sich um nichts. Das ist OK für mich. Aber dann so undankbar zu sein und seine schlechte Laune an mir auszulassen, finde ich ziemlich unfair. Reklamieren, kritisieren und befehlen ist einfacher als besser machen. Ich versuche das Ganze zu ignorieren und spare meine Energie für die schönen Seiten der Tour.

Esfahan – Persepolis/Marvdasht = 450 km

Shiraz ist nur etwa eine Stunde Fahrt von unserem Nachtlager entfernt. Der Markt dort ist bunt und immer ist viel los. Man bekommt so ziemlich alles in den alten Gemäuern. Mit Händen und Füssen versuche ich zu erklären und fragen, so macht Einkaufen Spass. Wir füllen unser Lager mit Gemüse, Früchten und den allseits beliebten Keksen.

Adam muss noch die Filter kontrollieren, also gehe ich mit den Paxlis auf Sightseeing Tour.

Die Masjid-e No, aus dem 13. Jahrhundert, sei die grösste Moschee in Iran. Leider sind umfangreiche Renovationsarbeiten im Gange, so sieht man nicht so viel.

ERWARTE NICHTS GENIESSE ALLES

Das Grabmal Shah-e Cheragh ist wunderschön dekoriert in diesem verschnörkelten, persischen Stil mit vielen kleinen Spiegeln, mit Marmor,
Teakholz, Glas, Gold und Silber und vielen farbigen Kacheln.

Um 13 Uhr fahren wir aus der Stadt. Wie immer, machen wir einen Mit-
tags-Halt, beim Salzsee Maharlu. Die Gegend strahlt eine umhüllende
Ruhe aus. Mir gefallen diese Wüstengebiete, sie sind schon sehr speziell.
Wir stellen unsere Stühle und den Tisch auf und machen es uns bequem.
An der Sonne ist es herrlich warm. Es gibt frisches Brot und den feinen
Käse aus Esfahan, zum Dessert natürlich die frischen Gutzlis.
Später kommen wir in eine Gegend mit vielen Bäumen und Büschen.
Nüsse, Feigen und Datteln wachsen hier. In Iran werden viele Pistazien
Nüsse gegessen. Ein Pistazienbaum kann bis zu 300 Jahre alt werden.
Auf den Feldern und am Hang stehen einfache, kleine Hütten, die während
der Erntezeit von den Pflückern bewohnt werden. Nun sind sie aber leer
und wir übernehmen eine solche für die Nacht. Da es windet, nisten wir
uns drinnen ein zum Essen. Wir entscheiden uns dann auch in einer der
Hütten zu schlafen und richten ein Massenlager ein. Für einmal müssen
keine Zelte aufgestellt werden, das kommt bei allen gut an.

Marvdasht – Neyriz = 229 km

Donnerstag, 15. Oktober 1998
Ein wunderschöner Morgen begrüsst uns. Die Aussicht hier vom Hügel,
umringt von all diesen Bäumen, ist herrlich. Gepackt ist heute schnell, da
ja keine Zelte abgebrochen werden müssen.
Wir kommen in eine eindrückliche Berggegend, mit Steinschichten in verschiedenen Farben. Wir sind ganz alleine hier draussen unterwegs.
In Kerman steuern wir zum Bus-Stand Nummer 1 und fragen nach Mohsen,
unserem Freund und Helfer. Man erklärt uns, dass er zu Hause sei. Da wir
wissen wo er wohnt, gehen wir dort vorbei. Im Haus sagt man uns dann
aber, Mohsen sei in Bam. Nein, nein, meint ein anderer Mitbewohner,
Mohsen arbeitet. Er sei jetzt im Bus-Stand Nummer 4. Und dann steht
Mohsen plötzlich vor uns. Die Ankunft der Ausserirdischen muss sich wie

ein Lauffeuer in Kerman verbreitet haben. Mohsen erklärt uns, dass er bald nach Bam umziehen werde. Seine Mutter brauche Hilfe, deshalb werde er für sechs Monate bei ihr wohnen. Wir trinken einen Tee zusammen. Es ist immer eine Freude mit Mohsen zu diskutieren. Wir dürfen auch die frischen Datteln probieren, die er aus Bam mitgebracht hat. Diese frischen Datteln sind so fein, ganz anders als die, die man in der Schweiz bekommt. Weicher, frischer und geschmackvoller. Mohsen gibt uns noch seine Adresse in Bam, damit wir ihn auf dem Rückweg besuchen können. Nach diesem angenehmen Zwischenhalt verlassen wir Kerman. Es wird schon dunkel als wir in Bam eintreffen. Auch hier fahren die Verkehrsteilnehmer in der Nacht lieber ohne Licht, was sehr anstrengend ist. Wir versuchen möglichst nie in der Nacht unterwegs zu sein. Es ist einfach zu gefährlich.

Hinter der Zitadelle richten wir wieder unseren Schlafplatz ein. Da es sehr dunkel ist in Bam, ohne viel Licht-Verschmutzung, zeigt sich uns ein Sternenhimmel vom Feinsten.

Neyriz – Bam = 571 km

Unsere Paxlis gehen früh am Morgen auf eine Exkursion zum Fort mit der schönen Zitadelle und dem Lehm-Dorf. Adam leert das erste Café auf dem Tisch aus. Da das Frühstück schon bereit steht, gibt es eine riesige Sauerei. Er nimmt den Käse, um den Café abtropfen zu lassen, da fällt ihm der Käse aus der Hand in den Sand. Ist wohl nicht sein Tag heute. Wir lachen darüber und bis die Paxlis zurückkommen, ist alles wieder schön ordentlich. Weil wir so nett sind, haben wir auch schon die Zelte der Paxlis zusammengepackt, was allseits gelobt wird.

Die Fahrt heute bringt uns in die Wüste. Es ist sehr warm, trocken und sandig. Wir sehen faszinierende Mirages, oder Fata Morganas. Ganze Seen mit Inseln spiegeln sich vor uns in der Hitze.
Wir kommen nun bereits an ein paar Polizei-Check-Posten vorbei. Manchmal muss man sich in ein Buch eintragen, manchmal wollen sie nur die Pässe sehen oder gar nichts.

ERWARTE NICHTS GENIESSE ALLES

In Zahedan füllen wir nochmals alle unsere Diesel Tänke auf. Ein kleiner Junge steht an der Tankstelle, er schielt extrem. Man weiss wirklich nicht, wo er hinschaut. Ich gebe ihm ein Gutzli, das er mit Freude annimmt.
Auf der Ringstrasse fahren wir in Richtung Mirjaveh. Die Gegend ist bereits Teil der Beluchistan Wüste. Wir kennen hier eine Ruine, eine halbzerfallene Karavanserei, die uns als Nachtlager dient. Es ist erst 16 Uhr und so hat jeder Zeit für sich. Es heisst Abschied nehmen von Iran, morgen geht's nach Pakistan.

Bam – Zahedan = 349 km

16
Iran

März 1999

Iran ist immer ein Highlight für alle Mitreisenden und auch ich bin das erste Mal positiv überrascht worden und bin immer gerne in dieses bewundernswerte Land zurückgekehrt. Wir haben durch unsere Reisen viele liebe Leute kennen gelernt: Die herzliche Schäfer Familie aus Safashar mit den vielen Kindern oder Hossein und seine hübsche Frau, die vorzüglich kocht, der lustige Mohsen aus Kerman/Bam und viele mehr, die uns begegnet sind. Von diesen gastfreundlichen Iranern lernen wir auch jedes Mal etwas Neues über den Iran und den Islam und können so das Land mit anderen Augen sehen.

Die Gartenstadt Esfahan (auch Isfahan oder Isphahan) ist mein Favorit. Die atemberaubende, blaue Imam Moschee, der alte Bazaar, der Naqsh-e Jahan Maidan (Maidan = Platz), Ali Qapu Palast und Lotfallah Moschee. Ein gemütlicher Spaziergang entlang dem Zayandeh Rud oder einen ruhigen Moment in einem Teehaus.

In jedes Lokal kann man als Frau alleine jedoch nicht rein, da muss man schon vorsichtig sein und die Augen offen halten.

Einmal als ich auf dem Trottoir dahin gehe, eilt ein gut gekleideter Mann an mir vorbei und spricht mich an. Er entschuldigt sich zuerst und meint dann ganz höflich, er könne meine Haare sehen. Oh, das ist mir peinlich, ich habe die doch in den Mantel gepackt! Da muss mir wohl der Zopf rausgeschlüpft sein. Ich bin froh, dass dieser Herr so freundlich war und mich darauf aufmerksam gemacht hat.

Jedes Jahr, wenn ich wieder durch den Iran reise, werden die Vorschriften etwas lockerer. Der Mantel wird ein bisschen kürzer, man darf die Fransen vorne zeigen, die Kleiderfarben werden etwas heller und freundlicher.

Ich liebe es, gemütlich in einem Park zu sitzen, das Leben beobachten und die Gedanken schweifen lassen. Es ist immer schön, wenn ich Zeit dafür habe. Ich habe den Eindruck, dass Iraner Frauen ihr Leben leben können, fast wie wir. Sie gehen miteinander spazieren, essen, Tee trinken, einkaufen und sie dürfen auch Autofahren. Nur an die Kleidervorschriften müssen sie sich halten. Unter dem Mantel oder auch Tschador tragen sie oft moderne, elegante und natürlich auch sehr schöne Kleider. Man sieht auch Frauen an verschiedenen Arbeitsplätzen. Sie nehmen am sozialen Leben Teil. Sie haben ihren Platz in der Gesellschaft, auch wenn sie im Bus hinten sitzen müssen. Hinter der Kulisse spielt sich wahrscheinlich viel ab, das wir als Touristen nicht sehen. Die Frauen haben in Iran sicher nicht die gleichen Rechte wie Männer. Bis es soweit ist, wird wohl noch viel Zeit vergehen.

Ich kann mich so gut an die erste Einreise in den Iran erinnern. Nachdem wir alle Papiere erledigt und Geld gewechselt haben, suchten wir eine Tankstelle. Wir haben ja gehört, dass der Diesel in Iran günstig sei und deshalb haben wir unsere Tänke in der Türkei nicht mehr gefüllt.
Gleich beim Verlassen des Zollbezirks finden wir ein Objekt der Begierde. Wir füllen unsere zwei Tänke unter dem Bus und alle unsere Kanister des Stauraums. Umgerechnet müssen wir pro 100 Liter Diesel einen (1) USD bezahlen (1996)! Wir trauen erst unseren Ohren nicht und denken, da muss etwas falsch sein. Es war uns schon bewusst, dass der Diesel hier günstig ist, aber nicht in diesem Ausmass. Unglaublich!

Zurück in die Gegenwart vom März 1999

Nachdem ich beim Militär in Zahedan sehr gut geschlafen habe, bin ich bereit für die Weiterreise. Bereits um 7 Uhr fahren wir los. Didier's Reparatur scheint erfolgreich gewesen zu sein. Wir freuen uns auf Bam, ca. 330 Kilometer entfernt.

In der Stadt decken wir uns auf dem Markt mit Gemüse ein und in einer Bäckerei können wir dem Anblick der Auslage nicht widerstehen und lassen uns die Tüten mit Gebäck füllen. Von der Türkei bis nach Indien, die

ERWARTE NICHTS GENIESSE ALLES

Leute lieben ihre Süssigkeiten. Aber ist das eigentlich nicht auf der ganzen Welt so? Die Iranischen Gutzlis sind jedenfalls sehr fein.

Die Zitadelle, oder Arg-e-Bam wie sie in Farsi heisst, ist ein eindrückliches Bauwerk. In der Lehmstadt rumzulaufen ist ein Erlebnis und ich fühle mich dort immer in eine lang vergangene Zeit zurückversetzt. Ich versuche mir vorzustellen, wie es wohl zu und her gegangen ist und wie die Stadt aussah, als sie noch bewohnt war. Die Aussicht von der Zitadelle über die Landschaft ist herrlich.
Heute machen wir nur einen kurzen Halt hier. Michelle und Didier haben die Augenweide noch nie gesehen und so führe ich sie gerne herum. Wir füllen noch unsere Wasser Tänke und dann machen wir uns wieder auf den Weg, bzw. auf die Strasse.

Die Strassen in Iran sind super, fast wie in der Schweiz. Auch gefahren wird nicht so wild durcheinander wie z.B. in Indien, schnell schon, aber eher gesittet. Es herrscht nicht so viel Chaos, es hat auch keine Ochs-Karren. Im Allgemeinen hat es viel weniger Verkehr als in Indien, es hat ja auch nicht so viele Leute hier.

Die Umfahrung der Stadt Kerman finden wir tiptop. Nach weiteren 20 Kilometern halten wir in einem Fabrik-Areal. Es sieht verlassen aus und in einer grossen, offenen Halle, können wir uns gut verstecken. Wir parkieren die Fahrzeuge hintereinander. Ja, hier verbringen wir die Nacht. Zwei Männer kommen vorbei, schauen aber nur. Während sie weitergehen, drehen sie ihren Kopf so lange, bis er fast abschraubt. Das sieht sehr lustig aus. Als ich schon beim Kochen bin, kommt noch ein Pärchen vorbei. Sie haben Fragen, aber ich verstehe kein Farsi und sie können kein Englisch. Ich versuche zu erklären, dass wir hier essen und schlafen und morgen nach Esfahan weiterfahren. Ob sie wollen, dass wir mit ihnen mitgehen? Aber wir denken, dass wir hier sicher sind und bleiben. Zum Essen geselle ich mich zu Michelle und Didier. Der Französisch Kurs tut mir gut und jeden Tag kommt mehr zurück von dem, was ich in der Schule einmal gelernt habe. La Voisine (die Nachbarin) geht dann a la maison (nach Hause). Den ganzen

Tag hinter dem Steuer zu sitzen ist anstrengend. Ich habe weder eine Automatik-Schaltung noch Servolenkung, das geht schon in meine mickrigen Armmuskeln.

Zahedan – ausserhalb Kerman = 560 km

Schon um 5 Uhr früh bin ich wach, bleibe aber noch bis 6 Uhr liegen, da Michelle und Didier nicht so die Frühaufsteher sind. Bis ich Café gemacht habe, kommen auch meine Nachbarn aus dem Camper an die frische Morgenluft. Heute kontrolliere ich noch Öl und Wasser und zu meinem Erstaunen, muss beides nachgefüllt werden. Ja dann halt!
Der Französische Renault will nicht so recht anspringen und bekommt Saft von Ury. Um 7.30 Uhr sind wir unterwegs und bereits nach 11 Uhr treffen wir in Yazd ein. In der Stadt hat es ziemlich viel Verkehr. Didier fährt voraus und schaut immer schön, dass es für mich auch reicht, wenn wir abbiegen müssen oder über eine Kreuzung mit Ampeln fahren. Ich sitze ja jetzt auf der 'falschen' Seite mit meinem Englischen Vehikel, aber man gewöhnt sich daran. Es ist besser, wenn man in Pakistan und Indien auf der 'richtigen' Seite sitzt und fährt. In den anderen Ländern, die wir durchqueren, ist es gut machbar rechts zu sitzen und rechts zu fahren. Mit Beifahrer ist es natürlich einfacher, speziell für Überholmanöver.
Ausserhalb von Yazd passieren wir viele Polizei Kontrollen. Oft öffne ich nicht einmal das Fenster. Ich halte einfach meinen Pass offen an das Fenster und stelle sicher, dass alle Türen verriegelt sind. Sie akzeptieren das.

Dann müssen wir wieder Diesel haben. Jedes Mal, wenn meine Tank Anzeige nun Richtung leer zeigt, wird es mir mulmig zu Mute. Diese aggressive, kämpferische Stimmung an den Tankstellen bekommt mir irgendwie gar nicht. Es kratzt an meiner Sanftmut.
Die Tankstelle, an der wir vorbei kommen, ist voll von Lastwagen. Didier schafft es relativ gut in der Reihe zu bleiben und vorwärts zu kommen. Ich hingegen werde radikal abgedrängt und komme nicht vom Fleck. Der

Tankwart hilft mir dann und gestikuliert den anderen Rittern der Landstrassen, dass sie doch nett sein sollen. Das ist mal eine erfreuliche Wende. Ich bin froh, als ich das hinter mir habe und es weiter geht.

Nach der Abzweigung in Naein kommen wir in die Berge. Es wird kühler und beginnt zu regnen. Es kommen mir Fahrzeuge entgegen, die mit Schnee bedeckt sind. Das darf nicht wahr sein, oder! Wir machen eine kurze Pause und hoffen, dass wir es über den Pass bei Tangestan schaffen. Bei beiden Fahrzeugen sind die Profile der Pneus doch eher abgefahren, aber es gibt kein Zurück.

Langsam geht's bergauf und es wird weisser und weisser. Die Strasse ist nun schneebedeckt. An der Seite steht da und dort ein Vehikel. Wenn ich bloss nicht anhalten muss oder ins Schleudern gerate. Aber ich fahre gemächlich und stetig. Die Scheibenwischer beginnen mit dem Schnee zu kämpfen, manchmal sehe ich nicht mehr viel. Langsam beginnt sich der Schnee auf der Seite der Frontscheibe zu stauen. Ich versuche das Fenster zu öffnen und mit der Hand den Schnee wegzuwischen, ohne anhalten zu müssen. Es ist extrem kalt da draussen. Meine Arme sind zu kurz. Die Aktion hilft nur wenig. Einfach ruhig bleiben und weiterfahren ist mein Gedanke. Doch das Guckloch wird kleiner und kleiner, die Scheibenwischer ächzen und nun bildet sich auch noch Eis auf der Frontscheibe. Es gibt kein Drumherum, ich muss anhalten. Ich fahre rechts ran und gehe hinaus in den Schneesturm. Mit dem kleinen Besen putze ich die Scheibenwischer und die Frontscheibe. Vor allem der angestaute Schnee auf der Seite muss weg, damit der Wischer-Radius wieder grösser wird. Die dicken Schneeflocken bedecken die Scheibe schnell wieder. Ein bisschen besser ist es aber schon. Zu meinem Erstaunen komme ich sehr gut wieder auf die Strasse, ohne dass die Räder durchdrehen oder der Wagen ins Schleudern kommt. Ich bin froh darüber und es gibt mir auch etwas mehr Vertrauen, die ganze Situation zu meistern. Die Heizung funktioniert nicht so gut. Den grossen Bus zu wärmen dauert ewig. Ich habe mich in alle warmen Kleidungsstücke gepackt, die ich gerade greifen konnte. Die Handschuhe sind natürlich in den Tiefen des Gepäcks irgendwo. Meine Hände fallen fast ab vor Kälte, bevor sie dann heiss werden vor Schmerz. Und endlich erreiche ich die Passhöhe, uff, piu!

Didier ist nicht hinter mir, aber ich fahre weiter, jedenfalls so weit, bis der Schnee wieder zu Regen wird. Leider zeigt auch mein Tank schon wieder Richtung leer. Der nächste Kampf steht bevor. Auf einem Platz entlang der Strasse warte ich auf den Renault. Auch meine Weggefährten sind erleichtert den Pass ohne Zwischenfall gemeistert zu haben. Zusammen fahren wir bei der nächsten Tankstelle vor. Dieses Mal, man lernt ja immer wieder dazu, stehen Didier und ich nebeneinander an, solange es geht. Dann klebe ich mich an seine hintere Stossstange und ignoriere ein Typ, der sein Horn in meine Ohren bläst. Denkt der wirklich, ich mache jetzt Platz für ihn? Da kennt er aber Luci, der Schrecken der Strasse, nicht!
Nach 17 Uhr treffen wir tatsächlich in Esfahan ein. Ich freue mich sehr und ein befreiendes Gefühl macht sich breit.

Ausserhalb Kerman – Esfahan = 642 km

Zurück in Esfahan

Nach ein- zweimal Fragen finden wir schnell die Havez Strasse, die zum Maidan-e Imam führt. Kaum kraxle ich aus dem Bus, kommt schon Hossein daher. Ich bin äusserst erfreut, sein lachendes Gesicht zu sehen. Esfahan ist ein Meilenstein für mich und ich bin erleichtert, es bis hierhin geschafft zu haben.
Ich mache Michelle und Didier mit dem Nomad Team bekannt. Hossein erklärt ihnen den Weg zum Camp, wo sie übernachten wollen. Sayd, vom Nomad, fährt mit mir zum Hostel Amir Kabir, wo ich wieder wohnen werde. Auch Mister Ziae vom Hostel begrüsst mich mit einem freundlichen Lachen. Scheinbar bin ich ein gern gesehener Gast hier. Er hat auch ein Zimmer für mich. Das Amir Kabir ist ein angenehmer Treffpunkt für westliche Touristen. Hier trifft man viele Reisende aus aller Welt. Sie haben grosse Mehrbett-Zimmer und ein luftiges Atrium, wo man rumhängen, Café oder Tee trinken und Erfahrungen austauschen kann.
Sayd hilft mir mein nötigstes Gepäck ins Zimmer zu bringen und den Bus im 'save parking' zu platzieren. Zu Fuss geht's dann zurück ins Nomad. Es

gibt nochmals ein herzliches Hallo. Hossein, Sayd und Ali führen den Teppich Shop zusammen und von ihnen bekomme ich taufrische Informationen, wer wo ist. Es fühlt sich so gut an hier zu sein.

Scheinbar hat Adam schon bei Hossein angerufen. Er ist bereits im Murat Camp in Dogubayazit eingetroffen. Natürlich darf ich telefonieren und Adam und Murat kommen an den Apparat. Auch die beiden Herren freuen sich, dass ich es unversehrt bis Esfahan geschafft habe.

Andrea und Hanspeter aus Deutschland, die mit dem toll ausgestatteten Bus vom Delhi Camp, haben tatsächlich eine Nachricht für mich hinterlassen. Sie haben sogar Teppiche von Hossein gekauft. Das freut mich. Das Nomad Team will natürlich alles ganz genau wissen und sie wollen sicher sein, dass alles in Ordnung ist. Ich fühle mich fast wie zu Hause.

Dann erzählt Sayd noch, dass auch Jürgen und Siddhi hier waren. Er sollte ihnen helfen eine Garage zu finden. Aber Jürgen fand alles zu schmutzig, nichts war ihm gut genug. Na ja, denn halt. Ich kann mir Jürgen gut vorstellen. Sayd tut mir leid. Aber auch er lacht über die Geschichte. Sie erleben wohl so einiges mit Touristen aus dem Westen.

Die Müdigkeit meldet sich und ich verabschiede mich von den netten Herren. Hossein fährt mich zum Amir Kabir. Wir verabreden uns für morgen Mittag. Es ist noch nicht mal 21 Uhr, aber ich habe genug für heute und schlafe schnell ein.

Schon um 5 Uhr bin ich wieder wach, kein Wunder, wenn man so früh ins Bett geht! Ich schaffe es dann aber, dösend bis 8 Uhr im Bett zu liegen. So erholsam!

Der kleine, alte Mann aus der Küche brüht mir ein Café und dann treffe ich auf Jürgen und Siddhi. Jürgen erzählt mir natürlich gleich die Geschichte mit den unbrauchbaren Garagen. Aber ich versichere Jürgen, dass das Nomad Team sicher keine Garage empfehlen würde, die unbrauchbar ist. Dort kommen Reisende mit grösseren Gefährten und Gruppen daher, die würden sicher nicht mehr auf diese Leute vertrauen. Das Nomad Team meint es ganz sicher nur gut.

ERWARTE NICHTS GENIESSE ALLES

Da es Zeit für eine Dusche ist, verabschiede ich mich. Zuviel Jürgen schon am frühen Morgen ist eh nicht gut. Die WC- und Dusch-Anlagen sind frisch renoviert und es hat sogar noch heisses Wasser. Herrlich ist das.

Es ist kühl draussen, aber der Spaziergang zum Nomad tut mir gut. Zuerst gibt es Tee und ein 'Schwätzli' mit Ali. Später gehen Hossein und ich zum Lunch in die Markthalle. Es ist interessant mit ihm zu plaudern. Ausserdem ist er ein Mann, der sehr gute Manieren hat. Viele Iraner sind nett und haben gute Manieren. Aber als Frau allein auf der Strasse, da weiss man einfach nie. Deshalb ist es sehr erholsam, hier auf vertraute Personen zu treffen. Leider ist es nicht so einfach, Frauen kennen zu lernen. Obwohl man Frauen in der Stadt, beim Bummeln oder Tee trinken antrifft, kommt selten ein Gespräch auf. Vielleicht, weil sie kein Englisch sprechen oder ich kein Farsi?

Zurück im Nomad Shop treffen auch gleich Michelle und Didier ein. Wir spazieren um den grossen Maidan-e Imam Platz und entlang den vielen kleinen Läden unter den Arkaden. Ich geniesse den Spaziergang in der Sonne. Später finde ich sogar ein Internet-Café und freue mich über die Post. Clumsy, ein ehemaliges Paxli hat geschrieben. Sie und Ali wurden gute Freunde und als ich Ali erzähle, dass Clumsy geschrieben hat, wird er ganz verlegen. Zurück im Teppich Shop haben auch noch andere Touristen den Weg dorthin gefunden. Eine lustige Schwedin und drei Engländer. Wobei halt! Der eine Typ spricht mit Akzent. Schweizer Akzent, oder? Ja, er ist ein Schweizer. Die drei Typen sind an den Opium-Baum Teppichen interessiert. Hossein erklärt und erzählt und wir haben es sehr lustig. Ohne Witz geht's eh nicht.

Für heute Abend bin ich bei Hossein eingeladen. Seine Frau Jamila ist eine wunderbare Köchin. Heute hat sie das Kopftuch abgelegt. Tochter Sepide und Sohn Joseph sind nicht mehr so scheu. Es wird getanzt in der Küche und wir zeichnen lustige Figuren. Dann gibts noch Kochkurs.

Jamila macht ein Reisgericht, das sonst nur zu speziellen Anlässen serviert wird. Der Reis wird gekocht und in der Pfanne angedrückt, so dass sich mit der Zeit eine Kruste bildet, ohne dass es verbrennt! Die goldene Kruste nennt man Tadiq. Vorher werden noch Jogurt, Safran und Karotten unter den Reis gemischt. Es ist wichtig, dass der Deckel mit einem Tuch umwickelt wird, so dass der Dampf aufgesogen wird. Der fertig gekochte Reis wird dann Pyramiden mässig auf einer Platte angerichtet und dekoriert mit Pistazien, Mandelsplitter und Barberries. Barberries sind ein bisschen sauer, ähnlich wie Cranberries, aber viel kleiner und typisch für den Iran. Das Resultat ist fantastisch, ein wahres Festmahl. Ein unvergesslicher Abend. Danke Hossein und Jamila.

Hossein fährt mich wieder zurück ins Hostel.

Nach einem so wunderschönen Abend und lustigen Tag schläft man einfach gut, oder?

Die Weiterfahrt

Nach diesem angenehmen Tag Pause geht die Fahrt weiter.

Zuerst gibt es aber ein Café. Gegen 8 Uhr gehe ich zum bewachten Parkplatz, um Ury abzuholen. Der alte Mann dort gibt mir auf meine 20'000 Rials nur 2'000 retour. Zum Glück habe ich den Preis von 15'000 Rials schon am Samstag vereinbart. Auf meine Intervention will der alte Mann erst gar nicht eingehen und natürlich versteht er sofort kein Wort Englisch mehr. Aber da ist er bei mir an der falschen Adresse. Ich sehe, dass er mehr Geld in der Schublade hat. Ich lasse nicht locker, bis er die 5'000 Rials Retourgeld rausrückt. Man macht nicht einen Preis ab, der dann nicht eingehalten wird. Wichtig ist, einfach ruhig zu bleiben, obwohl der Puls manchmal schon ins Rasen kommt. In den vielen Jahren des Reisens habe ich gelernt, dass man mehr erreicht, wenn man zeigt, dass man Zeit hat, freundlich bleibt und die Nerven behält.

Nachdem das geregelt wäre, habe ich noch Zeit zum Poste Restante zu gehen. Tatsächlich sind vier Briefe dort, aber alle für Babyface, ein Paxli von der letzten Tour. Ich nehme sie aus der Schachtel und gehe zu den Schaltern. Hier in Esfahan muss man für den Poste Restante Service bezahlen! Das ist sehr selten. In der Post werde ich ständig abgedrängt, was sehr erstaunlich ist. Männer stehen einfach vor mich hin oder begrüssen einen, der bereits am Schalter ist und schon sind sie alle vor mir dran. Ich will ja

nicht gleich unhöflich sein und sage erst nichts. Eine Frau, die auch ansteht, hilft mir dann aber, dass auch ich es an den Schalter schaffe. Das ist
so nett. Der Postbeamte will 2'000 Rials pro Brief! Das ist schon ein bisschen viel! Ausserdem kann ich die Arabischen Zahlen gut lesen und es
heisst auf dem Schild, dass pro Brief 1'000 Rials bezahlt werden muss. Ich
mache den Herrn also darauf aufmerksam und gebe ihm nur 4'000 Rials.
Er sagt nichts darauf und ich packe meine Post und gehe.
Das war schon ein anstrengender Morgen. Was ist bloss los heute? So
kenne ich das hier gar nicht! Beim Nomad Laden werde ich viel freundlicher empfangen und bekomme einen Tee zur Stärkung. Ali, Sayd, Hossein,
Michelle und Didier sitzen schon da und es könnte eigentlich ein gemütlicher Tag werden.
Doch wir haben ja noch einiges vor heute und so heisst es Abschied nehmen, auch wenn's schwer fällt. Merci und khoda hafez!

Es ist fast 10 Uhr als wir losfahren. Schnell kommen wir aus der Stadt und
auf die super, vierspurige Autobahn. So kommen wir gut vorwärts und im
Nu sind wir in Saveh. An oder in meinem Vorderrad schäppert etwas. Ich
halte an und Didier schaut sich das an. Er meint, es könne eigentlich nichts
passieren und so fahren wir weiter.
An der nächsten Tankstelle gelangen wir relativ gut an die Säulen. Ich fülle
meine Tänke und gebe dem Tankwart 5'000 Rials. Er sagt, er will 20'000
Rials! Nein, das kann nicht sein. Ich zeige ihm mein Tankbüchlein, so kann
er sehen, was ich so bezahle für 30 Liter. Der schlaue Tankwart zeigt auf
die Säule und behauptet, ich hätte 319 Liter getankt! Wohin der Diesel
denn soll, frage ich ihn. Ich habe ja gar nicht so grosse Tänke! Ausserdem
hat er den Tankzapfen bedient. Mein treuer Freund und Helfer Didier ist
zum Glück sofort zur Stelle und der Tankwart gibt mir 2'000 Rials zurück.
Normalerweise kosten 30 Liter etwa 1'800 Rials, da hat er sich ein schönes
Trinkgeld genommen. Aber jeder weitere Widerstand ist zwecklos.
Der Rest des Nachmittags verläuft ruhig. Qom und Teheran lassen wir
rechts liegen und gegen 17 Uhr finden wir wieder eine leere Fabrik-Halle
aus Wellblech. Hier sind wir gut geschützt vor Wind, Wetter und neugierigen Leuten. Im warmen Stübli der Franzosen essen wir gemeinsam und
geniessen einen gemütlichen Abend. Das Abenteuer Schneesturm und die

ERWARTE NICHTS GENIESSE ALLES

Tankstellen-Episoden müssen nochmals durchlebt werden, die Emotionen verarbeiten wir in amüsanter Diskussion.

Esfahan – Abhar = 493 km (ca. 100 km vor Zanjan)

Schon um 6 Uhr bin ich wach. Da es draussen bitter kalt ist, wärme ich meine Kleider im Schlafsack auf, bevor ich sie anziehe. Dem Renault gefallen die kalten Nächte wohl auch nicht und er braucht wieder mal Starthilfe. Es rollt gut heute, erst ist es sonnig, dann ein bisschen Regen und als wir in die Berge kommen, wartet dort ein leichter Nebel auf uns. Nach Miyane geht's bergauf und es liegt wieder Schnee. Es schneit aber nicht und ich hoffe, dass es nicht eisig ist. Mit rattelnden Bremsen und abgefahrenen Pneus nehme ich auch den Torkaman Pass in Angriff. Meine Freunde und ich schaffen das ohne Probleme. Gegen 14.30 Uhr treffen wir in Tabriz ein.

In Tabriz scheint dann wieder die Sonne. Wir nehmen die Umfahrungsstrasse. Gas brauchen wir nicht, aber Diesel, schon wieder. Wir finden eine sehr belebte Tankstelle. Erst stellen wir uns schön hinten an und hinten bleiben wir dann auch ziemlich lange. Hier warten nicht nur sture Lastwagen Fahrer, es hat auch ungeduldige Langstrecken Busfahrer. Didier verliert zuerst die Nerven und fährt nach vorne. Die Aktion von Didier bringt einer der Busfahrer auf die Idee, um die Tanksäule herum zu manövrieren und dann im Retourgang Didier abzudrängen. Ich trau fast meinen Augen nicht. Aber Didier schafft es dann doch an die Säule zu kommen. Als ich es endlich, nach etwa einer Stunde anstehen, auch an die Säule schaffe, nimmt mir ein unfreundlicher Brummbär einfach den Zapfhahn aus der Hand. Nicht um mir zu helfen, nein um sich selbst zu bedienen. Das darf nicht wahr sein, oder! Ich lache ihn freundlich an und beherrsche mich, nicht auf sein Niveau zu sinken.
Woher kommen bloss all diese unfreundlichen Leute? Diese Seite von den Iranern kenne ich gar nicht!
Nach dieser Prozedur kutschieren wir gemütlich weiter. Die Strasse ist wunderbar, das Wetter gut und der Verkehr nimmt schnell ab. Noch 20 Kilometer bis Marand.

ERWARTE NICHTS GENIESSE ALLES

Ein zerfallenes und unbelebtes Fabrik-Gelände ist unser Ziel. Als wir uns nähern, treffen wir auf zwei Wachmänner. Sie verstehen schnell was wir wollen und scheinbar haben sie nichts dagegen. Wahrscheinlich ist unsere Anwesenheit eine schöne Abwechslung für sie. Sie sind sehr nett und helfen uns die Fahrzeuge zu parkieren. Sie weisen uns neben dem Wächterhaus einen Platz zu. Da es draussen kalt ist, essen wir zu dritt im French Stübli. Den Humor hat keiner von uns verloren. Mit einem Trimino und viel Gelächter wird es schnell spät. Michelle und Didier sind sehr lustige Weggefährten und lachen gerne. Wir sind ein gutes Team geworden und eine schöne Freundschaft hat sich entwickelt.

Als ich in mein Schlafgemach ziehe, sehe ich, dass es angefangen hat zu schneien.

Abhar – Marand = 499 km

Um 6 Uhr bin ich wieder wach und hebe den Vorhang ein bisschen, um nach draussen zu gucken. He, da liegt ja Schnee auf der Mauer und den Dächern. Es liegt tatsächlich überall ca. 10 bis 15 Zentimeter Schnee und es ist eisig kalt.

In früheren Jahren haben wir erst Ende März die Rückfahrt Richtung Schweiz angetreten. Deshalb bin ich jetzt etwas erstaunt über die Kälte und den Schnee. Im April war das Wetter jeweils bereits viel besser.

Nach einem wärmenden Café bei Michelle und Didier machen wir uns startklar. Hoffentlich laufen die Motoren an. Einer der Wachmänner ist auch auf und bringt uns einen Besen, um den Schnee von den Bussen runter zu wischen. Ibis gefällt es, er hüpft im Schnee rum und bellt fröhlich vor sich hin. Ury startet ohne Probleme und sogar der Renault tuckert nach ein paar Minuten des Herumwerkelns. Die Gegend sieht viel schöner aus in Weiss, eine herrliche Winterlandschaft.

Wir kommen gut auf die Hauptstrasse, die ist nur nass und zum Glück nicht gefroren. Bis Evogli kämpfen wir mit Nebel, der uns nur sehr langsam vorwärts kommen lässt. In der Gegend von Marakan kommen wir wieder in die Berge. Dort wird die Sicht besser und als wir Richtung Qarrahziyaeddin kommen, werden wir von Sonnenstrahlen gewärmt. Da haben wir gestern wohl im falschen Tal angehalten.

Es hat nicht viel Verkehr, die Strasse ist gut. Ich hänge meinen Gedanken nach und geniesse den letzten Tag alleine im Fahrzeug. Diesel habe ich noch, also auch hier keine Sorgen. Irgendwann stelle ich aber fest, dass der Französische Renault nicht mehr im Rückspiegel zu sehen ist. Ich fahre langsamer und langsamer und schlussendlich halte ich ganz an. Ich warte etwa 10 Minuten. Nun mache ich mir doch ernsthaft Sorgen und entscheide mich, umzukehren. Die längste Zeit ist kein Renault in Sicht. Nach 20 Kilometern sehe ich sie endlich.

Da der Kühler des Renaults vereist war, hat sich der Motor überhitzt und schlussendlich ist das Kühlerwasser übergekocht – oh je! Ein paar Männer in Militär Uniform haben bereits angehalten und organisieren Wasser. Ist das nicht nett? Sie helfen auch mit der Reparatur.

Es ist schon Mittag als wir endlich weiterfahren können. Zum Glück ist nichts Schlimmeres passiert. Didier tut mir leid. Sein Fahrzeug bereitet ihm grosse Sorgen. Wir müssen heute aber nicht mehr weit. Maku, Keshmesh Tappeh und dann geht's hinauf auf den Hügel, wo die Grenze zur Türkei liegt.

17
Iran – Türkei, die Grenze Bazargan – Dogubayazit

März 1999

Auch hier gibt es nur eine Grenze, die für uns offen ist. Sie liegt in der Wüste auf einem Plateau. In der Nähe ist Mount Ararat, wo Noah mit der Arche gelandet sein soll. Wenn ich mir die hohen und steilen Berge so anschaue, sehe ich nur ein Bild vor meinen Augen: Die Arche, aufgespitzt von einem der Berggipfel, vielleicht ein bisschen hin und her wippend. Ich muss immer lachen, wenn ich an diese Geschichte denke.

An dieser Grenze wird viel geschmuggelt. Junge Männer und Buben rennen mit Rucksäcken über den Sand, entlang dem Fuss der Berge. Verstecken können sich die Schmuggler nirgends. Es ist karg, hat keinen Busch und keine Gebäude in der Landschaft. Sie hoffen also einfach, dass sie niemand sieht. Ihr Rucksack ist gefüllt mit Zigaretten und vielleicht auch Alkohol. Dies wurde mir von einem Zollbeamten vor Jahren erklärt, mit einem Schmunzeln im Gesicht. Manchmal sieht man Uniformierte, die den Schmugglern den Weg abschneiden. Es kann auch mal vorkommen, dass geschossen wird. Aber man kennt sich und auf die Jungs wird nicht so schnell geschossen, das jedenfalls ist mein Eindruck.

Wir fahren also hinauf auf den Hügel, da kommt man an eine Verzweigung, wo die Lastwagen rechts weg müssen. Heute werden wir dort angehalten. Wir müssen warten, kommt die Instruktion vom jungen Mann. Ich erkläre ihm, dass wir hier sicher nicht warten müssen. Ich will zum Zollhaus. Nein Madam, sie müssen hier warten. Ich versuche ihn weiterhin zu überzeugen, uns weiterfahren zu lassen. Da kommt endlich sein Kollege daher, der sieht auch etwas gescheiter aus und spricht relativ gut Englisch. Der junge Mann bekommt erst einmal eine Standpauke und sein Kollege erklärt ihm; das sind Touristen, die müssen hier nicht warten. Hab ich's doch gesagt!

Ich bedanke mich und wir bewegen uns Richtung Zollhaus. Doch vor dem Zollhaus herrscht Chaos. Erst sehen wir gar nicht so recht, wo wir hin sollen. Oft lassen die Iraner die Touristen einfach links vorbei, nicht so heute. Wir müssen mit allen Lastwagen, die von der Kontrolle kommen, einfädeln. Es hat viele Russen und alle stehen draussen und plaudern und gaffen uns an. Wir sind mal wieder eine willkommene Abwechslung und Attraktion. Ah, es ist Mittagszeit! Die Zollbeamten sind beim Essen. Um 14 Uhr geht's dann wieder an die Arbeit. Während Michelle bei den Fahrzeugen bleibt, nutzen Didier und ich die Zeit alles auszukundschaften. Unsere beiden Carnet-de-Passages werden effizient gestempelt und jeder bekommt seinen Papierschnipsel. Das Eingliedern in die Lastwagen Kolonne geht relativ gut und so kommen wir angenehm in die Türkei.

Im Türkischen Zollhaus besteht überhaupt kein Interesse, weder an unseren Fahrzeugen noch an unserer Ladung. Wir werden angewiesen im Innenhof zu parkieren. Es heisst wieder aussteigen und das Carnet stempeln lassen. Nur hat die Türkei zu Iran eine Zeitverschiebung von 1.5 Stunden, es ist nun Mittagszeit in der Türkei. Sehr gut gemacht! Wir sitzen also da und warten. Die Russen schwatzen und gestikulieren wild. Ich glaub das Warten gefällt denen gar nicht. Aber am besten ist es, einfach ruhig da zu sitzen. Für Unterhaltung ist eh meist gesorgt und sonst geniesst man halt mal eine ruhige Minute.

Um 14 Uhr geht's wieder weiter. Der gross gewachsene, gutaussehende Beamte mit den schönen, blauen Augen, schwarzen Haaren und Schnurbart (trägt hier praktisch jeder) bearbeitet meine Papiere. Er fragt, wohin ich jetzt gehe; ins Murat Camp nach Dogubayazit. Da schenkt er mir ein breites Lachen und wünscht mir eine gute Fahrt.

Es hat noch zwei Polizei-Check-Points bevor wir endlich in Dogubayazit eintreffen. Ah, fühlt sich das gut an. Wer kommt uns denn da entgegen? Das ist doch das neue Büsslein von Murat. Neben ihm, auf dem Sitz, seine rechte Hand Ahmed und natürlich Adam. Alle drei Vehikel halten an und es gibt ein riesiges Hallo, mitten auf der Strasse. Dann geht's hinauf zum Camp.

Murat hat den Whisky schon bereitgestellt. Er weiss was ich gerne mag. Es gibt so viel zu erzählen. Der Gentleman, Mister Farhad, ist auch dort. Er ist eher ruhig und beobachtet alles. Murat ist sehr freundlich und aufmerksam. Heute weicht er nicht von meiner Seite. Ich fühle mich wie ein VIP Gast.

Ich bin so dankbar für die Begleitung von Michelle und Didier. Wir hatten so viel Spass miteinander. Und wer hätte mir bei den Tankstellen-Krämpfen geholfen? Nicht zu denken, wo und wie ich die einsamen Nächte in der Pampas verbracht hätte. Aber auch Didier meint, er war froh um meine Gesellschaft. Wer hätte denn am frühen Morgen ihren Renault überbrückt?

Adam hat mein Zimmer hergerichtet. Murat hat vier neue Räume gebaut hinter dem Restaurant. Sie sind gerade fertig geworden. Natürlich gibt es ein feines Abendessen und viel zu lachen.
Ich bin so erleichtert, dass ich den Iran relativ locker geschafft habe. Und mein Leben ist um ein Abenteuer reicher geworden.

Marand – Dogubayazit = 270 km

18
Türkei

März 1999

Der Plan für die nächsten Tage ist, so schnell als möglich nach Istanbul zu fahren. Von dort werde ich in die Schweiz fliegen, da ein Sommer Job auf mich wartet. Das ist eigentlich auch der Grund, weshalb wir dieses Jahr früher als sonst zurück in den Westen reisen.

Adam möchte noch ein bisschen in der Türkei bleiben und das Strandleben geniessen. Das verstehe ich und finde es eine gute Idee.
Für diesen Plan gibt es nur ein klitzekleines Hindernis. Ury ist unter meinem Namen registriert. Er ist in meinem Pass eingetragen und alle Papiere sind in meinem Namen. Wir müssen also zurück zum Zollhaus.
An der Grenze herrscht immer noch Chaos wegen dem riesigen Aufgebot von Russen. Wir suchen eine geeignete Person für unser Anliegen.
Nachdem wir einer netten Sekretärin einigermassen klar machen können, was wir genau wollen, landen wir im Büro vom Big Boss. Natürlich gibt es zuerst mal einen Tee und einen Schwatz, so will es die Gastfreundschaft. Ohne grosses Wenn und Aber instruiert Mister Big Boss ein paar Angestellte auf Türkisch. Wenig später sitzen wir wieder bei der netten Sekretärin, die ihr Geschäft im Griff hat und effizient unsere Papiere bearbeitet. Adam's und meinen Pass bekommen handgeschriebene Einträge und frische Stempel. Ury ist nun erfolgreich von meinem Pass in Adam's Pass transferiert worden.

Fröhlich kehren wir nach Dogubayazit zurück. Im Dorf kaufen wir ein paar Sachen für die Weiterfahrt und Frostschutz Flüssigkeit für Didier, bzw. seinen Renault.
Den Rest des Nachmittags verbringe ich mit Faulenzen. Beim Abendessen in der warmen Stube sitzen wir zusammen mit Michelle und Didier. Heute ist es ruhiger als gestern. Wir plaudern gemütlich und lassen die letzten

Tage nochmals Revue passieren. Michelle und Didier ziehen morgen weiter Richtung Heimat und wir verabschieden uns.

Draussen ist es klirrend kalt, im Zimmer ist es aber angenehm und im Schlafsack kuschelig warm.

Bereits um 5 Uhr heisst es aufstehen. Adam und ich packen den Bus, verabschieden uns von Murat und schon sind wir unterwegs. Die Strasse hinunter ins Dorf ist eisig. Im Dorf schlafen noch alle. Das Reisen am frühen Morgen gefällt mir. Alles ist noch so friedlich und frisch.
Die Strassen sind teils Schnee bedeckt. Ich fahre und später bekomme ich doch einmal ein Kompliment von Adam. Ich hätte den Bus souverän über die verschneiten Strassen gesteuert.

Gegen 8 Uhr machen wir einen Halt an einer Tankstelle. Ich koche eine Suppe dazu gibt es Brot, das wärmt wunderbar. Es geht von einem Pass zum nächsten. 2'030 Meter, 1'632 Meter, 1'800 Meter, 2'160 Meter. Dagi oder Dag heisst übrigens Berg auf Türkisch.
Trotz den vielen Polizei- und Militär-Check-Points kommen wir gut voran. Um 9.30 Uhr sind wir schon in Erzurum und um 12 Uhr steuern wir durch Erzincan.
Wir nehmen die nördliche Route, da diese schneller ist.
Um 17 Uhr halten wir in der Nähe von Amasya. Es beginnt schon zu dämmern. Ich wärme den Rest der Suppe und koche Wasser für den Morgencafé. Wir sind beide erschöpft und schlafen schnell ein.

Dogubayazit – Amasya = 850 km

Am nächsten Morgen geht's um 5 Uhr früh wieder los. Das Café trinken wir während der Fahrt.
Je näher wir Istanbul kommen, desto mehr Polizei-Check-Points hat es. Wir haben gehört, dass das Kurden Problem wieder entflammt ist und scheinbar wurde in einem Shopping-Center in Istanbul eine Bombe gezündet.

ERWARTE NICHTS GENIESSE ALLES

Gegen Mittag treffen wir in Istanbul ein. Das Wetter ist trist. Es hat kaum Leute in den Strassen und auch sehr wenig Verkehr. Wir gönnen uns ein Hotel in der Stadt.

Amasya – Istanbul = 653 km

19
18 Jahre später

Im Sommer 1999 entscheiden Adam und ich, dass das vorläufig die letzte Tour der ENGA war.
Am Horizont kündigen sich schon länger Unruhen an, vor allem in Pakistan. Vermehrt werden Reisende in der Wüste überfallen und verschleppt. Dabei war Pakistan ein aufstrebendes Land mit wachsender Wirtschaft dank einer der weltweit schnellst wachsenden Mittelklasse. Aber schon seit der Unabhängigkeit im Jahr 1947 kämpft das Land mit wiederkehrenden Militärputschen, politischer Instabilität und, nicht zu vergessen, die dauernden Konflikte mit Indien. Herausfordernde Probleme von Übervölkerung, Terrorismus, Armut, Analphabetismus und Korruption sind eine dauernde Belastung.

Irgendwie habe ich es in den Knochen gespürt. Die Verantwortung für eine weitere Tour wollte ich nicht übernehmen. Es war mir einfach nicht mehr wohl dabei.
Später habe ich erfahren, dass die Grenzkontrolle in Taftan (Beluchistan, Pakistan) die Überland-Fahrer nur noch im Konvoi ziehen lassen, begleitet von einer Militär-Eskorte.
Ich habe auch gehört, dass es nicht mehr erlaubt war nach Peshawar zu fahren. Reisende, die eine Pakistan Durchquerung gemacht hatten, sind einfach auf dem schnellsten Weg nach Indien.

Für mich war es auch an der Zeit, wieder etwas Anderes zu machen. Ich brauchte neuen Spirit und vielleicht auch einfach eine neue Idee.

Ich unterhalte mich auch heute noch immer wieder gerne mit Leuten, die über Land fahren und vor mehr oder weniger langer Zeit ein solches Abenteuer unternommen haben.
Heute nehmen Reisende oft die nördliche Route, gehen von Iran Richtung Armenien, Azerbaijan, Georgien, Kazakstan zurück nach Europa. Oder via

ERWARTE NICHTS GENIESSE ALLES

Turkmenistan, Uzbekistan, Tajikistan und China nach Indien – das wäre meine Traumreise, die noch auf der Wunschliste steht. Es gibt ja noch so viel zu entdecken.

Erst im Mai 2017 kehre ich in den Iran zurück. Dieses Mal mit meiner Schweizer Reisekollegin Conni und per Flugzeug.

Iran 2017

Der Flieger von Wien nach Esfahan ist nur halbvoll. Noch schnell eine Runde schlafen und schon heisst es, bereit machen für den Iran. Wir müssen mit dem Kopftuch aus dem Flieger aussteigen und auch den Körper dem Dresscode entsprechend bedeckt haben. Wir sehen aber schon in der Ankunftshalle im Flughafen, dass die Regeln nicht mehr ganz so streng sind wie vor 18 Jahren.
Ich bin gespannt, was sich sonst noch alles verändert hat und was nicht.

Wir wohnen in einem Mittelklasse-Hotel gleich um die Ecke vom Amir Kabir. Hier hat sich nichts verändert, wenigstens nicht von aussen.
Die Strasse entlang dem Park mit Chehel Sotoun und dann zum Maidan-e Imam kommt mir bekannt vor. Den Weg finde ich auf Anhieb.
Am grossen Platz machen wir uns auf die Suche nach dem Nomad Teppich Laden. Wir landen im Aladdin und der Typ vom Shop schwatzt und erzählt, dass er Leute aus der Schweiz und viele Überländer kennt. Ich sage ihm, dass wir Hossein vom Nomad suchen. Der freundliche Shop-Besitzer meint, er sei der ehemalige Mitarbeiter von Hossein. Ich frage; Sayd oder Ali? Wow, da freut er sich aber, dass ich die Namen noch weiss. Er sei Sayd. Ali kommt nun auch dazu. Es ist so schön die beiden zu sehen. Sie erklären, dass sie sich schon vor 15 Jahren von Hossein getrennt und ein eigenes, kleines Teppich Geschäft eröffnet haben. Wir schwatzen noch ein bisschen und Conni und ich gehen dann weiter. Wir müssen noch zweimal fragen, bevor wir den neuen Nomad Carpet Shop finden. Hossein ist umgezogen und hat enorm vergrössert. Welch ein Wiedersehen. Wir haben einander gleich wieder erkannt. Es gibt so viel zu erzählen. Seine Kinder waren noch

klein damals. Sepide, die Tochter, hat Architektur studiert. Sein Sohn Joseph führt ein eigenes Teppich Geschäft, ist verheiratet und hat einen 3 Monate alten Sohn. Sepide kommt auch kurz vorbei und meint sogar, dass sie sich an meinen letzten Besuch erinnert. Hossein lädt uns auch gleich wieder zum Abendessen ein. Wir trinken den obligaten Tee und mein Freund gibt uns viele Tipps und Informationen auf den Weg. Ich freue mich schon Jamila, seine Frau, zu treffen.

Joseph erzählt uns, dass die Leute schlecht von ihm denken, weil seine Frau im Ausland ständig das Kopftuch trägt. Da ja eigentlich der Mann das Sagen hat, machen sie ihn dafür verantwortlich. Fortschrittlich wie sein Vater, erlaubt Joseph seiner Frau ohne Kopftuch rumzulaufen. Nur sie will nicht, weil sie sich dabei nicht wohl fühlt. Das kann ich einerseits schon verstehen, man fühlt sich anfangs vielleicht etwas nackt. Aber sie könnte auch Respekt dem Land und den Frauen gegenüber zeigen, das sie bereist und vielleicht versuchen über den eigenen Schatten zu springen. In den westlichen Ländern haben sich Menschen lange für die Rechte und die Gleichberechtigung der Frau eingesetzt und dann kommen Frauen, die wollen aus Gewohnheit, oder weil sie sich komisch fühlen, einfach zurück ins Mittelalter. Von allen Ländern, die wir bereisen, wird von uns immer Respekt verlangt, sei es bei Kleidung, Fotos und vielen anderen kulturellen Gepflogenheiten. Können wir in unseren westlichen Ländern nicht auch etwas Respekt erwarten?

Bei den Brücken und im Park entlang des Flusses Zayandeh treffen wir viele junge Leute und Familien. Auffällig viele Frauen haben die Nase eingepackt in weisses Verbandsmaterial. Auch hier hat der Schönheitswahn Einzug gehalten. Diese Frauen haben sich alle die Nase operieren lassen.

Unter den Arkaden und in den endlosen Gassen des Bozoorg Bazaar hat es mehr Läden, alles ist etwas moderner und sehr sauber. Das Angebot hat sich etwas erweitert, besonders was Kleider anbelangt. Aber man bekommt noch immer die gleichen Souvenirs, wie z.B. die Gewürze, die bedruckten Tücher oder das wunderschön bemalte Geschirr.

Conni und ich werden oft von Frauen angesprochen, was uns sehr freut. Wir können auch viel Fragen und es ergeben sich gute Gespräche. Es fällt mir auf, dass allgemein die Iraner viel mehr Englisch sprechen können als vor 18 Jahren.

Selbstverständlich werden wir auch von Männern angesprochen und meistens bekommen wir auch gleich die Telefon-Nummer; sei es vom Guide, vom Fotografen, von Amir, der mit uns das Taxi teilt und vom Lehrer, der seine Runden auf dem Platz macht.

Viele Iraner besitzen ein Smartphone. Sie haben Instagram und wollen so mit uns korrespondieren. Praktisch jedes bessere Hotel offeriert WiFi. Aber manchmal ist die Verbindung etwas holprig. Lokale Informationen findet man im Web gut. Internationale Informationen hingegen werden praktisch alle geblockt. Per WhatsApp in die Schweiz telefonieren geht problemlos. Eine Gesprächs-Verbindung nach Amerika kommt hingegen nicht zustande. Nur Text-Nachrichten können erfolgreich gesendet werden.

Frauen sitzen im Bus hinten, das ist heute noch so. Wir wundern uns dann, wie wir jetzt die Fahrt bezahlen. Die meisten Frauen, die auch einsteigen, haben Abos. Als wir aussteigen, gehe ich aussen rum nach vorne zum Chauffeur und halte ihm das Geld hin. So geht's auch!

Frauen können kein eigenes Apartment mieten. Somayeh erklärt uns, da würde man als sehr zweifelhafte Person mit schlechtem Charakter angesehen werden.

Weiter lernen wir auch, dass sich eine Frau nicht scheiden lassen kann, solange ihr Ehemann nicht einwilligt. Aber das wäre selbst bei uns im Westen dann nicht so einfach.

Die Kleidervorschriften sind viel lockerer als noch vor 18 Jahren. In diesem Bezug hat sich wohl am meisten geändert. Helle Farben, kurze Mäntel oder Blusen und dazu Leggins sind völlig akzeptabel. Das Kopftuch ist sehr nach hinten gerutscht und wird oft nur noch wie ein Schal leicht über die Haare gelegt, sehr légère sieht es aus. In Läden und Boutiquen haben Conni und

ich sehr schöne Kleider und Manto (Farsi für Mantel) gesehen und wir haben uns sogar ein paar Stücke gekauft.
In Städten wie Esfahan oder Shiraz sind Sandalen ohne Socken OK. Auch beim Besuch der Ruinen von Persepolis konnten wir Sandalen tragen.

Als wir gerade so gemütlich auf einer Bank in einem Park sitzen, kommt eine Frau und setzt sich zu uns. Sie sitzt ganz nahe zu uns heran und lächelt uns lieb an. Viel Englisch kann sie nicht sprechen. Aber sie beginnt uns Fotos zu zeigen, die sie auf ihrem Smartphone hat. Es sind Bilder von ihrer Hochzeit. Wir bekommen Fotos von Frauen in wunderbaren Abendroben zu sehen. Conni und mir fällt fast der Kiefer runter. Diese reichdekorierten, figurbetonten Kleider mit Dekolleté sieht man manchmal in Läden und ich habe mich schon oft gewundert, wann und wo Iranerinnen dies Tragen. Jetzt wissen wir es, als Gäste an einer Hochzeitsfeier. Das Brautkleid ist sehr pompös, weiss, lang, mit Schleier, ein mega Prinzessinnen-Kleid.

In Persepolis lernen wir zwei äusserst liebe Frauen kennen. Auch sie sprechen uns an. Sie möchten gerne ihr Englisch praktizieren, da sie an der Schule in Marvdasht Englisch unterrichten.
Wir unterhalten uns lange und schlussendlich nehmen sie uns mit in die Stadt. Ja, Marvdasht ist heute eine Stadt und kein kleines Dorf mehr. Die zwei jungen Freundinnen sind mit dem Auto gekommen und nun eskortieren sie uns in die Shopping-Mall. Es ist sehr lustig, mit ihnen unterwegs zu sein. Sie stellen uns eine elegant gekleidete Boutiquen-Besitzerin vor. Auch müssen wir einen Snack probieren, gemacht aus frischem Mais mit viel Sauce und Chips und Gewürzen, serviert in einem Pappbecher. Wir sitzen auf der Treppe, schmatzen und lachen. Es ist herrlich erfrischend, einen Frauenabend zu erleben.
Auf dem Weg zurück zum Auto streiten sich die beiden Freundinnen fast. Somayeh hat schon ihre Familie angerufen, dass wir vorbeikommen. Eli möchte aber, dass wir auch ihre Familie kennen lernen. Nach kurzer Beratung wird entschieden, dass wir einen Stopp bei Eli's Eltern einlegen, dann zu Somayeh's Familie fahren. Es wird ein anstrengender Abend für Conni und mich. So viele Fragen müssen beantwortet werden. Es gibt feine Getränke, Früchte und Nüsse und schnell vergeht der Abend. Am nächsten

ERWARTE NICHTS GENIESSE ALLES

Morgen wollten Conni und ich eigentlich weiterreisen, aber das wurde gar nicht akzeptiert. Für's Mittagessen werden wir abgeholt und zu Eli's Schwester gebracht, wo wir wieder die Eltern, viele herzige Kinder und andere Familienangehörige treffen. Ein riesiges Buffet wird auf dem Boden für uns ausgebreitet. Wir sind völlig überwältigt. Unsere Gastgeber sind sehr modern und gebildet und so kommen interessante Gespräche auf. Wir können viel lernen.

In Shiraz haben wir ein Elektromobil stehen sehen. Es hat Platz für etwa 6 Leute plus Fahrer und nur ein Sonnendach über den Sitzreihen. Ezpodro heisst die Marke, made in Iran. Der Fahrer strahlt freudig, als wir uns für sein Vehikel interessieren.

Conni und ich besuchen auch Bam. Seit dem Erdbeben im 2003 hat sich hier ziemlich viel verändert. Nicht nur die Arg-e Bam ist eingestürzt, auch die neue Stadt hat schwer gelitten. Der alte Markt mit den Kuppeldächern ist fast komplett eingestürzt. Ein Bild der Zerstörung und auch ein Gefühl von Freudlosigkeit schlägt uns entgegen. Viele Leute haben Hab und Gut verloren und niemand hilft ihnen. Der Tourismus bleibt weg.
An der Arg-e Bam wird gearbeitet. Schon am Eingang sehen wir, dass es noch viel zu tun gibt. Überall treffen wir auf Arbeiter, auf den Mauern, in den Gassen und auf den Gerüsten. Viele grüssen uns und winken uns zu. Schon bald kommen wir an einer Werkstatt vorbei. Der Schreiner winkt uns zu sich und führt uns hinter die Kulissen. Kaum ein paar Meter weiter vorne gestikulieren zwei andere Arbeiter. Sie zeigen uns, wie sie das Gemisch für die Mauern machen. Es besteht vor allem aus viel Dreck/Lehm, Heu und noch etwas das aussieht wie weisser Sand, wahrscheinlich ist es Kalkpulver.
Nun kommen wir auf den Hauptplatz vor dem Aufgang zur eigentlichen Zitadelle. Wir können hinauf auf den ersten, oberen Vorplatz. Von hier aus hat man eine gute Aussicht über das ganze Dorf, das einmal war. Der Schaden ist beträchtlich. Ich kann mich gut erinnern, wie es damals ausgesehen hat. Der Turm auf der Burg ist schwer beschädigt und noch nicht wieder aufgebaut. Die dicken Türme entlang den hohen Mauern sehen aber schon wieder recht gut aus. Auch hier treffen wir auf einen weiteren Arbeiter,

der für uns als Tourguide agiert. Er öffnet eine Schranke für uns und führt uns umher. Die Arbeiter können kaum Englisch, aber alle sind so nett und geben sich alle Mühe mit uns. Sie offerieren uns sogar Wasser, vorne wo sie sich alle zum Lunch treffen.

Nach etwa ein-einhalb Stunden verabschieden wir uns. Auf dem Turm beim Eingang/Ausgang tanzt ein Arbeiter fröhlich auf den Zinnen und einige winken uns zum Abschied. Welch herrlicher und erfreulicher Morgen.

Auf der Fahrt im bequemen Volvo Deluxe Bus kommen wir auch durch Safashar. Ich habe die Gegend beim Vorbeifahren sofort erkannt, obwohl der Ort sehr gewachsen und die Strasse nun breiter ist. Was wohl aus all den Kindern der lieben Schäferfamilie geworden ist? Ob Mami und Papi noch leben?

In Kerman, beim neuen, sehr modernen Bus-Stand habe ich nach Mohsen gefragt. Die Mitarbeiter geben sich grosse Mühe und holen sogar ihren Chef. Aber niemand erinnert sich an einen Mann mit diesem Namen. Vielleicht ist Mohsen nach Bam gezogen oder nach Amerika zu seinem Bruder, wer weiss.

Ich habe mich auch oft gewundert, was aus Lal und seiner herzlichen Familie in Quetta geworden ist. Ob ich eines Tages auch dorthin zurückkehren werde?

Geblieben sind die herzliche Gastfreundschaft und unermüdliche Hilfsbereitschaft der Iraner und das Pipi ZamZam gibt es auch immer noch.

So viele schöne Erinnerungen haben sich für immer in meinem Kopf eingenistet.

Die Reise in Zahlen

1996

Abfahrt Aegeri	12. September	
Ankunft Goa	19. Dezember	
Tage Unterwegs	98	

Kilometer	Unterägeri – Istanbul	2'252
	Istanbul – Dogubayazit	2'731
	Iran	3'246
	Pakistan	1'651
	Indien	2'620
	Nepal (Muglin) – Benaulim	3'487
	Unterägeri – Kathmandu	12'800
	Kathmandu – Benaulim	3'187
	Unterägeri – Benaulim	**15'987**

1997

Abfahrt Aegeri	11. September	
Ankunft Goa	20. Dezember	
Tage Unterwegs	100	

Kilometer	Unterägeri – Istanbul	2'189
	Istanbul – Dogubayazit	2'784
	Iran	3'008
	Pakistan	3'080
	Indien	2'472
	Nepal (Narayanghat) – Benaulim	2'894

Unterägeri – Kathmandu		13'865
Kathmandu – Benaulim		2'562
Unterägeri – Benaulim		**16'427**

1998

Abfahrt Aegeri	12. September
Ankunft Goa	09. Dezember
Tage Unterwegs	88

Kilometer	Unterägeri – Istanbul	2'238
	Istanbul – Dogubayazit	3'106
	Iran	2'898
	Pakistan	3'058
	Indien	4'321

Unterägeri – Delhi	12'185
Delhi – Benaulim	3'436
Unterägeri – Benaulim	**15'621**

1999

Abfahrt Benaulim	Anfang Februar
Ankunft Istanbul	Ende März
Tage Unterwegs	ca. 43

Kilometer	Benaulim – Delhi	1'970
	Delhi – Quetta	1'613
	Quetta - Dogubayazit	3'202
	Dogubayazit – Istanbul	1'503

Benaulim - Istanbul	**8'288**

Währungen und Umrechnungskurse

1 USD = 1'510 Italienische Lire 1996
1 USD = 1'653 Italienische Lire 1998

1 USD = 107'000 Türkische Lire 1996
1 CHF = 82'000 Türkische Lire 1996
1 USD = 124'000 Türkische Lire 1999

1 USD = ca. 3'000-4'000 Iranische Rials 1996
1 USD = 5'800 Iranische Rials 1998

1 PRp = 145 – 160 Rials
1 USD = 44 - 56 Pakistani Rupees

1 USD = ca. 8'000 Iranische Rials 1999
1 USD = 41 Indische Rupees

1 USD = 77 Nepali Rupees

Epilog

Es gibt sie noch, die alte, wilde Welt.
In unserem westlichen Leben werden das Unbekannte und fremde Wege als Bedrohung angesehen. Es wird misstrauisch hinterfragt, es fühlt sich beängstigend an. Menschen aus reichen Ländern, wollen Menschen aus armen Ländern zeigen, wie man es besser machen kann. Aber machen wir es besser?
Seit über hundert Jahren toben wir um die Welt, um unsere Kultur, Religion, Technologie und unser Lebensstandard zu promoten. Ja, wir insistieren sogar, dass der westliche Weg der bessere ist! Ist das nicht etwas überheblich und eingebildet?
Muss es denn immer mehr, effizienter, lukrativer und luxuriöser sein?

Die alte Art und Weise das Leben zu meistern scheint anstrengend. Oft werden Menschen, die einfach und bescheiden leben, als arm angesehen, ungebildet oder gar bemitleidet.

Ist unsere moderne Welt besser als die alten Wege und Weisheiten? Wird uns tatsächlich weis gemacht, dass Reich sein gleichbedeutend ist mit Gescheit sein? Ich habe gelernt, dass eine bescheidene Lebensweise keineswegs gleichbedeutend ist, arm zu sein oder anstrengend und schon gar nicht dumm.

Es gibt tatsächlich Leute, die fliegen halb um den Globus, um dann das neu gefundene Paradies, dem bequemen, vertrauten Leben zu Hause anzupassen und umzukrempeln. Das Fremde ist zu fremd, zu schmutzig, zu primitiv etc.
Dabei gibt es Menschen, die haben noch richtige Probleme. Solche, die nicht wissen was sie morgen essen werden, oder wo sie heute Nacht schlafen.

Frauen, die vergewaltigt werden und von niemandem Schutz oder Verständnis bekommen. Frauen, die immer noch unterdrückt werden und keine Rechte haben.
Während dessen macht sich der Westler Sorgen, ob die Schale der Orange wohl zu dick oder zu dünn ist oder ob die Banane den Bogen überspannt hat.

Warum die Welt homogenisieren?
Individualität ist wichtig.
Nicht gierig sein, sondern grosszügig.
Das Fremde umarmen.
Die Freiheit geniessen.

Ich bin froh, dass ich viele Destinationen noch besuchen konnte, bevor sie dem grossen Hype zum Opfer gefallen sind. Viele Orte haben den Grund, weshalb Fremde kamen, zerstört.
Nach den Globetrottern und Abenteuern kommt die grosse Touristen Industrie.
Dann muss das Fischerdorf den Hotel-Beton-Bunkern Platz machen. Die gemütlichen Beizlis am Strand, werden verdrängt von feudalen Restaurants.
Viele Touristen Destinationen bereuen den Massentourismus, der ihr lokales Leben übernommen hat. Er hat sie abhängig gemacht. Irreparable, die Seele verkauft.

Unser so genanntes und viel gepriesene, reiche Leben ruiniert die Natur. Zu viel Plastik, Licht-, Wasser- und Luft-Pollution und den Verlust des gesunden Menschenverstandes, um nur einige zu nennen. Ich glaube auch nicht, dass früher alles besser war, aber gewisse Eigenschaften sollten wir uns vielleicht schon erhalten.
Ich habe auf meinen Reisen, insbesondere in Indien, auf primitiven Wegen, viele positive Aspekte gelernt und mir eine neue Perspektive für mein privilegiertes Leben in der Schweiz und Amerika geben können, das bis heute andauert.

ERWARTE NICHTS GENIESSE ALLES

ERWARTE NICHTS GENIESSE ALLES